Gabriele Kuby
Mein Weg zu Maria

Neuausgabe 2020

www.fe-medien.de

ISBN 978-3-86357-265-5

Die Originalausgabe erschien 1998 im Wilhelm Goldmann Verlag, München,
in der Verlagsgruppe Random House GmbH
Umschlaggestaltung: Renate Geisler
Druck: mcpdruk (Polen)

Printed in EU

Meiner lieben Schwester Bettina,
geboren am 25. Mai 1950,
aus dem Leben geschieden am 16. März 1986

Meinen Kindern
Jakob und Sophia und Elias
mit Liebe zum Segen

DEUS SEMPER MAIOR

Augustinus

Du, Herr, verläßt keinen, der dich sucht.

Psalm 9

Inhalt

Vorwort zur Erstausgabe

Vor Ihnen liegt ein Puzzlespiel. Die einzelnen Steine sind zwar an der Schnur der Zeit aufgereiht, weil man nur nacheinander leben und nacheinander schreiben kann, aber meine Hoffnung ist, daß sich die Steine allmählich zu einem Bild von der Landschaft des katholischen Glaubens fügen, in dem der spirituelle Weg zum Vorschein kommt.

Die Puzzlesteine hat das Leben geschaffen vom Frühsommer 1996 bis Anfang 1998. Alles hat sich so zugetragen. Die Menschen und Orte gibt es, nur ihre Namen sind zum größeren Teil verändert.

Urteile und Vorurteile über die katholische Kirche haben die Sicht auf den christlichen spirituellen Weg verstellt, der trotz allem innerhalb dieser Kirche 2000 Jahre lang begangen, gehütet und erneuert wurde. Als eine, die mit einer katholischen Kindheit weder beschenkt noch belastet ist, habe ich erst nach fünfundzwanzig Jahren Suche zum katholischen Glauben gefunden. Nun endlich habe ich keinen Treibsand mehr unter den Füßen, sondern einen festen begehbaren Weg.

Eggstätt, am 25. März 1998

P. S. an Ostern 2020

Wie die ganze Welt so ist auch die Kirche in einer schweren Krise. Aber der Weg, den sie den Gläubigen seit zwei Jahrtausenden öffnet, ist weiterhin begehbar. Man findet ihn, wenn man nach dem Heiligen sucht.

Vorwort zur Neuausgabe

»Mein Weg zu Maria« liegt Ihnen hier in einer neuen Ausgabe vor. Das Buch hatte sechs Auflagen. Nachdem es auch als Taschenbuch vergriffen war, bin ich meinem Verleger, Bernhard Müller, sehr dankbar, daß es nun im fe-medienverlag wieder erscheint.

Der Text ist überarbeitet, um das Kapitel »Fakten über Schio« gekürzt und um einen Aufsatz aus dem Jahr 2000 ergänzt mit dem Titel: »Sind Märtyrer intolerant?« Der Anspruch Jesu, der einzige Sohn Gottes und der Erlöser aller Menschen zu sein, war die größte Hürde meiner Bekehrung. Zu lange hatte ich im Nebel von New Age und Esoterik gelebt, um mich mit einem Schlag aus den verführerischen Irrlehren zu befreien. Spuren dieser Sicht waren an vielen Stellen des Textes zu finden. Die Idee, daß alle Religionen gleichwertige Wege zu einem Gott sind, bahnt sich mit der Friedenssehnsucht, die wir alle teilen, den Weg in die Herzen der Menschen. Wer sich zu Jesus Christus bekennt, gilt als Friedensstörer, und mag er noch so friedfertig und dialogbereit sein. Niemand hat das Toleranzgebot radikaler formuliert als Jesus: »Liebet eure Feinde!« Wie wäre unsere Welt beschaffen, wenn wir uns darum bemühten?

Der heuchlerische Begriff von Toleranz ist das Mäntelchen, das sich der Wolf umhängt, um das Christentum zu zerstören. Es ist die »Ideologie des Relativismus«, die Papst Benedikt XVI. für die größte Gefahr unserer Zeit hält. Eine Kultur, die keinen Maßstab mehr gelten lassen will, um zwischen Gut und Böse zu unter-scheiden, ja, die diese Unterscheidung selbst als böse diffamiert, öffnet dem Bösen Tür und Tor. Jede Nachrichtensendung liefert dafür das Anschauungsmaterial.

Was meinen Sie: Sind Märtyrer intolerant? Märtyrer glauben so sehr daran, daß Jesus Christus der Weg und die Wahrheit und das Leben ist, daß sie sich dafür töten lassen. Sie töten nicht andere, sie sterben selbst – wie der Herr, für den sie es tun. Die Betrachtung der Passionsberichte führte zu der Erkenntnis, daß das Christentum mit der Antwort auf die Frage steht und fällt: »Bist du der Messias, der Sohn des Hochgelobten?« Jesus sagte: »Ja, ich bin es.« Dafür wurde er gekreuzigt. Ich glaube ihm.

Bis zu dieser Erkenntnis war es ein weiter Weg. Wenn Sie mich in diesem Buch dabei begleiten, werden Sie vielleicht Stationen ihres eigenen Weges wiederfinden.

Auf der Ratzingerhöhe, am 16. Oktober 2000

Sehnsucht nach Gnade

Fronleichnam

Fronleichnamsprozession in Kirchstätt. Bayern in seiner ganzen Pracht. Herrlichstes Wetter. Ein Altar ist auf dem Marktplatz vor der Kirche aufgebaut. Drei Priester im goldenen Ornat, umringt von gut dreißig Ministranten, zelebrieren die Messe. Erstkommunionkinder in ihren Brautkleidern, flatternde Fahnen, Dirndl, Lederhosen und Gamsbärte. Die Fenster der Häuser sind mit roten Tüchern geschmückt, die Bäume stehen im prallen Grün des Frühsommers, Blasmusik auf der Erde und volltönende Glocken in der Höhe. Worte von Jesus schallen über den Platz: »Lernet von mir, denn ich bin gütig und von Herzen demütig.« Es wird erzählt, wie Jesus mit fünf Broten und zwei Fischen fünftausend Menschen gesättigt hat.

Die Menschen strömen zur Kommunion, die ihnen die Priester auf die Zunge oder in die Hand legen: »Der Leib Christi, der Leib Christi, das Brot des Lebens, der Leib Christi, das Brot des Lebens, der Leib Christi, der Leib Christi ...«

Ich darf mich nicht speisen lassen. Ich gehöre der Kirche, die das Sakrament spendet, nicht an.

Der Priester hebt die Monstranz empor, einen rubinbesetzten goldenen Strahlenkranz, der in seiner Mitte die Hostie umfängt, den »Leib Christi«. Er berührt sie nicht mit seinen nackten Händen, goldener Stoff ist darüber gebreitet. Segnend zeichnet er mit der Monstranz das Kreuz in drei Himmelsrichtungen. Er tut es mit Ehrfurcht. Ich glaube, daß er glaubt.

Die Menge setzt sich in einem langen Zug in Bewegung. Gekrönte Muttergottesstatuen im Blumenkranz werden auf Podesten mitgetragen, bestimmt zehn an der Zahl. Ich zögere mitzugehen. Ich gehöre nicht dazu. Niemand in meinen Kreisen nimmt an katholischen Prozessionen teil. In meiner Kindheit in Bayern habe ich immer nur am Rand gestanden. Was werden »die Leute« denken, die mich als kritische Stimme in ganz anderen Zusammenhängen kennen? Ich entscheide nicht; ich lasse mich einfach mitnehmen.

Vor dem Rathaus, der zweiten Station der Prozession, werden die Seligpreisungen verlesen. Die Stimme des Priesters schallt über die tausendköpfige Menge:

Selig, die arm sind vor Gott, denn ihnen gehört das Himmelreich.

Selig, die keine Gewalt anwenden, denn sie werden das Land erben.

Selig, die hungern und dürsten nach der Gerechtigkeit, denn sie werden satt werden.

Selig die Barmherzigen, denn sie werden Erbarmen finden.

Selig, die ein reines Herz haben, denn sie werden Gott schauen.

Selig ...

Selig ...

Selig ...

Seitdem ich begonnen habe zu beten, höre ich hin, höre staunend die Verheißungen. Sind sie wahr? Sind sie vielleicht für mich wahr? Wie kann ich erfahren, ob sie – daß sie wahr sind?

Die Prozession zieht weiter. Etwas in mir wundert sich, daß ich überhaupt mitgehen darf. Niemand schaut mich scheel oder zweifelnd oder prüfend an, obwohl ich Fehler mache beim Rosenkranzbeten. Es scheint, als müßte ich keine Bedingungen erfüllen. Immer habe ich Sehnsucht gehabt nach Riten, nach Heiligung und Rhythmisierung des Jahreslaufs. Dürstend nach Sinn und Erfahrung durchstöbern wir die Welt bis zu ihren höchsten Berggipfeln und entlegensten Tälern, denn das, was hier ist, scheint uns hohl. Aber ist es das wirklich? Ich bin nicht mehr so sicher.

Und das kam so ...

Als ich mit meinen Kindern am 2. Januar 1996 nach Hause komme, ist mein Mann ausgezogen. Wir waren übereingekommen, uns zu trennen – zunächst für ein Jahr. Mein Rücken, sonst problemlos, kündigt seine Dienste auf. Ich liege vier Tage bewegungsunfähig im Bett. Der jüngste Sohn bekommt eine eitrige Angina.

Da steht die Nachbarin in der Haustür, Kordula, eine fünfunddreißigjährige, alleinstehende Frau. Wir hatten uns zwei Jahre lang freundlich gegrüßt, ohne in näheren Kontakt zu treten. Sie sagte: »Bete!« und drückte mir ein kleines Heftchen mit einer Novene in die Hand.

Eine Novene ist ein neuntägiges Gebet. Wenn Katholiken gar nicht mehr weiterwissen, dann beten sie Novenen. Diese hier heißt:

»Die himmelsstürmende neuntägige Andacht zum Herrn des Himmels und der Erde unter Berufung auf seine eigenen Worte.«

Das Gebet am ersten Tag lautet:

> Barmherziger Jesus, unser Heiland und Erlöser, du hast gesagt: »Wahrlich, wahrlich, ich sage euch: Wer an mich glaubt, wird auch selber die Werke tun, die ich tue, und noch größere als diese wird er tun; denn ich gehe zum Vater, und um was immer ihr den Vater bitten werdet in meinem Namen, das werde ich tun, damit verherrlicht werde der Vater im Sohn. Wenn ihr mich um etwas bittet in meinem Namen, werde ich es tun.«

Wie soll man das verstehen? Wie glauben?

Aber ich hatte keine Alternative.

Das Gebet an diesem ersten und jedem folgenden Tag endet mit dem Satz:

»Siehe, ich bin die Magd des Herrn; mir geschehe nach deinem Wort.«

Kordula schlug vor, gemeinsam zu beten in ihrer kleinen Wohnung auf der anderen Straßenseite. Da stand ein Kreuz mit Kerzen in silbernen Leuchtern auf der Kommode, eine geschnitzte Marienstatue und ein Bild von Jesus, das ich innerlich mit dem Aufkleber »Kitsch« versah.

Wir schämten uns ein paar Tage lang voreinander. Warum nur schämt man sich, wenn man beginnt, miteinander zu beten? Aber Jesus sagt:

> Denn da, wo zwei oder drei in meinem Namen versammelt sind, da bin ich mitten unter ihnen. (Mt 18, 20)

Als wir uns nicht mehr voreinander schämten, schämten wir uns vor den Mitbewohnern des Hauses. Es war wie ein konspiratives Treffen. Wenn wir den Herrn Professor in der Nebenwohnung hörten, flüsterten wir und lachten darüber. Wir lachten überhaupt viel zusammen, und ich weinte viel.

Kordula gab mir ein in grünes Plastik eingebundenes Gebetbuch: »Aus dem Gebetsschatz der heiligen Kirche«. Ich blätterte darin herum. Ein kurzes fettgedrucktes Gebet fiel mir in die Augen, das ich von der Fronleichnamsprozession kannte:

> Gegrüßt seist du, Maria, voll der Gnade. Der Herr ist mit dir. Du bist gebenedeit unter den Frauen, und gebenedeit ist die

Frucht deines Leibes, Jesus. Heilige Maria, Mutter Gottes, bitte für uns Sünder jetzt und in der Stunde unseres Todes. Amen.

Ich lernte es bis zum nächsten Abend auswendig. Einige Rosenkränze lagen in Kordulas Zimmer herum, und sie drückte mir einen in die Hand. Wir beteten das Gebet zehnmal, für jedes »Gegrüßet seist du, Maria« eine Perle weiterschiebend, ganz langsam, die Worte waren mir noch nicht vertraut. Das Wort *Sünder* ließ ich aus.

Wie einer, der aus einer Regentonne gezogen und auf eine sonnige Blumenwiese gesetzt wird, so wurde ich aus meinem Schmerz herausgehoben. Vierundzwanzig Stunden lang Freude, einfach so, geschenkt. Seitdem bete ich Rosenkranz.

Kordula fragte mich, ob ich sonntags mit in die Kirche gehen wolle. Ich ging mit und sperrte die Ohren auf. Das Herz war ohnehin aufgerissen. Hier wurde von Gott geredet. Wenn ich irgend etwas von mir sagen kann, dann, daß ich eine Gottsucherin bin.

Ich muß es wohl schon mit acht Jahren gewesen sein. Weinend fragte ich damals meine Mutter: »Komm ich in den Himmel, wenn ich nicht getauft bin?« Meine Mutter hörte die Bitte und ließ ihre fünf Kinder evangelisch taufen.

Der ungenährte Glaube des Kindes zerläpperte sich, und als Soziologiestudentin bedurfte es nur noch eines Federstrichs, um aus der Kirche auszutreten.

Erst als ich 1973 der Universität den Rücken gekehrt hatte und allein mit einem Rucksack auf der Suche nach Lebendigerem in Richtung Marokko unterwegs war, konnte wieder etwas durchdringen. Ich kam nach Cadaquès, einem kleinen Künstlerort an der spanischen Mittelmeerküste, und verliebte mich prompt in einen blondgelockten Jüngling (mit dem mich bis heute Freundschaft verbindet). Das Herz war gelockert. In der wilden Felslandschaft dieser Gegend, die so inspirierend ist, daß Salvador Dali sich dort niedergelassen hat, überwältigte mich ein Sonnenuntergang derart, daß er das Leben in vorher und hinterher teilte. Es gab, das wußte ich nun, eine Innenwelt, die wahrhaftig lebendiger war als alles, was ich bis dahin kannte.

Der Jüngling, Charles mit Namen, erzählte mir von Gurdjieff. Ich las »Auf der Suche nach dem Wunderbaren« von Ouspensky und wußte: Entweder du liest das Buch und du änderst dein Leben, oder du liest es nicht. Das Leben zu ändern, erschien damals, ganz am Anfang, noch leicht, denn es geschah etwas Wunderbares: Ich hörte, auf einer Terrasse am Meer sitzend, auf einem schlechten, batteriebetriebenen Plattenspieler, die letzte Klaviersonate Opus 111 von Beethoven. Für ein paar ewige Sekunden tauchte ich in ein anderes Bewußtsein ein. Ich weiß nichts von diesen Sekunden, ich weiß nur die Wirkung: Ein Kontakt war hergestellt, der mir das Gefühl gab: Ich habe »Es« gefunden, ich kann nie wieder unglücklich sein. Ich schaute um mich und sah die mich umgebende Schönheit wie zum ersten Mal, konnte nicht begreifen, daß ich sie vorher nicht gesehen hatte. Tränen der Dankbarkeit über so große Schönheit. Ich verstand plötzlich Märchen und Mythen; die Spiele, die Menschen miteinander treiben, waren offensichtlich. In der Welt schien es nur noch offene Türen zu geben.

Die Gottsuche war noch kein bewußtes Streben, ich hatte keine Begriffe für den Vorgang, nicht einmal das Wort Gnade, bildete mir nichts darauf ein, war mir nicht bewußt, wie außergewöhnlich das Geschehen war. Was tat ich mit den neuen Möglichkeiten?

Ich trampelte weiter auf dem Pfad alter Vorsätze, nämlich, mein politisches Engagement endlich dadurch zu legitimieren, daß ich selbst am Fließband arbeitete – ein halbes Jahr lang bei Agfa in München. Früh um fünf machte ich eine Stunde Yoga, in der Straßenbahn und heimlich am Fließband lernte ich französische Vokabeln, jeden Sonntag ging ich in die Pinakothek. Ich war einsam und litt nicht darunter.

Als nach einem halben Jahr die Gnade wieder von mir wich, war ich fassungslos. Ich verstand ihr Gehen so wenig wie ihr Kommen. Franz Werfel findet dafür schöne Worte in seinem *Lied von Bernadette*:

»In der Jugend, da saust das Göttliche herab und flügelt wieder davon in jähen Annäherungen und Verfernungen. Ein unbegreiflicher Strom durchschüttert die Seele dann und jagt die Tränen der Ewigkeitsgewißheit in die brennenden Augen.« Aber: »Dieses Göttliche scheint kein Freund des Mannesalters zu sein.«*

24 Jahre ist das her. 24 Jahre Suche. Ich denke an die Märchen, in denen der Dienst, den einer tun muß, um die Prinzessin oder das Heilsame zu gewinnen, oft entgegen der Abmachung verdoppelt und verdreifacht wird. Auch Jakob, der Stammvater Israels, mußte zweimal sieben Jahre dienen, um Rahel zu gewinnen, nachdem ihm nach den ersten sieben Jahren von seinem gerissenen Schwiegervater die falsche Frau ins Bett gelegt worden war.

Nun knie ich in einer katholischen Kirchenbank.

Die Entscheidung, in die katholische Kirche einzutreten, fiel gleich in den ersten Wochen des Betens ohne inneren Konflikt. Ich

---

* Franz Werfel: Das Lied von Bernadette, Frankfurt a. M. 1993, S. 196f.

wußte, ich will Jesus Christus im Sakrament der Eucharistie begegnen. Das war wichtig, alles andere war zweitrangig. Um den Weg bis an die Schwelle der Kirche zu gehen, würde ich mir ein Jahr Zeit lassen, das Trennungsjahr.

Das Einkommen für die Familie mußte ich nun zum größeren Teil allein verdienen. Seit zwanzig Jahren übersetze ich Bücher, und noch nie war es vorgekommen, daß ich keinen Auftrag hatte, wenn ich einen Auftrag wollte. Im März hatte ich keinen. Ich rief alle Verlage an, die ich kannte. Mit Existenzangst in der Stimme bekommt man keinen Auftrag. Schließlich kontaktierte ich einen Verlag esoterischer Bücher. Etwas Eiliges lag dort auf dem Schreibtisch. Es handelte sich um »gechanneltes« Material von einem Stern. Mir war nicht wohl dabei, aber ich mußte Geld verdienen.

Bei der Arbeit wurde mir zunehmend elender. Mehrmals war ich nahe daran, meine Übersetzungsdienste aufzukündigen. Nur das Geld hielt mich noch eine Weile bei der Stange. Wenn ich vom Computer aufstand, ging ich unter die Dusche, um den Schmutz abzuwaschen, den ich in deutsche Sprache transferiert hatte. Schließlich ringe ich mich durch. Ich *darf* meine Energie nicht für etwas einsetzen, das ich für verderblich halte.

Ich schreibe einen Brief an die Verlegerin, in dem ich begründe, warum ich nicht weiter übersetzen will. Eine Stunde, nachdem ich den Brief in den Kasten geworfen habe, klingelt das Telefon, und mir wird eine neue Übersetzung angeboten. Es ist ein hervorragendes wissenschaftliches Buch über die teuflische Innenwelt von Sekten. Sein Titel: »Sekten – Wie Menschen ihre Freiheit verlieren und wiedergewinnen können«. Der Preis der Freiheit ist Risiko.

Lange, lange schon sehne ich mich danach, daß meine Arbeit und mein Leben verschmelzen. Ich beneide Künstler, die ihrer Muse gehorchen. Da höre ich von Marienerscheinungen, sehe ein Video über das Thema, und es kommt mir der Gedanke, darüber ein Buch zu schreiben. Ich bitte eine Verlagslektorin, die mich als Übersetzerin schon viele Jahre kennt, um ein Gespräch, ein Vorgespräch, um zu hören, ob das Thema überhaupt in Frage kommt. Drei Wochen später unterschreibe ich den Vertrag für dieses Buch. Es ist kein Buch über Marienerscheinungen, es ist ein Buch über meine Antwort auf den Ruf Marias. Der Wunsch ist wahrhaftig in Erfüllung gegangen.

Tun, was einer tut, der glaubt

Am 12. September, am Fest »Maria Namen«, fahre ich nach Altötting, um meine Arbeit Maria zu weihen und mir die wundertätige Marienmedaille zu kaufen, die Maria bei ihrer Erscheinung in der Rue du Bac in Paris im Jahre 1830 der Seherin Cathérine Labouré offenbart hat und die seitdem von Millionen von Menschen getragen wird.

Ich tue diese Dinge, weil ich es für möglich halte, daß sie wirken. Es ist von meiner Seite aus eine Willenserklärung, nicht mehr und nicht weniger. Was »Weihe« bedeutet, auf welcher Ebene der Wirklichkeit ich durch einen solchen Akt handle, weiß ich nicht. Ob die silberne Marienmedaille, die nun auf meiner Brust liegt, dazu beiträgt, mein Herz für die Liebe zu öffnen, weiß ich auch nicht, ich will nicht einmal behaupten, daß ich es glaube; ich tue es einfach, um Maria eine Einflußschneise zu eröffnen.

Weihen, das geht so: In der Konrads-Kirche, in der die Reliquien des heiligen Konrad ruhen – eines Mönchs, der heilig wurde, indem er zeitlebens an der Klosterpforte saß und den Leuten zugelächelt und zugesprochen hat –, im Eingang dieser Kirche sind die Weihezeiten angeschlagen. Ich komme gerade recht, die Kirche ist schon voll. Ein alter Kapuziner in brauner Kutte tritt vor, spricht ein Gebet und bittet uns, die Gegenstände bereitzuhalten. Ich habe meinen Autorenvertrag für das Marienbuch in der Hand, meinen Rosenkranz und meine Marienmedaille. Der Priester geht mit einem Weihwasserwedel durch den Mittelgang und spritzt ein paar Tropfen in die Reihen. Das ist alles.

Danach gehe ich in die Gnadenkapelle – ein Herzstück des Katholizismus, Wallfahrtsort für Katholiken aus aller Welt. Ich trete ein, und die Zweifel steigen in mir hoch: Ist das wirklich meine Welt? Die alten Frauen und Nonnen, die hier überwiegend beten – gehöre ich zu ihnen? Ich setze mich ins Madonnenzimmerchen in eine Nische zwischen zwei Nonnen. Stehend andächtig zu sein, fällt mir schwer. Mein Beten ist hohl und leer, und ich höre auf.

Mache ich mir etwas vor? Spiele ich mir selbst eine Maskerade vor?

Wie sieht es aus in den Menschen, die so beten? Sind es Sucher, sind sie auf dem Weg, ändert sich in ihrem Leben etwas dadurch, daß sie hier vor der Mutter Gottes stehen? Wie ist die Innenwelt eines praktizierenden Katholiken beschaffen? Heißt Demut Stagnation? Ich bin voller Widerstand, ein schmerzhafter Zustand.

Ich versuche, den Rosenkranz zu beten. Gebe es auf, was soll ich Worte aufsagen? Gehe hinaus auf den Platz und kaufe mir ein Eis. Ich mache noch einen dritten Versuch zu beten. Diesmal bleibe ich im Vorraum sitzen. Schräg gegenüber kniet ein etwa fünfzigjähriger Herr in einem eleganten Jackett. Ich kenne keine Männer, die knien und beten. Es ist, als würde ich in der Fremde einen Bekannten treffen. Aber es hilft mir wenig. Der Widerstand bleibt, und ich verlasse die Kapelle.

Merkwürdig, daß ich, wieder zu Hause, trotzdem fröhlich bin.

Am Leid verzweifeln

Verena, eine Freundin, die mit zwei Kindern allein ist, ruft mich heute morgen verzweifelt an. Sie sieht keinen Ausweg mehr. Sie hat keine Arbeit, keine Ausbildung, kann in einem Jahr die Raten für das Haus nicht mehr bezahlen, hat private Schulden und noch 250 DM auf dem Konto. Ihr Asthma und ihre Allergien quälen sie.

Ich sage: Gebet, Gebet, Gebet.

Verena fragt: »Welches Recht habe ich, Gott zu bitten, wenn Millionen Menschen verhungern?«

Ich: »Könnte das ein Trick deines Intellekts sein, um das Bitten zu vermeiden?«

Ich biete ihr an, zu ihr zu kommen und mit ihr in der Kirche zu beten. Dort ist aber Schulgottesdienst, so daß wir nicht hineinkönnen. Verena ist das recht. Wir fahren zu ihr. Nach und nach platzt aus ihr Wut, Zorn und Haß auf Gott heraus.

Verena: »Wenn Gott mich geschaffen hat, warum läßt er mich dann so vollständig im Stich? Wozu existiere ich überhaupt? Es wäre mir lieber, ich wäre überhaupt nicht erschaffen.«

Ich: »Das bedeutet Selbstmord. Was hält dich davor zurück?«

Verena: »Ich tue es nicht, weil ich glaube, daß ich auf der anderen Seite genauso schlecht dran bin wie jetzt.«

Ich: »Du glaubst also an eine andere Seite?«

Verena: »Ja.«

Ich: »Aber du möchstest nicht um Hilfe bitten?«

Verena: »Wenn Gott mich liebt, warum läßt er mich dann so leiden, das tut doch niemand, der einen anderen liebt?«

Ich: »Die Heiligen sind Zeugnis dafür, daß sie Gott im Leiden gefunden haben.«

Verena: »Warum? Warum müssen wir leiden, um Gott zu finden?«

Ich: »Ich weiß es nicht. Ich weiß nicht, warum es den Menschen, warum es das Leiden gibt. Ich weiß nur, daß es die Grundtatsache unserer Existenz ist und daß wir uns zum Guten, zu Gott hin wandeln, wenn wir ja dazu sagen.«

Verena: »Warum hat Gott den Menschen geschaffen? Damit er geliebt wird? Vielleicht ist er ein Spieler, der ein Spielzeug braucht, das er herumwerfen kann.«

Ich: »Hast du eine Alternative zum Gebet?«

Verena: »Nein.«

Ich: »Ich habe angefangen zu beten, als ich keine Alternative mehr hatte, als ich meine eigenen Mittel restlos erschöpft hatte.«

Verena: »Auch ich weiß nicht mehr weiter, und ich will nicht mehr weiter!«

Ich: »Du rebellierst. Das ist der Felsbrocken, der auf deinem Weg liegt. Du schlägst dich daran blutig. Du wütest, daß er da liegt, und bist böse auf Gott, daß er ihn nicht einfach wegschafft. Eine andere Möglichkeit wäre es, auf die Knie zu fallen und um Hilfe zu flehen.«

Verena: »Ich will nicht mehr. Warum kann ich nicht normal leben, wie Millionen andere Menschen?«

Ich: »Du bist eine Sucherin wie ich. Mein Eindruck ist, das hat Konsequenzen. Viele kümmern sich nicht im geringsten um solche Fragen und scheinen ganz gut zu leben. Das Leiden könnte dazu führen, daß dieser Felsbrocken in Stücke fällt und dir den Weg freigibt.«

Verena weint: »Ich will nicht, ich will mich nicht mehr bemühen.«

Ich: »Lastest du denn alle Fehler Gott an?«

Verena: »Ja!«

Ich: »Ich habe erfahren, daß Gott mir hilft, wenn ich darum bitte.«

Ich verlasse sie traurig mit dem Gefühl der Ohnmacht.

Rosenkranz in der Bauernstube

Eine Bekannte namens Marthe, Frau eines Biobauern, lädt mich zur Abendmesse in ihr Dorf ein. Sie sorgt dafür, daß in der verwaisten Dorfkirche ab und zu eine Messe gefeiert wird.

Es ist der Gedenktag des Einsiedlers Niklaus von Flüe. Er hat seine Frau und zehn Kinder verlassen, um dem Ruf Gottes zu folgen. Der Pfarrer sagt: »Die Menschen fragen: Wieso kann einer seine Frau und zehn Kinder im Stich lassen?« Und er antwortet: »Sie wissen nicht, was eine Berufung ist.«

Niklaus von Flüe hat – wie Therese von Konnersreuth – nur von der Hostie gelebt. Sein Charisma war die Versöhnung der Menschen. Der Heilige hat ein radikales Gebet hinterlassen:

> Mein Herr und mein Gott, nimm alles von mir, was mich hindert zu Dir.
> Mein Herr und mein Gott, gib alles mir, was mich fördert zu Dir.
> Mein Herr und mein Gott, nimm mich mir und gib mich ganz zu eigen Dir.

Nach der Kirche treffen sich zehn Gottesdienstteilnehmer mit dem Pfarrer zum Gebet bei Martha. Im Hausflur hängt ein inniges, gotisches Kruzifix, davor in einem Spankorb herbstliche Blumenpracht. Ich setze mich an den Tisch, auf dem ein Strauß duftender Rosen steht, der allerletzten dieses Jahres. Außer dem Pfarrer sind noch zwei Männer dabei, einer um die Dreißig, der andere um die Fünfzig. Man sieht es ihnen an, daß sie gläubig sind. Die Grundrichtung des Lebens schreibt sich den Menschen ins Gesicht. Sie wollen keine Macht, sie wollen nicht größer werden, sie knien nieder vor ihrem Herrgott. In den Gesichtern spiegelt sich das als eine Art kindlicher Reinheit und Offenheit, vielleicht ist Einfalt das richtige Wort. »Ein einfältiger Mensch«, sagen wir abschätzig vom Podest unserer Gespaltenheit zwischen Kopf und Herz. Das zweifältige, zweifelnde Denken scheint zeitgemäßer, attraktiver, interessanter – aber Geborgenheit im eigenen Inneren und die Heiterkeit, die damit einhergeht, kann es uns nicht bescheren. Diese Menschen hier wirken angebunden, nicht jede Welle der Zeit kann sie fortreißen.

Wir beten den Rosenkranz. Ein eigenartiges Tun. Es wird so schnell gebetet, daß keine Zeit bleibt, in die Worte hineinzuspüren, sie mit Persönlichem auszufüllen. Es ist eher so, als würde mit diesen Worten ein Strom erzeugt, in den man wie ein Schiffchen die eigene Seele setzt. Am nächsten Morgen beim Aufwachen fühle ich mich von innen gewärmt.

Nach dem Gebet erzählt der Pfarrer, hunderttausend Priester hätten seit dem Zweiten Vatikanischen Konzil weltweit ihren Beruf aufgegeben – eine Entwicklung, die nicht aufzuhalten sei.

Der Stein des Anstoßes auf dem Weg des Priesters ist der Zölibat. Gerade hat, wie in der Zeitung zu lesen steht, ein schottischer Bischof das Handtuch geworfen, der nun seine Lovestory als Buch vermarktet. Er ist einer von tausend ehemaligen katholischen Priestern, die in England seit dem Konzil ihrer Berufung den Rücken gekehrt haben. Das ist etwa ein Viertel aller aktiven Priester.

Es gehört zum guten Ton, den Zölibat für einen alten Zopf zu halten, der schleunigst abgeschnitten werden sollte. Daß der Papst daran unbeirrbar festhält, gilt den meisten als Indiz für seine orthodoxe Erstarrung. In meinen Kreisen – einem wachstumsorientierten Segment der Mittelschicht, in dem die katholische Kirche in Bausch und Bogen abgelehnt wird – bedarf eine solche Einstellung keiner Begründung und keines Nachdenkens mehr. Die Sexualunterdrückung der Kirche muß auf der ganzen Linie beseitigt werden. Niemandem fällt der Widerspruch auf, daß der allgemeine Sympathie genießende Dalai Lama auch zölibatär lebt und mit ihm alle Lamas, die den Buddhismus im Westen verbreiten.

Und wenn man doch darüber nachdenkt? Da stellt sich zuerst die Frage, wen was betrifft. Wenn ich mit der Kirche nichts zu tun habe, dann betrifft mich die Frage der Gelübde der Priester in keiner Weise. Oder wäre die katholische Kirche anziehender, würde sie die Tür zum Glauben weiter öffnen, wenn sie den Zölibat aufgäbe und sich die Priester wie wir mit Beziehungs- und Erziehungskonflikten herumschlügen? Sind protestantische Pfarrer aus diesem Grunde überzeugender? Mir scheint, daß die Stolpersteine vor der Kirchentür ganz anderer Art sind.

Die Frage stellt sich im Grunde nur für jene, die Religion praktizieren, sei es als Laien oder als Priester. In den meisten Religionen wird die Sexualität als Opfer für ein gottgeweihtes Leben dargebracht. Die große Ausnahme ist – dem Beispiel des Propheten folgend – der Islam. Mohammed heiratete mit 25 Jahren die fünfzehn Jahre ältere Kaufmannswitwe Khadidja. Als sie starb, ehelichte er im selben Jahr die Witwe Sauda und verlobte sich gleichzeitig als Fünfzigjähriger mit der siebenjährigen Aisha, seiner späteren Lieblingsfrau.

Was ist, was tut ein Priester? Er verkündet das Reich Gottes und spendet die Sakramente. Um das zu können – muß er dazu nicht eine andere Art Leben führen als wir alle, nämlich *in der Welt sein, aber nicht von ihr?*

Unsere Zeit ist ein reißender Strom, der vom Glauben wegführt. Pausenlos liegen wir unter massivem Beschuß mit Werten und Zielen, die uns mit Haut und Haaren in der materiellen Welt verstricken. Was gilt, ist Jugend, Erfolg, Sicherheit, Macht, Geld und in jeder Hinsicht schrankenloses Ausleben von Sexualität. Was ist gewonnen, wenn Priester sich den Zeitläuften in diesem Punkt angleichen?

Jeder, der Gott sucht, in welcher Religion auch immer, befindet sich auf einem Weg, indem er die Fesseln an diese Welt nach und nach durchtrennt, um in ihr zu sein und ihr nicht zu gehören. Das ist schwer. Ich wünsche mir Priester, die mir vorleben, daß dies möglich ist, deren Herz frei ist, um von Gott erfüllt zu werden, und die ihre Liebe den Menschen zuwenden können, die Gott suchen. Von den Mystikern wissen wir, daß sie nichts entbehren, sondern sich überreich beschenkt fühlen, wenn die Liebe Gottes sie erfüllt. Wenn einer aus freien Stücken und zu diesem Ziel seine Sexualität opfert – tut er den Gläubigen damit nicht einen großen Dienst? Verdient das nicht Achtung und Respekt und Unterstützung?

Auf die Glocken hören

Gegen Abend, nachdem ich bei einem Psychoseminar gedolmetscht habe, sitze ich in der engen Häuserschlucht neben dem mächtigen Freiburger Münster. Plötzlich beginnen die Glocken zu läuten, nach und nach stimmen immer mehr ein, die Klänge ergießen sich in Kaskaden in die Tiefe, bis ein gewaltiges Brausen die Luft erfüllt, das zehn Minuten anhält und die Menschen in die Kirche ruft – zur Messe am Samstagabend.

Ich lasse mich ins Innere des Münsters rufen: ein gewaltiger, düsterer Bau. Die Gläubigen sitzen versprenkelt in den Bänken, der Priester und seine Ministranten zelebrieren weit vorne. Allmählich hören die Glasfenster auf zu leuchten, es wird dunkel draußen. Eine Kraft wühlt in meinem Herzen und bringt mich zum Schluchzen, ohne Inhalt; wie immer folgt auf diese Art von Weinen später Heiterkeit. Mein Blick fällt auf die Marienstatue. Sie tröstet. Wie gut, daß die weibliche Kraft in diesem strengen, hohen, männlichen, einschüchternden Steinbau eine Nische hat: weich, weiblich, geschmeidig, bewegt, schön, mütterlich. Maria, Jungfrau und Mutter, Mädchen und Frau, Magd und Königin. An der Kommunion nehme ich nicht teil, und doch wirkt eine starke Kraft in mir, zu der ich ja sage.

Ich möchte keine Übungen mehr machen, und wenn sie noch so einleuchtend und verlockend sind, wie zum Beispiel jene, die gerade in diesem Seminar vermittelt werden, um Kontakt zum »höheren Selbst« aufzunehmen. Ich möchte die göttliche Gnade am eigenen Leib und an eigener Seele erfahren. Dazu muß ich aufhören zu tun.

Es bekommt einen merkwürdigen Reiz, in dieses große, alte, würdige Schiff einzusteigen, das seit 2000 Jahren unterwegs ist, die katholische Kirche. Es ist auch schlichtweg interessant: 2000 Jahre Geschichtsprägung durch die Religion, 2000 Jahre Kunstgeschichte, Ordensgründungen, Häresien, Kreuzzüge, Mystiker, Heilige.

Familienbande

Immer wieder gibt es Anlässe, mich in den Strukturen meines Familiensystems zu verheddern. Ich liege nachts wach, fühle meine Verstrickung, fühle mein Versagen, fühle meine Schuld, fühle, wie mich dieses Festhalten am Vorwurf von Gott und meiner Aufgabe trennt und mir den Weg versperrt. Fünfzehn Jahre ist es her seit meinem ersten psychologischen Seminar zur Familiendynamik, bei dem ich zum ersten Mal erfahren habe, wie das Leben sich anfühlt, wenn ich loslasse. Aber immer wieder werde ich wie von einer Krake eingefangen, trotz intensiver Arbeit an dem Problem. Die Polypenarme saugen sich fest an meinen Erwartungen, meiner nie aufgegebenen Hoffnung, von Mutter, von Vater und von meinen Brüdern angenommen und geliebt zu werden. Immer stehe ich vor dem Paradox, daß mir das Festhalten an den primären Beziehungen wie eine heilige Pflicht erscheint, daß die Liebe gelebt werden muß, und gleichzeitig fesselt mich dieses Bestreben in einer negativen Dynamik. Die Lösung von den Eltern erscheint wie Schuld. Mehrmals habe ich diesen Zustand der Freiheit und der Leichtigkeit erlebt, wenn ich die Fesseln durchtrennt hatte. Den Satz des Vaterunsers: »Vergib uns unsere Schuld, wie wir vergeben unseren Schuldigern«, erfahre ich dann als wahr. Ich nehme den Schuldvorwurf zurück und fühle mich schuldlos, ich klage an und fühle mich schuldig.

Das Erleben der Freiheit von Familienfesseln brachte das Ritual an meinem fünfzigsten Geburtstag.

Es war ein windiger, wolkiger Tag im Oktober.

In der Abenddämmerung fahre ich eine halbe Stunde an den Rand der Berge und laufe zum Wasserfall. Es ist ein Platz, von dem ich immer gestärkt, erfrischt und belebt weggehe. Das Wasser stürzt über eine vierzig Meter hohe, halbrunde Felswand ekstatisch in die

Tiefe – selten hat Wasser Gelegenheit zum Fliegen – und füllt ein ausgehöhltes Becken. Von dort sickert es zwischen wilden Felsbrocken nach unten und sammelt sich in einem fröhlich plätschernden Bach.

Ich entzünde ein Feuer im Windschutz eines Felsens; sein Licht schafft eine kleine Höhle in der Dunkelheit. Das Wasser tost und erfüllt die Luft mit feuchtem, kaltem Staub. Über mir reißt der Himmel auf, und das Sternenzelt wölbt sich hoch über das Halbrund der Felsen. Die Silhouetten einzelner Bäume zeichnen sich oben an der Felskante gegen den Nachthimmel ab. Ich fühle mich geborgen in der Dunkelheit, in der Wildnis, in Tuchfühlung mit den Elementen: Erde, Himmel, Feuer, Wasser. Was ich dann tue, welche Symbole ich wähle, um die Bindungen aufzulösen, weiß ich nicht mehr. Ich schaue lange ins Feuer, warte, bis alles verbrannt ist. Als ich über die Schwelle trete, fühle ich mich von Zentnerlasten befreit. Im Auto stelle ich das Radio an, American Country Songs: Im ersten heißt es sinngemäß: »Das ist der schönste Tag deines Lebens, was auch kommen mag, vergiß nie diesen Tag«; im zweiten heißt der Refrain: »You have learnt your lesson well, you have learnt your lesson well.«

Und doch habe ich noch immer die Lektion nicht gelernt. Immer noch gibt es diesen Sog. Der Fallstrick ist die unbewußt wirkende Illusion: Wenn ich die Liebe wiederfinde, müßte sie auch zurückkommen. Aber sie kommt nicht, und ich erwache aus der Illusion immer erst durch frisch aktualisierten Schmerz in alten Mustern. Das, was mir als Liebe erscheint, ist keine Liebe. Wirkliche Liebe bindet nicht, sie macht frei.

Vorgestern nacht war der Punkt der Kapitulation erreicht: Die Bindungen sind in einer Tiefe, in die ich nicht hinabreichen kann. *Ich kann es nicht machen* – weder dadurch, daß ich in einem Psychoworkshop nächtelang auf Kissen einschlage, noch durch die Inszenierung von Ritualen, noch durch Familienaufstellung. Ich erinnere mich, wie der Therapeut sagte, er wisse nicht, ob sich die Verstrickungen wirklich lösen ließen; wenn es denn geschehe, sei es Gnade. Ich bete: »Herr, mach mich frei, damit DU mich erfüllen kannst.«

Am letzten Donnerstag – immer am ersten Donnerstag des Monats – ist in der Kirche eucharistische Anbetung: Das Allerheiligste, die Monstranz mit der Hostie, wird ausgesetzt, und die Gemeinde versammelt sich eine Stunde lang in stiller Anbetung. Danach wird die Messe gefeiert. Ich sitze am gewohnten Platz auf der linken

Seite, ziemlich weit vorne. Es kommt eine Intensität auf, die ich nicht in Worte fassen kann.

Oft ist der Vorwurf erhoben worden, die Kirche sei nicht an der eigenen mystischen Erfahrung der Gläubigen interessiert. Hier jedenfalls geht es genau darum. Die Lehre der Kirche sagt: Christus ist in der Hostie anwesend. »Das ist der Leib Christi.« Die Menschen knien. Mir tut das Knien noch weh. Über all die Jahre habe ich gelernt, ohne Schmerzen in Meditationshaltung zu sitzen. Nun muß ich lernen zu knien. Nach einer Weile setze ich mich zurück. Mein Magen rumort, mir wird schlecht, der Schweiß steht mir auf der Stirn, die Übelkeit nimmt zu. Ich verlasse auf Zehenspitzen meinen Platz und setze mich in die letzte Bank. Dort geht es. Als später in der Messe Eucharistie gefeiert wird, tritt mir wieder der Schweiß auf die Stirn. Ich weiß nicht, was geschieht, aber ich weiß, daß etwas geschieht.

An Wunder glauben?

Abends setze ich mich in unserer Dorfkirche vor den Tabernakel. Da bin ich allein in der kalten Kirche, denke an Jesus, fühle zu Jesus hin und spüre, wie im Herzbereich etwas geschieht, so als würde Erde gelockert. Ich weine, weine Tränen, für die ich keine Worte habe, vielleicht, weil ich in der Liebe noch nicht bin, deren Möglichkeit ich ahne.

Kordula kommt fürs Wochenende. Sie studiert Theologie und erzählt mir immer das Neueste von der theologischen Front. Ihr Glaube wird dort mit rationalen, kritischen, historischen Argumenten tagtäglich unter scharfen Beschuß genommen.

Die Professorin habe über die Szene gesprochen, wo Jesus über das Wasser geht. Das sei nur symbolisch zu verstehen, nicht wirklich. Die Evangelien seien in einer Bildersprache verfaßt. Sie gibt ihrer Hoffnung Ausdruck, daß die Studenten »ihren Glauben verändern«.

Ich lese die Stelle bei Markus nach in meiner Bibel von 1905, in der die Wucht der Sprache noch nicht im Zuge der Modernisierung niedergebügelt ist.

> Und da sie ihn sahen auf dem Meer wandeln, meineten sie, es wäre ein Gespenst, und schrien; denn sie sahen ihn alle und erschraken. Aber alsbald redete er mit ihnen und sprach zu

> ihnen: Seid getrost, Ich bin's, fürchtet euch nicht! Und trat zu ihnen ins Schiff, und der Wind legte sich. Und sie entsetzten und verwunderten sich über die Maßen. Denn sie waren nichts verständiger worden über den Broten und ihr Herz war erstarret. (Mk 6,50–52)

Wie soll man das *symbolisch* verstehen? Warum haben sie denn geschrien, entsetzt und verwundert über die Maßen? Wofür wäre die Geschichte denn ein Symbol, ein Zeichen, eine Abstraktion? Die Essenz ist, daß da etwas geschieht, was jeder Erfahrung, was den Naturgesetzen widerspricht, so daß die Sinneswahrnehmung die Jünger dazu zwingt, an die übernatürliche Kraft Jesu zu glauben. Selbst den Jüngern fällt das schwer, obwohl sie gerade selbst mitgeholfen haben, mit fünf Broten fünftausend Menschen zu speisen; das müßte doch eigentlich reichen, um rationale Empiristen dazu zu bringen, sich für die Möglichkeit des Unmöglichen zu öffnen. Aber nein: *Ihr Herz war erstarret.*

Der Glaube daran, daß Gott in die irdische Wirklichkeit eingreifen und auch außerhalb der Naturgesetze handeln kann, also der Glaube an die Möglichkeit von Wundern, gehört zum Kern der christlichen Religion. In ihrer zweitausendjährigen Geschichte bis in die Gegenwart gibt es dafür immer wieder überwältigende Zeugnisse. Mit welchem Kriterium unterscheiden moderne Theologieprofessoren die »symbolischen« Wunder von den echten Wundern? Ist die Auferstehung auch ein »Symbol«, oder hat sie wirklich stattgefunden? Wenn es für Christus möglich war, zu sterben und wieder aufzuerstehen – was man doch wohl glaubt, wenn man christliche Theologie lehrt –, warum glaubt man dann nicht, daß er auch wirklich übers Wasser gegangen ist, Blinde sehend und Lahme gehend gemacht hat?

Was die Faktenfrage angeht: Kann man besser beweisen, daß er *nicht* übers Wasser gegangen ist? Das dürfte genauso unmöglich sein; es fügt sich nur bequemer in die Paradigmen unserer Zeit, die im Mantel der Wissenschaft daherkommen und – ausgestattet mit Macht und Geld – den Anspruch erheben: Wir bestimmen, was Wirklichkeit ist. Und doch sind unter dem Mantel auch nur Glaubenshaltungen, die zu einer fatalen kollektiven Hypnose geworden sind, in der die Wirklichkeit traurig beschränkt wird und alles für nicht wirklich und wirkend erklärt wird, was sich der Kontrolle des Intellekts entzieht.

»An ihren Früchten sollt ihr sie erkennen«, sagt Jesus. Welche Früchte hat es, wenn man an Wunder glaubt, welche Früchte hat es, wenn man nicht an Wunder glaubt?

Glauben heißt glauben, heißt glauben, heißt glauben. Wie wir an den Jüngern sehen, ist es selbst dann noch schwer, wenn man ein Wunder mit eigenen Augen sieht. Glauben ist in unserer Zeit das Schwerste, was es gibt. An ihren Früchten sollt ihr sie erkennen.

Wie geht es einem Menschen, der, sagen wir, eine Krebsdiagnose samt Todesurteil (»Sie haben noch sechs Monate zu leben!«) von einem Herrn im weißen Kittel mitgeteilt bekommen hat, und dieser Mensch glaubt an Wunder und hofft und liebt, dessen Herz also lebendig ist? Und wie geht es einem anderen, der an den Herrn im weißen Kittel glaubt und nicht hofft und nicht liebt, dessen Herz erstarret ist? Untersuchungen zeigen, daß die Überlebenschancen des ersteren sehr viel größer sind.

Wie ginge es einer Gesellschaft, die an Wunder glaubt und Wunder erfleht und sich Wundern beugt? Haben wir noch ernsthafte Alternativen?

Kirchweih

Die Kirche ist so voll, daß manche stehen müssen. Von Kirchweih wußte ich bisher nur etwas durch die Schilder beim Metzger, der bei diesem Anlaß zur Bestellung von Enten und Gänsen auffordert. Der ganze Gottesdienst ist wie ein Bankett für meine Seele. Wunderbare Musik, eine Messe von Liszt; habe nicht geahnt, daß er so rein komponieren kann. Ein gläubiger, kraftvoller Geist ist über der Gemeinde und erfüllt die Kirche. Alle sind gleich vor Gott, obwohl ich kaum jemanden kenne, fühle ich mich zugehörig, eine unter vielen, die zu Gott hinschauen. Der Pfarrer predigt über die Szene mit dem Pharisäer und dem Zöllner im Tempel. Der Pharisäer erzählt Gott, daß er zweimal die Woche fastet und ein Zehntel seines Einkommens den Armen gibt. »Danke«, sagt er, »daß ich nicht so bin wie jener.« Der Zöllner steht ganz hinten im Tempel, schlägt sich an die Brust und fleht: »Herr, sei mir armem Sünder gnädig.« Er ist es, dessen Gott sich erbarmt.

Ich sehe ein Stück von meinem eigenen Pharisäertum: ein Herabschauen auf die Gewohnheitschristen, die allsonntäglich in die Kirche gehen, weil sie es immer schon getan haben, weil *man* es eben tut, und die genauso herauskommen, wie sie hineingegangen sind. Ganz anders als ich, nicht wahr! Ich bilde mir ein, ich könnte es den Leuten an der Nasenspitze ansehen, ob sie Gewohnheitschristen sind oder Menschen auf dem Weg. Woher weiß ich etwas über den Glauben der anderen, woher die Anmaßung? Noch jedes Urteil, das ich über andere gefällt habe, ist auf mich zurückgefallen und hat meine Welt verengt.

Vor der Kommunion wird die Gemeinde aufgefordert: »Gebt einander ein Zeichen des Friedens.« Nach rechts und nach links, nach vorne und nach hinten reicht einer dem anderen die Hand und sagt mit einem Blick in die Augen: »Der Friede sei mit dir.« Wie schön ist das, dem Nachbarn einen Augenblick so zu begegnen!

Alle gehen vor und empfangen das heilige Brot. Zunehmend mehr sehne ich mich danach.

Die Beichte – eine heilende Medizin?

Ich bin gespannt auf die Beichte, auf das Sakrament der Versöhnung. Ich denke, daß es eine heilende Medizin sein wird. Die Botschaft des Christentums ist: Gott, Jesus liebt uns, liebt mich, *so wie ich bin.* Gleichzeitig aber konfrontiert uns Jesus in der Bergpredigt mit Geboten, die das Äußerste an Selbstüberwindung verlangen. In uns entsteht der Trugschluß, nur wenn wir diesen Forderungen entsprechen, nur dann kann Gott uns lieben. Wer von uns wäre nicht mit Liebesentzug gestraft worden, wenn er den elterlichen Vorschriften nicht entsprach? Die Folge ist, daß wir gelernt haben, unsere dunklen Seiten, unsere »Sünden«, nicht nur vor anderen, sondern bereits vor uns selbst zu verbergen. Wir beurteilen uns nach unseren guten Absichten, nicht nach der Realität unseres Denkens, Fühlens und Handelns. Und doch: Gott liebt mich, so wie ich bin. Ganz bestimmt ist Christus nicht an unseren Maskeraden interessiert, sondern an unserer Wahrheit, so wie sie jetzt, heute, hier ist. Nur dann kann er uns verwandeln.

Lange Zeit war ich selbst mein strengster Richter. Nicht genug, daß es mir nicht gut ging, ich habe mich dafür verurteilt und mich vor anderen geschämt, daß ich nicht glücklich war: So lange bist du schon auf dem Weg, und weder bist du glücklich noch erfolgreich. Schau dich an, du Versagerin!

Allmählich geht mir auf, daß wir alle Sünder sind und daß es nicht unsere Sünden sind, auf die es ankommt, sondern auf unsere Liebe zu Gott. Sünder gibt es massenhaft, Menschen, die Gott lieben, nicht so viele. Es gibt natürlich eine Wechselbeziehung zwischen Sünde und Liebe. Aber die Frage ist: Wo liegt mein Fokus?

Wie ist es, wenn ich von der Liebe aus auf die Sünde schaue? Die chronische, destruktive Selbstverurteilung hört dann auf.

Gott liebt mich, wie ich bin, *bedingungslos*. Ist damit nicht der Raum geschaffen, mich anzuschauen und alles, was ich an Dunklem, an Sünde entdecke, Christus vor die Füße zu legen? Hier ist es, nimm es, wandle mich, gib mir die Kraft, das Meine zu tun, mich für deine Gnade zu öffnen. Dafür ist er doch gekommen, uns von den Sünden zu erlösen. Wie kann er das, wenn ich sie in dumpfen, dunklen, muffigen, explosiven Winkeln in mir verstecke oder an der Überzeugung festhalte, daß es die Umwelt ist, die dieses Gift in mir erzeugt?

Jesus sagt: »Was aus dem Menschen geht, das macht den Menschen gemein; denn von innen, aus dem Herzen der Menschen, gehen heraus böse Gedanken: Ehebruch, Hurerei, Mord, Dieberei, Geiz, Hinterlist, Unzucht, Bosheit, Gotteslästerung, Hoffart, Unvernunft. Alles dieses Böse kommt von innen heraus und macht den Menschen gemein.« (Mk 7,20–23)

Das Sakrament der Beichte kann von beiden Seiten mißbraucht werden. Immer wieder höre ich von Menschen in meinem Alter, daß ihnen ein strafender Gott vermittelt wurde, der alles sieht, so daß sie sich schon von frühester Jugend an schuldig gefühlt haben. Eltern und Lehrer und Pfarrer machten Gott zu ihrem Verbündeten, um ihre weltlichen Machtverhältnisse in der Seele der Kinder zu verankern. Viele haben deswegen die Kirche verlassen, haben sich ganz von Gott abgewandt oder ihn in der Flut östlicher Heilslehren und Gurus gesucht.

Auf seiten der Beichtenden kann das Sakrament benutzt werden, um frischfröhlich darauflos zu sündigen; man beichtet's, und dann geht's genauso weiter. Als Kind hatte ich einen katholischen Freund, mit dem ich Spiele gemacht habe, die ich für Sünde hielt.

Er hatte es gut: Er ging beichten und hat sich nicht länger damit geplagt. Ich habe die Schuldgefühle ins Erwachsenenalter mitgeschleppt.

Schuldgefühle gelten heutzutage als etwas Neurotisches, etwas, das man sich tunlichst vom Therapeuten wegmachen läßt, und oft sind sie es auch – unreflektiert übernommene Werte von Autoritäten, denen wir nicht entsprechen können. Aber gibt es deswegen keine Schuld?

Wir stehen mit beiden Beinen im Paradox: Wir sind schuldig geworden, weil wir Einflüssen ausgesetzt waren, die uns schuldig werden ließen, und doch würden wir unser Menschsein aufgeben, wenn wir nicht grundsätzlich davon ausgingen, daß wir freie Wahl und damit Verantwortung haben.

Die Beichte könnte eine Entsorgungsstation von Schuld sein. Jedes Stückchen Schuld, das ich annehme und dorthin trage, nehme ich aus der Welt und bringe es zu Christus. Ich erwarte nicht, daß damit sofort der Sumpf der Schuld trockengelegt ist, aber ein Prozeß ist eingeleitet, in den Christus hineinwirken kann.

Glaubenssätze überprüfen

Wieder Besuch von Verena. Sie würde sich umbringen, wenn sie keine Kinder hätte und sich nicht davor fürchten würde, nach dem Tod mit den gleichen Problemen konfrontiert zu sein. Sie glaubt an Gott, und sie haßt Gott.

Verena ist bereit, ihre Glaubenshaltungen anzuschauen. Sie sind eine einzige Anklage gegen Gott. Es ist nicht überraschend, daß ein Mensch in der Hölle lebt, wenn er glaubt, daß Gott seine Lust daran hat, ihn zu quälen und mit ihm zu spielen. Verena sagt, in der Bibel stehe, Satan sei ein Sohn Gottes. Tatsächlich heißt es im Buch Hiob 1,6: »Nun geschah es eines Tages, da kamen die Gottessöhne, um vor den Herrn hinzutreten; unter ihnen kam auch Satan.« Sie benutzt diesen Satz dazu, Gott satanisch zu machen oder Satan die Allmacht Gottes zu verleihen.

Ich helfe Verena, diesen ganzen schwarzen Sumpf Satz für Satz ans Licht zu bringen. Ihr wird klar, daß es sich nicht um Wahrheiten handelt, sondern um höchst ungesunde Glaubenshaltungen, die sie sich zu eigen gemacht hat. Wir suchen für jeden dieser Sätze eine unvereinbare, positive Gegenaussage, maßgeschneiderte, positive Affirmationen. Danach geht es ihr deutlich besser. Der Horizont hat sich gelichtet, die schwarzen Wolken haben einen hellen Rand der Hoffnung. Nun kommt es darauf an, sich diese neuen Glaubenshaltungen durch Gebet zu eigen zu machen.

Ich lese ein Buch über den Wandel der Auffassung von Maria im Laufe der Kirchengeschichte. Wie einfach wäre es, Glaubensinhalte einfach glauben zu können, als wären es Tatsachen: Die jungfräuliche Geburt Christi, Mariä Himmelfahrt, Maria Königin des Himmels. Es ist schmerzhaft, mich der menschlichen und historischen Relativierung zu stellen. Ich finde es dann schwer, Mensch zu sein, in dieses Labyrinth geworfen und mit Blindheit geschlagen zu sein. An was kann ich mich halten? Worin bin ich gehalten? Bin ich gehalten? So unermeßliches Leid auf dieser Welt.

Ich weiß nur eines sicher: Es gibt Liebe. Wenn ich in der Liebe bin, wenn Liebesenergie fließt, sind keine Fragen und keine Zweifel da. Das ist mein einziges Kriterium. Ich weiß nicht, was wahr ist. Ich weiß nur, was zur Liebe hinführt und was von ihr weg.

Aufbruch zu Maria

Meine erste Pilgerreise geht nach Medjugorje in Bosnien-Herzegowina. Dort, heißt es, erscheint die Gottesmutter seit 1981 bis heute täglich mehreren Sehern. Ich habe schon vor Jahren davon gehört, aber damals gab es noch keine Resonanz in mir. Maria gehörte der katholischen Kirche, und die katholische Kirche war keine Option. Wie ist mein Verhältnis zu Maria jetzt – eine Woche vor meiner ersten Pilgerreise?

Vor mir aufgeschlagen liegt ein Buch mit Abbildungen von Maria. Das Glasfenster von Chartres aus dem 12. Jahrhundert: Eine machtvolle, strahlende Königin, der Sohn ganz in ihrem Leib enthalten. Daneben Unsere Liebe Frau von Meymac in Frankreich, eine romanische Holzfigur: Eine kurze kräftige Frau sitzt auf einem Hocker und hält ihre großen Hände von der Seite schützend an ihren Sohn. Die Augen sind zu ihm niedergeschlagen. Sie ist ganz aufrecht, ganz Präsenz. Das angedeutete Lächeln zeigt wissende Freude über den unermeßlichen Schatz, den zu hüten ihr aufgetragen ist. Dann die Ikone Unserer Lieben Frau von Vladimir von 1130: Innigste Zärtlichkeit, das Kind reckt seinen Kopf, um seine Wange an die der Mutter zu schmiegen. Ihr wissender Blick ist überaus traurig. Unsere Liebe Frau der guten Hoffnung aus Dijon, Mitte des 12. Jahrhunderts. Macht und Demut in einem. Eine Frau, die alles durchlitten hat und der alles Leiden zum Menschsein gereicht. Ihre Brüste wölben sich unter einem dünnen Schleier, der in Falten über ihren Bauch fällt. Sie hat nicht nur ihren Geist, sie hat auch ihren Körper hingegeben. Was für wunderbare Darstellungen! Wie weit sind sie weg von den süßlichen Gipsjungfrauen, die mich vermutlich in Medjugorje erwarten.

Beim Betrachten dieser Kunstwerke kommt Freude in mir auf, Freude, daß meine Arbeit mir erlaubt, vielmehr, daß es meine Arbeit *ist*, mit Maria bekanntzuwerden, der weiblichen Gestalt, die 2000 Jahre Patriarchat nicht kleinkriegen konnten. Sie ist die einzige Frau in der Welt des Geistes, die in der christlichen, patriarchalen Kultur überlebt hat, die immer und immer wieder die Herzen der Menschen ergriffen hat, die zu allen Zeiten mütterliche Liebe über die Menschheit auszuschütten scheint. Jetzt, wo die Menschheit sich so sehr von Gott abgewandt und sich in so große Gefahr gebracht hat, erscheint sie auf allen Kontinenten dieser Erde Sehern, die sie beauftragt, Botschaften zu übermitteln.

Lourdes und Fatima sind dem Namen nach allgemein bekannt. Aber das sind die Orte nur zweier – kirchlich anerkannter – Erscheinungen von 918 Ereignissen dieser Art, die Hierzenberger und Nedomansky in ihrem Buch »Erscheinungen und Botschaften der Gottesmutter Maria« dokumentieren.*

Es ist eine sprunghafte Steigerung festzustellen: Im 18. Jahrhundert 31, im 19. Jahrhundert 106 und im 20. Jahrhundert 427 Erscheinungen rund um die Erde. Hört man sich in der Bekanntschaft ein wenig um, so wird man bald auf jemanden stoßen, der eine Oma oder eine Tante hat, die eine innige Beziehung zu Maria pflegt und von kleinen und großen Wundern berichten kann, die sich im Umgang mit Maria zutragen. Man redet nicht darüber in einer Zeit, in der der Glaube als etwas Kindliches erscheint, das es zu überwinden gilt. Die Präsenz der Gottesmutter ist nur zu übersehen und zu überhören, wenn man sie übersehen und überhören will. Ich will es nicht mehr. Ich betrachte es als gnädige Wende meines Lebens, daß meine Arbeit darin besteht, mich ihr zuzuwenden.

Dabei ist sie mir noch so fern. Ich muß die Art von Freude, die mütterliche Liebe und Geborgenheit schenkt, erst noch finden. Maria lehrt nicht mit Worten. Nur wenige Sätze sind von ihr überliefert. Sie enthalten den gesamten Lehrplan Marias. Als Frau ist sie praktisch:

> Ich bin die Magd des Herrn. Mir geschehe nach deinem Wort. (Lk 1,38)
> Was er euch sagt, das tut. (Joh 2,5)

Maria geht es nur um mein Herz, ihr, der Frau, der Jungfrau *und* Mutter. Was wird Maria mich über mein Frausein lehren? Eins ist mir sicher: Sie wird mich schöner machen. Sie wird mich nach innen führen, zum Kern meiner Weiblichkeit. Sie wird mich lehren,

---

* Gottfried Hierzenberger, Otto Nedomansky: Erscheinungen und Botschaften der Gottesmutter Maria. Vollständige Dokumentation durch zwei Jahrtausende. Bechtermünz Verlag, Augsburg 1996.

was es mit Mann und Frau auf sich hat. Die beiden Existenzweisen sind in unserer Zeit verschmiert und verwischt. Was ist Mann und Frau, wenn beide ihr Wesen leben? Sie wird mich lehren, was an meinem Muttersein noch fehlt.

Glaube ich an Maria? Glaube ich, daß sie wirklich existiert, wirklich eingreift in unser Menschendasein?

Glaube ist eine Willensentscheidung und eine Gnade. Ich will glauben. Ich glaube gerade so viel, daß ich aufbrechen kann. Aufbrechen auf den Weg zu ihr hin, Rosenkranz beten, nach Medjugorje in einem Pilgerbus fahren, eine Ikone von ihr ins Wohnzimmer hängen – das alles tun, um ihr die Möglichkeit zu schaffen, mich zu erreichen. Und *aufbrechen*, das Herz öffnen, daß die Liebe, die von ihr kommt, von Christus, von Gott, einströmen und eines Tages überfließen kann.

Noch gehe ich auf dünnem Eis. Ein paar Jahre habe ich unter Wasser gelebt. Da war es düster, freudlos, Angst erfüllte die Luft, die ich geatmet habe, eine Midlifecrisis, die sich gewaschen hatte. Auch jetzt noch, in den Morgenstunden, bin ich manchmal nicht sicher, ob sich nicht eine große Leere auftun könnte, ein Gefühl, das ich aus der Kindheit kenne: Nachts aufwachen und alle Wände scheinen meilenweit entfernt in dunkler Schwärze.

Maria ruft uns zur Praxis. Ihre Anweisungen sind klar und einfach und überhaupt nicht im Trend: »Kehrt um, verlaßt den Weg der Sünde, betet, fastet und tut Buße.« Fühlt sich an wie Sand zwischen den Zähnen. Haben wir das nicht längst überwunden? Haben wir nicht etwas viel Besseres an der unerschöpflich sprudelnden Quelle immer neuer Wachstumsmethoden gefunden: Lust, Freude, Glück, Erfolg? Haben wir das?

Beten, Fasten, Buße – und doch geben die Menschen durch die Jahrtausende beharrlich Zeugnis von Maria als Freude aller Freuden.

Dämonen in den Morgenstunden

In den frühen Morgenstunden werde ich häufig von »Dämonen« heimgesucht. Sie machen mir angst, rauben mir meine Kraft und mein Selbstvertrauen. Die Angst hat keinen Gegenstand, sie sucht sich dann einen: »Wie soll ich das alles schaffen!« Das Gefühl überwältigt mich, nicht geborgen, nicht getragen zu sein.

Ein Traum hat mir heute die Situation verdeutlicht:

Sechs fremde Leute kommen in mein Haus und machen sich breit. Sie legen zwei Matratzen zum Schlafen hin. Nehmen mich überhaupt nicht zur Kenntnis. Ich gehe hin und sage: Das ist mein Haus. Sie scheren sich nicht darum.

Es hat etwas für sich, an eine aktive böse Macht zu glauben, die uns von außen angreift und uns mit aller Kraft daran hindern will, uns Gott zuzuwenden. Die »Fremden« im Traum kommen von außen, ich kann sie hinauswerfen, kann ihnen die Tür weisen, auch wenn ich jetzt noch nicht die Kraft dazu habe.

Mir wird bewußt, wie wunderbar Gott mich in diesem ganzen Leben geschützt hat. Er hat mich nicht losgelassen, hat mich fünfzig Jahre lang an langer Leine durchs Leben gehen lassen – mit allen Umwegen. Kein wirklich großes Tal des Leidens mußte ich durchqueren. Das Lebensthema ist das Ringen um die Liebe, die mir nicht in die Wiege gelegt wurde.

Ich stoße auf ein eigenartiges Phänomen: Meine beiden katholischen Freunde, Charles und Hanna, begegnen meiner Hinwendung zum Katholizismus mit Skepsis und heftigen Angriffen gegen die Kirche. Mit beiden bin ich über zwanzig Jahre befreundet. Charles erwähnte ab und zu, daß ihn eine heilige Messe zutiefst erfüllt und beglückt habe; mir war ein Rätsel, wovon er sprach. Jetzt sagt er: »Ich hoffe, daß du am anderen Ende bald wieder herauskommen wirst.« Es tut mir weh, denn ich hoffe, daß ich in der Tiefe die Weite finde.

Hanna hat weiträumig außerhalb der Kirche gesucht, ist aber nie ausgetreten und hat ihren Kindern Taufe, Kommunion und Firmung zukommen lassen. Als sie das Marienbild in meinem Wohnzimmer sieht, schleudert sie mir entgegen: »Vor 150 Jahren wurde die letzte Hexe verbrannt!« Wenn sie von der Kirche spricht, spricht sie von der »Amtskirche«, als gäbe es noch eine zweite. Irgend etwas ist da ungereimt.

Heute, am Vorabend meiner ersten Pilgerreise nach Medjugorje, ist mir Maria im Gebet etwas nähergekommen. Maria zu finden, ist der Sinn und Zweck dieses Buches, die wirkliche, wirkende, lebendige Maria. Ich kann versuchen, mich zu öffnen. Wenn sie kommt, ist es Gnade, überwältigende Gnade. Es kann, wie die Menschen bezeugen, jederzeit geschehen, im dunkelsten Keller oder in lichter Höhe, ohne Voranmeldung. Der Glaube ist die Vorleistung, die Eintrittskarte in die persönliche Beziehung zum göttlichen Du.

Maria gilt als Mittlerin zu Jesus, als der einfachste und schnellste Weg zu Jesus. Maria ist nichts anderes als reinste, vollkommenste Liebe zu Jesus. Sie hat ihn empfangen – sie hatte die Wahl und sie hat ja gesagt. Sie hat ihn geboren, hat ihn großgezogen, hat ihn bei der Hochzeit zu Kana in seine Mission gestoßen, war seine Jüngerin, ist unter dem Kreuz gestanden und konnte die Todesverlassenheit ihres Sohnes nicht mildern. Vielleicht ist das der schlimmste Schmerz für eine Mutter. Maria ist mit jeder Zelle Liebe zu Jesus – wie könnten wir also nicht über sie zu Ihm gelangen?

Mehr und mehr öffnet sich mein Herz für diese Bilder, für diese göttlichen Ereignisse, oder besser: Die Bilder drängen sich in mein Herz. Die Bilder sind eingewebt in den Stoff unserer Kultur. Aber wir haben unser Herz davor verschlossen.

Wodurch öffnet sich das Herz?

Ich könnte ein Loblied auf die Krise singen. Es ist den Menschen anzusehen, ob sie schon auf den Knien gelegen sind oder ob sie daran glauben, daß sie das Leben aus eigener Kraft dazu bringen können, ihnen das zu geben, was sie von ihm wollen: Erfolg, Liebe, Geld.

Eines Tages konnte ich mich der Erkenntnis nicht mehr verschließen, daß ich das nicht schaffe. Drei Jahre lang habe ich geweint und war Angstzuständen ausgeliefert, bis schließlich eine Willensebene angerührt war, die bislang in meinem Leben noch nicht aktiv geworden war. Ich erinnere mich an den Augenblick, an dem klar war: Das ist dein tiefster Punkt. Handle! Das ist nicht sehr lange her.

Medjugorje: Das geschenkte Ja

Sonntag

Gerade noch rechtzeitig komme ich in jenem Dorf an der österreichischen Grenze an, wo ich dem Pilgerbus nach Medjugorje zusteige. Dort wird vor der Abfahrt noch eine Messe gefeiert. Die Pilger sind schon alle in der kalten Kirche und warten auf den Beginn. Der Ortspfarrer, ein glühender Muttergottesverehrer, hat aus seiner Pfarrei einen Ort gemacht, an dem die Mariengläubigen der ganzen Region am 13. jeden Monats – dem Fatimatag – zusammenströmen.

Die Messe beginnt mit dem großen Schuldbekenntnis:

> Ich bekenne Gott, dem Allmächtigen, und allen Brüdern und Schwestern, daß ich Gutes unterlassen und Böses getan habe – ich habe gesündigt in Gedanken, Worten und Werken durch meine Schuld, durch meine Schuld, durch meine große Schuld. Darum bitte ich die selige Jungfrau Maria, alle Engel und Heiligen und euch, Brüder und Schwestern, für mich zu beten bei Gott unserem Herrn.

»... durch meine Schuld, durch meine Schuld, durch meine große Schuld ...« Das ist mein erster Stolperstein. Ich empfinde nicht, daß ich »große Schuld« habe. Ich habe immer wieder kleine Schuld.

Der Pfarrer predigt über Maria: »Stellen Sie sich vor, ein Kind, das keine Eltern hat, läuft hier in den Mittelgang und begegnet seiner Mutter. Welche Freude, wenn sie sich in die Arme fallen! Wenn ein Kind in Gefahr ist, läuft es zur Mutter. Wenn ein Kind in Not ist, kommt die Mutter zu ihm. Überall auf dem Erdball kommt Maria zu ihren Kindern.«

Mit dieser Pilgerreise gehe ich über eine soziale Schwelle. Rosenkranz betende Katholiken – anderer Lebensstil, anderer Geschmack, anderer sozialer Hintergrund, vermutlich andere politische Einstellung, aber das kommt nicht zur Sprache.

Abfahrt im Dunkeln in einem engen Bus. Vorne das Bild der Medjugorje-Maria groß am Fenster. Ich fand es bisher kitschig, zu realistisch, jetzt schaue ich im Halbdunkeln von meinem hinteren Sitz zunehmend lieber hin. Schlafe im Frieden des Rosenkranzgemurmels ein.

Meinem Nachbarn im Bus, einem in Deutschland aufgewachsenen Griechen, erzähle ich von der Trennung von meinem Mann.

Er meint: »Vielleicht ändert sich etwas in Medjugorje.« Ich erwidere: »Das glaube ich nicht. Wir wollen beide die Ehe nicht mehr.« Nach langem Nachsinnen sagt er nur »sehr hart« und schweigt wieder. Auch ich sinne nach und sage schließlich: »Wenn sich das ändern würde, wäre es wirklich ein Wunder.«

Wir fahren durch das Kriegsgebiet. Ab und zu, wenn ich gerade zufällig aufwache, sehe ich Häuser mit Einschüssen. Viele Häuser sind halbfertig, so als wäre das Geld zum Weiterbauen ausgegangen.

Im Bus hören wir ein Tonband von Pater Jozo Zovko, der in Medjugorje Ortspfarrer war, als 1981 die Erscheinungen begannen. Er wurde, als er sich dazu bekannte, verhaftet und eineinhalb Jahre ins Gefängnis gesperrt. So ein Franziskanerpater steht das leicht durch, denke ich, er betet halt die meiste Zeit. Es wäre schön, eine solche Sicherheit auch in mir zu spüren. Pater Zovko spricht über den Konflikt mit dem Bischof von Mostar, der die Erscheinungen nicht anerkennen will. »So sieht die Welt, daß auch wir Sünder sind.«

Montag

Um 9 Uhr kommen wir rechtzeitig zur deutschen Messe in Medjugorje an. Ein Pilger-Priester hält eine fundamentalistische Einpeitschpredigt, die nur Widerstand in mir weckt und Zweifel am Katholizismus. Er wettert gegen die Empfängnisverhütung und nimmt dafür irrtümlicherweise die Unfehlbarkeit des Papstes in Anspruch, und er wettert für die Mundkommunion – ein Thema, dessen Bedeutung ich noch nicht erfasse.

Ich spreche darüber mit dem jungen polnischen Priester, der unseren Bus begleitet. Der Mensch dürfe sich nicht erhöhen. Gott sei der Schöpfer des Lebens. Der Mensch müsse das Leben aus Gottes Hand entgegennehmen. Schon Adam und Eva hätten Gott gleich sein wollen.

Warum predigen sie nicht über die Notwendigkeit von Hingabe und Liebe bei der Sexualität?

Mein Ego leidet und sieht Leiden in der Kirche voraus. Ob es ein heil(ig)endes Leiden sein wird oder eine unerträgliche Zumutung an meine Individualität, weiß ich noch nicht.

Wir beziehen unsere Unterkunft: ein Dreibettzimmer, das ich mit zwei Frauen teile. Außer den Betten besteht das Inventar nur noch aus einer Glühbirne an der Decke.

Dienstag

Unter dem Anprall der Religiosität verschließe ich mich. Herdentier in einer Pilgergruppe zu sein, fällt mir schwer. Ein älterer Mann trägt, wo er geht und steht, eine 70 cm große Marienstatue und ein Jesuskind mit sich herum. Er erzählt, er hätte noch eine große Pilger-Madonna, die er von Haus zu Haus trage und jeweils eine Weile dort lasse.

Ein Paar mit Kindern ist dabei, eines davon schwerstbehindert. Der Junge ist acht Jahre alt, kann nicht sprechen, nicht laufen, vielleicht nicht sehen. Der Vater hat hier zu Gott gefunden, später ist die evangelische Frau katholisch geworden. Sie haben in Medjugorje die Botschaft erhalten, daß das Kind gesund werden wird, und glauben daran. Sie tragen es überall hin, in jeden Gottesdienst, sogar auf den Kreuzberg.

Was bringt mich so sehr in den Widerstand?

Daß ich fürchte, meine Freiheit aufgeben zu müssen?

Daß mir vorgeschrieben wird, was Sünde ist, zum Beispiel die Benutzung eines Kondoms?

Daß ich dem Papst gehorsam sein soll, ihn als Stellvertreter Christi auf Erden akzeptieren soll? Wie viele Päpste waren Machtpolitiker?

Daß es ganz klare Urteile darüber gibt, was von Gott und was von Satan ist? Wichtig ist doch, die Stimme des eigenen Gewissens zu hören und ihr gehorsam zu sein.

Daß ich an die Existenz Satans glauben soll?

Daß ich an die Erbsünde glauben soll?

Daß ich an das Höllenfeuer glauben soll? »Jesus Christus, verzeih uns unsere Sünden, bewahre uns vor dem Feuer der Hölle ...«, heißt es im Fatimagebet zum Rosenkranz.

Daß ich mich in dieser gewaltigen Hierarchie ganz unten einordnen soll, ins »Volk«?

Die Religion hat in den sozialen Niederungen überlebt. Die Gebildeten und Wohlhabenden müssen nicht zu Gott flehen. Ich sehe so wenig schöne, elegante, interessante Menschen.

Das ist das Gesicht des Widerstandes. Er soll sich mir nackt zeigen, damit ich entscheiden kann, wo er hochmütig, verwirrt, dünkelhaft ist – oder ernst.

Es ist nicht zu leugnen: Das Ego fühlt sich bedroht. Es fühlt sich bedroht von der Hierarchie der Kirche. Es würde sich bedroht fühlen, selbst wenn kein Machtmißbrauch vorkäme oder zu befürchten wäre. Einen Lichtblick gibt es allerdings: Ich habe es nicht mit Gurus zu tun, wenn ich geistlichen Beistand suche, sondern mit Dienern der Kirche und Dienern am Menschen – besseren oder schlechteren –, aber immerhin Menschen, die im Namen Christi handeln und nicht im eigenen.

Heute morgen im deutschen Gottesdienst wird ausgerechnet folgende Stelle aus dem Paulusbrief an die Epheser verlesen. Es sollen wohl alle meine Knöpfe gedrückt werden!

> Der Mann ist das Haupt der Frau, so wie Christus das Haupt der Kirche ist … Wie aber die Kirche sich Christus unterordnet, sollen sich Frauen in allem den Männern unterordnen. Ihr Männer, liebt eure Frauen, wie Christus die Kirche geliebt und sich für sie hingegeben hat … Darum sind die Männer verpflichtet, ihre Frauen so zu lieben wie ihren eigenen Leib … (Eph 5,23–28)

Ein frisch ordinierter junger Priester hält den Gottesdienst. Er gibt hinterher den Primizsegen. Man sagt mir, die Menschen hätten sich dafür früher die Schuhsohlen abgelaufen. Ich stelle mich mit in den Kreis um den großen Pavillon. Die Hand des Priesters legt sich warm und fest auf meinen Kopf, und er sagt sehr schöne Worte, bittet um Stärkung und Erleuchtung. Danach trenne ich mich von der Gruppe. Ich muß allein sein.

Auf meinem Weg zum Erscheinungsberg höre ich eine Katze miauen. Ich entdecke sie in einem Baum, ein halberwachsenes Kätzchen, mit wenig Erfahrung. Es sitzt im Baum und versucht, nach außen über die dünnen Äste nach unten zu gelangen, was natürlich nicht geht. Ich sage ihr, sie müsse umkehren, zurück zum Stamm. Schließlich versteht sie es und klettert am festen Stamm sicher nach unten.

Am Fuß des Erscheinungsberges treffe ich doch wieder die Pilgergruppe. Sie wollen das gleiche wie ich: den Erscheinungsberg besteigen. Rosenkranz betend gehen wir den steinigen Weg hinauf. Ich würde so viel lieber allein gehen. Widerstand, nichts als Widerstand. Kratze etwas Erde zusammen und pflücke trockene

Samen von den Büschen, da ich gelesen habe, daß damit Kranke geheilt wurden.

Nachmittags gibt es eine Vorstellungsrunde in der Gruppe. Ein Mann spricht positiv über seine Ehe, und plötzlich kommen Tränenströme. Was, was, was, wenn wir es doch auf uns nehmen würden? Welche Freude bei den Kindern, welche Freude im Himmel! Tränen, Tränen. Mein Nachbar Fritz, der im Krieg Hilfsgüter nach Kroatien gebracht hat und schon zwanzig Jahre Rettungswagen fährt, legt seine gute warme Hand auf mich und öffnet die andere segnend vor mir. Er sagt, wenn ich wüßte, daß ich die Ehe wollte, dann würde er mit mir »ganz gezielt« dafür beten.

Wieder drei Stunden Rosenkranz, Messe und noch mal Rosenkranz, überwiegend auf kroatisch. Ich schaue immer wieder auf zur Marienstatue. Sie hat das alles hier bewirkt, sie, die Schönheit, die Demut, die absolute Gewaltlosigkeit. Die Kirche ist gesteckt voll, ich stehe drei Stunden lang ohne Mühe.

Mittwoch

Die letzte Stunde der Nacht habe ich erquickend geschlafen und bin gut aufgewacht. Es ist ein kalter, scheußlicher Regentag. Nach der Messe um 9 Uhr hört die Gruppe einen Vortrag unseres begleitenden polnischen Pfarrers über die Beichte. Ich denke, das brauche ich nicht, da ich mich auf das Sakrament der Versöhnung freue. Statt dessen gehe ich bei strömendem Regen mit einem kleinen Regenschirm den Kreuzberg hinauf. Zum ersten Mal in meinem Leben begehe ich einen Kreuzweg. Ich weiß gar nicht recht, was mich hier hinauftreibt. Ich will zu mir kommen. Die Gruppe kann ich kaum aushalten, fühle mich unter den gläubigen Menschen, von denen ich ohne Grund annehme, daß sie diese Konflikte nicht haben, bedrängt. Mein Ego kann nicht mit seinem üblichen Instrumentarium kommunizieren.

Unten beginnt der Kreuzweg mit der ersten Bronzetafel. Ich schaue sie von außen an, komme nicht in die Tiefe. Da merke ich, ich gehe doch mit einem Anliegen hier hinauf: Ich will mich meinen Sünden stellen. An einer Kreuzung wähle ich den falschen Weg, merke es nicht, obwohl die Kreuztafeln aufhören. Schließlich komme ich durchnäßt oben am Kreuz an und merke erst beim Umschreiten meine Verwirrung und Orientierungslosigkeit. Der Regen hört nicht auf. Es ist kalt, und meine Hosenbeine sind bis oben durchnäßt. Ich gehe wieder hinunter, an den Tafeln vorbei. Unten halte ich einen Einheimischen in einem alten Mercedes an, der mich ins Dorf mit zurücknimmt. Ich biete ihm Geld an. Er weist es errötend zurück.

Dieser Mittwoch ist ein Fastentag. Maria sagt in Medjugorje, man solle Mittwoch und Freitag bei Brot und Wasser fasten. Das Brot nimmt dem Fasten die Spitze weg. Ich empfinde keine Schwäche und keinen Hunger.

Um drei Uhr nachmittags gehen wir zu einem Vortrag von Pater Slavko Barbarić im grünen Zelt hinter der Kirche. Der Regen prasselt aufs Dach. Pater Slavko meint, man könne sich den Nachmittag auch anders vorstellen. Er ist sehr klar, sehr präsent, sehr entspannt, sehr normal, »total cool« würden die Kinder sagen. Er spricht sechs Sprachen und hat Psychologie studiert. Kein emotionaler Bekehrungsdruck. Das hilft.

Er erklärt mit Nachdruck: *Es gibt den Satan.* Das schlimmste sei, wenn man glaube, der Feind sei nicht mehr da. Dann hat er gewonnen. Ich beginne, die Idee auszuprobieren, mir die Welt und mich unter diesem Aspekt anzuschauen.

Als wir aus dem Zelt herauskommen, reißt der Himmel auf, es leuchtet hell hinter den Bergen. Auf dem Weg zurück zu unserer Unterkunft legt sich zwanzig Minuten lang ein Regenbogen über den Ort, so breit und so intensiv strahlend, wie ich noch keinen gesehen habe.

Bei der Messe um 17 Uhr bekomme ich gerade noch einen Sitzplatz hinten an der Seitenwand. Die Menschen stehen in den Gängen und sitzen auf den Altarstufen. Vor mir, so daß ich sein Gesicht von der Seite sehe, sitzt ein Kroate, ein gestandenes Mannsbild mit Schnurrbart und schweren Händen. Er ist die ganze Zeit tief im Gebet versunken. Nie vorher habe ich Männer mit dem Rosenkranz in der Hand gesehen, Männer, die sich an die Brust klopfen und sagen, »meine Schuld, meine Schuld, meine große Schuld«, die sich hinknien, die im Gebet die Hände öffnen und empfangen, was es in einem Gottesdienst zu empfangen gibt. Meine eigene Andacht ist kläglich. Schade, daß ich nicht wenigstens verstehen kann, was gesagt wird, aber alles ist auf kroatisch. Vor der Messe wird eine Stunde lang gebetet, die freudenreichen und die schmerzhaften Geheimnisse des Rosenkranzes zusammen mit dem Vaterunser und »O mein Jesus, verzeih uns unsere Sünden ...« Darauf folgt die Messe. Die letzte, die dritte Stunde ist Pater Slavko am Werk. Zum Zeichen seines Priestertums nimmt er am Ende der Messe einem der zahlreichen Konzelebranten die grüne Stola ab, hebt seine Kapuze hoch, legt sie sich um und spendet mit hocherhobenen Armen den Segen. Er spricht das Heilungsgebet, gibt den Krankensegen und weiht religiöse Gegenstände. Das Gefühl ergreift mich, daß hier wirklich etwas geschieht, daß die Priester ein wichtiges Bindeglied zwischen Himmel und Erde sein könnten.

Dennoch verlasse ich die Kirche vor dem letzten Rosenkranzgebet, weil am Abend noch Anbetung ist und mir das alles zuviel wird. Ich weiß, daß ich mich schlecht fühlen werde, wenn ich gehe. Und so ist es dann auch, als ich »zu Hause« meine zwei Stück Brot esse.

Bei der Anbetung kann ich mich gerade noch in die Kirche hineindrängen. Gedämpftes Licht. Die Monstranz steht auf dem Altar, Pater Slavko legt die Hostie hinein. Dann verschwindet er hinter dem Altar. Wahrscheinlich verneigt er sich bis zum Boden. Beim Rosenkranzbeten knien die Patres, so daß nur ihr Kopf über dem Altar sichtbar ist.

Wunderschöne, innige Lieder werden gesungen und gesummt. Ab und zu taucht Pater Slavko wieder hinter dem Altar auf und spricht ein Gebet in vier Sprachen, schlicht, sachlich, präsent. Ich kämpfe mit Müdigkeit. Meine Aufmerksamkeit wird von leisem Schlaf überschattet. In diesem Zwischenzustand kann ich mich für Augenblicke vom innigen Gesang der Menschen wiegen lassen. Aus allen Nationen sind sie zusammengeströmt, geeint in der Anbetung Christi. Die Stimmung ist wie bei einer Weihnachtsmesse.

In der Nacht wache ich immer wieder auf. Der Zweifel packt mich und mit ihm undefinierbare Angst. Keinem Menschen habe ich erzählt, daß ich ein Buch schreibe. Ich frage mich, ob ich alles zurückgeben und weiterhin mein Brot mit Übersetzen verdienen soll. Nur noch ein ganzer Tag. Ich weiß nicht, wie ich weiterarbeiten soll, wenn ich so nach Hause fahre. Ich wache schlecht auf und fühle mich höchst unwohl in der Gruppe.

Donnerstag

Um 8 Uhr früh haben wir einen Termin bei Vicka, einer der Seherinnen. Der Bus fährt uns hin. Sie wohnt am Fuß des Erscheinungsberges in einem einfachen kleinen Häuschen bei ihren Eltern. Die Terrasse, auf der wir uns einfinden, ist mit Wein überwachsen. Eine Treppe führt zu dem Haus hinauf, dort steht Vicka auf halber Höhe, ein bäuerliches Gesicht, ein roter Plastikreif im

Haar, eine weinrote Synthetikjacke. Sie sieht nicht gesund aus. Da steht sie, völlig selbstverständlich, völlig in sich ruhend, und strahlt, noch bevor sie ein Wort gesagt hat, eine solche Liebe aus, daß man nur weich werden kann. Wir beginnen mit einem Gebet. Ein Dolmetscher übersetzt ins Deutsche. Sie spricht ohne die geringste Spur von »ich bin wichtig«. Mit überfließender Herzenswärme teilt sie uns mit, was die Gospa von uns will: »Betet mit dem Herzen!« Immer wieder legt sie die Hände aufs Herz, immer wieder öffnet sie die Arme. »Wir sind wie eine Blume, die gegossen werden muß. Das Wasser für unsere Seele ist das Gebet. Wenn wir nicht beten, vertrocknet sie.« Immer wieder bittet sie uns fast flehentlich, die Forderungen der Gottesmutter in unserem Leben zu verwirklichen: Beten, fasten, beichten und Buße tun, Eucharistie feiern und die Bibel lesen.

Um 9 Uhr nehmen wir an der deutschen Messe teil. Ein Priester vom Orden der Seligpreisungen zelebriert, eine große, strahlende Lichtgestalt. Er predigt über eine Briefstelle von Paulus an die Epheser, in der wir zum geistlichen Kampf aufgerufen werden. (Eph 6,10–20) Dazu brauchen wir Rüstung, Helm, Panzer, Schwert und Schuhe. Auch dieser Priester spricht von Satan und von der Notwendigkeit, gegen ihn zu kämpfen.

Ich setze mich nahe zur Marienstatue ins rechte Kirchenschiff und bitte Maria, mich meine Sünden erkennen zu lassen. Die ganze Messe über weine ich, von Anfang bis Ende. Ich möchte beichten. Aber bei wem? Ich schaue mir die anderen Priester an, die konzelebrieren. Ein älterer Herr mit schattiger Stimme liest das Evangelium. Zu ihm will ich gehen, nicht zu dem strahlenden Kämpfer. Nach der Messe warte ich vor der Sakristei auf ihn, jemand sagt mir, daß es Pater Dietrich sei. Ich bitte ihn, bei ihm beichten zu dürfen, und er antwortet: »Ja, gerne.« Wir verabreden uns für 11 Uhr vor der Kirche.

Ich habe noch eine Stunde Zeit und lese das Beichtgebet in dem Gebetbuch von Medjugorje. Pater Dietrich, der eigentlich noch etwas hatte erledigen wollen, sitzt mit einer Frau auf der Bank vor der Kirche. Sie geht weinend weg. Ich schaue sie an, sie schaut mich an. Ich sage:

»Ich bin die nächste.«

Bis 11 Uhr ist noch etwas Zeit. Wir setzen uns auf eine Bank, und sie erzählt mir, daß sie, weil sie geschieden sei, wählen müsse zwischen Teilnahme an der Kommunion oder einer sexuellen Beziehung zu ihrem zweiten Mann, das heißt Kommunion nur bei »Josefsehe«. Sie verzichte auf die Kommunion und erkenne dadurch, wie überaus kostbar diese sei. Ich empöre mich dagegen und sage, diese Art von Zwang lasse mich vor der Kirche zurückschrecken. Es gehe doch um die Liebe. »Ja, ja, es geht um die Liebe.«

Sie zieht mich vor die Bronzestatue des kleinen Franziskanerpaters Leopold Mandic. Er sei tatsächlich so klein gewesen wie ein Kind, man könne ihn anrufen, um gut zu beichten. Sie kniet mit mir davor nieder.

Kurz nach 11 Uhr kommt Pater Dietrich, ein weltläufiger Herr im Anzug. Nur der Kragen weist ihn als Pater aus. Wir setzen uns draußen auf eine Bank, sprechen ein Gebet. Da öffnen sich die Schleusen, und ich spreche eine Stunde lang über meine Schuld am Zerbrechen meiner Ehe, über meine Unfähigkeit, meine eigenen zerstörerischen Muster zu durchbrechen, obwohl ich sie erkannt habe. Gravierende Entscheidungen gegen die Liebe aus früherer Zeit tauchen auf und wollen ausgesprochen werden. Ich darf alles aussprechen.

Pater Dietrich spricht von der Erlösung durch das Leiden Christi. »Nur durch Leiden kann man einem anderen zeigen, daß man wirklich selbstlos liebt, alles andere ist immer auch egoistische Liebe. Gott liebt Sie. Er ist gestorben für Sie, um Ihnen seine Liebe zu zeigen.« Gott liebt dich. Gott liebt dich – das ist das, was ich vor allem höre. Gott will uns alles geben, Gott liebt uns bis zum Äußersten.

Irgendwann im Laufe dieses Beichtgesprächs ist es, als würde an einem winzigen Punkt in meinem Herzen eine Weiche umgelegt. Es ist wie ein Same, der mir ins Herz gelegt wird und der erst im Laufe der Zeit aufgeht. Ich bin bereit, das Kreuz meiner Ehe anzunehmen.

Pater Dietrich spricht über die Erbsünde: »Adam und Eva wollten Gott gleich werden.«

Ich sage: »Es ist eine schreckliche Vorstellung, daß die Urmenschen einen Fehler gemacht haben, der zu dem unermeßlichen Leiden des ganzen Menschengeschlechts geführt hat.«

»Ja, das ist es auch.«

»Ist es als Bild zu verstehen?«

Er spricht von Satan. Satan ist abgefallen von Gott, er wollte sein wie Gott. Er hat die Menschen in Versuchung geführt, und sie sind der Versuchung erlegen. Sie wollen sein wie Gott. Sie wollen ihre Existenz nicht als Geschenk aus Gottes Händen nehmen. Das ist die Erbsünde. Dann sagt er: Es gibt kein neutrales Territorium, entweder Gott oder Satan.

Um 12 Uhr mittags läuten die Glocken. Schon eine Stunde sitzen wir hier. Wir beten zusammen »Der Engel des Herrn brachte Maria die Botschaft, und sie empfing den Heiligen Geist …« Drei Ave

Maria. Das werde immer beim Angelusläuten gebetet, um 7 Uhr früh, um 12 Uhr mittags, um 7 Uhr abends.

Mehr und mehr bedauere ich, daß meine Kinder nicht getauft sind. Sonderbar, daß ich als achtjähriges Kind getauft werden wollte, jedoch meine eigenen Kinder nicht getauft habe. Ein katholischer Pfarrer, den wir damals fragten, hat es empört abgelehnt, ein Kind von Eltern zu taufen, die nicht katholisch sind.

Ich spreche mit dem Pater darüber. Er rät:

»Tun Sie's nicht, wenn die Kinder es nicht wollen, aber wenn möglich, dann tun Sie's. Sie können sie auch stellvertretend taufen, eine sogenannte Begierdetaufe.«

Wir kommen zum Ende. Ich habe gesagt, was zu sagen war. Pater Dietrich fragt mich, welche Art von Buße ich tun möchte. »Es kann eine Gebetsbuße sein oder eine tätige Buße. Was wollen Sie lieber?«

»Soll ich den Rosenkranz für meinen Mann und meine Kinder beten? Soll ich denn dafür beten, daß meine Ehe wieder heilt, oder ist es besser, dafür zu beten, daß mein Mann zu Christus findet?«

Pater Dietrich: »Wenn er zu Christus findet, findet er auch zu Ihnen.«

Ich sage, ich könnte morgen vor der Abfahrt noch einmal auf den Kreuzberg gehen.

»Ja, das ist gut.«

Wir kommen zur Lossprechung. Daß ich bereue, hätte er gesehen. Die Lossprechung könne er mir eigentlich nur geben, wenn ich katholisch sei, aber bedingungsweise könne er sie mir schon jetzt geben.

Pater Dietrich legt segnend seine Hand auf meinen Kopf und spricht wunderbare Worte. Deswegen, wegen der Sakramente, will ich katholisch werden.

Nach der Beichte fühlt es sich an, als gebe es etwas zu feiern. Ich gehe in ein Restaurant und esse zu Mittag mit Wein und Nachspeise. Soldaten nehmen am Nebentisch Platz, lehnen ihr Gewehr an die Tischkante. Das ist hier das einzige, was ich vom Krieg sehe.

Ich kaufe Mitbringsel, Karten, Rosenkränze, drei Marienmedaillen für meine Kinder. Sie werden sie nicht tragen, aber wer weiß. Zum Abendgottesdienst komme ich zu spät. Wie immer stehen die Menschen dicht gedrängt in den Gängen. Nach und nach schiebt mich die Menge nach vorne, dort stehe ich eine Weile und bekomme dann einen Klappstuhl angeboten. Ein bärtiger Priester, der gut einen Apostel abgeben würde, hält die Messe. So gerne würde ich die Predigt verstehen. Ach würde der Heilige Geist doch einfach meine Ohren öffnen! Der Friedensgruß bedarf keiner

Sprachkenntnisse, und auch durch ihn wirkt der Heilige Geist. Die Menschen verlassen den Platz, reichen sich die Hand mit warmem Lächeln über mehrere Bänke: »Der Friede sei mit dir«, in vielen Sprachen. Bei einem dieser vielen Gottesdienste ging eine Alte den ganzen Gang entlang und gab jedem ihre dürre Hand mit einem zahnlosen Lächeln.

Nach der Messe kommt wieder Pater Slavko mit seinem eiligen Schritt. Er gibt den Segen, spricht das Heilungsgebet, weiht Gegenstände und betet mit der Gemeinde, hinter dem Altar kniend, den glorreichen Rosenkranz. Nun noch eine Stunde eucharistische Anbetung. Die Hostie im Strahlenkranz steht auf dem Altar. Diesmal kann ich mich hingeben, mein Herz wird eingehüllt, umflossen, gewiegt in Liebe.

Ich gehe glücklich und gelöst nach Hause, bin frei und fröhlich in meiner Pilgergruppe. Am Tisch in dem Kellerraum, in dem wir zu Abend essen, fragt mich eine Frau nach meinem Leben. Ich erzähle ihr die verschiedenen Stufen und erkenne dabei, wie ich systematisch geführt wurde, Schritt für Schritt, mit unendlicher Geduld. Immer war das, was ich für Leib und Seele brauchte, für mich da, und alle Ängste und Unsicherheiten waren nur eine Aufforderung, Vertrauen zu lernen.

In der Nacht habe ich einen Traum: Ich bewege mich abwärts in einem Haus durch viele Gänge, ähnlich wie eine Kinderkugelbahn, und komme ganz unten an. Dort wird mir Wein gereicht.

Freitag, 1. November, Allerheiligen

Ich stehe kurz vor 5 Uhr auf und wandere unter den verbleichenden Sternen über die Felder zum Kreuzberg. In der aufgehenden Sonne gehe ich langsam von Station zu Station und bete, was im Gebetbuch steht. Wie schön, daß ich allein bin! Manchmal knie ich mich auf den Boden und berühre die Erde mit der Stirn. Es scheint mir auf diesem Weg, als hätte ich selbst kein Kreuz zu tragen.

Die Station, an der Jesus die Kleider vom Leib gerissen werden, erschüttert mich am meisten von allen. Innige Liebe zu Christus erwacht in mir.

An einer Kurve des steinigen Weges steht ein alter Mann. Ich bin allein, es ist mir unangenehm, daß er zu mir hinschaut. Er merkt das wohl und geht weg. Als ich weitergehe, sitzt er am Rand der Kurve mit dem Rosenkranz in der Hand. Mir ist nicht klar, was er da macht. Ich grüße ihn, und er winkt mich vorbei. Ich verstehe die Geste nicht und gehe weiter.

Vor der letzten Bronzetafel, der Auferstehung in Herrlichkeit und Macht, gibt es kein Gebet mehr. Ich stehe davor und sage in der Tiefe meiner Seele:

Ja.

Plötzlich weiß ich: Die Botschaft Jesu Christi ist da, ist in die Welt geworfen für eine gewisse Zeit. *Für eine gewisse Zeit.* Jesus dringt darauf, daß wir die frohe, strenge Botschaft in der Welt verbreiten, damit alle Menschen sie hören. Er hat den Stein ins Menschenmeer geworfen, und die Ringe breiten sich aus.

Ich gehe zum Kreuz, knie vor dem Kreuz. Jetzt sehe ich, daß die armen Leute, die sich hier oben mit großen Taschen einfinden, nicht zum Picknick kommen, sondern um ein paar Kerzen oder Getränke an die Pilger zu verkaufen. Sie können nur so viel verkaufen, wie sie den Berg hochtragen können. Ich kaufe eine Kerze und stelle sie unter das Kreuz. Ich bete für die Toten und die Lebenden, für meine Vorfahren, für die Seele meiner toten Schwester, für meine Lehrer, meine Eltern, meine Geschwister mit ihren Familien, für meinen Mann, für meine Kinder, für meine Freunde und für die Priester.

Beim Hinuntergehen sitzt immer noch der Alte in der Kurve. Er hat ein Köfferchen vor sich, auf dem liegen ein paar Kerzen, die er an Pilger verkauft. Jetzt begreife ich: Er hat mich vorbeigewunken, weil er mich durch das Angebot seiner Kerzen nicht in meiner Andacht stören wollte. Ich lächle ihm zu. Er steht auf, geht ein paar Schritte auf mich zu und streift mir seinen Rosenkranz über den Kopf. Ich küsse seine Hand, Tränen schießen mir in die Augen, und wir küssen einander die Wangen. Ich gehe weiter, und als ich noch einmal zurückschaue, ist er schon mit einem zweiten Rosenkranz ins Gebet vertieft. Mein Herz fließt über vor Glück und Liebe. Gott segne dich.

Es gibt Leute, die barfuß auf den Kreuzberg gehen. Ich habe eine junge Frau gesehen, die auf den Knien zur Kirche gerutscht ist. Bei den zwei jungen Männern, die mir beim Abstieg laut betend barfuß entgegenkommen, bemerke ich, wie ich sie für sonderbar halte und mich von ihnen abgrenze. Wir leben in einer Kultur, in der es nicht erlaubt ist, ja, in der es verpönt ist und verhöhnt wird, wenn man zeigt, daß man betet und Buße tut. Man darf es nicht zeigen. Aber wir schwärmen über den ganzen Globus aus und halten unsere Kameras auf Kulturen, in denen die Menschen beten und Buße tun, Menschen, die einen heiligen Berg umkreisen, indem sie zwei Schritte gehen und sich in den Staub werfen, zwei Schritte gehen und sich niederwerfen, und so um den ganzen Berg. Wir sehen die Bilder mit einer Mischung aus Staunen und Sehnsucht nach einer Kultur, in der Gott existiert. Ich entdecke hier, daß ich nicht den Himalaya besteigen muß, um Religion praktizieren zu dürfen. Zu Hause werde ich allerdings die Perlen des Rosenkranzes noch im Verborgenen zählen.

Am Fuß des Berges kommt mir meine Gruppe entgegen, sie steigen jetzt, nach der Messe, auf den Kreuzberg. Wie froh bin ich, daß ich allein hinaufgehen konnte. Die ersten sagen mir: Du kannst Gerlinde helfen, die die Küchensachen einräumt. Am Schluß der Gruppe geht Fritz und fragt mich, ob ich noch in die Messe gehe. Ich sage, sie ist vorbei. »Doch doch«, meint er, »da gibt es schon noch eine.« Das ist die Maria-Martha-Situation: Als Jesus zu ihnen ins Haus kommt, sitzt Maria zu seinen Füßen, und Martha beschwert sich bei Jesus, daß Maria ihr nicht hilft. Jesus sagt, Maria hätte recht getan.

Ich frühstücke noch, dann gehe ich in die Kirche und sehe zu meiner Freude, daß Pater Slavko die Allerheiligen-Messe für die hiesige Gemeinde hält. Er hat ein prächtiges goldenes Gewand an, in der Mitte ist auf blauem Grund eine Lilie und eine Krone gestickt. Er trägt es teilnahmslos, wird dadurch nicht größer, bleibt der, der er ist.

Nach der Messe gehe ich zur Sakristei. Andere Leute stehen dort und wollen ihre Gegenstände gesegnet haben. Ich frage, ob ich ihn sprechen könnte. »Warum?« fragt er etwas unwirsch. Ich sage nur noch: »Danke.« Er gibt mir einen freundschaftlichen Stoß an die Schulter und eilt davon.

Auf der Heimfahrt sehen wir Friedhöfe, die mit Blumen übersät sind. In der Nacht sind sie ein Lichtermeer. Die Seelen der Toten dieses Krieges.

Samstag

Samstag früh schließt sich der Kreis mit einer Messe im selben Dorf an der österreichischen Grenze. Ich verabschiede mich herzlich von der Pilgergruppe und steige in mein Auto, das dort eine Woche lang gewartet hat.

Sonntag früh, noch im Bett, trifft mich plötzlich die Liebe Gottes. Ich setze mich auf, öffne die Arme und empfange. Tränen laufen mir über die Wangen, und es steigt aus der Tiefe meiner Seele auf:

Ich glaube.

In diesem Augenblick ist aller Zwiespalt vorbei.

Ich gehe in den Sonntagsgottesdienst. Bisher habe ich mich bekreuzigt, weil man sich in der katholischen Kirche bekreuzigt. Jetzt erkenne ich, daß jeder Kreuzschlag ein Willensakt ist, das Kreuz Christi anzunehmen, und daß das Leben diesen Willensakt immer und immer wieder neu abfordert bis zum letzten und größten, der Ganzhingabe in der Todesstunde. Ich zeichne das Kreuz über Kopf und Herz und knie dankend nieder.

Am Nachmittag bitte ich meinen Mann um ein Gespräch. Als Treffpunkt schlage ich die Marienkapelle vor, in die ich mich, als wir in ihrer Nähe wohnten, immer mal wieder geflüchtet habe. Die Kapelle ist mit einem Gitter und einer schweren Türe verschlossen. Wir bringen in Erfahrung, wer den Schlüssel hat. Die Bäuerin händigt ihn uns aus.

In der kleinen Kapelle vor der schwarzen Madonna mit dem Kind spreche ich vor meinem Mann aus, was ich in Medjugorje dem Beichtvater gesagt habe. Ich bitte ihn um Vergebung.

Abends kommen Freunde. Ich erzähle von den dreistündigen Gottesdiensten und vom Beichten. Sie sagen: Das sei weit weg von ihnen, ich sei so tief in etwas hineingegangen, da könnten sie nicht mit. Sie befürchten, daß ich mich von ihnen zu weit entferne.
Ich antworte: »Wir brauchen über diese Dinge nicht mehr zu reden. Schaut, ob es Früchte hat. Nur das ist wichtig.«

Im gottgeliebten Zustand sage ich ja. Ja, ich gehöre dir, Jesus Christus, dir, Maria. Ich erkenne, daß ich damit die Illusion der Kontrolle über mein Leben aufgebe, und ahne die Freude, die kommen wird, wenn ich mich Gott für seine Zwecke zur Verfügung stelle, wenn ich mich im Plan Gottes weiß. Das ist das Ende der Angst. Zwar entferne ich mich von meiner Umgebung. Aber je mehr sich durch Christus mein Herz öffnet, um so näher werde ich den Menschen sein.

Gespräch mit Pater Dietrich

Am vorletzten Tag konnte ich mit Pater Dietrich von Stockhausen in Medjugorje das folgende Gespräch führen.

Ich: Medjugorje scheint derzeit der Brennpunkt der Aktivität Marias zu sein. Welchen Zusammenhang sehen Sie zwischen den verschiedenen Erscheinungsorten?

Pater Dietrich: Es gibt eine innere Beziehung zwischen den verschiedenen Orten. Jeder hat für seine Zeit seine Bedeutung. Lourdes hatte vor 100 Jahren seine Bedeutung, Fatima hatte zu Beginn dieses Jahrhunderts seine Bedeutung und Medjugorje jetzt. Und doch ist es an sich nichts Neues, weil eigentlich immer dasselbe geschieht. Es gibt vielleicht verschiedene Schwerpunkte in den Botschaften. Aber ich denke, die Mutter Gottes, Maria, ist die Prophetin unserer Zeit. Was im Alten Testament die einzelnen Propheten zu ihrer Zeit waren, ob Sie nun Jeremia nehmen oder Jesaia oder wen Sie auch wollen – ich habe den Eindruck, diese Aufgabe übernimmt heute Maria.

Ich: Ein Prophet ist jemand, der die Zeichen der Zeit deutet, sieht, wo es hingeht, und die Menschen warnt.

Pater Dietrich: Ja, es ist ein Ruf zur Umkehr und der Hinweis, gerade auch im Alten Testament, daß Gott wirklich der ist, der die Menschen und die Welt, mit allem, was in ihr ist, zur Fülle und zur Vollendung führen will und das auch bereiten wird. Der Weg wird uns im Neuen Testament durch Jesus offenbart, der den Weg des Kreuzes gegangen ist. Maria ist die neue Eva. »Ave« ist die Umkehrung von »Eva«. Maria ist die, die gesagt hat: Ich bin bereit. *Ich bin die Magd des Herrn, mir geschehe nach deinem Wort.* Und

Eva war die, die die Selbstverwirklichung ohne Gott gesucht hat und Adam dazu mitverführt hat.

Ich: Heißt das dann: Aufhebung der Erbsünde durch Maria?

Pater Dietrich: Ja, das heißt es, für alle, die wollen. Die Taufe ist die Aufhebung der Erbschuld.

Ich: Aber wir sündigen doch trotzdem.

Pater Dietrich: Ja sicher, weil wir freie Menschen sind. Wir haben einen freien Willen, der ist uns damit nicht genommen. Aber die Erbschuld ist uns genommen durch die Taufe. Wir sind erlöst durch den Kreuzestod Jesu Christi. Jesus Christus ist hinabgestiegen in das Reich des Todes und hat alle Gerechten, die auf Erlösung warteten, mit in den Himmel genommen. Er hat den Himmel wieder geöffnet.

Ich: Aber es gibt auch Menschen außerhalb des Christentums, die erleuchtet sind und Gott gefunden haben.

Pater Dietrich: Ja, natürlich, die kommen auch in den Himmel, das ist gar keine Frage. Nur sagt Jesus Christus, daß alle *durch ihn* in den Himmel kommen. Jeder, der liebt, ist mit Gott verbunden, gar keine Frage.

Ich: Und konnte trotzdem nicht in den Himmel kommen vor Christus?

Pater Dietrich: Vor Christus, nein. Jesus Christus ist der Sohn Gottes, der den Himmel wieder geöffnet hat. Durch seine Auffahrt in den Himmel hat er den Weg der Menschheit wieder in den Himmel gebahnt. Deswegen ist es die Fülle der Zeit, in der Jesus Christus gekommen ist.

Ich: Glauben Sie, daß ich mich bei meinem eigenen Weg darauf beschränken kann, auf mein Handeln zu achten? Ich möchte im Grunde nur das glauben, was ich von innen erkenne, und bei allem anderen sagen: Das weiß ich nicht …

Pater Dietrich: … oder noch nicht. Dafür müssen Sie offen bleiben.

Ich: Ja. Eine der Schwierigkeiten bei meinem Schritt in die katholische Kirche ist, daß mir so vieles gesagt wird, was ich glauben soll, ohne daß es mir mein eigenes Herz zeigt. Ich möchte das gerne alles offenlassen dürfen.

Pater Dietrich: Natürlich. Sie sind frei. Die Freiheit kann Ihnen niemand nehmen. Die hat Ihnen Gott geschenkt.

Ich: In Medjugorje werde ich mit einer Sichtweise konfrontiert, die meiner bisherigen Vorstellungswelt entgegensteht, nämlich mit der Auffassung, daß Satan eine real existierende böse Macht in unserer Welt ist. Im Buch Hiob heißt es, die Söhne Gottes traten vor ihn, und einer davon war Satan. Damit hat mich neulich eine Freundin konfrontiert als Anklage gegen Gott. Ich habe mich davon angegriffen gefühlt, war aber nicht in der Lage, irgend etwas zu erwidern.

Pater Dietrich: Natürlich ist Satan ein Sohn Gottes. Aber Gott hat ihn nicht als Satan erschaffen, sondern als Engel. Er war Fürst der Engel, Luzifer, der Lichtträger. Bei einem der Kirchenväter habe ich eine sehr gute Deutung gelesen. Es gab den Kampf im Himmel um dieses Wollen Gottes. Gott hat den Engeln verkündet, daß er Mensch werden will. Wenn Sie eine Hierarchie aufbauen wollen: Gott, Engel, Mensch – dann heißt das, wenn Gott Mensch wird, dann übergeht er den Engel in der Niedrigkeit. Das heißt für den Engel, der höher steht als der Mensch, daß auch der Engel dem Menschen, oder Gott im Menschen, dienen muß. Dazu hat Luzifer nein gesagt. Damit hat er seinen Platz im Himmel verloren, weil er nicht bereit war zu lieben und zu dienen. Seitdem baut er sein eigenes Reich, versucht sein eigenes Reich zu bauen. Dieser Kampf ist in der Heiligen Schrift beschrieben: wie Michael mit diesem Ruf: Mi-scha-el – daher hat er seinen Namen, es heißt wörtlich: Wer ist wie Gott – Luzifer aus dem Himmel gestürzt hat. Es kommt dann zum Kampf mit der Frau, wie es in der Offenbarung des Johannes in Kapitel 12 beschrieben ist. Diese Frau ist Maria.

Ich: Ich möchte Sie nach der Reaktion der Kirche auf Medjugorje fragen. Der Kaplan, zu dem ich zum Vorbereitungsunterricht für meine Aufnahme in die Kirche gehe, verschließt sich bei dem Thema Marienerscheinung. Es bedürfe keiner neuen Offenbarung, sie sei mit Christus vollendet.

Pater Dietrich: Stimmt.

Ich: Aber es ist ja keine neue Offenbarung, Maria sagt doch absolut nichts Neues, sie sagt nur: »Tut, was er euch sagt!« und gibt die Kraft dazu. Das scheint mir das Neue zu sein. Warum jubelt der Pfarrer nicht, daß es einen Platz gibt, wo die Kirche erneuert wird und die Menschen in der Glaubenspraxis gestärkt werden?

Pater Dietrich: Weil er Medjugorje nicht kennt.

Ich: Aber er kennt Menschen, die in Medjugorje waren. Er sagt, das viele Beten erzeuge die Wirkung. Bleibt die Frage, warum nicht Hunderttausende in die heimischen Kirchen strömen. Sie kennen diese Reaktion ja sicher auch.

Pater Dietrich: Natürlich. Das sind verschiedene Punkte. Einmal die offizielle Kirche. Sie hat ganz klar zu Medjugorje Stellung genommen und hat gesagt, sie kann an diesem Ort die Übernatürlichkeit der Botschaften und der Erscheinungen nicht feststellen.

Ich: Die hiesige Bischofskonferenz?

Pater Dietrich: Ja, das sagt auch der Vatikan. Der Vatikan hat praktisch übernommen, was die hiesige Bischofskonferenz 1991 erklärt hat. Die Kirche ist da loyal und stellt sich hinter die Bischöfe. Das war im Mai 1991, die letzte Bischofskonferenz vor dem Krieg. Sie hat Medjugorje als Gebetsort anerkannt. Sie hat gesagt, natürlich kann man hierher gehen und beten, und sie hat auch erlaubt, daß Pilger von Priestern begleitet werden, was immer der Fall ist. Sie hat nur bislang verboten, daß offizielle Wallfahrten von der Kirche, also von einem Pfarrer oder einem Bischof, hierher unternommen werden. Wenn ein Bischof das täte, dann würde er unterschwellig eine Anerkennung vorwegnehmen.

Ich: Und dieser Prozeß ist immer noch in der Schwebe? Das ist also eine Zwischenauskunft.

Pater Dietrich: Ja natürlich. Es wird noch untersucht, und das zu Recht, weil die Erscheinungen noch laufen. Es finden noch jeden Tag Erscheinungen statt. Solange das nicht abgeschlossen ist, wird die Kirche auch nichts weiter sagen, sondern sie wird weiter beobachten. Wenn etwas falsch liefe, müßte sie natürlich sofort etwas sagen, aber solange es normal läuft, wird nichts weiter kommen. Das hat jetzt gerade noch einmal vor zwei Monaten der Sprecher des Vatikans verkündet. Es gibt offiziell zwei Untersuchungskommissionen: die eine, die die Übernatürlichkeit prüft, die Botschaften und die Erscheinungen, und die andere, die die Pastoralarbeit am Ort überprüft: Wie gebetet wird, wie die Messe gefeiert wird, wie die Marienverehrung abläuft, ob Maria eine zu hochstehende Position bekommt.

Ich: Was ja nicht der Fall ist.

Pater Dietrich: Nein, überhaupt nicht. Es ist wirklich nicht der Fall. Das wäre auch untypisch. Es ist genauso in Lourdes und in Fatima. Überall stehen die Sakramente im Mittelpunkt an diesen Orten. Das ist ja der Wunsch der Muttergottes, daß sie Menschen zu ihrem Sohn führt. Es fehlt zwar die kirchliche Anerkennung. Aber die wird auch noch nicht kommen, weil es ein laufendes Verfahren ist. Andererseits muß man sagen, daß im nachhinein für die kirchliche Anerkennung einer der wesentlichen Punkte die Frage ist: Wie wird dieser Ort von den Gläubigen angenommen? Hätte in Fatima oder in Lourdes alles auf die Anerkennung gewartet – in Fatima 35 Jahre, in Lourdes 20 Jahre –, dann wäre sie nie gekommen. Wäre bis dahin nichts los gewesen, dann wäre alles eingeschlafen. Deswegen ist es für meine Begriffe blödsinnig zu behaupten, die Kirche erlaube nicht, daß man nach Medjugorje geht. Das stimmt überhaupt nicht, es ist eine Verdrehung der Tatsachen. Die Kirche hält sich zurück und beobachtet, sie läßt die Leute natürlich hingehen und schaut, welche Früchte die Menschen mit nach Hause bringen. Es gibt immer mehr Priester, die gerne hierherkommen und sich von einer Laienorganisation einladen lassen, Pilger zu begleiten.

Ich: Der Papst sympathisiert ja anscheinend …

Pater Dietrich: Der Papst sympathisiert sehr mit Medjugorje. Inzwischen war ein Viertel aller Bischöfe der Welt hier, über 900, und viele Tausende von Priestern. Am Jahrestag der Erscheinungen haben wir hier mit 250 Priestern die Messe gefeiert.

Ich: Trotzdem wundert es mich immer noch, warum ein so junger Kaplan …

Pater Dietrich: Er hat in seinem Theologiestudium von Maria nichts gehört …

Ich: Katholiken hören nichts von Maria??

Pater Dietrich: In seiner ganzen Ausbildung hat er vermutlich kaum etwas über Maria gehört, dafür möchte ich fast meine Hand ins Feuer legen.

Ich: Ich dachte, Maria gehört zum Katholizismus wie die blauweiße Fahne zu Bayern?

Pater Dietrich: Vor hundert Jahren war das so, aber da haben wir uns in den letzten fünfzig Jahren weitgehend der evangelischen Kirche angeglichen.

Ich: Braucht nicht gerade ein zölibatäres Priestertum Maria?

Pater Dietrich: Durchaus.

Ich: Irgendwo muß doch eine Beziehung zur weiblichen Kraft bestehen.

Pater Dietrich: Ja, natürlich, deswegen sagt Maria ja auch, daß die Priester ihre besonderen Kinder sind, die sie besonders führen möchte und denen sie helfen möchte, daß sie ihren Weg gehen können.

Ich: Ich erlebe hier staunend, was Priestertum heißt. Es ist sehr schön, gesegnet zu werden, und daß es Menschen gibt, die das Amt haben, diese Kraft weiterzugeben.

Pater Dietrich: Das können Sie natürlich auch. Sie sind auch berufen zum Segnen. Sie haben einen besonderen Segen, den mütterlichen Segen. Sie können zum Beispiel Ihre Kinder ganz besonders segnen. Ob Sie das aus der Ferne oder aus der Nähe tun, das ist, glaube ich, ziemlich egal.

Ich: Es ist schwer, diese Dinge zu praktizieren, wenn Kinder nicht damit aufgewachsen sind und in der Jugendkultur stecken.

Darf ich Sie nach Ihrer persönlichen Erfahrung hier fragen. Wie sind Sie hierhergekommen?

Pater Dietrich: Zum ersten Mal bin ich 1985 hier gewesen, und zwar durch meine Mutter. Meine Mutter hat sich mit 84 Jahren alleine auf den Weg gemacht und ist nach Medjugorje gefahren,

1984. Sie kam davon zurück und hat die Kinder meines Bruders so begeistert, daß die gesagt haben, da müssen wir hin. Da haben sie einen ganzen Bus voll Jugendlicher zusammengebracht und haben mich gefragt, ob ich sie begleiten will. So bin ich das erste Mal nach Medjugorje gekommen. Ich war überwältigt von dem, was an den Jugendlichen in diesen vier, fünf Tagen geschehen ist, obwohl der Weg hierher für die Jugendlichen sehr steinig und holprig war. Wir hatten eine Busfahrerin, die pausenlos auf die Jugendlichen eingehämmert und sie mit Rosenkränzen bombardiert hat, so daß sie kaum Luft holen konnten. Was in den Jugendlichen hier vorgegangen ist – ich habe es durch persönliche Gespräche erfahren und natürlich auch durch die Beichte –, machte mir sehr schnell klar: Das kann kein Mensch initiieren, was hier geschieht. Eine solche Umkehr der Herzen, eine Öffnung der Herzen für den Glauben und für Maria. Das soll mir erst mal einer vormachen, wie er das bewerkstelligen kann, wenn es nicht vom Himmel kommt. Auch über mich selbst war ich sehr erstaunt. Schon damals und auch in diesem Jahr, in dem ich ganz hier bin, wundere ich mich immer wieder, was ich den Menschen rate oder sage. Ich habe deutlich gespürt, daß ich Werkzeug war, daß die Gnade durch mich hindurchgegangen ist; das habe ich oft erlebt, sehr oft.

Ich: War Maria schon vorher für Sie wichtig?

Pater Dietrich: Ja, von Kindheit an. Meine Mutter war sehr marianisch. Meine Mutter war Konvertitin, sie ist mit 14 Jahren katholisch geworden. Sie hat meinen Vater dazu geführt, daß er sich auch der Kirche wieder zugewendet hat. Von diesem Tag an sind mein Vater und meine Mutter jeden Tag zur heiligen Messe gegangen. Das muß ab 1928 gewesen sein. Sie haben ein sehr tiefes religiöses Leben geführt, wovon die ganze Familie sehr viel mitbekommen hat. Wir sind drei Brüder, die Priester geworden sind. Wir waren sechs Kinder. Ich bin der Jüngste. Meine Schwester leitet als emeritierte Professorin für Philosophie die Gustav-Siewerth-Akademie im Schwarzwald, die sie aufgebaut hat, wo es um die Auseinandersetzung zwischen Philosophie, Theologie und Naturwissenschaften geht. Wir sind alle sehr religiös geprägt. Ein Bruder ist Arzt aus dem christlichen Glauben heraus, er versucht zu helfen und dem Leben zu dienen. Also habe ich eine ganz große Gnade gehabt, daß ich in diesem Elternhaus aufwachsen durfte und von Anfang an die Nähe zur Gottesmutter hatte und eigentlich immer in der kirchlichen Praxis geblieben bin.

Ich denke, daß die Muttergottes die Prophetin ist, die unsere Zeit zu Gott führen darf, die die Gnade schenkt, daß wir Menschen unsere Herzen für Gott und die Wahrheit Gottes öffnen können. Das erlebe ich hier als das Hauptwunder jeden Tag, wenn man sieht, wie die Herzen der Menschen auf einmal aufgehen. Das spüre ich natürlich besonders im Bußsakrament, wo die Leute kommen und sagen, ich wollte gar nicht beichten, warum bin ich eigentlich hier... und dann wird das oft eine Beichte mit totaler Umkehr. Gott ist vor allem unsere Freiheit heilig. Er will absolute Freiheit von uns. Wenn er Liebe ist, muß er unsere Freiheit wollen und achten. Und das tut er auch. Maria sagt in einer Botschaft: *Ich verneige mich vor eurer Freiheit.* Deswegen lädt sie immer nur ein und bittet, aber schimpft nie, fordert nie, sondern bittet. Wer sich in dieser Freiheit auf den Weg nach Medjugorje macht, an den kann Maria schon ran, denke ich, weil er ihr damit schon ein positives Zeichen gibt: Ich will kommen. Damit geschieht schon einiges, daß Maria wirklich an dem Herzen dieses Menschen arbeiten kann und ihm auch eine gewisse Gnade der Erleuchtung schenken kann.

Ich: So daß Sie sagen können, jeder, der hierherkommt ...

Pater Dietrich: ... kriegt was ab. Es kann natürlich auch jemand gezwungenermaßen kommen. Das habe ich auch schon erlebt, daß einer gesagt hat: Ich bin hier, weil meine Frau das will, aber eigentlich habe ich hier nichts verloren. Da kann selbst Maria nicht ran, wenn das so ist, dann kann auch nichts geschehen. Aber selbst den hat sie noch gekriegt.

Ich: Also, wegen der Kämpfe, die ich so in der Nacht durchmache, da muß ich mir keine allzu großen Sorgen machen?

Pater Dietrich: Nein, das ist sicherlich auch Versuchung. Wo viel Licht ist, ist auch viel Schatten. Das erlebe ich auch hier immer wieder. Satan versucht natürlich alles, um uns von der Muttergottes wegzubringen. Er weiß genau, daß sie es ist, die ihn besiegen wird. Das steht ja in Genesis 3,15: Sie wird der Schlange den Kopf zertreten. Das weiß er natürlich genau. Deswegen ist sein Kampf gegen Maria gerichtet. Sie ist die Widersacherin Satans.

Ich: Seit ich hier überall höre, es gibt Satan, habe ich das Gefühl, eine eindeutige Willenserklärung ist wichtig ...

Pater Dietrich: Ganz wichtig.

Ich: Vorher habe ich immer gedacht, das Dunkle kommt aus meiner eigenen Tiefe, kein Urvertrauen und so weiter. Jetzt scheint mir die Willensausrichtung entscheidend.

Pater Dietrich: Ja, in diesem Moment öffnen Sie sich für Gott. Und da möchte ich Ihnen sehr empfehlen, jeden Morgen als Morgengebet eine Tageshingabe zu machen: »Herr hilf mir, sei du heute bei mir. Hilf mir, den Willen des Vaters zu erkennen und zu erfüllen!« Sie werden sehen, dann läuft der Tag ganz anders, wenn man sich bewußt unter den Willen Gottes stellt.

Ich: Bisher dachte ich immer, ich muß es machen …

Pater Dietrich: Nein, Sie müssen es geschehen lassen.

Ich: Ja, das ist das Neue für mich.

Pater Dietrich: *Mir geschehe nach deinem Wort* – das Wort Mariens ist auch unser Wort. Das erlebe ich hier sehr stark. Das ist ja ein Wunder, wenn man die Flut der Menschen anschaut, die hier zur Beichte strömen, während in Deutschland kaum noch jemand zur Beichte geht. Ich habe in diesem Jahr mehr Beichten gehört als in meinen ganzen übrigen 23 Priesterjahren und in ganz anderer Tiefe. So etwas habe ich noch nie erlebt. Ich habe noch nie so viele Tränen und gleichzeitig so viel Freude erlebt wie an diesem Ort. Damit ist eigentlich alles gesagt. Es vergeht kein Tag, an dem ich das nicht erlebe. Die Leute sehen auch viel in der Natur, ein Sonnenwunder oder daß sich das Kreuz da oben auf dem Berg dreht, weiß der Kuckuck, was die Leute alles erleben. Für mich ist das nicht wichtig, weil ich meine Zeichen habe. Ich sage den Leuten dann immer, mag sein, ich habe es noch nie gesehen, und ich interessiere mich auch nicht weiter dafür. Wenn du es gesehen hast, dann mußt du schauen, was du mit diesem Zeichen machst.

Ich: Haben eigentlich auch andere Leute Marienerscheinungen außer den Sehern?

Pater Dietrich: Habe ich noch nicht gehört. Menschen sagen, daß sie die Stimme Marias hören. Es gibt Botschaften Mariens an die Gebetsgruppen, die manche Seher hatten oder noch haben. Diese Botschaften werden von der Pfarrei nicht wahrgenommen. Das geht gar nicht, es ist eine solche Fülle, der sie gar nicht nachkommen können. In den Anfangsjahren hat der Ortspriester eine Erscheinung gehabt, Pfarrer Jozo Zovko, der eineinhalb Jahre im Gefängnis gesessen ist. Er war am Anfang gegen das Phänomen, während der Bischof noch ganz dafür war. Dann ist er umgeschwenkt durch die Erscheinung, die er in der Kirche gehabt hat. Das hat sich im Laufe der Zeit dann geändert. Der Bischof hat sich total dagegengestellt, und der Pfarrer hat sich dafür ausgesprochen, noch vor seiner Verhaftung.

Ich: Ist der Bischof immer noch derselbe?

Pater Dietrich: Nein, es gibt einen Nachfolger, aber der ist genauso gegen Medjugorje. Die Opposition der Bischöfe von Mostar muß man unter einem anderen Blickwinkel sehen. Es gibt hier einen hundert Jahre langen Kampf zwischen den Franziskanern und der Kirche, seit 1878, genau gesagt. Bis dahin waren hier unter der Türkenherrschaft nur die Franziskaner. Als dann die Monarchie Österreich/Ungarn dieses Land von den Türken zurückerobert hat, haben sie natürlich sofort versucht, eine offizielle Kirche aufzubauen mit Bischöfen und Diözesen, und da ging dann ziemlich bald der Kampf los um die Pfarreien. Es gab ja bis 1878 keine Pfarrei, die nicht von den Franziskanern gegründet und geleitet wurde. Durch diese 500 Jahre, in denen die Franziskaner unter der Türkenherrschaft den Glauben bewahrt haben, wobei viel Blut geflossen ist, Märtyrerblut der Franziskaner, ist eine sehr tiefe Verwurzelung der Bevölkerung mit den Franziskanern gewachsen. Kann man sich ja denken. Es war nur eine persönliche Seelsorge möglich. Die Franziskaner sind also unerkannt immer von Haus zu Haus gezogen. Wenn die Kinder schliefen, sind sie in die Häuser gekommen, haben die Messe gefeiert und die Beichte gehört, die Trauung vollzogen usw. Das ging alles im Verborgenen. Deswegen hießen die Franziskaner »Striez« für die Kinder, »der Onkel kommt zu Besuch«. Es ist klar, daß auf solch einer Ebene eine innige Verbundenheit wächst, und es ist heute eine Provinz, eine der kleinsten der Welt, mit einer ungeheuren Lebendigkeit und auch mit Nachwuchs. Gerade vor einem Monat sind neun junge Männer in den Orden eingetreten; ein zehnter ist inzwischen schon nachgekommen, dreizehn haben ihre ersten Gelübde abgelegt, und sechs die endgültigen.

Ich: Ist das sehr viel?

Pater Dietrich: Fragen Sie mal, wie viele Kandidaten der Bischof von München in seiner Diözese hat, die ins Priesterseminar eintreten!

Ich: Ist das ein ernsthaft bedrohlicher Zustand für die Kirche?

Pater Dietrich: Absolut.

Ich: Das heißt, wenn diese Generation an Priestern stirbt, sind keine mehr da?

Pater Dietrich: Sehr viel weniger als heute. Es kommen immer nur zwei, drei oder vier nach, und zwanzig gehen jedes Jahr.

Ich: Und soundso viele scheiden aus.

Pater Dietrich: Das ist inzwischen weniger geworden. Der größte Schwung war Anfang der siebziger Jahre in der Nachwirkung des Konzils, als man glaubte, jetzt ist alles möglich. Da sind sie zu Tausenden weggegangen.

Ich: Ich habe gelesen, daß zwei Franziskaner von der Kirche verurteilt wurden und daß dann eine Botschaft kam, das wäre zu Unrecht geschehen.

Pater Dietrich: So stimmt es nicht. Es ist so gewesen: Die zwei Pfarrer einer Nachbargemeinde mußten die Pfarrei auf Anordnung des Bischofs verlassen. Der Bischof hat verlangt, daß diese zwei Pfarreien von den Franziskanern an die Diözese zurückgegeben werden, so daß sie der Bischof mit einem Diözesanpriester besetzen kann. Das haben sie anfänglich getan. Dann haben aber die Leute die Kirche zugemauert und haben protestiert. Daraufhin wurde die ganze Kirchengemeinde vom Bischof in den kirchlichen Bann versetzt, das heißt, man durfte keine Sakramente mehr spenden in der ganzen Gemeinde. Das gibt es auch heute noch. Das haben die Franziskaner eine Zeitlang mit angeschaut, dann sind sie halt heimlich wieder hingegangen und haben den Leuten die Sakramente gespendet. Daraufhin hat der Bischof sie von ihrem priesterlichen Dienst suspendiert.

Ich: Ein Bischof kann also in den Orden hineinregieren?

Pater Dietrich: Ja. Die Franziskaner haben sich darauf in Rom beschwert über den Bischof, und nach zehn Jahren haben sie recht bekommen in dieser Beschwerde, daß der Bischof nicht das Recht hatte, die beiden Priester von ihrem Dienst zu suspendieren. Die Strafe der Suspendierung gibt es eigentlich nur, wenn einer sich sittlich vergeht oder in Glaubensdingen nicht mehr mit der Kirche übereinstimmt, aber nicht für eine Frage des Gehorsams in diesem Sinne. Der Altbischof hat dieses Schreiben in seiner Schublade liegenlassen. Sein Nachfolger hat es dann den Franziskanern übermittelt, hat aber gleich daruntergeschrieben: »Bei mir kriegen Sie keine Jurisdiktion«, das heißt, keine Genehmigung, als Priester in seiner Diözese zu arbeiten. Das gilt aber nur für die Diözese Mostar. In diesem Streit hat jemand durch Vicka die Muttergottes fragen lassen: »War diese Strafe denn zu Recht?« Da soll die Muttergottes gesagt haben: »Nein, das war viel zu streng.« Und das ist natürlich sofort dem Bischof zu Ohren gekommen. Da hat der Bischof gesagt, wenn die Muttergottes sich gegen einen Bischof stellt, dann kann die Erscheinung nicht echt sein. Daraufhin hat ihm sein Kollege Frane Franić, der damals Bischof von Split war und der ein großer Anhänger und Verehrer von Medjugorje ist, gesagt: Schau mal in die Bibel! Im Sendschreiben am Anfang der Offenbarung kommen die Bischöfe auch nicht gerade gut weg. Seitdem ist also Kampf in der Diözese. Die letzte Kirche, die die Leute gerade zugemauert haben, ist Čaplina. Das sind schon Hitzköpfe hier. Čaplina ist eine Stadt mit 12 000 Einwohnern. Das war dieses Jahr im Mai. Da hat der Bischof auch verlangt, daß die Franziskaner rausgehen. Sie sind gegangen, weil ihnen zuvor auch vom Ordensgeneral der Franziskaner so lange das Noviziat und die Ausbildung weiterer junger Mitbrüder verweigert worden war, bis sie hier Gehorsam leisten. Daraufhin sind sie zähneknirschend gegangen, und jetzt ist da dieselbe Situation. Es dürfen dort keine Sakramente gespendet werden.

Ich: Wieder die ganze Gemeinde in Bann?

Pater Dietrich: Ja. Die Kirche hat auch ihre Machtstrukturen. Wir können nur Gott danken, daß wir einen so guten Papst haben, der nicht irgendwelche Machtpositionen bezieht, sondern wirklich ein dienender und den Glauben verkündender Mann ist und nicht irgendwelche Renaissance-Absichten hat in bezug auf weltliche Macht. Wir hatten in diesem Jahrhundert nur heiligmäßige Päpste.

Ich: Sie haben die Seherin Vicka erwähnt. Sie hat mich sehr beeindruckt, ihre Einfachheit und Ichlosigkeit. Mit absoluter Selbstverständlichkeit steht sie da und verkündet mit überquellendem Herzen, was ihr die Gottesmutter gesagt hat.

Pater Dietrich: Und das Tag für Tag.

Ich: Ist sie eigentlich krank? Sie sieht sehr schlecht aus.

Pater Dietrich: Sie redet nicht darüber. Ich weiß es nicht. Aber ich bin davon überzeugt. Es war eigentlich immer so bei den Erscheinungsorten, daß einer der Seher auch wirklich ins Leid gerufen ist. Das scheint mir Vicka zu sein. Sie will das nach außen hin nicht kundtun. Es ist nur meine Vermutung.

Ich bin neben dem Erscheinungsort Heede im Emsland großgeworden. Dort gab es von 1937 bis 1940 Muttergotteserscheinungen, also in der Nazizeit. Eine der vier Seherinnen ist gerade jetzt mit siebzig Jahren gestorben. Sie hat ein wahnsinniges Leiden durchgemacht. Ich habe sie öfters besuchen können. Sie hatte auch die Wundmale des Herrn. Das ist dann noch einmal eine besondere Berufung. Es sind viele, viele dorthin gezogen und haben dort ihre Bekehrung erfahren.

Ich: Noch eine letzte Frage. Für mich ist der Krieg, der in diesem Land gewütet hat, gar nicht faßbar. Ich sehe kaum etwas davon.

Pater Dietrich: Fahren Sie mal nach Mostar, dann sehen Sie es. Eine total zerstörte Stadt. Die ganze Krajina war eine Mondlandschaft, da war kein heiles Haus mehr. Jetzt sieht es schon wieder besser aus. Hier ist nichts gewesen. Die Front ist in vier Kilometern Entfernung vorbeigegangen, in Čitluk, der Stadt, zu der Medjugorje gehört. Da war ich Silvester 1992, die Geschäftsstraße war völlig kaputt. Das Krankenhaus und die Kirche haben die Serben als erstes beschossen, wie überall ganz gezielt die Kirchen. In Medjugorje ist nie etwas passiert.

Ich: Vielen herzlichen Dank für das Gespräch.

Pater Dietrich: Gerne.

Fakten über Medjugorje[*]

Medjugorje liegt in Bosnien-Herzegowina, etwa siebzig Kilometer landeinwärts von Mostar, einer Stadt, die im Krieg fast völlig zerstört wurde.

In diesem Dorf erschien Maria am 24. Juni 1981 sechs Jugendlichen zwischen 11 und 17 Jahren zum ersten Mal. Es ist der Tag, an dem die Geburt Johannes des Täufers gefeiert wird, der Jesus den Weg bereitet hat. Seitdem erscheint Maria vieren dieser Seher täglich bis auf den heutigen Tag. Wenn man glaubt, daß dies so ist, dann ist klar, daß hier ein großes himmlisches Projekt stattfindet.

Die Ereignisse: Am Mittwoch, dem 24. Juni 1981, gegen 4 Uhr nachmittags gehen zwei Mädchen namens Ivanka, 15 Jahre, und Mirjana, 16 Jahre, am Berg hinter ihrem Dorf spazieren. Sie wollen die Schafe nach Hause treiben. Plötzlich erblickt Ivanka eine lichte Frauengestalt und ruft Mirjana: »Schau, die Gospa.« Die Mädchen erschrecken, laufen nach Hause zurück und berichten aufgeregt, was sie gesehen haben. Andere Jugendliche kommen dazu, und sie laufen gemeinsam wieder den Berg hinauf, in der Hoffnung, daß sich die Gospa vielleicht noch einmal zeigen würde. Wieder erblickt Ivanka die Gestalt als erste und ruft: »Schaut, da ist sie!« Da sehen sie auch die anderen. Die himmlische Frau trägt ein Kind auf dem Arm. Erregt kehren die Kinder in ihre Familien zurück und erzählen, was sie erlebt haben. Voller Spannung erwarten alle den nächsten Tag.

Bevor die Gospa sich diesmal zeigt, flammt ein starkes Licht vom Himmel bis zur Erde auf. Alle Anwesenden und auch Leute aus dem Dorf sehen dieses Licht, mit dem die Muttergottes ihr Erscheinen ankündigt.

Zwei Erwachsene gehen hinter den Jugendlichen her. Sie werden Zeugen, wie die Kinder plötzlich wie im Flug den Berg hinaufeilen. Den Weg über Felsbrocken und durch dorniges Gebüsch, der normalerweise zwanzig Minuten dauert, legen sie in fünf Minuten zurück. Als sie die Gospa erreichen, fallen sie auf die Knie, weinen und beten. Ivanka fragt nach ihrer Mutter, die zwei Monate zuvor gestorben ist. »Es geht ihr gut, sie ist bei mir«, sagt die Gospa.

---

[*] Es gibt eine Flut von Literatur über Medjugorje. Ich folge hier im wesentlichen der Darstellung von Alfons Sarrach: Der prophetische Aufbruch von Medjugorje, Jestetten 1991.

Die sechs Jugendlichen, die am zweiten Tag auf den Berg gekommen waren, sehen von da an die Muttergottes täglich. Es sind: Ivanka, Mirjana, Vicka, Ivan, Marija und der zehnjährige Jakov. Sie sind gemeint, wenn von den sechs Sehern die Rede ist.

Die Nachricht von dem Ereignis verbreitet sich wie ein Lauffeuer. Schon am dritten Tag drängen sich auf dem Berg über tausend Menschen um die Jugendlichen. Sie beten zusammen den Rosenkranz. Alle Anwesenden sehen ein dreizackiges Aufflammen des Lichts, das an einer anderen Stelle auf dem Berg das Erscheinen der Muttergottes ankündigt.

Diesmal trauen sich die Seher zum ersten Mal zu fragen:

»Wer bist du?«

»Ich bin die selige Jungfrau und Gottesmutter Maria.«

Beim Abstieg wird Marija Pavlovic plötzlich von einer starken Kraft zur Seite gezogen. Nur wenige Meter vor sich sieht sie die Madonna tränenüberströmt vor einem grauschimmernden Kreuz stehen. Vor dem Kreuz hört sie die Grundbotschaft, die Maria in Medjugorje der Menschheit überbringt:

> Friede, Friede, Friede, nur Friede. Versöhnt euch! Nur Friede! Macht Frieden mit Gott, macht Frieden untereinander! Dazu müßt ihr glauben, fasten und beten und beichten.

Am vierten Tag greifen die Behörden ein. Die Jugendlichen werden stundenlang von der Geheimpolizei verhört. Sie bleiben unerschütterlich bei der Aussage, sie hätten die Gottesmutter gesehen.

An diesem Tag kehrt der Ortspfarrer, Pater Jozo Zovko, von einer kurzen Reise zurück. Er hat die Pfarrei erst vor wenigen Monaten übernommen. Er hegt den Verdacht, das Ganze könnte von der Geheimpolizei inszeniert sein, um ihn zu kompromittieren. Die Geheimpolizei ihrerseits vermutet, es könnte sich um ein abgekartetes Spiel der Franziskaner handeln. Auch gegenüber Pater Jozo Zovko bleiben die Jugendlichen bei ihren Aussagen.

Der fünfte Tag ist ein Sonntag. 15 000 Menschen strömen im Laufe des Tages nach Medjugorje – für den Ortspfarrer eine überaus schwierige Situation. Er wird von zwei Seiten beargwöhnt: vom kommunistischen Regime und von der Kirche. Pater Zovko verliest im Gottesdienst eine Erklärung mit der üblichen kirchlichen Distanzierung: Die Kirche sei im Besitz der gesamten Offenbarung. Was sich auf dem Berge abspiele, sei rein privater Natur.

Bei der Erscheinung an diesem Nachmittag bitten die Seher um eine Botschaft für die vielen tausend Menschen, die sich auf dem

Podbrodo drängen. Die Antwort ist einfach und klar: *Sie sollen beten und glauben.*

Am sechsten Tag, einem Montag, dem 29. Juni 1981, werden die Jugendlichen nach dem Gottesdienst von der Geheimpolizei abgefangen und zu weiteren Verhören in einem Krankenwagen in die Psychiatrie nach Mostar gebracht. Sie werden von allen Seiten der Lüge, des Betrugs, der Manipulation, der Einbildung, der Hysterie verdächtigt. Ohne Angst stellen sie sich den Verhören und Untersuchungen. Die Psychiater erklären alle Seher für psychisch gesund.

Unter den Besuchern, die in Massen von weit her zusammenströmen, sind auch viele orthodoxe Christen und Moslems. Maria macht in ihrer Botschaft an diesem Tag klar, daß sie für alle da ist: *Es gibt nur einen Gott, nur einen Glauben.*

Am siebten Tag werden die Seher vom Erscheinungsort weggelockt. Sie werden zu einer Ausflugsfahrt eingeladen. Nur Ivan lehnt ab. Als der Zeitpunkt der Erscheinung kommt, merken die Mädchen, daß man sie, im wahrsten Sinne des Wortes, hinters Licht führen will. Sie steigen aus dem Auto aus. Neben der Straße, in Sichtweite des Podbrodo, knien sie nieder und beginnen zu beten. Die Gospa schwebt vom Berg aus auf sie zu, betet mit ihnen und entschwindet wieder in Richtung Berg.

Die Behörden beginnen nun, die Eltern und Jugendlichen zu bedrohen und unter Druck zu setzen. Das Betreten des Erscheinungsberges wird verboten. Drei der Seherinnen sollen in einem Lieferwagen weggebracht werden. Sie sind aufgebracht und wehren sich. Da erscheint ihnen die Gospa einen Augenblick lang im Auto und beruhigt sie. Der Fahrer läßt die Mädchen wieder aussteigen.

Der neunte Tag bringt den Durchbruch für Pater Zovko und die ganze Gemeinde. Es ist der 2. Juli 1981, ein Donnerstag. Die Seher haben die Mitteilung bekommen, daß die »Jungfrau« in der Kirche erscheinen würde, ein Ort, der bisher vor dem Zugriff der kommunistischen Machthaber sicher war. Diese helle Kirche mit zwei Glockentürmen am Eingang, die bis zu 3000 Menschen faßt, war für das Dorf ohne Pilger viel zu groß, für die Pilgerströme, die jetzt über das Dorf hereinbrechen, ist sie viel zu klein. Vor der Messe beten die Jugendlichen mit der Gemeinde den Rosenkranz.

Plötzlich schwebt die »Gospa« von der Empore durch das Kirchenschiff. Dieses Mal sieht auch Pater Zovko die wunderbare Frau.

Daraufhin fragt er die Menschen in der überfüllten Kirche, ob sie bereit seien, drei volle Tage zu fasten bei trockenem Brot und Wasser. Er fragt nach der Bereitschaft zur Umkehr, zur Versöhnung, zur Rückkehr zu einem tiefen Gebetsleben in den Familien, zum täglichen Lesen der Heiligen Schrift. Tausende von Menschen rufen ihm ihr einhelliges Ja entgegen. Nach der Messe läßt er die Jugendlichen öffentlich Zeugnis ablegen. Bis Mitternacht bleiben die Gläubigen in der Kirche – ein gewaltiger Aufbruch zu unbekannten Ufern.

Gegen diesen Aufbruch formiert sich bald der Widerstand, nicht nur des kommunistischen Staates, sondern auch der örtlichen Kirche. Mit Verboten, Verleumdungen der Seher, Verhaftungen der vermeintlichen franziskanischen Drahtzieher, mit negativen Beurteilungen des Ortsbischofs wird versucht, dem »Spuk« Einhalt zu gebieten. Aber vergeblich.

Die Pilgerströme nehmen ständig zu. Bis Mitte August drängen täglich an die 10 000 Menschen in die Kirche. Die Gottesdienste werden mit Lautsprechern nach draußen übertragen. Am 15. August, dem Fest Mariä Himmelfahrt, sollen es 25 000 gewesen sein. In der Presse werden die Ereignisse als kroatisch-nationalistische Umtriebe dargestellt. Die Franziskaner werden von den Behörden für deren Drahtzieher gehalten. Am 17. August wird Pater Jozo Zovko verhaftet, mit ihm die beiden Franziskaner Ferdo Vlašić und Jozo Knĭzić, Redakteure einer angesehenen Kirchenzeitung, die sich in einer kleinen Notiz positiv zu Medjugorje geäußert hatten. Jozo Zovko wird zu dreieinhalb Jahren Gefängnis verurteilt, Ferdo Vlašić, 62, zu acht Jahren, Jozo Knĭzić, 31, zu fünf Jahren.

Über die Haftzeit sagt Knĭzić:

»Es war für mich eine Zeit der Gnade. Ich möchte sie nicht missen.« Auch sein älterer Mitbruder äußert sich in diesem Sinne: »Jetzt hatte ich endlich Zeit für das Gebet, die Meditation. Mit den Gefangenen konnte ich heimlich das Meßopfer feiern, Beichten abnehmen. Vor den Sonntagen schrieb ich Predigten, die von Hand zu Hand gingen. Es war eine Zeit intensiver Glaubensverkündigung.« Er sagt: »Den Feind zu lieben, ist die letzte eigene Befreiung.«

Nach achtzehn Monaten wird Pater Jozo Zovko frühzeitig entlassen. Er darf nicht nach Medjugorje zurückkehren, sondern wird in die kleine benachbarte Gemeinde Tihaljina versetzt. Das hindert die Pilger nicht daran, zu ihm zu strömen und seinen Segen zu erbitten.

Die Seher werden über Jahre hinweg rigorosen Untersuchungen unterzogen, zunächst von den örtlichen Psychiatern und Fachärzten, später von Professor Henry Joyeux von der medizinischen Fakultät in Montpellier, außerdem von einer Gruppe von Medizinern aus

Mailand. Das Ereignis ist immer das gleiche: Es gibt keinerlei Anzeichen für Halluzination, Hysterie oder Betrug.

Zuständig für die Beurteilung und Anerkennung von Erscheinungen ist der Ortsbischof. Bischof Žanić von Mostar äußerte sich am 16. August 1981 noch positiv:

»Die Öffentlichkeit erwartet, daß wir etwas über die Ereignisse in der Pfarrei Medjugorje sagen, in der sechs Kinder den Anspruch erheben, die Madonna erscheine ihnen ... Es ist gewiß, daß sich die Kinder nicht irgend etwas eingeredet haben und auch nicht – schon gar nicht von der Kirche – ermutigt worden sind, Unwahrheiten zu sagen. Alles deutet darauf hin, daß die Kinder nicht lügen ... Als die Juden versuchten, die Apostel zum Schweigen zu bringen, wie in der Apostelgeschichte berichtet wird, sagte Gamaliel, ein bei allen Leuten sehr angesehener Gesetzeslehrer, zum Hohen Rat: ›Wenn dieses Vorhaben oder dieses Werk von Menschen stammt, wird es zerstört werden; stammt es aber von Gott, so könnt ihr es nicht vernichten; sonst werdet ihr noch als Kämpfer gegen Gott dastehen.‹ (Apg 5,38–39)«*

Der Bischof änderte jedoch bald seine Meinung – ein Vorgang, der im Zusammenhang mit dem jahrhundertealten Konflikt zwischen Franziskanern und Ortskirche gesehen werden muß. 1986 reichte er eine negative Beurteilung an die von Kardinal Ratzinger geleitete Glaubenskongregation in Rom ein. Daraufhin entzog der Vatikan dem Ortsbischof die Zuständigkeit. Die Angelegenheit wurde in die Hände der Jugoslawischen Bischofskonferenz gelegt.

Diese Kommission unter Vorsitz des Bischofs Komarica war für die Möglichkeit eines übernatürlichen Geschehens in Medjugorje offen. Der Bischof selbst zelebrierte dort im November 1990 die Messe. Am 11. April 1991 erkannte die Bischofskonferenz Medjugorje als einen Ort des Gebets an.

»Nach dreijährigen Studien haben wir Bischöfe Medjugorje als einen Ort des Gebetes, als Wallfahrtsort anerkannt. Hinsichtlich des übernatürlichen Charakters der Erscheinungen haben wir bereits gesagt, daß wir ihn zum gegenwärtigen Zeitpunkt nicht bestätigen können ... Wir werden diesen Aspekt daher weitergehenden Untersuchungen überlassen. Die Kirche hat keine Eile.«**

---

* Schwester Emmanuel: Medjugorje und die Kirche, Hauteville, Schweiz 1995.

** a. a. O., S. 7.

Bei allen Marienerscheinungen hat die Kirche bis zum Abschluß der Erscheinungen und lange darüber hinaus gewartet, bis sie die Gottgewirktheit des Phänomens offiziell anerkannte. Gewiß gibt es für das oft jahrzehntelange Tauziehen zwischen den kirchlichen Instanzen und den Sehern, durch deren Zeugnis eine Massenbewegung ausgelöst wird, menschliche und allzu menschliche Gründe. Der übernatürliche Eingriff wird als Bedrohung des hierarchischen Machtgefüges aufgefaßt. Aber die Kirche muß natürlich aufs sorgfältigste prüfen, ob hinter dem Phänomen Scharlatanerie steht. Sie hat für diese Prüfung folgende Kriterien:

– Ernsthaftigkeit und Widerspruchslosigkeit der Phänomene
– Bereicherung des sittlich-religiösen Lebens der Seher, insbesondere was deren Wahrhaftigkeit, Demut und Nächstenliebe angeht
– Übereinstimmung der Botschaft mit dem Evangelium und der Lehre der Kirche
– Begleitung der Erscheinungen durch wunderbare Ereignisse und Heilungen

Dabei bleiben nur sehr wenige Erscheinungen im engmaschigen Netz dieser Kriterien hängen. Von den 420 Marienerscheinungen, die Hierzenberger und Nedomansky allein für das 19. und 20. Jahrhundert verzeichnen, sind nur neun Erscheinungen vom Vatikan offiziell anerkannt worden, was nicht hindert, daß dennoch viele dieser Erscheinungsorte zu Gebetsstätten wurden – wie eben auch Medjugorje.

Das kleine Dörfchen in Bosnien-Herzegowina ist zu einer der größten Pilgerstätten der Erde geworden. 20 Millionen Menschen haben Medjugorje besucht, über 30 000 Priester und Hunderte von Bischöfen. Selbst während der Kriegszeit ist der Strom nie ganz abgerissen. Medjugorje hat keine Kugel getroffen, obwohl die Front nur vier Kilometer entfernt verlief. (Auch in der Diözese Split hat es kaum Kriegsereignisse gegeben. Der dortige Bischof Frane Franic′ war der einzige Bischof Jugoslawiens, der sich öffentlich für die Erscheinungen in Medjugorje aussprach.)

Medjugorje gilt als ein Ort der Gotteserfahrung und der Umkehr. Das muß kein Lichtblitz sein; Umkehr zu Gott geschieht eher im Beichtstuhl. Bischof Carboni aus Italien sagte 1987:

»Wenn ich einen Erscheinungsort besuche, dann nicht um die Kirchen und Bauten zu bewundern. Ich setze mich in einen Beichtstuhl, und nach den Beichten schätze ich die Qualität des Erscheinungsortes ein. Ich ging also nach Medjugorje. Ich suchte nicht die Seher oder die Priester auf. Ich hörte einfach zwei volle Tage Beichte, und das genügte, um mich davon zu überzeugen, daß unser Herr in Medjugorje anwesend ist und auch die selige Jungfrau Maria!«[*]

Schon in den ersten Jahren bildeten sich um die Seher zwei Gebetsgruppen, die, so heißt es, von der Gospa bei ihren Erscheinungen selbst geführt wurden. Sie trafen sich zweimal wöchentlich bei jedem Wetter entweder auf dem Erscheinungsberg oder auf dem Kreuzberg. Die Muttergottes stellte harte Anforderungen an die Jugendlichen:

1. Verzicht auf ungezügelten Genuß wie Rauchen, Alkohol, Fernsehen
2. Totale Hingabe an Gott
3. Überwindung jeglicher Angst
4. Liebe für die Gegner
5. Zweimal pro Woche Fasten bei Brot und Wasser
6. Drei Stunden tägliches Gebet
7. Wachsamkeit gegenüber Satan
8. Einbindung in das Gebet der Kirche

Seitdem sind Tausende von Gebetsgruppen auf der ganzen Welt entstanden, in Deutschland allein etwa zweihundert. Es scheint, daß die *Königin des Friedens*, wie sich die Muttergottes in Medjugorje nennt, durch ihre unerhört lange Präsenz im Begriff ist, die Glaubenspraxis der katholischen Kirche zu erneuern.

---

[*] Schwester Emmanuel: Medjugorje und die Kirche, S. 14.

Stromaufwärts im Zeitgeist

In dieser ersten Woche nach Medjugorje ist mein ganzer Brustbereich warm und erfüllt. Ich erinnere mich an Zeiten – das ist jetzt vier Jahre her –, als ich das Gefühl hatte, in der Mitte der Brust ein schwarzes Loch zu haben, begleitet von einem intensiven brennenden Schmerz. In den Monaten nach der Trennung war der ganze Herzbereich eine offene Wunde.

Aus dem Erfülltsein werden neue Dinge möglich:

Ich wünsche mir, daß mein Mann zurückkommt. Ich bin bereit, die Ehe anzunehmen und auf mich zu nehmen. Es scheint unendlich viel lohnender, meine Ehe zu leben, als einem Phantasiegebilde vom »richtigen« Mann Nahrung zu geben.

Im Haus ist viel mehr Frieden als vorher.

Ich will mich um meine Mutter kümmern. Ich habe ihr vorgeschlagen, hierher zu ziehen. Ich traue mir jetzt zu, nicht in die alte Dynamik verstrickt zu werden, was ein Leben lang trotz aller Anstrengungen immer erneut geschehen ist. Ich fühle mich nicht mehr bedürftig.

Und doch: Als ich heute in ein Buch hineinschaue, in dem zur Weihe und Ganzhingabe an Maria, der Königin des Friedens, hingeführt wird, bekomme ich Angst. Mein Ego gerät in Panik. Es geht ihm ja auch wirklich an den Kragen. Ich habe Angst, mich von meinen Freunden zu entfernen, mich aus dem sozialen Raum zu entfernen, in dem ich bisher gelebt habe. Es findet ein Wandel statt, der mir manchmal den Atem stocken läßt.

Alles, was ich in den 23 Jahren meiner Suche getan habe, war nicht wirklich eine Bedrohung für mein Ego. Es ging darum, glücklicher zu werden, aus der Aggression, dann aus der Depression herauszukommen. Die sogenannte Spiritualität war ein Mittel zum Zweck. Schon vor zwanzig Jahren habe ich das Buch »Cutting Through Spiritual Materialism« von Chögyam Trungpa gelesen. Aber von »cutting« war keine Rede.

Merkwürdig, daß es etwas Anstößiges hat, den christlichen Weg zu gehen. Irgendwo ein Christusbild stehen zu haben, ist etwas anderes, als den Weg zu gehen. Wenn ich Christus nah sein will, kann ich nur das tun, was er sagt: »Das ist mein Leib. Esset davon. Das ist mein Blut. Trinket davon.« Also Sakrament, also Kirche.

Die Kirche ist ja in den Kreisen, in denen ich mich bisher bewegt habe, wo Psychologie, Esoterik und Ökologie im Vordergrund standen, nicht einmal mehr ein Diskussionsgegenstand. Sie ist einfach »indiskutabel«. Es sieht so aus, als wäre die Kirche daran schuld, allen voran der Papst, weil er gegen Empfängnisverhütung ist und gegen Abtreibung und weil vielen Menschen der strafende Gott verkündet wurde, so daß sie weit, weit entfernt suchen mußten, um sich überhaupt wieder für eine spirituelle Dimension zu öffnen. Aber das ist nicht die ganze Geschichte. Mehr und mehr glaube ich: Meine Ablehnung der Kirche ist in Wahrheit das Nicht-annehmen-Wollen meiner Ohnmacht vor Gott.

Angst hat mich angefallen, als ich das Buch mit der Anleitung zur Weihe an Maria in die Hand genommen habe. Was, wenn ich diese Angst als Satans Werk betrachte? Er verliert eine weitere Seele an Maria und wird alles tun, um das zu verhindern. Ich spiele mit dieser Idee, benutze sie als Hypothese, um zu prüfen, wie das, was ich erlebe, sich anfühlt, wenn ich es so interpretiere. Es hat eine sehr positive Wirkung: Ich muß mich mit dem negativen Gefühl nicht identifizieren, sondern kann nein dazu sagen.

Ich beginne zu ahnen, welch unerhörtes Geschehen in Medjugorje stattfindet. Die Wirkungen in meinem eigenen Herzen zeigen es mir. Wenn wir uns Maria übergeben, wird sie uns führen und lehren und schützen. Es bedarf nur unserer Zustimmung und Kooperation, indem wir ihre Aufforderungen erfüllen. Sie ruft uns zu Gott zurück in einer Welt, in der wir das Geld zum Herrn der Erde gemacht haben und sie damit der Zerstörung ausliefern. Maria ist es, die »der Schlange den Kopf zertritt«, indem sie die Seelen der Menschen heilt und heiligt. Daß dies möglich ist, ist die übergroße Gnade dieser im höchsten Maß bedrohten Zeit. Es ist keine Frage mehr des Sehnens und Wünschens und Hoffens: Ich muß nur zustimmen und mich von der Bewegung tragen lassen.

Ja, ich werde mich Maria weihen. Aber alles der Reihe nach. Erst will ich um Aufnahme in die Kirche bitten, damit ich überhaupt tun kann, was sie verlangt, nämlich die Sakramente der Eucharistie und der Beichte regelmäßig empfangen.

Kirche statt Gurus

Mein Gebet heute früh war fast eine Stunde lang – eine Stunde der Freude. Mehr und mehr erscheint mir das Gebet als Bedingung und Voraussetzung für alles Gelingen in meinem Leben. Ohne Gebet komme ich nicht in die Liebe Gottes. Und immer ist es die

Willenserklärung: Ich will, ich will, ich will, daß Du in mein Herz kommst, daß Du mein Herz verwandelst.

In den 23 Jahren vorher, in denen ich auch schon Gott gesucht habe, aber nach der Devise des Egos: »Suche und finde nicht«, war immer ich es, die sich anstrengen mußte und die damit die Kontrolle in der Hand behielt. Die verschiedensten Leitern habe ich gesucht, um hinaufzuklettern, alle möglichen fremden Leute habe ich dafür bezahlt, mich auf ihrer ganz speziellen Leiter nach oben zu hieven. Oft sah die Welt von oben heiter aus, aber der Weg ging nicht weiter, die Leiter war zu Ende. Immer und immer wieder bin ich abgestürzt, habe mich dafür angeklagt und entwertet – ein qualvoller Prozeß.

Nun erlebe ich im Gebet Belehrung.

Die Kirche ist eine hierarchische Organisation. Wäre sie demokratisch, hätte sie der Zeitgeist längst hinweggefegt. Jesus Christus hat die Kirche gestiftet, hat seine Apostel mit seiner Macht begnadet. Diese Kraft fließt von oben nach unten durch Gehorsam und Dienen.

Immer besteht die Gefahr, daß dieser große Bau fest wird, daß er in seiner Form erstarrt und kein Gefälle mehr darstellt, über das sich der Heilige Geist ergießen kann. Das geschieht, wenn nicht mehr praktiziert wird. Wäre er in den zweitausend Jahren gänzlich erstarrt, hätten ihn die Erschütterungen der Zeit längst zusammenbrechen lassen. Maria ruft mit der Macht der Sanftmut und der Schönheit und der Gewaltlosigkeit zurück zur Praxis: *Tut, was Er euch sagt.* Mir scheint, die Leere in den Kirchen könnte auch etwas damit zu tun haben, daß dies so wenige befolgen.

Eine Alternative zur Kirche sind Gurus, Menschen, die in ihrem eigenen Namen helfen. Ohne Zweifel gibt es Menschen, die Gott nahe sind, vielleicht sogar »erleuchtet«, in Gott verwirklicht. Aber wieviele gibt es, die selbstlos den Weg zu Gott freigeben, die Ruhm und Macht und Geld nicht auf ihre eigene Mühle leiten?

Die Scheidelinie zum Sektierertum ist schmal, und wenn wir sehr verwundet und sehr bedürftig sind, ist das Unterscheidungsvermögen getrübt, die Möglichkeit der Versuchung übergroß. Mit einem Gemisch von religiösen Idealen und dem Versprechen, unserer jammervollen Bedürftigkeit abzuhelfen, bringen Sektenführer ihre Anhänger materiell, sozial und religiös um ihr letztes Hemd.

Nachdem ich so lange Hilfe von Menschen gesucht habe, die in ihrem eigenen Namen helfen, ist es wunderbar, einem Priester gegenüberzusitzen, der im Namen Jesu hilft.

In Medjugorje werden Gläubige in die Praxis zurückgeführt. Die franziskanischen Ordenspriester, die ihr Amt in Bosnien-Herzegowina fünfhundert Jahre lang im Untergrund ausgeübt haben, nehmen die Macht, die ihnen von Christus verliehen wurde, in Besitz: Sünden zu vergeben, zu heilen und böse Geister auszutreiben.

Fromme Alte

Gestern klingelte es an der Haustür, und Franz steht unerwartet davor. Er fährt seit 1988 alljährlich nach Medjugorje und sagt in einem Bayerisch, das ich kaum verstehe: »Mir is ois gschenkt worn, i hab ned suacha miassn.« Franz dürfte sechzig sein, Frau hat er nie eine gehabt, »i woar z'schüchtern«, aber mich drückt er fest an sich. Franz ist jener, der auf der Pilgerreise immer eine geschnitzte Maria bergauf, bergab trug. Er trägt auch eine Wandermadonna von Haus zu Haus. Ich sage, ich würde mich freuen, wenn er sie mir einmal brächte.

Am Sonntag fahre ich zum Franziskanerkloster Marienstein, um dort die Priester im Gottesdienst zu erleben. Ich bin auf der Suche nach einem geistlichen Begleiter. Die letzten Kilometer nehme ich einen alten Mann den Berg mit hinauf – schon wieder ein frommer Alter. Er erzählt mir seine schlimme Geschichte: daß er siebeneinhalb Jahre im Irrenhaus eingesperrt war, weil man ihn für verrückt erklärt hatte. Er fragt mich, ob ich meine, daß Ärzte so lange brauchen dürfen, um festzustellen, daß einer nicht verrückt ist. Nein, meine ich, das dürfen sie nicht. »Mei, da san Schicksale drin …«

Wir kommen vor der Kirche an und hören draußen, daß der Gottesdienst schon im Gange ist. Die Glocken läuten, und der Mann fällt auf die Knie und bekreuzigt sich. »Die Wandlung«, sagt er ergriffen. Jeden Sonntag fährt er mit dem Zug zum Bahnhof im Tal und läuft ein paar Kilometer den Berg zur Wallfahrtskirche hoch. Er glaubt. Er ist nicht gebrochen von dem fürchterlichen Unrecht, das ihm geschehen ist.

Beten gegen das Böse

Gestern abend nach der Zeitungslektüre habe ich nur noch geweint. Ein Artikel über zerstörte, leergemordete Dörfer in Bosnien, ein Interview mit dem Bürgermeister von Palermo, der im Herzen der Mafia gegen die Mafia kämpft und schonungslos bloßlegt, daß Regierung und Mafia nicht nur in Palermo, sondern auch in Frankfurt miteinander verquickt sind, und ein Bericht über das Kälbermorden, das derzeit betrieben wird, um die Preise hochzudrücken. Auf jedes ermordete und als Sondermüll entsorgte Kalb wird eine sogenannte »Herodesprämie« ausgesetzt (Süddeutsche Zeitung vom 15.9.96), die aus EU-Mitteln, also aus Steuergeldern, an Bauern und Viehhändler bezahlt wird. Das in einer Welt, in der Millionen Menschen jährlich an Hunger sterben. Wenn ich diese Dinge lese, habe ich das Gefühl, es muß »Feuer vom Himmel fallen«. Es sind nicht einzelne Kriminelle, die diese Verbrechen begehen, wir als Menschheit begehen sie.

Maria weint darüber. Immer wieder wird berichtet, daß aus Marienstatuen – seien sie aus Gips oder Holz – Tränen quellen, manchmal blutige Tränen. Maria sagt überall, wo sie erscheint: *Betet, betet, betet.* Ich höre das Hohngelächter: Gegen Atomreaktoren anbeten? Sie sagt nicht: Legt ansonsten die Hände in den Schoß, sie sagt: *Betet.* Inmitten der betenden und singenden Gemeinde in der Kirche von Medjugorje hatte ich das Gefühl: Hier ist die Kraft, *das* kann standhalten, selbst wenn alle sterben müßten. Beten gibt Kraft. Beten bringt Frieden ins eigene Herz. In Medjugorje wurde abgeraten, für den Frieden zu beten, solange man keinen Frieden im eigenen Herzen hat. Beten schafft eine Öffnung, durch die Gott in die Welt hineinwirken kann. Es scheint, daß Er es nur tut, wenn wir uns in Freiheit dafür öffnen.

Dem Ego widersprechen

Wieder wurde ich von Menschenfurcht befallen, Angst, mich aus dem Wertekonsensus meines sozialen Umfelds zu entfernen. Ich fühle mich dann wie ein Maulwurf, der sich allein seinen Weg durch den Untergrund einer Betonwüste bahnt, weil er in seiner Finsternis ahnt, daß er da drüben in lockere Erde kommen wird, wo er den Kopf mit seinen blinden Augen ins Licht heben kann.

Die Scheidelinie zwischen Glauben und Atheismus liegt ganz woanders, als ich bisher dachte. Bisher sah ich sie jenseits von mir angesiedelt, dort, wo Menschen Gott offen leugnen oder erstarren, wenn ein Wort über die unsichtbar wirkende Wirklichkeit fällt. Jetzt finde ich den Unglauben im eigenen Herzen und in allem, was ich bisher getan habe, um zu »wachsen« und mich »*selbst* zu verwirklichen«, durch eigenes Wollen und Tun und Anstrengen. Mein Gott, wieviel Anstrengung über so lange Zeit! Ich habe nicht daran geglaubt, daß Christus es ist, der mich wirklich machen kann und will, der mich mir schenkt.

Wenn ich diese Worte schreibe, dann weiß ich, daß sie von vielen so gehört werden, wie ich Glaubenszeugnisse bis vor kurzem auch noch gehört habe: Eine Art Glaswand schob sich dazwischen, so wie man das Autofenster zudreht, wenn es draußen stinkt. Warum bloß? Die Verheißung ist Liebe, ist das, wonach sich jeder Mensch aus tiefster Seele sehnt: Geliebt zu werden, sich verbunden zu fühlen, die eigene Existenz mit Sinn erfüllt zu erleben, und doch sträuben wir uns mit Händen und Füßen, weil uns der Preis, den wir zahlen müssen, bedroht.

Dieses Sträuben konnte sich in die allgegenwärtigen Vorurteile und Verurteilungen der Kirche einkleiden, Vorurteile, die unter der Fahne Freiheit, Individualität und Selbstverwirklichung durch unsere Herzen marschieren. Aber das ist nur die Maske, nicht der Kern dieses Widerstandes. Der Kern ist die Weigerung des Egos, sich der Macht, der Allmacht Gottes zu beugen.

Es führt alle Arten von Abwehrkämpfen, um sich nicht nackt zu zeigen. Es sagt zu der leisen Stimme, die ihm zu widersprechen wagt:

Ich sehe keinen Gott, also gibt es keinen. Meine Wirklichkeit ist die einzige, die es gibt:

Ich habe andere Erfahrungen. Selbst die Wissenschaft kann diese Position nicht mehr halten, allen voran die moderne Physik. Da löst sich die Materie in Energie auf.

Ich probier's lieber auf eigene Faust. Ich weiß, wie man glücklich wird, und wenn nicht, gibt es genug Leute, die es mir beibringen können.

Aber ich suche schon so lange, 23 Jahre, und was ich gefunden habe, läßt mich trotzdem hungrig und durstig.

Wenn Gott die Liebe ist und Gott allmächtig ist und wir seine Kinder, wie kann er seine Kinder dann so leiden lassen?

Der größte Teil des Leidens ist von uns Menschen gemacht. Gott hat uns die Freiheit der Wahl geschenkt. Unschuldiges, seelen-

zerstörendes Leiden, insbesondere von Kindern, ist für mich der größte Stein des Anstoßes unserer menschlichen Existenz. Aber Jesus sagt, Er wird uns trösten und satt machen. Er verheißt das Leben in Fülle. Ich will daran glauben, daß Er alle Wunden heilt.

Wie kannst du nur in die katholische Kirche eintreten wollen? Sie zieht eine Blutspur hinter sich her. Denke nur an die Inquisition. Hunderttausende von Frauen wurden als Hexen verbrannt. Und auch heute noch geschieht in dieser Kirche schlimmer Mißbrauch.

Ja, das ist geschehen und geschieht. Wie wunderbar wäre es, wenn unter uns Menschen irgendwo unsere Ideale und unsere Sehnsucht nach Vollkommenheit verwirklicht wären. Wäre doch wenigstens die Kirche vor schamloser, blutiger Machtausübung bewahrt! Sie ist es nicht. Die Wahrheit wird immer und zu allen Zeiten bekämpft, auch innerhalb der Kirche, das zeigen die Heiligenbiographien. Aber es gibt auch den anderen Strom des Heiligen Geistes, der die Kirche erhält, indem er sie immer wieder erneuert. Von diesem Strom möchte ich getragen werden.

Wie kannst du als Frau in diese Kirche eintreten, die von Männern beherrscht wird? Du bist doch schließlich nicht weiter von Gott entfernt als ein Mann! Möchtest du nicht auch Priesterin werden?

Ich will in der Kirche nichts werden. Ich suche Gott und bin auf diesem Weg ganz am Anfang. Es gibt große, wunderbare, heilige Frauen in dieser patriarchalen Kirche. Um mich gegen diese Strukturen der Kirche aufzulehnen, müßte ich mich von Gott beauftragt wissen.

Die Rituale der Kirche sind hohl und leer. Oft weiß man gar nicht, ob der Priester noch glaubt, was er sagt.

Wenn ich *glaube, was ich sage und singe, dann ist es nicht mehr so wichtig, was die anderen tun oder nicht tun, außerdem werde ich vorsichtiger mit meinem Urteil. Natürlich ist es wunderbar, wenn ich spüren kann, daß ein Priester wirklich erfüllt ist von dem, was er sagt und tut.*

Kirche wird nur dann verständlich, wenn man sie als eine Gemeinschaft von Menschen sieht, die Gott suchen und sich auf den steilen schmalen Weg gemacht haben. Sie ist die Bewahrerin und Spenderin der Sakramente. Ich will mich für die Gnade der Sakramente öffnen, denn ohne Gnade kann ich den Weg zu Gott nicht gehen.

Das stimmt doch gar nicht, was da in den Evangelien steht. Sie wurden ja gar nicht von den Evangelisten geschrieben. Maria und Johannes sollen unter dem Kreuz gestanden haben? Das ist nur ein schönes Bild, sagen heutige Theologen.

Ich entscheide mich zu glauben. Ich lebe besser mit Glauben als ohne Glauben. Ich beginne die Barmherzigkeit Christi zu erahnen. Ich beginne ihm zu vertrauen. Ich beginne zu beten. Ich beginne, froh zu werden.

Willst du etwa auch eine Magd des Patriarchats sein, wie Maria?

Sie war die Magd Gottes. Sie ist Königin des Himmels. Wir brauchen die Mutter, eine Mutter, die nährt und schützt und heilt.

Ich will meine Macht nicht aufgeben. Ich herrsche durch mein Wissen. Ich habe Kontrolle über mich, über andere, über die Welt. Ich fühle mich bedroht. Es ist gefährlich, sich Gott in die Hände zu geben. Du wirst leiden müssen.

Du bist ein Usurpator. Ich habe unter deiner Herrschaft sehr gelitten. Wenn ich auf dich höre, habe ich Angst. Ich lasse mich nicht mehr täuschen. Ich gebe mich Maria in die Hände, und sie legt mich ihrem Sohn in die Hände, und der Sohn und der Vater sind eins. Sieh die Freude in meinem Herzen. Christus und Maria begegne ich in der katholischen Kirche. Also bitte ich um Aufnahme in diese Kirche. Ich staune selbst, daß mein Herz mich dorthin führt.

Der Angst auf der Spur

Je mehr Raum sich in mir für die geistige Wirklichkeit öffnet, um so mehr spüre ich die völlige Gottabgewandtheit der Welt, in der ich lebe. Nichts ruft mir entgegen: Schau, es gibt Gott. Die Welt, fast alle Menschen in meiner Umgebung, schauen in die andere Richtung.

Umkehr ist der zutreffende Begriff. Umkehren zur unsichtbaren göttlichen Wirklichkeit. Wir können uns ihr nicht nähern, ohne uns zu verwandeln und verwandeln zu lassen. Das macht Angst. Zwar sehnen wir uns alle nach Eingebettetsein in Liebe, aber oft ist diese Sehnsucht unter den Scheffel der Angst gestellt und von all dem verdeckt, was wir tun, um die Angst nicht zu fühlen.

Das Wort *Bekehrung* hat für den Ungläubigen einen aggressiven Klang. In der Vorsilbe »be-« schwingen die Kreuzzüge und invasives Missionarstum mit. Man kehrt selbst um, aber man wird bekehrt, bekehrt zum Glauben, daß es die göttliche Realität gibt. Der Glaube ist die Eintrittskarte in die bewohnte, unsichtbare Wirklichkeit. Diese Wirklichkeit ist nicht deswegen nicht wirklich, weil wir sie nur glaubend erfahren können. Gerne wird die Homöopathie derart bespöttelt: Es hilft nur, weil du glaubst (also ist es nichts). Der Glaube an die göttliche Wirklichkeit erschafft diese Wirklichkeit nicht, er öffnet uns nur für sie, so wie ein Pflug die Erde für den Samen öffnet. Öffnen heißt immer, durch die Angst ins Risiko zu gehen.

Kann diese Bekehrung zur göttlichen Wirklichkeit außerhalb des kulturell vorgegebenen sozialen Raums einer Religion stattfinden? Gibt es irgendeine Religion, die ohne »Kirche« in der Welt existieren kann? Ich ahne, warum die Kirche »der Leib Christi« genannt wird. Der Geist braucht in dieser menschlichen Welt ein Gefäß, um sich inkarnieren, um Fleisch werden zu können. So wie die Seele den Körper braucht, so braucht auch die Anbindung der Menschen an Gott Kirche in irgendeiner Form. Dieser irdische Leib Christi ist krank und verwundet und an manchen Stellen faul, aber sein Herz schlägt noch, und das Blut fließt noch: Es gibt die Sakramente, es wird das Wort Gottes verkündet, und Maria, die Mutter, erscheint, um ihn zu heilen.

Wo sind die einsamen Wanderer, die den Weg ganz allein gegangen sind, ohne Glaubensinhalte, ohne Rituale, ohne Sakramente? Die Einsiedler in den Höhlen, die Meditierenden im Himalaya – haben sie nicht an Gott und Götter und die heiligen Rituale ihrer Religion geglaubt? Und in unserer Kultur? Wo zeigt sich ein Weg, der auf Gott zielt? In der Esoterik? In der transpersonalen Psychologie? Bis vor kurzem noch war ich überzeugt, daß dieser Weg gewiß nicht durch das Tor der Kirche führt. Inzwischen bin ich das nicht mehr.

Ich brauche die Kirche.

Ich brauche sie, weil ich Gott suche, deswegen und nur deswegen.

Ich brauche sie, weil ich Gott durch Christus suche.

Wem sonst könnte ich so vertrauen?

Christus sagt: »Das ist mein Leib, esset davon. Das ist mein Blut, trinket davon.«

Ich will mich der heilenden Kraft dieses Mysteriums aussetzen und hingeben. Gott ist Mysterium. Die Eucharistie ist Mysterium.

Also brauche ich die katholische Kirche.

Ich brauche die katholische Kirche, weil nur dort Maria zu finden ist, die Mutter, die Sündenlose, die Demütige, die Mächtige.

Daß Maria wirklich und tatsächlich aus der unsichtbaren Wirklichkeit heraustritt, sich uns Menschen zeigt, mit uns spricht, uns ihre Liebe fühlen läßt, uns mahnt und ruft – es ist nicht leicht, das in die eigene Weltsicht einzulassen, denn es verändert alles, wenn man es tut. Wir, die wir das Göttliche in seinen zehntausendfachen Splittern suchen, wo wir es handhaben und uns zu

Diensten machen können – wollen wir wirklich so sehr in seine Nähe kommen? Wenn wir in die Nähe Marias kommen, kommen wir zu Christus. Da bleibt kein Stein auf dem anderen. Davor haben wir Angst. Die Ablehnung der Kirche ist ein dichter Schleier über dieser Angst.

Heilsgeschichte

Die Kirche spricht von Heilsgeschichte. Ich habe das Wort gehört und keine Ahnung gehabt, was es bedeuten könnte. Es eröffnet seinen Sinn erst, wenn man beginnt zu glauben. Es gibt eine Geschichte des Heils nicht deswegen, weil wir sie durch Glauben in die Existenz hineindenken, sondern der Glaube öffnet unsere Augen für die geistige Welt, die Welt des Geistes mit ihrer Geschichte, also für die Geistesgeschichte, die etwas ganz anderes ist als die Geschichte des Zeitgeistes, der sich wandelnden Paradigmen der Weltwahrnehmung, nämlich das *Hineinwirken der Ewigkeit in die Zeit.* Ich erinnere mich bis heute, wie ich in einem philosophischen Vortrag vor 25 Jahren den Vortragenden sagen hörte, es sei zweifelhaft, ob Gott etwas von den Menschen wisse. Dieser Satz hat mich tief beunruhigt, ich konnte ihn nur wegschieben, denn damals hatte ich noch keine Antwort darauf. Die Antwort, die standhalten kann, entfaltet sich erst jetzt im Gebet. Heilsgeschichte: Gott greift in die Geschichte des Menschen ein, er hat ihn nicht in die Zeit hineingeworfen und vergessen, nein, er schickt Botschafter, Propheten genannt, die sich inkarnieren, die in einen Erdenkörper hineingeboren werden, in ihrer Zeit heranwachsen, ohne von ihr verschlungen zu werden, und der verirrten Menschheit den Weg weisen. In Christus ist Gott selbst Mensch geworden. Ein unfaßliches Ereignis. Maria ist Prophetin, die uns in ihrer Geistgestalt erscheint und einigen ganz gewöhnlichen Menschen – oft Kindern – stellvertretend für uns alle die Augen öffnet. Das ist Heilsgeschichte. Es sind Ereignisse, die unserer Heilung, unserem Heil dienen, indem sie uns Türen öffnen, Brücken bauen, uns lehren und uns die Kraft geben, uns umzuwenden und unserem Ursprung entgegenzugehen.

Jahrelang stand auf meinem Meditationstisch eine Buddhastatue. Der Erleuchtete sitzt in göttlicher Gelassenheit lächelnd und segnend auf einer Lotusblüte. Gestern habe ich ihn von meinem Altar genommen und an eine gut sichtbare Stelle unter dem Fenster gesetzt.

Lange Zeit war meine Vision ein Tempel, in dem die Propheten aller Religionen geehrt werden, und jetzt nehme ich den Buddha von meinem Altar. Nach wie vor könnte ich den Boden vor seinen Füßen mit der Stirn berühren und ebenso vor Menschen, die dem Erleuchteten ähnlich geworden sind, aber ich folge ihm nicht nach, und so befindet sich auf meinem Altar nur das, was mein Herz nährt und meinen Glauben stärkt: ein in Seide eingehüllter Stein, durch den mir eine Offenbarung geschenkt wurde, Jesus, von Rembrandt gemalt, Maria aus Altötting und Maria aus Medjugorje, die Bibel, ein Säckchen mit Wüstensand, Weihwasser, Blumen, Kerzen, Rosenkranz, Bilder von meinen drei Kindern – noch kein Kreuz, ich habe keines. Irgendwann in naher Zukunft wird es auch dort stehen.

Achtung vor anderen Religionen ist eine Bedingung des Friedens. Gibt es etwas Pervertierteres als im Namen des eigenen Gottes Andersgläubige zu morden, wie es in den Kreuzzügen geschehen ist und in den Religionskriegen der Gegenwart geschieht? Vielleicht sind Religionskriege bei näherem Hinsehen brutale Raubzüge, in denen die Religion nur benutzt wird, um die Völker gegeneinander aufzuhetzen.

Jesus sagt: *»Ich bin der Weg und die Wahrheit und das Leben. Keiner kommt zum Vater, außer durch mich.«* (Joh 14,6) Er sendet seine Jünger und damit jeden Christen aus, allen Völkern die frohe Botschaft zu verkünden. Vor Jahren habe ich einem Religionslehrer heftig widersprochen, als er sagte, Christus sei für die ganze Menschheit gekommen und stehe über allen bisherigen oder nachfolgenden Religionen. Hieße das, wir müßten einen tibetischen Lama zum Christentum bekehren? Es sehe doch ganz so aus, als führe der buddhistische Weg zu einer offenen Tür in den Himmel. Er macht die Menschen mitfühlend und leidensfähig. Warum sollte Gott in der Brechung der geschaffenen Welt nicht in vielfältiger Gestalt erscheinen? Hat er dem Menschengeschlecht nicht viele Wege bereitet, viele Propheten geschickt, hineingefügt in jede Rasse, jede Kultur, jede Zeit?

Andererseits: Ist es nicht eine wunderbare Botschaft für jeden Menschen dieser Erde, daß Gott jeden einzelnen liebt und barmherzig ist und daß der Weg, diese Liebe zu erfahren, Gottesliebe ist, die sich in Nächstenliebe ausdrückt? Jesus hat nicht gesagt: Umspannt die Erde mit einer kirchlichen Machtstruktur, sondern: Öffnet euch für die Liebe des Vaters. »Ich bin der Weg und die Wahrheit und das Leben. Keiner kommt zum Vater, außer durch mich.« (Joh 14, 6) Ich höre ihn sagen: Wenn ihr nicht demütig und barmherzig werdet durch meine Gnade, dann kommt ihr nicht zum Vater.

Wenn die Praxis verlorengeht, dann fehlt das Öl in der Lampe, und übrig bleibt ein trübes, zerbröckelndes Gefäß. Maria gießt durch ihr Erscheinen wieder Öl in die Lampen und lehrt uns, wie wir es selber pressen können.

Die Jungianerin Marie Luise von Franz stellt sich dem Problem. Sie schreibt, die »Cocktail-Religion« sei Zeichen einer sterbenden Zivilisation. Schon das späte Römische Reich habe versucht, die Religionen seiner vielen Völker zu mischen. »Das Entsprechende bei uns würde etwa sein, daß wir neue Christus-Bilder hätten, die ihn in der Position Buddhas sitzend darstellten, mit der Mudra des Erbarmens und dem Kreuz irgendwo hinter ihm als Dekoration. Auch das wäre denkbar, denn die Naivität des Menschen ist grenzenlos!«

Es geht nicht, weil »das Wesen der religiösen Erfahrung gerade darin besteht, absolut zu sein«. Wenn die Erfahrung nicht alles ergreift und das Leben umstülpt, dann ist es »schlicht ein intellektuelles Erlebnis oder eine Stimmung, die vorübergeht oder die man für den Sonntag in einer Schublade aufbewahrt, um sie hervorzuholen und dann wieder wegzulegen«.

»Wir sind also in einer äußerst widersprüchlichen Lage: Um eine religiöse Erfahrung zu haben, braucht man eine Art absoluter Verpflichtung, doch das ist unvereinbar mit der vernunftgemäßen Tatsache, daß es viele Religionen und viele religiöse Erfahrungen gibt und daß Intoleranz wirklich überholt und barbarisch ist. Eine mögliche Lösung wäre, daß jeder an seiner eigenen Erfahrung festhält und sie als absolut nimmt, wobei er akzeptiert, daß andere andersartige Erfahrungen haben, und so die nötige Absolutheit nur auf sich selbst bezieht.«[*]

---

[*] Marie Luise von Franz: Der ewige Jüngling. Der Puer Aeternus und der kreative Genius im Erwachsenen, München 1987, S.272f.

In der Zeitung lese ich über den Streit um die Hamburger Sektenbeauftragte. Sie will nicht mit Leuten zusammenarbeiten, die mit Scientologen befreundet sind, weil sie fürchtet, daß Informationen weitergetragen werden. Die Grünen wollen einen Leipziger Professor für Religionswissenschaft als Sachverständigen bestellen. Dieser Mann schrieb in der Süddeutschen Zeitung:

> Das gegen Sekten gerichtete Denkmuster, wonach es unvorstellbar ist, daß sich ein gesunder Mensch freiwillig einer solchen Gruppe anschließen könnte, richtet sich in Wahrheit gegen jede Form ernsthafter Religiosität. Der Autor fragt in diesem Artikel, ob »häufiges Beten nicht auch Anlaß gebe, an der psychischen Normalität eines Menschen zu zweifeln« (21.1.96).

Wie stellen sich solche Vorgänge im üblichen liberalen Bewußtsein dar?

Zunächst: Ein Religionswissenschaftler muß es doch wissen. Schließlich ist er Professor. Was er sagt, klingt tolerant. Jeder soll doch seiner religiösen Neigung folgen können, gar noch einer ernsthaften. Die Bindung an Sekten sei, so wird unterstellt, Ausdruck »ernsthafter Religiosität«. Die religiöse Praxis von gläubigen Christen, nämlich das Gebet, wird diffamiert, es gebe Anlaß, an der Normalität des Praktizierenden zu zweifeln.

Wie stellen sich die Vorgänge dar, wenn man an die Existenz einer aktiven bösen Kraft glaubt?

Ein schriftgelehrter Pharisäer, der der Mitgliedschaft bei Scientology verdächtigt wird, benutzt die gängigen Ideale (Liberalität und Toleranz) und die gängigen Vorurteile (gegen Beter), um Sekten sozialpolitischen Freiraum zu verschaffen.

In Sekten werden die Menschen in einem tyrannischen System versklavt und dazu angeleitet, mit Lug und Trug und Erpressung die Macht eines selbsternannten Messias zu mehren.*

Das Netz ist die Vortäuschung religiöser Werte.

---

* Im einzelnen dargelegt in: Margaret Thaler Singer und Janja Lalich: Sekten. Wie Menschen ihre Freiheit verlieren und wiedergewinnen können, Heidelberg 1997.

Der Köder sind Versprechungen, die auf die Bedürftigkeit und Schwäche der Opfer gemünzt sind.

Das Ziel ist die Mehrung von Macht und Reichtum eines diktatorischen Führers.

Die Beute ist die Seele des Menschen.

Da wir in einer Zeit leben, die nicht an Gott glaubt und nicht an Satan, können wir Gut und Böse schwer unterscheiden. Satan ist ein gefallener Engel. Er kennt also den Himmel, kennt die Sehnsucht nach Gott, kennt den Weg zu Gott. So kleidet er sich in göttliche Werte und Ideale, erscheint als gut, um das Böse zu wirken.

Religiosität heißt Hinwendung zu Gott, heißt Gott lieben und den Nächsten lieben. Freiheit ist die unzertrennliche Schwester der Liebe.

Gebet

Die Gebetszeit wird zu einer seelischen Wanderung. Oft beginne ich im Schmerz und ende getröstet. Ich besinne mich darauf, was das Entscheidende in meinem Leben ist: die Hinwendung zu Gott, mein Leben in Gottes Hände legen, in die Hände von Maria, die in unsere Welt hineingetreten ist, um uns diesen Schritt zu ermöglichen – wie groß das Versagen auch sein mag. Für die Gerechten mußte Jesus nicht sterben. Er ist für die Sünder gestorben, aus Liebe zu uns. Ich bin bereit. Alles andere liegt nicht in meiner Hand.

Maria hat in Medjugorje eines an mir vollbracht, das Ja. Dieses Ja wird sicherlich ein Leben lang geprüft und vertieft. Der christliche Ausdruck für diese Prüfung ist *Versuchung*. »Ver-« bedeutet fast immer etwas Negatives, Verqueres: verstricken, verirren, vertreiben, versagen, verlieren – ein Abweichen von der Ordnung. Versuchung heißt, wir lassen uns verleiten, in der falschen Richtung zu suchen. Maria und die Franziskaner in Medjugorje werden nicht müde zu sagen: Es gibt das Böse. Es gibt Satan, der alles daran setzt, daß wir die Befriedigung unserer Bedürftigkeit bei den Götzen suchen.

Seit Medjugorje bitte ich zur »Königin des Friedens«, daß sie unsere Familie heilen und unsere Herzen wieder zusammenführen möge. Es ist Leichtigkeit zwischen mir und meinem Mann. Er umarmt mich unverhofft. Da spreche ich aus, was ich fühle: »Ich möchte deine Frau bleiben und werden. Ich kann es jetzt.«

Nach einem Tag Bedenkzeit ist seine Antwort: »Nein.«

Die Leichtigkeit ist wieder fort, die Wunde wieder neu aufgerissen.

Ani

Das Telefon klingelt. Ich höre eine Stimme, die ich nicht recht identifizieren kann, jedenfalls scheint da jemand Hilfe zu brauchen.

»Ani, bist du's? Geht es dir schlecht?«

»Ja.«

Ich setze mich ins Auto und fahre zu Ani. Sie ist 86 Jahre alt, lebt allein mit einer Rente von 450 DM. Davon spart sie und spendet sie noch etwas für wohltätige Zwecke. Ani und ich beten füreinander. Sie ist nicht zu Hause. Ich erfahre von den Nachbarn, daß sie im Krankenhaus ist. Als ich dort in ihr Zimmer komme, sitzt sie munter im Bett. Sie ist überaus erstaunt, daß ich plötzlich an ihrem Bett stehe. Woher ich wüßte, daß sie im Krankenhaus sei?

»Du hast mich doch angerufen.«

»Angerufen? Ich habe heute das Zimmer noch gar nicht verlassen!«

Sie kam mit dem Notarzt ins Krankenhaus wegen Atemnot. Jetzt will man ihr die Gallensteine operieren. Ich frage:

»Muß das sein?«

Sie zuckt mit den Schultern.

Als ich einige Tage später anrufe, höre ich:

»Es hat einen Zwischenfall gegeben, sie ist im OP.«

Abends sehe ich sie im Koma, künstlich beatmet in der Intensivstation. Man hat bei der endoskopischen Operation ein Gefäß verletzt, so daß sie zu verbluten drohte. Der Bauch mußte in einer Notoperation geöffnet werden.

Am nächsten Tag gehe ich wieder hin. Sie ist unter der Sauerstoffmaske bei Bewußtsein.

»Sollen wir zusammen beten?«

Sie nickt.

Ich bete ein Vaterunser und ein Ave Maria. Ein erstaunter Blick einer Schwester trifft mich. So etwas kommt wohl selten vor an einem Ort, wo viele Menschen ihren letzten Atemzug tun, was dann durch das Piepsen einer Maschine angezeigt wird. Krankenhaus ist eine Maschine, die auf Erfolg programmiert ist. Erfolg ist gleich Am-Leben-Halten. Der Tod dürfte im Bewußtsein der allermeisten Ärzte unter »Mißerfolg« rangieren. *Das* ist die Ursache für die Unmenschlichkeit des Systems. Sterben ist menschlich, und wenn wir den Tod ausgrenzen, ist das, was übrigbleibt, nämlich das Leben, unmenschlich.

Ich stelle mir ein Krankenhaus vor, in dem das Bewußtsein geteilt wird, daß Gott der Herr über Leben und Tod ist. Sofort wäre die Selbstherrlichkeit der Ärzte verschwunden, eine Selbstherrlichkeit, die unerträglich ist, denn sie maßen sich etwas an, was Gott gehört. Sie wären Diener am Kranken, wären nicht überfordert, könnten die Seele des Menschen in die Hände Gottes legen, wenn sie mit ihrer menschlichen Kunst am Ende sind, und den Leib in Würde sterben lassen. Vielleicht könnte sogar eine Schwester oder ein Pfleger oder ein Arzt einem Sterbenden eine halbe Stunde schenken und ein Gebet sprechen.

Drei Tage später kann ich mit Ani telefonieren.

»Hast du denn je Gallenschmerzen gehabt?«

»Nein, nie. Sie haben das einfach gemacht.«

Ich habe versäumt, ihr Leibwächter zu sein.

Die Heilige Familie

Allmählich kommt Josef in mein Blickfeld und damit das nächste Tabuthema, ein Tabu, das in mir selber verankert ist.

Was ist ein Tabu? Wertsetzungen, Urteile, Ausgrenzungen, die – gemäß dem gesellschaftlichen Konsens – nicht überprüft werden dürfen. Sie liegen außerhalb des Lichtkegels, unter dem eine Gesellschaft lebt, und sollen gefälligst dort in der Dunkelheit belassen werden. Die Menschen werden in der Regel böse, wenn man Tabus ans Licht zerrt.

Das Besondere an Maria ist, daß sie Mensch war, nicht wie Christus fleischgewordener Gott, sondern die gotterfüllte, Gott gehorchende, in Gott vollkommene irdische Frau. Diese Frau ist das Thema dieses Buches, und wenn man über eine Frau schreibt, ist ihr Mann wichtig: Josef – die ganze Heilige Familie.

Ich weiß kaum etwas von Josef. Die Mitteilungen über ihn sind noch spärlicher als über Maria. Er war ein rechtschaffener Handwerker, Zimmermann, konnte also ein Haus bauen. Zum Zeitpunkt der Verkündigung war er mit Maria verlobt, sie haben noch nicht zusammengelebt.

Ob sie Josef nach der Verkündigung etwas von dem Unbegreiflichen gesagt hat? Vielleicht nicht. Sie ist eine, die schweigt und vertraut.

Maria geht über die Berge von Judäa zu ihrer Kusine Elisabeth, die als unfruchtbar galt und an der auch das Wunder der Schwangerschaft geschehen ist. Jener, der später Johannes der Täufer sein wird, der Jesus den Weg bereitet, hüpft im Leib seiner Mutter, als Elisabeth den Gruß Marias hörte. Elisabeth wird *vom Heiligen Geist erfüllt* und spricht die Worte, mit denen Maria bis zum heutigen Tag viele Millionen mal täglich gegrüßt wird: »Du bist gebenedeit unter den Frauen und gebenedeit ist die Frucht deines Leibes.« (Lk 1,41–42)

Maria blieb ganze drei Monate bei ihrer Kusine.

Als sie zu Josef zurückkommt, ist nicht mehr zu verbergen, daß sie schwanger ist. Josef wird zugemutet zu glauben, daß der Heilige Geist als Verursacher, als Schöpfer *in der Welt,* wirkt, so konkret, daß seine Frau durch ihn schwanger wird. Er sollte glauben, das dieses unschuldige Mädchen aus Nazareth, mit dem er ein gottesfürchtiges normales Leben führen wollte, den Sohn des Höchsten gebiert. Wie kann das ein Mensch fassen? Für Josef war es aus eigener Kraft unmöglich, und für uns ist es immer noch schwer. Josef beschließt, »sich in aller Stille von ihr zu trennen« (Mt 1,20).

Er hat sie nicht, wie das in vielen Gesellschaften Männerrecht ist, gleich aus dem Hause gejagt. Er war ein frommer Mann und wollte sie nicht in Schande bringen. Aber glauben konnte er es nicht. Darum wollte er sie in aller Stille verlassen.

> Während er noch darüber nachdachte, erschien ihm ein Engel des Herrn im Traum und sagte: Josef, Sohn Davids, fürchte dich nicht, Maria als deine Frau zu dir zu nehmen; denn das Kind, das sie erwartet, ist vom Heiligen Geist. Sie wird einen Sohn gebären; ihm sollst du den Namen Jesus geben; denn er wird sein Volk von seinen Sünden erlösen. (Mt 1,20–21)

Viel mehr erfährt man über Josef nicht aus der Bibel, nichts über seinen Tod und auch nicht über den Tod Marias.

Ich merke, ich habe Josef bisher nicht ernst genommen. Er erscheint mir als Randfigur, nicht als der starke Mann, der in der Familie das Sagen hatte.

Da fällt mir ein Widerspruch auf: Ich »emanzipierte Frau« möchte gerne ein starkes »Haupt der Familie« und achte einen Mann nicht, der das auf den ersten Blick nicht zu sein scheint.

Wenn es aber um die eigene Ehe geht, da sieht die Sache ganz anders aus. Da sträuben sich uns die Haare bei den Sätzen von Paulus:

> Ihr Frauen, ordnet euch euren Männern unter wie dem Herrn (Christus); denn der Mann ist das Haupt der Frau, wie auch Christus das Haupt der Kirche ist. Ihr Männer, liebt eure Frauen, wie Christus die Kirche geliebt und sich für sie hingegeben hat. (Eph 5, 21–25)

Und wie sehen die Ehen von uns emanzipierten Frauen aus? Wir haben uns weiche Männer gesucht, weil wir fühlen, daß unser Weibliches von ihnen verstanden und geliebt wird, und dann verachten wir sie für ihre Weichheit, fordern, daß sie stark sein sollen, und schaffen damit für die Männer eine hoffnungslose *Doublebind*-Situation –, in der es keinen positiven Ausgang gibt. Weich ist schlecht, weil es nicht stark ist, und stark ist schlecht, weil es nicht weich ist. Können so Ehen funktionieren? Sie tun es nicht. Sie gehen massenweise in die Brüche, und all die Massen an Geschiedenen wissen, daß dieser Bruch von Heulen und Zähneklappern begleitet ist. Zurück bleiben gescheiterte Erwachsene und in ihrer Seele zerrissene Kinder.

Wenn das so ist, wenn wir offenbar in einer heillosen Verwirrung und Desorientierung leben, dann müssen wir uns nach Modellen umsehen. Die Heilige Familie ist eines. Niemand schaut dorthin. In all den Büchern über Partnerschaften und Ehe und Liebe habe ich nicht ein einziges Mal die Frage gelesen: Wie war es eigentlich bei Maria und Josef und Jesus?

Das hat einen einfachen Grund: Heiligkeit ist ein Tabu. Wir dachten immer, Tabus haben nur die Primitiven irgendwo im Busch, die sich dem Geist der Aufklärung verschließen. Ist es, wenn Gott die Wirklichkeit ist, nicht viel verhängnisvoller, wenn Heiligkeit ein Tabu ist? Weist der Zustand unserer Welt nicht darauf hin, daß wir einen sehr grundsätzlichen Fehler machen?

Zurück zu Josef. Er glaubte dem Engel, er ließ sich von einem Engel, der ihm im Traum erschienen war, *befehlen*. Er nahm Maria zu seiner Frau.

Josef glaubte und wußte nun, daß Maria im Begriff war, die Mutter Gottes zu werden. Er, Josef, stand nun plötzlich mit im Zentrum der Heilsgeschichte. Er würde für dieses Kind zu sorgen haben. Seine allererste Aufgabe, die nun vor seinen Füßen lag, war es, die Sicherheit von Mutter und Kind zu gewährleisten.

Das tut er. Noch ein zweites Mal erscheint ihm ein Engel im Traum, der Josef auffordert, wenige Tage nach der Huldigung durch die drei Könige zu fliehen. »Da stand Josef in der Nacht auf und floh mit dem Kind und dessen Mutter nach Ägypten.« (Mt 2,13–15) Josef hat die Führung.

Man kann sich vorstellen: Josef erlebte an seiner geliebten jungen Frau, daß sie ohne Unterlaß im Willen des Herrn stand. Er war fromm, er konnte erkennen: Was immer sie sagte und tat, war im Einklang mit dem göttlichen Willen. Gewiß war er weit offen für die Inspiration durch seine Frau.

Ist etwas anderes denkbar, als daß Maria ihrem Mann diente? Aber sie war »die Magd des Herrn«, das war ihre erste und alles überragende Bindung. Sie stimmt der Überschattung durch den Heiligen Geist zu. Nach menschlichen Begriffen riskiert sie damit ihre geplante Ehe, ihre soziale Stellung. Sie verläßt ihren Verlobten drei Monate lang. Sie kann ihm das Geschehen nicht begreiflich machen. Der Engel tut es.

Zusammen haben sie dann die unermeßlich große Aufgabe: das Kind.

Sie wußten: Dieses Kind gehört nicht ihnen, es ist Gottes Kind, Gottes Sohn. Maria ist die leibliche Mutter. Josef der Pflegevater. Gewiß würde er allen Männern beistehen, die es schwer finden, in unseren Patchwork-Familien für die Kinder anderer Väter da zu sein.

Das Modell heißt im Klartext: Die Frau, deren Wesen Empfänglichkeit und Hingabe ist, hat die direktere Verbindung zum Himmel und zur Natur. Der Mann liebt sie dafür und hört auf sie. Sie führt seine Seele, während er die Führung in der Außenwelt hat, und in dieser Außenwelt dient ihm die Frau. Beide betrachten das Kind nicht als ihr Eigentum, sondern als ihnen von Gott anvertrautes Geheimnis. Sie sind nur dazu da, ihm den Platz auf dieser Erde zu schaffen, ihm die Liebe zu geben, in der es heranwachsen kann.

Würden wir in einer solchen Ordnung wirklich verlieren? Würden wir nicht alle gewinnen – die Frau, der Mann und das Kind?

Am 28. November 1996 lese ich in der Süddeutschen Zeitung: »Gegen die sexuelle Ausbeutung von Kindern durch Sex-Touristen will die EU-Kommission mit einem Aktionsplan vorgehen. Ziel sei es, Nachfrage und Angebot von Sex-Tourismus zu verhindern, hieß es in Brüssel. ›Es ist höchste Zeit, zu reagieren und umsichtig und verantwortungsvoll vorzugehen‹, erklärte der für Tourismus zuständige EU-Kommissar.«

»Umsichtig und verantwortungsvoll« gegen wen? Mir wird elend, wenn ich mir diese Dinge vorstelle. Ist nicht etwas entsetzlich in die Irre gegangen? Könnte da vielleicht ein innerer Zusammenhang zu den Tabus unserer Gesellschaft bestehen?

Die zerbrochene Familie

Während der Beichte auf der Bank vor der Kirche in Medjugorje war plötzlich in mir die Bereitschaft entstanden, meine Ehe anzunehmen, mit allem, was es von mir verlangt. Aus diesem Samen, der mir ins Herz gelegt wurde, ist die Liebe zu W. wieder ausgeschlagen. Ich kann noch nicht glauben, daß sein Nein endgültig ist.

Wir gehen zusammen zum Abschlußball unserer Tochter. Er sagt sein zweites Nein.

»Ich liebe dich nicht mehr. Was ist so tragisch daran?« Ich hätte antworten wollen: »Weil die Ehe und die Familie heilig sind. Weil wir mit den Pfunden der Liebe, die uns geschenkt wurde, nicht gewuchert haben. Weil unsere Kinder, insbesondere unser jüngster Sohn, sehr leiden. Weil nur Freude um uns herum wäre.« Aber ich sage nichts. Zuviel Kälte.

Ich bitte ihn, nach Medjugorje zu fahren und erst dann zu entscheiden.

Er ruft die Bedienung, um zu zahlen.

Am nächsten Morgen weiß ich, daß ich ihn darum nicht bitten darf. Es muß aus seinem eigenen Herzen kommen. Ich sage es ihm am Telefon.

Wieder dieser brennende Schmerz in meinem Herzen, wie in den Monaten nach der Trennung. Der ganze Brustraum brennt bis zu den Ellbogen. Schmerz und Reue. Die Reue ist noch tiefer, als sie es in Medjugorje war. Mit der Möglichkeit der Liebe im Herzen sehe ich jetzt die nackte, häßliche Fratze meines Egoismus. Sicherlich ja: »Er hätte Ihnen entgegenkommen müssen«, sagte Pater Dietrich auf der Bank in Medjugorje. Aber die Schuld des anderen ist keine Rechtfertigung für eigene Schuld und mindert diese nicht. *Vergib uns unsere Schuld, wie auch wir vergeben unsern Schuldigern.* Tiefe Herzensreue gilt als eine Gnade Gottes. Sie erst ermöglicht die Umkehr.

Kordula kommt am Wochenende und ist mildernd an meiner Seite. Sie kennt solchen Schmerz nicht, aber sie ist da. Sie drängt darauf, Adventskränze zu binden. »Das muß sein.« Unser stundenlanges Herumfahren auf der Suche nach einer echten Tanne bleibt erfolglos. Wir geben es auf und fahren zurück. An der Kreuzung vor dem Dorf steht ein Bauer mit einem Anhänger voller Tannenzweige. Wir bekommen, soviel wir wollen, und machen schöne Kränze.

Am Sonntag in der Kirche eine wunderbare Lesung von König Salomo. Gott stellt ihm einen Wunsch frei. Der junge König

Salomo, der sich der Größe der vor ihm liegenden Aufgabe nicht gewachsen fühlt, bittet um »ein hörendes Herz«, um die Nöte seines Volkes zu erkennen.

Am Nachmittag, bei der ersten Adventskerze, sage ich den Kindern, wie es zwischen mir und W. steht. Sie hören es schweigend.

In der Nacht kommt der Schmerz mit voller Wucht wieder. Ich kann montags nicht arbeiten, gehe statt dessen vormittags eine Stunde in die Kirche. Fühle mich nicht in der Lage zu beten, sage nur Jesus Christus, Jesus Christus, Jesus Christus. Nach dem Essen gehe ich frierend mit einer Wärmflasche ins Bett. An der Wand vor mir habe ich das große Marienbild befestigt, das im Bus nach Medjugorje an der Scheibe hing. Bisher war mir der Zugang durch das bildungsbürgerliche »Kitsch«-Verdikt verstellt. Ein byzantinisches Madonnenbild darf man unter Umständen noch irgendwo im Wohnzimmer aufhängen. Es kann als Kunstobjekt durchgehen. Aber eine Lourdes- oder Fatima- oder Medjugorje-Madonna an einem sichtbaren Platz? Gewiß, es wäre herrlich, eine romanische Marienstatue zu besitzen, die ein gläubiger Künstler vor vielen Jahrhunderten geschaffen hat. Aber was tun in Ermangelung dieses Privilegs?

In meiner Not kümmert mich der Kitsch nicht mehr. Ich sehe ihre Schönheit, ihre Güte, ihre Liebe, ihre Demut und vor allem ihre Reinheit. Ich merke, daß ich mich mit dem Urteil »Kitsch« davor geschützt habe, mich für diese Qualitäten zu öffnen. Ich bete zwei Stunden lang den Rosenkranz, und irgendwann erwache ich getröstet aus dem Schlaf. Mein Herz brennt nicht mehr, ich bin wieder warm und erinnere mich, daß ich einen Hauch von Gottes Liebe erfahren habe. Meine Ehe lege ich in die Hände Marias. Danke, danke, danke.

Ich stehe auf und nehme meinen Ehering von der Spitze der Muschel ab, die vor Maria steht. Ich lege ihn in eine kleine Schachtel zu Heiligkeiten von Medjugorje: Salbei vom Kreuzberg, die drei geweihten Medaillen für die Kinder, die sie nicht tragen wollen, zwei geweihte Rosenkränze und ein wenig Erde vom Erscheinungsberg. Ich schließe die Schachtel und stelle sie auf meinen Altar.

Danach fahre ich weg, um Ani im Krankenhaus zu besuchen. Sie ist schon wieder recht munter und freut sich überschwenglich über die Rose, die ich ihr mitgebracht habe. »Du hättest mir gar keine größere Freude machen können.«

Sie erzählt mir, ein Unterhemd sei im Krankenhaus weggekommen. »Weißt du, das habe ich in einer Mülltonne gefunden.

Dann habe ich es dreimal eingeweicht und gekocht. Es ist beste englische Qualität.« Sie erzählt es mit Selbstachtung.

Ich frage Ani und die andere alte Frau im Zimmer, ob wir zusammen beten sollen. Der Pfarrer, der am Nachmittag da war, hat es nicht getan. Sie stimmen zu, und wir beten ein Vaterunser. »Bedeutet dir eigentlich Maria etwas?« frage ich Ani, die evangelisch ist.

»Ja«, sagt sie, »es ist die Mutter unseres Herrn.«

»Und der Rosenkranz?«

»Nein, der Rosenkranz nicht.«

»Maria fordert uns auf, den Rosenkranz zu beten. Sie will die Geschichte des Herrn ...«, ich suche nach dem geeigneten Wort, und Ani findet es

»... publik machen.«

Maria eine »ganz normale Frau«?

Seit einigen Monaten werde ich einmal wöchentlich vom Kaplan auf meine Aufnahme in die Kirche, auf Kommunion und Firmung, vorbereitet. Der Termin ist auf den 12. Januar 1997 festgelegt, das Fest der Taufe Jesu. Es gibt einen zweiten Konvertiten, namens Helmut. Wir treffen uns zusammen mit dem Kaplan und der Gemeindehelferin, um die Einzelheiten zu besprechen. Die Gemeindehelferin ist eine junge Frau, die Religionspädagogik studiert hat.

Wir erzählen, was uns zu diesem Schritt geführt hat. Helmut spricht vom »Wunder, das Maria in seinem Herzen gewirkt hat«, ohne daß er je an einem Marienwallfahrtsort gewesen sei. Er spricht von der »Dunkelheit des Glaubens« im Gegensatz zum scharfen Licht des Intellekts. Ich erzähle, was sich in mir in Medjugorje gewandelt hat und weiter wandelt.

Die beiden hören zu, und es ist eine Wand zu spüren, durch die nichts durchgeht. Der Kaplan sagt: Für ihn sei die Beziehung zu Gott entscheidend und zu Jesus als seinem Bruder. Er brauche Maria nicht. Seine Mutter habe ihm zwar vermittelt, daß er sich, wenn er Hilfe brauche, immer an Maria wenden könne, aber er beziehe sich nicht auf sie in seinem Glaubensleben.

Die Gemeindehelferin sagt, für sie sei Gott immer Vater und Mutter gewesen. Sie brauche keine mütterliche Gestalt. Maria sei für sie »ein ganz normaler Mensch«. Es sei ihr sehr wichtig, daß nur

Gott und Christus angebetet werden, nicht Maria. Was in Medjugorje geschehe, wisse sie nicht, sie brauche so etwas nicht.

Das sagen zwei im kirchlichen Dienst stehende Menschen, deren Glaube lehrt, daß Maria sündenlos empfangen und sündenlos geblieben ist, daß Maria die Mutter der Kirche ist, daß sie in den Himmel aufgefahren und zur Himmelskönigin gekrönt worden ist. Ist das eine »ganz normale Frau«?

Beide gehören einer Kirche an, deren Führer ihnen als Stellvertreter Christi auf dieser Erde gilt. Papst Johannes Paul II., alle anderen Päpste dieses Jahrhunderts und viele ihrer Vorgänger sind und waren ausgesprochen marianisch. Es scheint, daß das, was die moderne Theologie lehrt, mehr Einfluß hat als das Lehramt der Kirche.

Ich spreche einen Teil von dem aus, was ich denke:

»Angesichts der Not, in der sich die Welt und die Kirche befinden, müßte es doch das größte Interesse hervorrufen, wenn vieles darauf hindeutet, daß durch Maria eine himmlische Rettungsaktion stattfindet. Sie haben es sich zum Beruf gemacht, Menschen zum Glauben und zum Gebet zu führen. In Medjugorje geschieht das millionenfach. Warum jubeln Sie nicht?«

Ich bekomme nur die stereotype Antwort:

»Wir brauchen keine neue Offenbarung.«

»Aber es ist doch keine neue Offenbarung. Bei ihrem zweiten Erscheinen in Medjugorje bittet eine Seherin die schöne Frau um eine Botschaft für die vielen Menschen, die in Windeseile zusammengeströmt sind. Die Antwort ist: ›Sie sollen glauben und beten.‹ Ist nicht direkt eine Neuigkeit. Aber das überwältigend Neue ist, daß mit der Botschaft die Kraft kommt, zu glauben und zu beten.«

»Es gibt in der Kirche verschiedene Wege«, antworten sie.

Wenn ich eine solche Mauer spüre, wird eine bestimmte Energie in mir geweckt, die diese Mauer einreißen möchte. Nicht, daß ich mich im Ton oder der Wortwahl vergriffen hätte. Aber ich kenne diesen Drachen in mir und merke, wie er anfängt, seine Nüstern zu blähen. Ich will ihm das Feld nicht mehr überlassen. Er tritt im Namen der Wahrheit auf, möchte schnauben und Feuer spucken. In Wirklichkeit ist er ein Verführer, der meine Schwäche ausnutzt, die Welt nicht so ertragen zu können, wie sie ist. Er besitzt kein hörendes Herz, kein Sensorium zur Wahrnehmung des anderen, und durch seinen dicken Panzer kann die Stimme Gottes nicht dringen. Auf diesem Drachen sitzen die Menschen, die Religionskriege führen, Hexen verbrennen und sich von ihrem Nächsten entzweien, weil er einen anderen Glauben hat. Das Herz des anderen erreiche ich niemals auf diesem Drachen. Wenn ich den anderen *nicht* verändern will, schaffe ich ihm die Möglichkeit, sich zu verändern, weil ich, indem ich seine Freiheit achte, in der Liebe bleibe.

Merkwürdig: Ich trete in die katholische Kirche ein, weil ich vermutet habe, dort werde Maria, die Mutter Gottes, verehrt und dürfe wirken. Und nun sitze ich zwei Dienern der Kirche gegenüber, die wie Protestanten sprechen. Luther selbst war ja noch ein glühender Marienverehrer. Warum die Mutter Jesu von modernen Katholiken an einen unbedeutenden Platz verwiesen wird, weiß ich nicht, jedenfalls ist es ein Prozeß, der weit in die Kirche hineingreift.

Was das Zweite Vatikanische Konzil, also die Gesamtheit aller Bischöfe, 1965 beschlossen hat, scheint Schall und Rauch. In der »Dogmatischen Konstitution über die Kirche« lese ich:

> Die Jungfrau Maria … wird als wahre Mutter Gottes und des Erlösers anerkannt und geehrt. Im Hinblick auf die Verdienste ihres Sohnes auf erhabenere Weise erlöst und mit ihm in enger und unauflöslicher Verbindung geeint, ist sie mit dieser höchsten Aufgabe und Würde beschenkt, die Mutter des Sohnes Gottes und daher die bevorzugt geliebte Tochter des Vaters und das Heiligtum des Heiligen Geistes zu sein. Durch dieses hervorragende Gnadengeschenk hat sie bei weitem den Vorrang vor allen anderen himmlischen und irdischen Kreaturen … (Die) katholische Kirche verehrt sie, vom Heiligen Geist belehrt, in kindlicher Liebe als geliebte Mutter.*

Ich fühle mich durch die Ablehnung an die Reaktion von Ärzten erinnert, wenn Patienten auf eine Weise Heilung finden, die mit den naturwissenschaftlichen Paradigmen, an die sie glauben, nicht erklärt werden kann, etwa durch Homöopathie oder durch gläubiges Gebet. Da ja anzunehmen ist, daß Ärzte heilen wollen, möchte man meinen, es interessiere sie alles, was zur Heilung führt. Aber keineswegs: In der Regel wenden sie sich ab mit Grausen und ignorieren die ärgerlichen Tatsachen. Warum? Weil das ganze Gerüst, auf dem sie stehen, bedroht ist, die Grundanschauungen, die Art der Arbeit, die Art der Beziehung zum Patienten, die soziale Existenz.

---

* Karl Rahner, Herbert Vorgrimler: Kleines Konzilskompendium, Freiburg i. Br. 1966. Dogmatische Konstitution über die Kirche, Art. 53, S. 187ff.

Und hier? Jemand wird Priester, fühlt sich berufen, die Menschen zu Gott zu führen, bringt dafür das große Opfer des Zölibats, erlebt tagtäglich, daß das, was er predigt, nicht getan wird, daß für viele der Glaube nicht mehr als ein gewohnheitsmäßiger sozialer Zusatz zur Existenz ist, daß die Sakramente, insbesondere das Sakrament der Buße, nicht mehr wahrgenommen werden, daß die Welt in einem äußerst gefährdeten Zustand ist. In dieser Situation häufen sich die Nachrichten, daß die Jungfrau Maria aus der Ewigkeit in die Zeit hineintritt, uns die Hand reicht und uns auf den Weg zu Gott zurückführt.

Warum wird er nicht neugierig? Warum macht er sich nicht auf den Weg, mit eigenen Augen und seinem eigenen Herzen zu prüfen, ob es wahr ist?

Statt dessen sagt er: »Die Frage, ob Maria wirklich erscheint, habe ich mir noch nie gestellt.«

Das ist so widersprüchlich, daß ich mir die Abwehr nur aus einer unbewußten Angst erklären kann. Angst wovor?

Aus meinem eigenen Prozeß komme ich zu Vermutungen.

Maria zu verehren, heißt, Maria in uns wirken zu lassen. Maria kann nicht anders als uns sich gleichmachen. Maria ist die absolute Hingabe an Gott. Sie hat Gott ihren Leib, ihren Geist, ihr Herz hingegeben. Sie wurde gefragt und hat sich dafür entschieden. Sie will nichts aus sich selbst. »Ich bin die Magd des Herrn. Mir geschehe nach deinem Wort.« *Das* ist die Bedrohung.

Kann die Hingabe an Maria denn von Gott wegführen? Ihr Wesen ist Hingabe an Christus, an Gott, an den Heiligen Geist. Wenn sie sich selbst hingibt, wird sie nicht auch die hingeben, die sich ihr hingeben?

Maria sagt in Medjugorje, daß sie in unsere Welt tritt, sei eine Gnade Gottes. Was könnte für uns Menschen anziehender sein als eine junge, über die Maßen schöne Frau, die Jungfrau und Mutter zugleich ist? Wir haben ihre Reinheit und Demut vor Augen. Aber ein Teil von uns will überhaupt nicht rein und überhaupt nicht demütig sein.

Maria ist eine von uns. Dadurch ist sie uns unvergleichlich nahe. Aber da gibt es etwas, das diese Nähe noch nicht annehmen will. Wie kann eine von uns so hoch erhoben werden? Aus ihren Händen unser Heil erbitten? Von einer Frau? Ist da vielleicht Stolz im Spiel? Uns abhängig zu wissen von einem Gott, dem wir nie gleich sein können, rührt nicht an diesen Punkt.

Tiefenpsychologisch gesehen macht die große Mutter Angst, denn sie verschlingt ihre Kinder. Wir fürchten, wir könnten uns in der Verschmelzung mit der Mutter verlieren. Maria hat sich in der

Verschmelzung mit Gott verloren, und doch erscheint sie uns als eine eigenständig handelnde Persönlichkeit. Wie immer zeigt sich das Göttliche in der Einheit scheinbar unvereinbarer Gegensätze.

Heute ist wieder Fasttag bei Brot und Wasser. Maria sagt: Zweimal die Woche soll man fasten. Man hat einen Tag überstanden, ißt wieder, will sich schon wieder häuslich in der Bequemlichkeit niederlassen, aber patsch, da ist schon der zweite Fasttag. Beim letzten Mal ging es ohne Gereiztheit. Mein Sohn sagt: »Ich merke gar nicht, daß du fastest.« Vielleicht verstärkt das Fasten mein Gebet.

Der lächelnde Buddha

Im Raum meiner Tanzgruppe sitzt ein schöner lächelnder Buddha an prominentem Platz. Ich schaue ihn an, den Erleuchteten. Warum fühlen sich so viele Menschen – der intellektuellen Mittelschicht, sei dazu gesagt – von Buddha angezogen und nicht von Christus?

Als erste Antwort bietet sich Kritik an der Kirche an. Aber ist das alles? Man setze sich eine Weile vor eine Buddha-Statue und eine Weile vor ein Kreuz mit dem gemarterten Christus. Die Botschaft des Erleuchteten ist: Es gibt die göttliche Seligkeit. Sieh, ich habe sie durch Meditation erlangt. Auch du kannst sie durch Meditation erlangen.

Diese Botschaft kommt bei uns verkürzt an. Sie ist ihrer Tradition entkleidet. Auch dieser Weg in die göttliche Wirklichkeit ist streng, verlangt die gänzliche Umkehr der Prioritäten, verlangt vollkommene Hingabe, verlangt entsagungsreiche Praxis, nicht minder als der christliche. Milarepa, der große tibetische Heilige, hat jahrzehntelang in einer Höhle gewohnt und sich von Brennesseln ernährt, bis er grün wurde. *Danach* ist er mit seligem Lächeln unter die Menschen zurückgekehrt und hat Loblieder auf die göttliche Herrlichkeit gesungen. Was bei uns ankommt, ist das Lächeln.

In unserer Kultur schauen wir auf den gekreuzigten Christus, vielmehr: Wir schauen nach Kräften weg. Das Kreuz soll per Gericht aus den Schulen entfernt werden, weil Eltern es unzumutbar für ihr Kind finden, eine Folterszene anzuschauen.

Die Medienmaschinerie unserer Zeit hämmert uns die Lüge ins Bewußtsein, es könnte einen Weg geben, das Leiden aus dem eigenen Leben zu verbannen. Die Botschaft des Kreuzes ist der geheimnisvolle Zusammenhang von Leiden und Liebe.

Christus ist gekommen, um uns von den Sünden zu erlösen. Er hat nicht versprochen, uns vom Leiden zu erlösen. Wir glauben, die Erlösung vom Leid brächte das Glück. Es ist aber die Erlösung von den Sünden, die Menschen fähig macht, im Leiden zu lächeln. Dafür zeugen die Heiligen mit ihrem Leben. Die kleine Therese von Lisieux, die großes Leiden lebenslang getragen hat, sagte von sich: »Fröhlich wie ein Spatz.« Keiner der erleuchteten Lehrer und Propheten dieser Welt hat gesagt, der Weg wäre breit und bequem und leicht. Wer das tut, ist ein falscher Prophet. Wir sind von falschen Propheten umstellt. Sie sind leicht zu erkennen, man muß sich nur anschauen, welche Rolle Ruhm, Macht, Geld und Sex in ihrem Leben spielen.

In der Süddeutschen Zeitung steht am 10.12.96 folgende Nachricht:

> *Fast tausend Neugeborene von Eltern zurückgelassen*
> Bukarest (dpa) – Fast 1000 Neugeborene sind allein in den ersten zehn Monaten dieses Jahres in rumänischen Entbindungsstationen von ihren Familien zurückgelassen worden. Wie rumänische Tageszeitungen berichten, sind vor allem kranke Babys aus armen Familien betroffen. In den 57 staatlichen rumänischen Waisenhäusern leben derzeit 9137 Kinder im Alter unter drei Jahren. Für ihre Ernährung kann der Staat täglich nur jeweils eine Mark ausgeben.

Für mich ist das nicht ein Geschehen, das irgendwo im beklagenswerten Abseits geschieht. Für mich sind es Zeichen, daß wir als Menschheit versagen, daß unsere Kultur, unsere Zivilisation am Ende ist. Das Leid, das daraus entsteht, paßt in meine Sinndeutungen nicht mehr hinein. Soll ich an Wiedergeburt glauben und mein Entsetzen dadurch dämpfen, daß ich mir vorstelle, all diese 9137 Babys waren vielleicht Mörder in ihrem früheren Leben? Ich ziehe es vor zu glauben, sie kommen unschuldig auf die Welt. Aber was dann? Welchen Sinn hat das Leiden dieser Seelen? Wenn eine Mark für ihr Essen ausgegeben wird, wie mag dann ihre Betreuung aussehen? Als Ceausescu weggejagt wurde, kamen Bilder in die Zeitung von Heimen, in denen verwaiste, verlassene Kinder in ihrem Kot in eisernen Bettgestellen lagen. Aus Menschen, die in solchen Heimen trotz allem großgeworden sind, rekrutierte der kommunistische Apparat gezielt seine Folterknechte. Und? Und?

Haben sie schuld? Hatten sie eine Alternative? Was wird aus ihrer Seele?

Ich habe keine Antwort.

Aber ich muß die Antwort nicht haben, um meinen Weg weiterzugehen.

Ich habe nur eine Ahnung: daß Gott uns in die Freiheit geworfen hat mit allen wunderbaren und allen entsetzlichen Konsequenzen. Ich bedenke: Judas war einer der Jünger Jesu. Er lebte in der Gegenwart des göttlichen Menschen, und doch konnte Jesus ihn nicht zum Guten bekehren, er, der Blinde sehend und Lahme gehend gemacht hat.

Ganz allmählich beginnt in mir mein Herz das Kreuz anzuschauen. Eine Weile hat Jesus seinen Kopf noch halten können, dann ist sein Haupt herabgesunken, und er konnte nur noch sagen: »Mein Gott, mein Gott, warum hast du mich verlassen?« Der Sohn Gottes mußte die absolute Gottverlassenheit durchleiden.

Warum?

Vielleicht verschließen wir unser Herz vor Jesus, weil es gesprengt wird, wenn wir uns seiner Liebe öffnen.

Herzensreue

W. hat zum dritten Mal nein gesagt. Ich habe ihn um ein Gespräch gebeten an einem Marienort. Er hat die Kapelle vorgeschlagen, an der er manchmal sitzt. Es ist Freitag, der 13. Dezember. Die Kinder sagen, es ist ein Unglückstag, ich sage, der Dreizehnte ist auch ein Marientag. W. ist unerreichbar. »Mein Weg mit dir ist zu Ende.«

Ich durchlebe noch einmal drei Tage tiefer Reue.

Reue, sagt W., kommt immer zu spät. Sie kommt in einer Hinsicht zu spät: Wir müssen die Konsequenzen unseres Handelns durchleiden und das Brennen ertragen, wenn wir sehen, wir hätten anders handeln können. Aber sie ist, solange wir leben, ein Geschenk, denn sie befähigt zur Umkehr. Sie ist ein vorgezogenes Purgatorium.

»Der Reuige durchlebt die Schmerzen einer Gebärenden und rührt in seinem Herzen an Höllenqualen«, heißt es im »Immerwährenden Herzensgebet«*. »Der Sünde widersteht man nur

---

* Alla Selawry: Das immerwährende Herzensgebet. München (6. Aufl.) 1994, S. 119.

dann entschieden, wenn man sie haßt; und man haßt sie erst, wenn man das gewaltige Unheil der Sünde mit aller Macht in schmerzlichster Selbsterkenntnis auskostete.«

Ephräm der Syrier, der von 306–373 gelebt hat, fährt fort, als wollte er dem psychologischen Zeitgeist ins Gewissen reden:

> Das ist etwas völlig anderes als jene finsteren Schuldgefühle, die der Teufel in uns wachruft, um uns in Verzweiflung zu stürzen. Vor Begehen der Sünde weckt der Versucher unsere Begier und stellt die Sünde als harmlos und Gott als nachsichtig hin, bis wir in Schuld fallen. Dann aber enthüllt er den Abgrund dieser Schuld, erfüllt mit Furcht vor Gott als erbarmungslosem Weltenrichter, droht mit ewiger Verdammnis, hüllt in Verzweiflung und treibt zu Selbstmord.
>
> Herzensreue führt selige Empfindungen ins Herz, und ein Mensch, der in diesen Zustand gelangt, tritt in Gemeinschaft mit Gott und Seinem Geiste.•

Ich kann also davon ausgehen, daß dieser Prozeß erst beginnt.

Heute fürchten wir Gott nicht mehr. Die Theologen halten uns nur noch den liebenden Gott vor Augen, und die Psychologen sagen, Schuldgefühle wären christlicher Schnee von gestern, der grau und häßlich ist und im Begriff zu schmelzen. Warum aber sind chronische, massive Angstgefühle zu einem Massenphänomen geworden? Ob wir vielleicht versuchen, etwas zu verdrängen, was aus dem Unbewußten als Angst und Panik zurückschlägt und jede Lebensfreude und Lebenstüchtigkeit abwürgt – wie eine Kobra, die sich um den Leib schlingt?

Ich wünsche mir innere Führung, aber ich erfülle noch nicht die Voraussetzungen, daß sie geschehen kann.

Die erste Voraussetzung ist Lauschen nach innen.

Ich höre nichts, wenn sich mein Intellekt zum Führer aufspielt.

Ich höre nichts, wenn ich auf Impulse von außen reagiere, ohne daß mir Handlungsalternativen überhaupt nur zu Bewußtsein kommen.

Ich höre nichts, wenn ich von meinen Gefühlen und Wünschen beherrscht werde. Sie verzerren die Wahrnehmung der Wirklichkeit.

Ich höre nichts, wenn ich mich nicht in den anderen einfühlen kann.

• a. a. O., S. 120f.

Angenommen, ich höre, so muß ich gehorchen.

Die zweite Voraussetzung ist deswegen Gehorsam.

Das Ego, der Intellekt, findet tausend Gründe dagegen.

Es wird mir gut und richtig erscheinen, das zu tun, was ich immer getan habe, und erst die Konsequenzen, die ich nicht wollte, rütteln mich wieder auf. Reue folgt auf den Fuß.

Gehorsam heißt, das Heft aus der Hand geben.

Gehorsam heißt, dem Herzen die Führung übergeben.

Gehorsam heißt, etwas anderes tun, als ich immer getan habe.

Gehorsam gegenüber der inneren Stimme folgen Freude und Kraft.

Hat uns jemand versprochen, es wäre leicht? Ja, ja, allerorten wird es uns vorgegaukelt. Aber es ist nicht leicht. Wir müssen um Hilfe bitten. Maria ist da, um uns zu helfen.

Ich bin den ganzen Tag mit Freude erfüllt. Wenn ich nicht auf eine Arbeit konzentriert bin, sage ich das Herzensgebet:

Jesus Christus, Sohn Gottes, erbarme dich meiner.
Der ganze Brustraum wird warm und belebt, und ich fühle mich wie eine Seerose, die in der warmen Sonne vertrauensvoll ihre Blätter öffnet. Sie schwimmt allerdings in einem See von Schmerz: Bedürfigkeit, Versagen, Scheitern, Verlassenwerden, Alles-allein-tragen-Müssen, Nicht-gut-machen-Können, nicht lieben dürfen. Jetzt, im erfüllten Zustand, ohne daß irgend etwas anders wäre, ist Süße in mir.

Das ganze Leben

Christus ist gekommen, uns von den Sünden zu erlösen.
Christus ist nicht gekommen, uns vom Leiden zu erlösen.
Christus verheißt uns Seligkeit.
Seligkeit und Leiden scheinen sich nicht auszuschließen.
Seligkeit kommt durch ein Leben, das sich von der Sünde abwendet und das ganze Leben annimmt, Glück und Leiden.
Deswegen fliehen wir Menschen vor der Botschaft Christi.
Deswegen ist es schwer, Christ zu sein.

Maria, die Mutter Gottes, ist auf der Erde gegenwärtig, weil wir uns von dieser Wahrheit abgewandt haben und uns und alles Leben auf dieser Erde in größte Gefahr gebracht haben. Sie, die demütige, die gewaltlose, die überaus schöne, die gotterfüllte, die gnadenreiche Frau, ruft uns zu ihrem Sohn, dem Sohn Gottes, zurück.

Heute morgen lese ich im Markusevangelium über die Nacht im Garten Gethsemane: Jesus schwitzt Blut, und die Jünger schlafen. Dreimal bittet sie Jesus, mit ihm in dieser Nacht zu wachen, in der er alle Angst durchleidet, die ein Mensch durchleiden kann; dreimal sind sie wieder eingeschlafen. Ich lese, wie ihn Judas Iskariot mit einem Kuß verrät, wie er gegriffen wird und alle Jünger fliehen; wie ihn die Hohenpriester und Ältesten verhören, schmähen, zum Tode verurteilen, weil er sagt: »Ich bin's.« Ich bin Gottes Sohn und ich bin des Menschen Sohn; wie sie über ihn herfallen, ihn bespucken und ihn mit Fäusten ins Antlitz schlagen. Wie ihn Petrus verleugnet.

Mir wird schwach und elend. »Betet mit dem Herzen« heißt, das in unser Herz einlassen. *Für uns* hat er gelitten. Vielleicht verstehe ich dieses Opfer so schwer, weil ich die Liebe, aus der es geschieht, gar nicht fassen kann.

Um nicht nur das Leiden zu sehen, sondern die ganze wunderbare Erlösungsgeschichte, erzähle ich mir die glorreichen Geheimnisse des Rosenkranzes. Glaube heißt, in dieser Wirklichkeit Wurzeln zu schlagen, einer Wirklichkeit, die wir nicht sehen, nicht hören, nicht schmecken, nicht riechen, nicht tasten können. Alles, was wir sehen, hören, schmecken, riechen, tasten, schreit uns entgegen: Es gibt nur diese Wirklichkeit. Suche dein Glück, indem du deine Sinne befriedigst. Maria sagt: Bete, faste, tu Buße, höre das Wort Gottes und laß dich beschenken im Sakrament der Eucharistie! Das sind die Werkzeuge, um uns umzutopfen von der Welt der Sinne in die Wirklichkeit des Glaubens.

Wäre da nicht die Verzweiflung darüber gewesen, daß ich nach zwei Jahrzehnten der Suche nicht gefunden habe, einer Suche, von der ich mir einbildete, es wäre eine Suche nach Gott, es war aber eine Suche nach Glück, und wären da nicht Früchte – ich hätte den Mut nicht.

Synchronizität

Mir fällt auf, daß das Timing an wichtigen Verdichtungspunkten in meinem Leben in einer Weise auf innere Führung hinweist, daß ich mich – ach hätte ich doch genügend Vertrauen – wie in ein großes

Federbett zurücksinken lassen könnte. Und doch ist immer noch das Gefühl da, daß ich über Eis gehe und nicht weiß, wie dick es ist.

Am Samstag, den 2. November, sind wir früh aus Medjugorje zurückgekommen. Am Sonntag früh überflutet mich die Liebe Gottes. Ich hebe die Arme zum Himmel, und es sagt in mir vom tiefsten Herzensgrund: *Ich glaube.* An diesem Tag zieht Kordula, die mich zu Beginn des Jahres im blutenden Trennungsschmerz aufgefordert hat zu beten, die mit mir gebetet hat und die die letzten zwei Monate in meinem Haus gewohnt hat, aus. Bis zu diesem Punkt hat sie mich begleitet, in dem Augenblick, in dem ich allein stehen kann, führt ihr eigener Weg sie aus meiner Nähe weg.

Am Freitag, den 13. Dezember, sagt W. sein drittes Nein. Am nächsten Vormittag mache ich Ordnung im Wohnzimmer, setze mich ans Klavier, stehe vom Klavier auf, und da reißt es mich förmlich: Mein Blick fällt auf eine große Marienstatue, eine Rosa Mystica, die im Regal hinter der Ofenbank steht. Franz hat mir die Pilgermadonna am Tag zuvor gebracht, als ich nicht zu Hause war. So war dieser Freitag, der 13. Dezember, also doch ein Marientag.

Es ist für mich auch ein Gedenktag. Mein Lehrer J. G. Bennett ist am Freitag, den 13. Dezember 1974, gestorben. Er war der Leiter der *International Academy for Continuous Education* – einer Schule für innere Arbeit nach der Lehre von G. I. Gurdjieff. Kurz vor seinem Tod war er noch in die katholische Kirche eingetreten. Ich hatte an jenem Tag die Aufgabe, die Bennett-Wohnung zu putzen. Gestützt auf seine Frau kam »Mr. B.« morgens von der Gartenarbeit ins Haus. Eine Stunde später war er tot. Unmittelbar danach bat mich seine Frau Elisabeth, das Schlafzimmer zu reinigen. So durfte ich eine Stunde mit ihm allein sein. Er hatte ein seliges Lächeln auf den Lippen. Ich fand ein Kreuz aus zwei Strohhalmen und legte es auf seine Hände. Seitdem weiß ich, wie man sterben kann, wenn man im Leben ein Zelt am anderen Ufer aufgeschlagen hat.

Auf der Suche nach einer Gebetsgruppe habe ich mit einer Familie Huber Kontakt aufgenommen. Der Vater, die treibende Kraft in der Familie, war schon dreimal in Medjugorje, aber noch öfter in Schio in Italien mit Frau und erwachsenem Sohn. Gestern abend besuchte ich die Familie. Herr Huber ist Staplerfahrer in einer Getränkefirma, ich »eine Studierte«. Gemeinsam ist uns die Hinwendung zu Maria, und so ist sofort naher, warmer Kontakt möglich. Ich erfahre beiläufig, daß bei ihm vor einem Jahr Schilddrüsenkrebs diagnostiziert worden war. »Hatten Sie Angst?« »Ich bin bei dem Arzt rausgegangen und habe zu Gott gesagt: Ich nehme den Krebs an.«

Von dem Bleigewicht der Todesdrohung, das Krebskranken und ihren Angehörigen fast immer anhängt, ist hier nichts zu spüren.

Nachdem wir uns zwei Stunden unterhalten haben, bringt Herr Huber ein Kästchen, in dem ein winziges, 5 Millimeter langes Kreuz auf Watte liegt. Er fordert mich auf, das Kästchen zu öffnen. Wunderbarer Duft entströmt ihm. Ich erfahre: Diese zwei Holzfasern stammen vom großen Kreuz in Schio, das – aus zwei rohen Ästen zusammengenagelt – am dortigen Kreuzweg stand und im Jahre 1986 plötzlich begann, diesen Duft auszuströmen, was es bis heute tut. Der Duft des kleinen Kreuzes im Kästchen wird seit eineinhalb Jahren nicht schwächer. Ich rieche und rieche und rieche, es ist wahrhaftig ein himmlischer Duft. Der Intellekt meldet natürlich seine Zweifel an, ob es vielleicht doch Chemie ist? Aber der Wohlgeruch strömt direkt ins Herz, es gibt keine Nuance, die mir nicht angenehm wäre. So folge ich diesem Duft und entschließe mich, über Silvester mit nach Schio zu fahren.

Nachfolge

Immer und immer wieder erlebe ich die Zurückweisung meiner Liebe. Es ist mein Lebensthema von Geburt an. Mein Lebensziel ist es, lieben zu lernen. Einer, der in Liebe gebettet wurde, kann reagierend lieben, braucht nicht darum zu kämpfen. Lieben heißt, in der Liebe sein, nicht anders können als lieben. Christus fordert das Unmögliche: »Liebet eure Feinde.« Pater Ferdo Vlasˇic´, den sie zu acht Jahren Gefängnis verurteilt haben, weil er sich positiv zu den Marienerscheinungen in Medjugorje gestellt hat, sagt: »Das ist die letzte Befreiung.«

Am frühen Morgen lese ich im *Goldenen Buch* vom heiligen Ludwig Maria Grignion von Montfort.* Er knüpft seine Lehre an den Satz von Jesus: *Wer mein Jünger sein will, der verleugne sich selbst, nehme sein Kreuz auf sich und folge mir nach.* (Mt 16,24)

Das Kreuz lieben. Welch eine Anforderung! Sie schlägt unserer Zeit, meiner eigenen jahrzehntelangen Glücksuche, brutal ins Gesicht. Ich winde und sträube mich, möchte nicht, daß die Welt so

---

* Ludwig Maria Grignion von Montfort: Das Goldene Buch der vollkommenen Hingabe an Jesus durch Maria, Freiburg, Schweiz (24. Aufl.) 1990.

eingerichtet ist. Ich lege das Buch weg und greife zu einem anderen, das neben meinem Bett liegt, »Das immerwährende Herzensgebet«, in der Hoffnung, dort Tröstung zu finden. Das Kapitel »Vom Leben im Willen Gottes« fällt von selbst auf. Ich lese:

> Christi Gebote sind – Seligpreisungen. Er schränkt die Freiheit seiner Jünger nicht ein, verweist aber auf die Seligkeit, die alle suchen, und zeigt Wege dazu. Groß die verheißene Gnade und groß auch die Mühen und Anstrengungen, sie zu erringen: Wer meine Gebote erfüllt, der verbleibt in meiner Liebe. Wer mir folgen will, übe Selbstentäußerung, nehme sein Kreuz auf sich und folge mir nach.

Ich weiß in der Tiefe meines Herzens, daß es wahr ist, und ich will nicht, daß es wahr ist.

Es schimmert im Gebet etwas Verstehen auf. Wenn ich das Kreuz annehme, die Zurückweisung meiner Liebe, dann bleibt zwar das Leiden, aber ich kann in der Liebe bleiben. Wenn ich aggressiv werde, dann spüre ich den Schmerz nicht, mache mich hart, klage das Böse außerhalb von mir an, sehe nicht, daß das Anklagen des Bösen mich böse macht, und verliere die Liebe. Die ganze christliche Lehre über Sünde, Schuld, Buße, das Kreuz annehmen, Vergebung hat zum Ziel, daß wir einen Schlußpunkt setzen in der automatischen Weiterverbreitung des Bösen, daß ich die Ketten durchbreche, die Generationen zurückreichen und die kommenden Generationen weiter fesseln. Christus ist gekommen, um uns auf diesen Weg zu führen, und seine Verheißungen sind groß.

Erspart die Flucht vor dem Leid irgend jemandem das Leiden? Es gibt immer mal wieder Leute, die es zu schaffen scheinen, die eine Weile im wackeligen Boot von Fortuna sitzen. Aber es scheint, als würde in einem Versteck ein Raubtier mitfahren, das die Pranke schon erhoben hat, die dann unverhofft in der Gestalt von Krebs oder Unfall oder Kündigung oder Scheidung oder … oder … oder … niedersaust. Und dann?

Ich bete vor der Rosa-Mystica-Statue im Wohnzimmer und lese über die Sieben Schmerzen Mariens. Mein Gott, ich bin wahrhaftig in der Schule Mariens. Bisher waren alle meine spirituellen Bemühungen eine Hinzufügung, die mich immer wieder in Verzweiflung stranden ließen, daß weder Glück noch Transformation dabei herauskamen. Jetzt ist etwas anderes im Gange.

Weihnachten

Einsam unter meinen Brüdern

Sie wollen nichts wissen von mir
und erst recht nichts von Dir, o Herr.
Zwar essen sie mit mir an einem Tisch,
aber das fragende Wort richten sie nicht an mich.

Bedürftig hocke ich in alter Trübnis,
und dem Glitzern des Schnees
antwortet kein Funkeln im Herzen.

Herr, Du hast mich Deine Liebe kosten lassen.
Sie ist es, die mich von den Menschen löst –
und mich ihnen schenkt.

Schio: Das duftende Kreuz

Ich fahre mit Annemarie, ihrem Sohn Markus und seinem »Spezi« Sepp – beides Ministranten in einem bayerischen Städtchen – in einem VW-Bus nach Schio, Oberitalien. Auf der Fahrt beten wir gemeinsam Rosenkranz. Es sind in meiner Bekanntschaft die ersten jungen Männer, die praktizierende Christen sind. Bisher habe ich nicht gewußt, daß es überhaupt Rosenkranz betende junge Männer gibt. Es schien so, als täten das nur alte arme Frauen. Markus ist Kraftfahrzeugmechaniker, Sepp Fußbodenleger.

Das Wetter ist schön und kalt. Wir wohnen hoch oben bei Familie Gögele, die eine Pilgerherberge bewirtschaftet. Franz Gögele ist Dolmetscher Renato Barons, des Sehers von Schio. Da es über Silvester in der Herberge sehr voll ist, soll zu Annemarie und mir noch eine alte Frau ins Zimmer, 78 Jahre alt, eine Oma wie aus dem Bilderbuch. Ich bin versucht zu fragen, ob es nicht eine andere Lösung gibt, unterlasse es aber und schlafe nun also mit der alten Maria im Ehebett. Das erweist sich im Laufe der Tage als Geschenk, denn ich lerne eine fromme Frau kennen und kann dabei einige Vorurteile über Bord werfen.

Am Nachmittag gehe ich zum Kirchlein San Martino – einem Ort tiefen Friedens. Ich sitze eine Stunde lang völlig ungestört von anderen Besuchern auf einer Steinbank gegenüber der Kirche und genieße die Stille und Innigkeit des Platzes, den die Wintersonne kühl bescheint. Das Kirchlein ist verschlossen, denn der Bischof erlaubt nur im Monat Mai, daß hier Messen gehalten werden und die Marienstatue verehrt wird. Durch ein Fensterchen in der Tür kann man allerdings einen Blick auf die Madonna mit Jesuskind werfen, das segnend die rechte Hand hebt, den linken Ellbogen lässig auf die Schulter der Mutter gestützt.

Von diesem alten heiligen Platz aus, von dem man sich gut vorstellen kann, daß ihn außer Maria auch Nymphen und Zwerge bewohnen, führt ein schmaler Fußweg nach oben zum »Cenacolo«, zum Gebetshaus, einer schönen Villa, die in pompejanischem Rot leuchtet und deren spitze Fensterbögen gelb umrandet sind. Sie liegt in einem gepflegten Park, von dessen sommerlicher Schönheit meine Begleiter schwärmen.

Noch bevor ich das Haus betrete, weht mich ein Hauch jenes Duftes an, den ich schon im Wohnzimmer meiner Pilgerfreunde riechen durfte. Ich trete ein und halte meine Nase vor die Löcher in der Glasscheibe, hinter der jenes rohe Kreuz aus zwei Akazienzweigen aufbewahrt wird, das an der zweiten Station des Kreuzweges in Schio stand und Ende 1986 begann, diesen himmlischen Duft auszuströmen.

Daneben liegt ein Jesuskind auf einem bestickten Kissen. Eine Tafel klärt mich darüber auf, daß es zwischen 1987 und 1990 dreimal geweint hat.

Noch ein dritter Gegenstand zeugt von Marias Präsenz: eine Terrakotta-Kachel von 26 mal 36 cm Größe, auf der die Madonna mit dem Kind dargestellt ist. Von einem plötzlich aufgetretenen intensiven Duft geleitet, hatte man diese im Sommer 1990 in der Erde gefunden.

Vereinzelt knien Menschen vor dem lebensgroßen Kruzifix und der Madonnenstatue und beten.

Nachmittags um 5 Uhr kommt Schwester Lucia und betet mit den deutschen Pilgern den Rosenkranz. Ich tue es auch, aber ich bin wieder im Widerstand.

Das kenne ich ja schon aus Medjugorje. Ich leide darunter, kann mich in den ersten Tagen nicht für die Gnade des Ortes öffnen, obwohl ich täglich in die Messe gehe, viel bete und immer wieder an dem duftenden Kreuz rieche. Es ist der blanke, unverhüllte Widerstand des Egos. Es will seine Freiheit nicht aufgeben, es will sich nicht ein- und unterordnen unter eine unendlich viel größere Macht. Dieses Ego tritt als »ich« auf, usurpiert mein Gefühl, verschließt mein Herz. Der Kopf hat zwar keine Macht über das Gefühl, aber er kann immerhin den Usurpator als Usurpator erkennen und daran erinnern, wie herrlich es war, als ich zum »Ja« gelangt war auf dem Kreuzberg in Medjugorje. Das Ego täuscht mir drohend vor, ich müßte auf dem Weg mit Christus und Maria auf Freude und Lebenslust verzichten. Aber Christus sagt: »Ich bin der Weg, ich bin das Leben.« Ich schaue mit Distanz auf das katholische Volk um mich herum: Ich und sie. Mein Gebet ist leer. Aber ich bete immer wieder: »Maria, Mutter Gottes, erwecke mein Herz in Liebe zu dir und deinem Sohn.«

So stehe ich wieder dem Paradox gegenüber: Das, was wir uns am meisten ersehnen, fürchten wir am meisten. Wir ersehnen die Einbindung, Anbindung, Aufgehobenheit und Geborgenheit in der göttlichen Ordnung, aber wir wollen nichts weniger als in Demut auf die Knie gehen und uns in diese Ordnung einfügen.

Ich erlebe die erste heilige Messe mit Pater Konrad. Er gehört einem neu gegründeten marianischen Orden an, der aus seiner deutschen Diözese verbannt wurde. Er zelebriert mit größter Ehrfurcht und Innigkeit. Am Ende der Messe spendet Pater Konrad den Heilungssegen mit geweihtem, wunderbar duftendem Öl. Ich entschließe mich, bei ihm zu beichten, obwohl ich eigentlich ein Gespräch suche. Im Cenacolo, dem Gebetshaus, stehe ich zwei Stunden frierend in der Reihe der anderen Beichtwilligen, bis ich dran bin. Ich öffne die Türe. Pater Konrad sitzt in seiner schwarzen Kutte am Tisch und empfängt mich mit einem Blick so voller Barmherzigkeit, daß die Härte zu schmelzen beginnt. Ich sage ihm, daß sich mein Herz verschließt und daß ich darunter leide. Es steht nicht in meiner Macht, mich zu öffnen. Wie der Priester in Medjugorje sieht er darin teuflische Machenschaften: »Der Böse will nicht, daß Sie hier auftanken. Tun Sie genau das Gegenteil! Beten Sie: ›Jesus, Maria, erfüllt mein Herz mit inniger Liebe.‹« In Versuchungen soll man immer das Gegenteil tun. »Wenn Sie hassen, dann beten Sie für die Person. Es ist eine Gnade des Himmels, daß man nicht beten und hassen zugleich kann. Wenn Sie merken, daß Sie Ihre Gebetszeit abkürzen wollen, dann machen Sie sie entsprechend länger.«

Ich sage, daß der himmlische Zustand nach Medjugorje wieder nachgelassen habe.

»Tun Sie das, was die Muttergottes in Medjugorje verlangt: Einmal im Monat beichten.«

Er gibt mir die Lossprechung, und ich erlebe wieder, daß mir Lasten abgenommen werden und ich fröhlich werde.

Am letzten Tag des Jahres spricht Renato Baron nachmittags zu den Pilgern. Er ist sehr ernst und scheint unter großem Druck zu stehen. Ich habe den Eindruck, daß er kaum ertragen kann, daß wir Menschen uns nicht schneller und radikaler von der Sünde abwenden.

»Wir sündigen, wie noch nie eine Generation auf dieser Erde gesündigt hat. Immer haben die Menschen gesündigt. Es gab Krieg, Kinder wurden getötet, Familien getrennt. Das Schlimme ist nicht, daß sich die Sünden vervielfacht haben. Gott, der die erste Sünde vergibt, wird auch tausend Sünden vergeben. Gott fällt es nicht schwer zu verzeihen. Aber was ist diese schwere Sünde heute? Ich habe die Muttergottes danach gefragt. Sie antwortete mit Tränen in den Augen: ›Die schlimmste Sünde ist, die Sünde zu rechtfertigen und sogar Gesetze zu verabschieden, die die Sünde zum Recht erklären.‹

In Europa haben wir das Gesetz der Abtreibung eingeführt, das uns erlaubt zu töten. Wehe dem, der den Feind tötet. Aber ihr, Väter und Mütter, man erlaubt euch, eure Kinder zu töten. Das ist nicht nur Atheismus, das hat einen anderen Namen: Das nennt man Frevel.«

Renato meint, jetzt töten wir unsere Kinder, wenn die Gesellschaften Europas in einigen Jahrzehnten hoffnungslos überaltert sein werden – ein statistischer Tatbestand –, wird man die Alten töten. »Ihr tötet eure Kinder, und eure Kinder werden euch töten.«

Ist das nicht durchaus möglich? Wenn wir an einem Ende die Heiligkeit des Lebens fahren lassen, warum dann nicht auch am anderen? Einem Embryo im Mutterleib sprechen wir die Menschlichkeit ab, um uns die Schuld vom Hals zu schaffen, wenn wir ihn töten. Gibt es nicht genug Alte, Kranke und Behinderte, deren Leben dem Blick des modernen, materiellen Menschen sinnlos und nutzlos erscheint?

Ich habe in einem Umfeld gelebt, in dem Abtreibung eine Möglichkeit war, das Leben entsprechend den eigenen Bedürfnissen zu verbiegen. Erst nachdem ich in das Antlitz meines neugeborenen Kindes geschaut habe, wurde ich von der Heiligkeit des Lebens im tiefsten Herzen ergriffen. Meine fünfzehnjährige Tochter, die kleine Kinder liebt, weiß das schon jetzt. Ich frage sie, wie sie zur Abtreibung steht.

»Ich würde niemals abtreiben!«

»Und wenn du vergewaltigt würdest?«

Ohne nachzudenken, antwortet sie:

»Aber da kann doch das Kind nichts dafür.«

Danke, meine liebe Tochter.

Nach dem Vortrag ruft mich der Dolmetscher Franz Gögele in ein kleines Zimmer, wo ich mit Renato Baron allein sprechen darf.

Ich: »Es gibt heute viele Erscheinungsorte. Warum kümmert sich die Muttergottes so intensiv um uns Menschen?«

Renato Baron: »Die Muttergottes bestätigte, daß sie derzeit an ungefähr 100 Orten in der Welt erscheint. Wir wissen, welche es sind. Überall kommt sie und sagt, daß sie unsere Mutter ist. Sie erfüllt jene Aufgabe, die sie unter dem Kreuz empfangen hat, als Jesus sagte: ›Siehe, dein Sohn.‹ Sie wird bis ans Ende der Zeiten unsere Mutter sein. Sie war Mutter unserer Väter, und sie wird Mutter aller unserer Kinder sein bis zur letzten Generation. Gott hat sie als Pforte des Himmels geschaffen. Indem wir durch sie hindurchgehen, durch ihr Beispiel, durch ihre Unterweisung, können wir ganz sicher zu Gott gelangen.«

Da ist er wieder dieser Duft. Der ganze Raum ist mit Duft erfüllt.

»Die Muttergottes bestätigt hier in den Erscheinungen, daß sie die Unbefleckte ist, die Mutter Jesu. Die katholische Kirche hat das immer gesagt, daß sie Jungfrau ist, daß sie immer Jungfrau war und keine anderen Kinder hat außer Jesus. Gott mußte diese Unbefleckte aussuchen, damit das Werk des Heiligen Geistes getan werden konnte. Als der Papst 1854 das Dogma der Unbefleckten Empfängnis verkündet hat, ist die Muttergottes vier Jahre später in Lourdes erschienen und hat gesagt: ›Ich bin die Unbefleckte Empfängnis.‹ Der Himmel hat also bestätigt, was der Heilige Geist dem Papst, der Kirche, eingegeben hat.

Das zweite Dogma betrifft die Vollendung Marias, ihre Aufnahme in den Himmel. Dieses Dogma wurde 1950 verkündet. Der Himmel ist voller Seelen. Aber wir wissen, daß Maria durch die Gnade Gottes als erste mit dem Körper in den Himmel aufgenommen worden ist. Wir haben die Bestätigung für dieses Dogma, weil sich Maria in den Erscheinungen ganz lebend im Körper zeigt.«

Ich: »Können Sie sie anfassen?«

Renato Baron: »Ja« – er packt den Dolmetscher am Arm –, »so wie ihn.«

»Sehr oft, wenn sie erscheint, sagt sie: ›Nimm meine Hände und fühle, auch ich war eine, wie ihr seid. Und auch ihr werdet einmal so sein, wie ich bin. Auch ihr werdet eines Tages mit Leib und Seele in den Himmel aufgenommen.«

Ich: »Wir gehen auf die Jahrtausendwende zu. Mir scheint, daß die meisten Menschen spüren, daß wir immer weiter in eine Richtung rasen, die keine Zukunft hat. Sicher stehen die Marienerscheinungen in diesem Zusammenhang.«

Renato Baron: »Der Papst sieht die Jahrtausendwende als Beginn einer neuen Epoche. Er sagt: Die Madonna will dieses Zeitalter der Heiligkeit vorbereiten. Schon in Fatima hat sie gesagt: ›Mein unbeflecktes Herz wird triumphieren.‹«

Ich: »Viele Menschen glauben, daß nur Katastrophen, die wir am eigenen Leib erleben, uns zur Umkehr bewegen werden. Werden es menschengemachte Katastrophen sein oder ein Eingriff des Himmels?«

Renato Baron: »Die Muttergottes sagt immer wieder: Ihr seid dabei, euer Ende heraufzubeschwören. Die Atombombe, das Ozonloch, die Überschwemmungen, eine atmosphärische Revolution. Die Madonna sagt: Die Natur wird revoltieren. Wir haben das Gleichgewicht verloren. Das führt zu Seebeben, Erdbeben usw. Es ist nicht Gott, der den Menschen züchtigen möchte. Gott ist die Liebe. Aber er hat dem Menschen den freien Willen gegeben, auch die Freiheit zu töten. Jesus hat uns gelehrt, daß wir Liebe sein müssen, so wie er Liebe war und ist. Ohne Liebe geht die Welt kaputt. Die Botschaften der Muttergottes sind Aufrufe zur Umkehr, weil der Himmel nicht unser Verderben will.

Wir haben hier dieses Jesuskind, das dreimal geweint hat. Dieses Weinen hat uns sehr erschüttert. Einige Tage nach dem ersten Weinen am 28. Dezember 1987 hat die Muttergottes in einer Erscheinung gesagt:

> Jesus weint mit mir wegen der großen Gleichgültigkeit der Menschen. Er sieht jede Seele, Er sieht jedes Herz, aber die Herzen, die Seelen sind fern von Ihm. Bleibt Ihm nahe! Meine Stimme reicht nicht für den Aufruf; Seine Tränen mögen diese teilnahmslose Menschheit benetzen. Diese hochmütige Generation mit verhärtetem Herzen wird noch weinen, ja weinen. Hört auf mich, meine Kinder!

Wir werden nicht über die Strafe Gottes weinen, sondern über die Folgen unseres eigenen Tuns.«

Immer noch ist der Duft im Raum.

Die Frau des Dolmetschers, Elisabeth Gögele, erzählt mir am Abend:

Renato wurde unter der Anklage vor Gericht gestellt, der Duft werde künstlich erzeugt. Er wurde freigesprochen, und im Augenblick des Freispruchs war der Gerichtssaal mit Duft erfüllt. Das hat den Richter bekehrt.

Gegen 22.30 Uhr am Silvestertag versammeln sich viele Menschen am Fuß des Kreuzbergs. Es wird erwartet, daß Renato oben eine Erscheinung hat. Wegen dichtem, feuchtem Schneefall wird das Vorhaben abgeblasen. Es darf nichts passieren, damit den Behörden kein Vorwand für Eingriffe geliefert wird. Statt dessen gehen wir mit Renato Baron ins Cenacolo und beten in der Stunde der Jahreswende.

Danach sitzen wir noch in unserer kleinen Schlafzimmerküche zusammen. Die alte Maria erzählt von ihrem Leben und Leiden. Sie stammt aus dem Waldviertel in Österreich. Sie war 26 Jahre alt, schwanger mit dem dritten Kind, als der Krieg zu Ende ging. Aber ihr Mann kam nicht nach Hause: »Vermißt.« Sie ist bis heute seine Frau geblieben und lebt in der sicheren Gewißheit, daß sie nach dem Tod wieder mit ihm vereinigt sein wird. Mit einer kleinen Landwirtschaft mit drei Kühen hat sie ihre drei Kinder großgezogen. Das Heu mußte sie von den »Leiten«, den Wiesen am schrägen Berghang, auf dem Rücken in die Scheune tragen. Drei große Operationen, Lunge, Darm und Nieren, hat sie hinter sich, im letzten Sommer hat sie einen Herzinfarkt überstanden. Wie schafft sie es, bei so viel Leid, fröhlich, offen und lebendig zu sein und mit roten Wangen mit den jungen Männern am Tisch zu scherzen?

Sie sagt: »Ich habe immer bei den Kühen gesungen. Der Herrgott hat mir eine fröhliche Natur gegeben.« Der Glaube habe sie durchs Leben getragen, gute Priester habe sie gehabt. Da sei sie oft weinend hingegangen und sei getröstet heimgegangen. Sie legt ihre Hand auf ihr Gebetsbuch und sagt mit blitzenden Augen: »Das ist meine Waffe.« Ob sie je Angst habe? Nur in den hohen Bergen, zu Hause nie. 25 Jahre lebt sie nun schon allein. Die Kinder kommen gern zu Besuch. »Sie mögen mich alle, auch die Urenkel.«

Aus ihrer tiefen Frömmigkeit heraus sieht sie die Entwicklung der Kirche mit Kummer. Daß sie nicht mehr niederknien darf zur Kommunion, tut ihr weh, und sie findet es »ned rächt. Christus hat doch die Gottheit in sich. Da muß ich mich doch niederknien.« Daß Christus in der Hostie gegenwärtig ist, ist für sie tief empfundene Glaubenswirklichkeit. Ich frage Maria, ob sie hoffe, Christus in diesem Leben einmal zu sehen. Sie weicht erschrocken zurück. »Nein! Nein!« Sie sinnt nach und sagt nach einer langen Pause sehr ernst: »Ich weiß nicht, ob ich das Leiden aushalten könnt, ob ich dem gewachsen wäre. Glauben und dienen, dann werden wir schon die Herrlichkeit erblicken.«

Der Judas erbarmt sie. »Er hätte ja bloß hingehen müssen zum Herrn und um Verzeihung bitten, dann hätt' er sich nicht umbringen brauchen.« Sie sagt es mit absoluter Gewißheit, daß Christus ihm verziehen hätte. Immer wieder spricht sie voller Rührung vom Leiden Marias. Reine Freude habe Maria nie gehabt, da sei immer Wehmut dabeigewesen, denn sie habe gewußt, was kommt.

»Da kann man viel nachdenken, wenn man allein ist.« Dieses Nachdenken führt sie zu Äußerungen, die mich in Erstaunen versetzen. »Maria lehrt durch den Triumph der Demut über das Leid. Bei Gott ist alles Geheimnis. Darum der Glaube, nur der Glaube macht uns selig.«

Im Bett erzähle ich ihr von mir, vom Schmerz der Trennung, von meinen Kindern. Voller Mitgefühl hört sie zu und sagt schließlich: »Der Kampf hört nie auf, bis zuletzt nicht.« Ich habe nicht gewußt, daß fromme alte Frauen Krieger sind. Beim Einschlafen murmelt sie leise Gebete.

Der Neujahrstag beginnt mit einer Messe in der Basilika der Canossianerinnen in Schio, wo die selige Josefine Bakhita unter dem Altar aufgebahrt ist. Sie war eine Sklavin aus dem Sudan, die auf wunderbare Weise ihren Weg zu Gott gefunden hat. In Schio, wo sie 1947 starb, nennen sie die Menschen noch heute »unsere schwarze Mutter«.

Pater Konrad zelebriert die Messe. Sie dauert fast zwei Stunden. Er singt mit einer solchen Innigkeit und Reinheit, daß die Töne die Worte direkt in mein Herz tragen. Das Thema seiner Predigt ist die Ganzhingabe an Gott. Religion sei nicht eine Sache des sonntäglichen Kirchgangs, sondern jeden Augenblick bestehe die Herausforderung, in Gottes Willen zu stehen und wie Maria zum Gefäß des göttlichen Willens zu werden.

Während der Messe vollziehen etwa vierzig Personen die Weihe an Maria.

> O unsere Mutter und Mutter Jesu, geliebte Tochter des Vaters, wir ersehnen deine Gegenwart, um an die Quelle der Freude und des Friedens geführt zu werden.
> Lehre uns deshalb die Demut des Herzens.
> Lehre uns, Diener des Willens des Vaters zu sein, um unseren Brüdern zu dienen, die das Wort, das Beispiel und die Liebe erwarten …

Ich weiß, daß auch ich diese Weihe vollziehen werde. Aber im Laufe der Zeremonie ist irgendwann von Treue zum Papst die Rede. Wieder kocht meine ganze Rebellion hoch. Es gab korrupte Päpste, Päpste, deren Sinnen und Trachten auf weltliche Macht gerichtet war. Es gibt korrupte Machtstrukturen in der Kirche. Wie sollte ich fähig sein, Treue zum Papst zu versprechen? Aber ich erlebe, daß all die Menschen, die den katholischen Weg der Heiligung wirklich gehen, ein Verhältnis der Ehrfurcht und des Gehorsams zum »Heiligen Vater« haben. Innerer Aufruhr.

Was Weihe durch das gesprochene Wort bedeutet, macht Grignion von Montfort, der im *Goldenen Buch* den marianischen Weg dargelegt hat, mit einem Satz schlagartig klar. »Man stelle sich vor, man würde den Tag mit dem Satz beginnen: Heute weihe ich mich dem Teufel.«

Da Gott dem Menschen unwiderruflich den freien Willen geschenkt hat, selbst wenn er ihn dazu gebraucht, sich und die Welt zu zerstören, ist die Willensrichtung das Entscheidende.

Schwester Lucia nimmt mich in ihrem Auto mit zum Cenacolo. Ich hatte sie um ein Gespräch gebeten. Immerhin haben wir jetzt zehn Minuten. Sie ist Schwester des »Ordens der Familie Mariens, der Miterlöserin«, eine junge, hübsche Frau aus Deutschland, mit einem reinen, offenen Gesicht. Die Schwestern tragen helle Röcke und Jacken, keinen Schleier, so daß ihre schönen, geflochtenen Haare zu sehen sind.

Ich verliere keine Zeit und frage: »Sie geloben Treue zum Papst. Was, wenn es ein schlechter Papst wäre?«

Sie antwortet: »Das Entscheidende ist, in der Haltung des Gehorsams zu sein, selbst dann, wenn Richtlinien des Papstes den eigenen Einstellungen widersprechen. Auch Eltern treffen falsche Entscheidungen, aber das Kind muß lernen, den Eltern gehorsam zu sein.«

»Mir scheint, durch Maria wird die Kirche erneuert.«

Schwester Lucia: »Ja. Aber das, was Sie hier sehen, ist noch nicht die Erneuerung der Kirche. Es sind intensivierte Formen der Frömmigkeit. Die Kirche wird erneuert durch die völlige Hingabe an Gott. Wir müssen bereit sein, für unseren Glauben zu sterben.«

»Können Sie sich vorstellen, daß es wieder zu Christenverfolgungen kommen wird?«

»Durchaus. Vielleicht wird man uns nicht die Augen ausstechen und Brandmale in die Haut drücken, aber es wird bestimmt einen geistlichen Kampf geben, an dem sich die Kirche spalten kann, und zwar an drei Fragen: der marianischen Ausrichtung – Maria wird immer mehr aus der Kirche herausgedrängt –, der Eucharistie und der Treue zum Papst.«

»Der Eucharistie?«

»Immer weniger Priester glauben an die Gegenwart Christi in der Hostie. Während meiner Ausbildung war ich in der Gemeinde eines ausgezeichneten Pfarrers, hervorragende Sozialarbeit, sehr gute Predigten. Eines Tages sagt er zu mir: ›Sie werden doch nicht glauben, daß Christus in dieser Oblate gegenwärtig ist!‹ Das ist aber die Essenz des katholischen Glaubens.«

»Und wenn ein Papst per Dogma diesen Glauben aufheben würde, was wäre dann mit der Papsttreue?«

»Das wird Gott niemals zulassen.«

Ich gehe zu Fuß den Berg hinauf zu unserer Unterkunft. Ich fühle mich aufgerissen. Es ist wahrhaftig keine Kleinigkeit, auf die ich mich da eingelassen habe. Wachsen, die Persönlichkeit ausweiten und verschönern und kräftigen ist eine Sache, aber sich durch Maria und Jesus wandeln zu lassen, ist etwas ganz anderes. Es ist ein wirklicher und ernster Kampf gegen das Ego. Jahrzehntelang hatte ich das Gefühl, nicht das zu tun, oder nicht genug von dem zu tun, was ich als richtig erkannt hatte (Meditieren zum Beispiel). Das habe ich jetzt nicht mehr. Ich befinde mich ständig an der vordersten Bugwelle meines eigenen Schiffes. Ein Gefühl der Freude kommt auf, daß der Weg durch Maria klar bezeichnet ist: Gebet, Beichte, Fasten, Bibel und Eucharistie, ein Weg, der in die Liebe Gottes führt. Ich bin nicht die erste und nicht die einzige, die ihn geht. Er ist erprobt über 2000 Jahre, und er wird jetzt von Millionen wieder entdeckt und beschritten.

Oben angekommen, besorge ich eine Flasche Wein. Annemarie fühlt sich nach dem Gottesdienst ähnlich angegriffen, und es tut uns gut, mit ein paar Gläschen Wein und Essen und Schlaf den inneren Aufruhr zu besänftigen.

Gegen Abend bekomme ich die zweite Lektion von Sepp, dem Oberministranten. Er erklärt mir anhand des Meßbuchs die Messe. Es sind wunderbare Worte, die da gesprochen werden. Ich wünschte, es würde einmal eine Messe im Zeitlupentempo gehalten, so daß die Worte tief in die Seele sinken könnten. Sie werden es durch Wiederholung tun.

Nachmittags gehe ich mit Annemarie betend auf den Kreuzberg. Oben ist ein weiter Platz mit einer Bronzestatue des auferstandenen Christus, einer Statue von Maria und einer von Josef mit dem Jesuskind auf dem Arm. Die Gebete, die man kniend vor der Christusstatue verrichtet, würden erfüllt, sagt Annemarie.

Spät am Abend kommt es noch zu einem Gespräch mit der hochschwangeren Elisabeth, der Wirtin dieser Herberge. Ich erzähle ihr, daß ich am 12. Januar in die Kirche eintrete. »Das wird ein Fest im Himmel geben«, sagt sie und fügt, als sie meinen zurückhaltenden Blick sieht, hinzu: »Ja, ganz bestimmt. Wie schön, wenn man das bewußt miterleben kann!« Wir unterhalten uns in ihrem kalten Wohnzimmer. Sie ist fest gegründet im Gebet, ohne jede Angst vor dem, was kommt. Sie erzählt, daß sie die Gebete der heiligen Brigitta von Schweden betet, ein Zwölfjahresprogramm, das mit großen Verheißungen versehen ist. Sie betet diese Gebete seit 1989. Ich schaue in das Büchlein und sehe: Es sind Gebete, in denen das Leiden Christi vergegenwärtigt wird. Elisabeth glaubt an die apokalyptischen Ankündigungen Marias. »Wenn wir überleben, ist es gut, und wenn wir sterben, ist es auch gut.« Sie ist vorbereitet. Auch ich möchte vorbereitet sein.

Am Donnerstag vormittag, dem Tag unserer Abreise, gehe ich noch einmal allein auf den Kreuzberg. Ich nehme alle Menschen mit, die mir verbunden sind, auch jene, mit denen ich zu meinem Kummer entzweit bin. Könnten wir wirklich diesen Kreuzweg gemeinsam gehen, so wären wir alle in Frieden und Liebe geeint.

Empfang der Sakramente

Am 12. Januar, dem Fest der Taufe Jesu, bin ich während des Sonntagsgottesdienstes in die katholische Kirche aufgenommen worden – zusammen mit Helmut. Beide sind wir schon getauft, wenn auch evangelisch, aber dieses erste Sakrament der christlichen Initiation gilt in beiden Kirchen. Helmut konvertiert, ich trete neu in die Kirche ein, denn ich bin während der Studentenzeit aus der evangelischen Kirche ausgetreten.

Die Woche war ich mit Vorbereitungen sehr irdischer Art beschäftigt. Es wäre schön, wenn ich mich ganz der inneren Vorbereitung hätte widmen können. Aber die Verhältnisse, die sind nicht so.

Es ist mir wichtig, bei diesem Fest ein neues Kleid zu tragen. Ich freue mich sehr, als meine Mutter sagt, sie wolle mir ein Kleid schenken.

Einkaufen endet bei mir oft so, daß ich aus den Geschäften fliehe und auf das, was ich zu brauchen meine, verzichte. Ich bitte Maria, mich zu dem richtigen Kleidungsstück zu führen. Dreieinhalb Stunden Suche ohne Erfolg. Der Geschäftsschluß naht, und ich kann unmöglich noch einen Tag dafür drangeben. Meine Tochter kommt dazu, ist sehr unterstützend. Wir grasen ein weiteres Kaufhaus ab und wollen schon unverrichteter Dinge gehen, als die Verkäuferin mir ein rotes Seidenkostüm mit knöchellangem, schmalem Rock bringt. Ich zieh es an. Es ist das Eleganteste, was ich je besessen habe. Zu auffallend? Es paßt einfach, und ich sage: »Danke, Maria.« Rot, so werde ich später belehrt, ist die Farbe des Heiligen Geistes.

Am Freitag kommt zu meiner großen Freude meine Kusine Barbara aus London. Vor 25 Jahren ist sie zum Katholizismus konvertiert, damals gegen den anfänglichen Widerstand ihres Vaters Fritz Schumacher. Dieser hat mit seinem Buch *Small is beautiful – An Economy as if People mattered* in den siebziger Jahren das Denken und vielleicht auch das Handeln vieler Menschen in eine ökologisch-humane Richtung gelenkt. Was viele Leute nicht wissen, ist, daß er wenige Jahre vor seinem plötzlichen Tod katholisch geworden ist. Er selbst sagte über sein Verhältnis zur katholischen Kirche: »It was a long standing illicit relationship«, es war eine lange unerlaubte Liebesbeziehung.

Barbara ist Mutter von sechs Kindern. Seit über zwanzig Jahren ist sie auf dem Weg des Gebets. Im Vergleich mit ihr komme ich mir vor wie ein junger Hund, der im Porzellanladen mit dem

Schwanz wedelt. Immer wieder sagt sie mir, überlaß es Gott, übergib es Gott. Sie selbst hat diese Haltung des Nicht-Handelns an sich – ein Merkmal des auf Gott bezogenen Menschen.

Die Voraussetzung ist der Glaube. Wenn ich nicht glaube, daß himmlische Kräfte in unser Leben hineinwirken, uns lenken und leiten – Gott, Jesus Christus, der Heilige Geist, Maria, Engel und Heilige –, wie soll ich dann meine Sorgen, Nöte, Wünsche und Sehnsüchte »übergeben«? Wie könnte ich aufhören, mich selbst als Hauptagent meines Schicksals zu begreifen, und folglich zu ackern und zu rackern, um in dieser Welt Sicherheit zu finden und einen Platz an der Sonne zu ergattern? Die Wirklichkeit Gottes kann so nicht anders als verborgen bleiben. Dieses Übergeben meiner Bedürftigkeit und Sehnsüchte in die Hände einer unsichtbaren höheren Macht erfordert größten Mut. Es erfordert die Aufgabe von Macht und Kontrolle. *Das* heißt es, im Glauben zu leben. Es ist wahrhaftig kein Kinderspiel.

Am Abend vor meiner Aufnahme fahre ich ins Kloster Marienstein und beichte zum ersten Mal bei Pater Bernhard.

Pünktlich zum Sonntag kommt endlich wieder die Sonne durch den Hochnebel, hinter dem sie sich wochenlang verborgen hat. Im Gottesdienst sitzen Helmut und ich mit unseren Paten in der ersten Bank. Meine Patin ist Kordula, die mir die Tür geöffnet hat zu diesem Weg, indem sie im rechten Augenblick, genau vor einem Jahr, auf der Schwelle stand und sagte: »Bete.«

Einige Verwandte und Freunde, die diesen Schritt mitvollziehen können, begleiten uns. Meine Kinder sind da und meine 86jährige Mutter. Ich freue mich und bin ihr dankbar, daß sie gekommen ist. In ihrer Welt hat es Gott immer gegeben. Sie hat mit uns Kindern gebetet, als wir klein waren, und sie hat mich gehört, als ich mit acht Jahren weinend fragte: »Komme ich denn in den Himmel, wenn ich nicht getauft bin?« Daraufhin wurden alle fünf Kinder gemeinsam getauft.

Nun vollziehe ich also den Schritt, zu dem ich mich vor einem Jahr entschlossen habe. Es war ein einfacher Entschluß, ohne inneren Konflikt. Ich wußte, nachdem ich die Novene zu den Verheißungen Christi gebetet hatte, daß ich Jesus in mein Leben einlassen möchte. Das Sakrament der Vereinigung mit Christus ist die Eucharistie. Also will ich der Gemeinschaft angehören, die dieses Sakrament in jeder Messe vollzieht. *Alles andere ist sekundär.*

Im Katechismus der katholischen Kirche heißt es:

> Durch die Sakramente der christlichen Initiation – die Taufe, die Firmung und die Eucharistie – werden die *Grundlagen* des ganzen christlichen Lebens gelegt. Durch die Gnade Christi beschenkt, erhalten die Menschen Anteil an der göttlichen Natur. In der Taufe wiedergeboren, werden die Gläubigen durch das Sakrament der Firmung gefestigt und in der Eucharistie mit dem Brot des ewigen Lebens gestärkt. So werden sie durch die Sakramente der christlichen Initiation immer tiefer in das Leben Gottes hineingenommen und kommen der vollendeten Liebe immer näher.*

In diesem Gottesdienst nun empfange ich das zweite und dritte Sakrament der christlichen Initiation: die Firmung und die Kommunion.

In der noch weihnachtlich geschmückten Kirche – zwei Christbäume stehen neben dem rot verhängten Hochaltar, und neben dem Tabernakel brennen auf jeder Seite fünf hohe weiße Kerzen auf goldenen Leuchtern, deren Fuß von einem roten Weihnachtsstern verdeckt ist – zelebriert der Kaplan die heilige Messe. Er ist es, der bei mir das Eis des Vorurteils »nicht glaubwürdig« gebrochen hat und der mich in zwölf Einzelgesprächen auf diesen Tag vorbereitet hat.

Nach den Lesungen und der Belehrung über die Bedeutung der Firmung werden wir einzeln gefragt, ob wir bereit seien, und jeder antwortet:

»Mit Gottes Hilfe bin ich bereit.«

Wir treten nach vorne und knien uns rechts und links vom Altar nieder. Die Paten stehen seitlich hinter uns. Der Priester breitet die Hände über mir aus und spricht:

> Allmächtiger Gott, Vater unseres Herrn Jesus Christus, du hast unsere Schwester in der Taufe von aller Schuld befreit, du hast ihr aus dem Wasser und dem Heiligen Geist neues Leben geschenkt. Wir bitten dich, Herr:
> Sende ihr den Heiligen Geist, den Beistand. Gib ihr den Geist der Weisheit und der Einsicht, des Rates, der Erkenntnis und der Stärke, den Geist der Frömmigkeit und der Gottesfurcht! Durch Christus, unseren Herrn.
> Amen.

---

* Katechismus der katholischen Kirche. 1993, S. 340f.

Der Priester zeichnet mit duftendem Chrisam ein Kreuz auf meine Stirn. Ich werde gesalbt.

Der Katechismus sagt: »Durch diese Salbung erhält der Firmling das Mal, das Siegel des Heiligen Geistes. Dieses Siegel bedeutet, daß man gänzlich Christus angehört, für immer in seinen Dienst gestellt ist, aber auch, daß einem der göttliche Schutz in der großen endzeitlichen Prüfung verheißen ist.«* Ein Weg wird mir eröffnet, auf dem ich ganz am Anfang bin.

Der Priester reicht uns die Hand zum Friedensgruß, und wir geben ihn weiter an unsere Lieben, an meine Mutter, an meine Kinder, an Freunde: »Der Friede sei mit dir, der Friede sei mit dir ...«

Zum Empfang der ersten heiligen Kommunion werden wir eingeladen, neben dem Priester am Altar zu stehen, der Gemeinde zugewandt. Wir empfangen die Kommunion in beiderlei Gestalt, als Brot und als Wein: »der Leib Christi«, »das Blut Christi«. Was geschieht, ist Geheimnis, *Geheimnis des Glaubens.* Gott ist Geheimnis. Ich stehe hier in der strahlenden Kirche in der Dunkelheit des Glaubens, weil ich dieses Geheimnis in mir wirken lassen will.

Fremde Menschen aus der Gemeinde kommen auf uns zu und gratulieren uns nach dem Gottesdienst. Eine Freundin umarmt mich mit Tränen in den Augen.

Zum Mittagessen sitzen wir zu zwölft dichtgedrängt um unseren Eßtisch – eine buntgemischte Gesellschaft von Leuten, die sich untereinander kaum kennen, aber gut verstehen. Es gibt Lamm mit vielerlei Gemüse und Rosmarinkartoffeln. Auch der Kaplan kommt zum Essen. Er erzählt, wie er Priester geworden ist. Fast bis zum Schluß seines Studiums habe er gezweifelt. Schließlich habe er sich entschieden, und erst danach habe Gott ihm unmißverständliche Zeichen gegeben.

Die Stimmung ist heiter und gelöst. Nachmittags gehen wir in der leicht verschleierten Sonne über den zugefrorenen See. Als die Gäste weg sind, spiele ich noch das Stück, das ich das ganze Jahr über geübt habe, Opus 110 von Beethoven, die vorletzte Klaviersonate. Meine Mutter und Barbara hören zu. Der Tag wird rund und mit ihm das ganze Jahr.

---

* a. a. O., S. 358.

Die alte Wunde

Meine Mutter ist nun eine Woche bei mir. Tür an Tür. Wand an Wand. Die alte Wunde reißt wieder auf. Vielleicht wird sie es ein Leben lang tun. Ich gehe mittags zu meinem Kreuz am Waldrand hinter dem Dorf, an dem ich seit Jahren oft geweint und gebetet habe.

> Du bist der Heiler, Herr Jesus Christus, Du warst es vor zweitausend Jahren, Du bist es immer noch. Ich bin nicht würdig, daß Du eingehst unter mein Dach, aber sprich nur ein Wort, und meine Seele wird gesund.

Die Voraussetzung für ein echtes Gebet ist die Kapitulation. *Ich kann es nicht, bitte hilf mir.* Bitten heißt bitten, heißt nicht erwarten, heißt nicht fordern, heißt nicht, auf einen Knopf drücken, heißt, nicht böse sein, nicht mich abwenden, wenn die Bitte nicht erfüllt wird.

Gestern wurde meine Bitte erfüllt: Als ich vom Kreuz zurückging, war ein zartes Häutchen über die Wunde gewachsen. Am Nachmittag war ich wieder beweglich, und am Abend konnte ich meiner Mutter liebevoll gute Nacht sagen.

Ich öffne die Bibel an einer beliebigen Stelle und meine Augen fallen auf den Satz:

> Die Erlösten des Herrn werden wiederkommen und gen Zion kommen mit Jauchzen; ewige Freude wird über ihrem Haupte sein, Freude und Wonne werden sie ergreifen, und Schmerz und Seufzen werden entfliehen. (Jes 35,10)

Wachstumsgier

Maria sagt in Schio: »Jesus sei mit euch – und das genüge euch.« (16. 1. 91) Es ist noch nicht sehr lange her, da habe ich all die Zeitschriften und Prospekte und Bücher mit Wachstumsangeboten aller Art mit gierigen und neidischen Augen angesehen. Strahlende Gesichter an den schönsten Flecken der Erde bieten für teures Geld das Glück feil. »Sieh, ich habe das Glück gefunden, und ich zeige dir den Weg dorthin«, lächelt es uns von den Anzeigen entgegen.

Gierig heißt: Man kennt keine Sättigung und verfällt in den Wahn, durch *mehr* von irgend etwas Befriedigung zu finden. Als der philippinische Präsident Marcos gestürzt wurde, fand man im Präsidentenpalast bei der Gattin 3 000 schwarze Büstenhalter. Man hätte ein Museum der Gier aus ihrem Palast machen sollen. Aber das Volk hat sich nicht ernsthaft daran gestört.

Gier ist die Triebkraft der modernen Gesellschaft. Andere Worte dafür sind Profit, Gewinn, Umsatzsteigerung, Wachstum – koste es, was es wolle, und sei es die Erde mitsamt unserer Seele. Dieser Gier alles unterzuordnen, gilt als ehrenhaft. Es gilt als ehrenhaft, die Lebensenergie dafür zu verwenden, Dinge zu ersinnen und mit den gerissensten Methoden der Manipulation zu verkaufen – Dinge, die niemand braucht, ja, die zerstörerisch sind, Zigaretten zum Beispiel oder Minen.

Auch in mir war die Gier der Wachstumsszene, die die Kassen klingeln läßt: Noch einen Kurs, noch eine neue Methode, wieder rein in den Mutterbauch einer Gruppe, einer Konferenz, Hoffnung auf das Heil durch einen vielleicht erleuchteten Menschen, Hoffnung, in den Kreis der scheinbar Glücklichen dauerhaft Eintritt zu finden. Es scheint, als wäre die Wahrheit in tausend Splitter zersprungen, auf die sich ein Heer von Helfern gestürzt hat, die im eigenen Namen damit Handel treiben.

Auf diese glücklich lächelnden Helfer, die um die Bedürftigen konkurrieren, war ich neidisch. Auch ich wollte eine glücklich lächelnde Helferin sein und mein Selbswertgefühl aus der helfenden Geste ziehen. Aber zu oft hatte ich die Bedürftigkeit hinter den lächelnden Gesichtern erlebt, als daß ich mich ernsthaft über meine eigene Bedürftigkeit hätte täuschen können.

Diese Gier und dieser Neid sind von mir abgefallen wie eine häßliche Haut.

Um genährt zu werden, brauche ich nur eines tun: mich hinsetzen und beten.

Nichts mehr heilig

Als ich vor einem Jahr zum ersten Mal den Rosenkranz gebetet habe, war es mir noch kaum möglich zu sagen: »Heilige Maria, Mutter Gottes, bitte für uns Sünder jetzt und in der Stunde unseres Todes.« Ich hätte »Sünder« gerne weggelassen. Immerhin hatte ich

doch etwas Selbstliebe erworben, und damit schien es damals noch unvereinbar, mich als Sünderin zu bezeichnen.
Heute hat mich während des Gebets tiefe Reue über das horrende Ausmaß der Sünde ergriffen, in dem wir Menschen leben, als wäre mein Blick einen Augenblick befreit worden vom Kleister des Verhaftetseins an die eigene Zeit, der uns die Lider verklebt. »O mein Jesus, vergib uns unsere Sünden«, heißt die erste Zeile des Fatima-Gebetes, das nach jedem Gesätz des Rosenkranzes gebetet wird. Wann wird die Menschheit auf den Knien liegen und um Vergebung flehen? Erst dann, wenn der Tod uns allen direkt ins Gesicht grinst? Wenn nicht nur die Statuen der Muttergottes weinen, sondern wir alle mit hohlen Augen auf die Zerstörung unserer Welt starren, aus der wir alles Heilige vertrieben haben?
Unsere Welt, die wir für normal halten, könnte nicht anormaler sein. Wir leben, als könnte sich eine Seite der Münze von der anderen trennen, als gelte nur noch die sichtbare Zahl und als gäbe es das Bild auf der anderen Seite nicht, nur weil wir es nicht sehen. Gab es auf dieser Erde je zuvor eine Gesellschaft, in der das Heilige so total geleugnet, ja diffamiert wurde? In der es nichts mehr gibt, was unantastbar ist, weil wir Ehrfurcht davor haben?
Vor dem Leben zum Beispiel. Wenn wir kein Kind bekommen können, dann züchten wir uns eins in Retorten, und wenn wir ein Kind bekommen, das wir nicht wollen, dann bringen wir es um und schmeißen es in den Müll. Gestern war in der Zeitung zu lesen:

> In den Niederlanden ist ein heftiger Streit darüber ausgebrochen, ob das Geschlecht von Föten Grund für Schwangerschaftsabbruch sein darf. Gesundheitsministerin Els Borst hat am Wochenende gesagt, Abbrüche könnten auch dann akzeptiert werden, wenn das Embryo nicht das gewünschte Geschlecht habe.*

Das sind keine individuellen Sünden mehr. Da ist die Menschheit wahnsinnig geworden, wenn so etwas möglich ist, und die Menschheit wird dafür zahlen müssen. Wird? Wir bezahlen bereits mit seelischer Ausschabung, deren Auswirkungen noch durch den materiellen Wohlstand abgepuffert werden. An die Haltbarkeit dieses Puffers zu glauben, dürfte nicht mehr vielen Menschen

---

* Süddeutsche Zeitung vom 21.1.1997.

gelingen. Angst ist eine Massenseuche geworden. Wie könnten wir ohne Angst sein, wenn wir den Untergrund leugnen, der uns trägt?

Es gibt ein Gebet, das uns Jesus gelehrt hat, vielleicht das einzige, das die meisten Menschen noch kennen, und bis vor kurzer Zeit fast das einzige, das ich kannte:

> Vater unser, der du bist im Himmel, geheiligt werde dein Name, dein Reich komme, dein Wille geschehe …

Es scheint sich nicht zu bewähren, wenn wir all das in den Wind schlagen und als Sklaven unseres Eigenwillens in dieser Welt wüten. Oder kann jemand noch den Finger auf einen Lebensbereich legen, der gesund wäre?

Seit einem Jahr sage ich die heiligen Sätze:

> Ehre sei dem Vater und dem Sohn und dem Heiligen Geist.
> Wie es war im Anfang so auch jetzt und alle Zeit und in Ewigkeit. Amen.

Ich habe die Heiligkeit empfunden, aber preisgegeben hat das Gebet eine Spur seines Geheimnisses erst heute. Es ist die ehrfürchtige Verneigung vor der unsichtbaren Seite der Münze. Die Anerkennung, daß sie es ist, die uns trägt durch die fließende Endlichkeit der Zeit, von ihrem Anfang bis zu ihrem Ende und so auch *jetzt.* Jetzt, in diesem Augenblick, in dem ich atmend, fühlend, denkend, erinnernd, suchend vor dem Bildschirm meines Computers sitze. *Und in Ewigkeit.* Es gibt die Ewigkeit, es gibt das ewige Jetzt, und beides zusammen ist getragen vom Vater, dem Sohn und dem Heiligen Geist.

Darf ich das überhaupt, mir meine eigenen ungelehrten Gedanken machen? Wenn sich die Stimme des akademischen Zensors in mir meldet, so sage ich ihr: Die Wahrheit muß mir, die ich aus dieser Gott leugnenden Welt ausbreche, im Herzen offenbar werden, wie jedem anderen Menschen, der im Begriff ist, daßelbe zu tun. Ich bete zum Heiligen Geist, der uns verheißen und versprochen ist, mir die Erfahrungen, die Einsichten, die Menschen, die Bücher zu schenken, die mich befähigen, das zu tun, was ich tun soll.

Gestern und heute ist die Stunde des Morgengebets eine Stunde tränenüberströmter, innigster Anbetung und lebendigster Liebe zu Jesus Christus. Ich spreche nur seinen Namen aus. Immer wieder sinke ich mit dem Kopf auf den Boden zu seinen Füßen. Er ist es, der alles ist und jeden sättigt, jeden in seine unermeßliche Fülle taucht, den kleinsten Frommen und den erhabensten Geist. Ich sehe einen Baum vor mir, der das Universum ausfüllt. Seine Liebe und seine Barmherzigkeit sind ein Feuer, das mich eines Tages verbrennen wird. Oh, was tun wir alles, um vor seiner Liebe zu fliehen.

> Jesus Christus, mein Herr und mein Gott, nimm mich mir und gib mich ganz zu eigen Dir.

Ich bete darum, daß mir genügend Zeit in diesem Leben bleibt. Maria ist nah in dieser heiligen Stunde. Sie ist nichts anderes als das Gefäß Jesu Christi. Wie könnten wir nicht mit Christus verschmelzen, wenn wir ihr Eigentum werden? Gibt es einen Menschen, der Christus näher ist als Maria, seine Mutter? Gibt es unter den himmlischen Heerscharen jemanden, der uns Menschen näher ist? Sie erscheint uns in ihrem menschlichen Körper, erfahrbar für die Sinne derer, die stellvertretend für uns alle sie sehen, hören, riechen, anfassen können. Und die meisten von uns trotten weiter daran vorbei. Da geht der Himmel auf, und wir heben nicht die Lider, öffnen nicht die Ohren, weiten nicht die Nasenflügel und strecken nicht die Hände aus.

Wie lange, wie lange habe ich gesucht! Und nun geschieht es in mir. Ich muß nirgendwo hingehen. Ich muß nur bei mir sein.

Eine große Frage ist ständig in mir unbeantwortet:

Jesus ist der Sohn Gottes. Jesus ist der Menschensohn. Seine Botschaft, seine Gnade, sein Sterben und sein Auferstehn könnten die Menschheit einen. Er konnte sich aber nur an *einem* Ort, zu *einem* Zeitpunkt inkarnieren. Die grenzenlose Botschaft wird in dem durch Zeit und Raum begrenzten Gefäß der Kirche bewahrt und gelebt. Müssen also alle Menschen katholisch werden, um durch Christus geeint zu werden? Diese Ansicht hat zu fürchterlichen Kriegen geführt. Christus ist aber der grenzenlose Friedensbringer.

Maria ist die Mutter Jesu, die Mutter Gottes. Nach christlichem Glauben ist sie die Himmelskönigin, die Mutter der Kirche und die Mutter *aller* Menschen. Bei all ihren Erscheinungen ruft sie die

Menschen in die Kirche zurück, zur *Praxis* der katholischen Religion: Gebet, Fasten, Beichte, Bibellesen und Eucharistie. Den katholischen Weg kann man nur innerhalb der katholischen Kirche praktizieren. Der Papst ist das Oberhaupt dieser Kirche, der Stellvertreter Christi. In Medjugorje und in Schio spricht die Mutter Gottes immer wieder von »meinem Papst«, ein Papst, der sich ihr geweiht hat. Aber es ist nicht vorstellbar, daß sich die Menschheit in der katholischen Kirche unter dem Papst vereint.

Auf der Ebene des Verstandes gibt es darauf keine Antwort. Aber die Endzeit dieser Zivilisation ist auch eine Gnadenzeit, die die Antwort vielleicht heraufführt.

Die praktische persönliche Antwort ist kein Problem. Ich kann, begrenzt in Zeit und Raum, meine Füße nur auf *einen* Weg setzen. Daß dieser Weg mich nun in die Praxis des katholischen Glaubens geführt hat, trennt mich nicht von anderen Menschen, die Gott suchen, in welcher Religion auch immer. Der Benediktinermönch David Steindl-Rast sagt: »Je näher man zum Herzen der eigenen Tradition kommt, desto näher kommt man auch zum Herzen anderer Traditionen.«

In allen großen Religionen gibt es wunderbare heilige Texte, wunderbare, in Gott verwirklichte Menschen, in der katholischen Kirche die Heiligen, die Rinpoches bei den Buddhisten, die Rishis bei den Hinduisten, die großen Sufimeister im Islam. Zwischen Praktizierenden verschiedener Religionen könnte Verständigung möglich sein, weil sie ähnliche Erfahrungen machen, denn ohne die Überwindung des Egoismus wird kein Mensch auf dieser Erde zu Gott gelangen. Ich bin überzeugt, daß die Religionskriege von Menschen veranstaltet wurden und werden, die Überzeugungen im Kopf, aber kein Licht im Herzen haben. Psychologisch gesehen ist es schlüssig, daß jemand, der selbst nicht tut, was er predigt, einen großen Drang hat, andere dazu zu bringen, das zu tun, was er selbst gern täte.

Auch ich habe in verschiedenen Traditionen gesucht und für eine gewisse Wegstrecke darin Nahrung gefunden, aber keine Heimat: I Ging, Gurdjieff, Sufis, ein wenig Schamanismus. Immer ein Aufflackern in der Seele, williges Lernen, aber keine Möglichkeit, den Weg wirklich zu meinem eigenen zu machen. So saß ich schließlich ratlos vor meinem Meditationstisch, nicht wissend, wohin ich mich wenden sollte. Die fremden Religionen reichten nicht in die Tiefe meiner Seele, so als fehlte dort der Resonanzboden.

Der Aufstieg begann schließlich ganz unten, in einer 12-Schritte-Selbsthilfegruppe. Die Anonymen Alkoholiker arbeiten nach diesen zwölf Prinzipien und alle anderen Suchtgruppen, die daraus entstanden sind, sei ihr Suchtobjekt nun Sex oder Essen oder Nicht-Essen oder Arbeit oder Fernsehen oder Einkaufen oder … oder … Die Grundannahme dieser Arbeit ist, daß wir in einer süchtigen Gesellschaft leben, in der die meisten Menschen irgend etwas benutzen, um sich ihrem Schmerz und ihrer Leere nicht stellen zu müssen. Mir schien es damals, als landete ich nun bei den Clochards unter der Brücke. Statt dessen fand ich Menschen, die sich aufrichtig und ernst ihren eigenen Themen stellten.

Die zwölf Schritte sind das Skelett einer religiösen Lebensorientierung:

1. Schritt: Wir gaben zu, daß wir unserer …-Sucht gegenüber machtlos waren und unser Leben nicht mehr meistern konnten.
2. Schritt: Wir kamen zu dem Glauben, daß eine Macht größer als wir selbst uns unsere Gesundheit wiedergeben kann.
3. Schritt: Wir faßten den Entschluß, unseren Willen und unser Leben der Sorge Gottes – wie wir Gott verstanden – anzuvertrauen.
4. Schritt: Wir machten eine gründliche Inventur in unserem Inneren.
5. Schritt: Wir gaben Gott, uns selbst und einem anderen Menschen gegenüber unverhüllt unsere Fehler zu.
6. Schritt: Wir waren völlig bereit, all diese Charakterfehler von Gott beseitigen zu lassen.
7. Schritt: Demütig baten wir Gott, unsere Mängel von uns zu nehmen.
8. Schritt: Wir machten eine Liste aller Personen, denen wir Schaden zugefügt hatten, und wurden willig, ihn bei allen wiedergutzumachen.
9. Schritt: Wir machten bei diesen Menschen alles wieder gut – wo immer es möglich war –, es sei denn, wir hätten sie oder andere dadurch verletzt.
10. Schritt: Wir setzten die Inventur bei uns fort, und wenn wir unrecht hatten, gaben wir es sofort zu.
11. Schritt: Wir suchten durch Gebet und Besinnung die bewußte Verbindung zu einer Macht größer als wir selbst zu vertiefen. Wir baten Gott nur, uns Gottes Willen erkennbar werden zu lassen und uns die Kraft zu geben, ihn auszuführen.
12. Schritt: Nachdem wir durch diese Schritte ein spirituelles Erwachen erlebt hatten, versuchten wir, diese Botschaft an

…-Süchtige weiterzugeben und diese Grundsätze in allen Bereichen unseres Lebens zu praktizieren.

Diese 12-Schritte-Gruppen sind ein Rettungsnetz für Hunderttausende in allen westlichen Ländern. Vielleicht wird es so wenig gewürdigt, weil es kostenlos ist und gar nicht schick.

In der Gruppe war ein Mann, der mit dem *Kurs in Wundern* arbeitete, ein Werk, das für sich in Anspruch nimmt, Jesus Christus zu »channeln«. Ich las darin auch ein halbes Jahr lang und öffnete mich für christliche Grundbegriffe: Heiliger Geist, Sühne, Götze. Bis dann schließlich vor meinem aufgerissenen Herzen Kordula stand und sagte: »Bete!« Da endlich erfaßte mich der große Strudel der Religion.

Jede Religion ist ein Strudel, in dem es einen Sog zur Mitte gibt. Durch meinen Kircheneintritt habe ich den bewußten Schritt in diesen Strudel gemacht. Ich befinde mich am äußeren Rand, im exoterischen Bereich. Ich tue nach Kräften das, was innerhalb der kirchlichen Tradition die Menschen seit zweitausend Jahren tun, um eines Tages von dem Sog ergriffen und in die direkte Erfahrung der unbekannten göttlichen Wirklichkeit transportiert zu werden. Vielleicht geschieht es erst im Tod. Der enge Schlund befindet sich, wie ich inzwischen glaube, in der Mitte der Tradition, nicht außerhalb von ihr.

Free Sex?

Sonja hat unsere Tanzgruppe zu einem üppigen Essen eingeladen.

Am Tisch plaudert die Gastgeberin über ihr italienisches Aupair-Mädchen. Deren Freund sei dagewesen, habe bei dem Mädchen im Zimmer geschlafen. Sie habe ihr gleich zwei Kondome in die Hand gedrückt und habe dafür gesorgt, daß die beiden allein im Haus waren, aber leider, sagt sie, sei nichts passiert. Das Mädchen habe zu ihr gesagt: »Er respektiert mich.« Da habe eben der Papst noch den Daumen drauf, meint Sonja.

Ich sage nichts, will an der festlichen Tafel kein ernstes Gespräch vom Zaun brechen. Hätte ich gesprochen, so hätte ich Folgendes gesagt:

Woher bist du so sicher, daß wir mit unserer permissiven Sexkultur die Antwort haben? Sprechen irgendwelche Tatsachen dafür? Gibt es irgendwo eine deutlich erkennbare Mehrung von Glück? Wir glauben, wir könnten uns glücklich preisen, die katholischen

Zwänge abgeschüttelt zu haben. Aber was haben wir gewonnen? Ist das Leid in den zerrissenen Familien leichter? Wünschenswerter? Haben wir das Leiden der Heerscharen alleinerziehender Mütter – wir sind es ja meistens, die den schweren Karren alleine ziehen –, haben wir das verzweifelte, ohnmächtige Leiden unserer Kinder, die ihre Seele zwischen ihren getrennten Eltern zerreißen müssen, jemals auf eine Waagschale gelegt und unsere »Selbstverwirklichung« und sexuelle Freiheit auf die andere? Mich läßt ein solches Abwägen jedenfalls daran zweifeln, ob eine Kultur, die Sexualität als frei verfügbaren Konsumartikel propagiert, in der die Medien die Gesellschaft flächendeckend mit Pornographie überziehen und in der die sexuelle Kriminalität alle Grenzen überschreitet, die Antwort hat.

Verschiedene Wege

Gestern abend rief mich meine Kusine Sarah an, und wir telefonierten eine gute Stunde. Wir hatten lange Zeit keinen Kontakt, und unsere Freude war groß, daß wir uns auf gemeinsamem Boden begegnen konnten, sie als praktizierende Buddhistin, ich als praktizierende Katholikin. Zum ersten Mal spreche ich aus: Ich bin eine praktizierende Katholikin. Es erstaunt mich, wenn es so dasteht, noch selbst.

Das Gespräch war ein Geschenk, denn es war die Erfahrung einer grundlegenden Übereinstimmung, die man nur machen kann, wenn man praktiziert. Fanatiker und Fundamentalisten, die sich vor dem Heiligen in anderen Religionen und Kulturen nicht verneigen können, sind nicht vom Geist Gottes beseelt, sondern sind getrieben von ihrer eigenen schmerzvollen Getrenntheit von Gott, die sie zu überwinden suchen, indem sie danach trachten, die Welt ihren eigenen Konzepten von Gut und Böse zu unterwerfen.

Immer wieder sagte Sarah, die Schülerin von Sogyal Rinpoche ist: »Ja, das sehen wir auch ähnlich.« Beiden war uns bewußt, daß die Anforderung an unser Leben dieselbe ist, ob wir nun an Karma oder Erbsünde, an Reinkarnation oder Jüngstes Gericht glauben. Jesus sagt: »Liebet eure Feinde«, und Sarah erzählt mir von einem Teaching Sogyal Rinpoches, in dem er aufzeigt, daß unsere Feinde unsere größten Lehrer sind, denen wir zu Dank verpflichtet sind. Der Boddhisatva legt das Gelübde ab, daß er nicht ins Nirwana eingehen will, bevor der letzte Mensch aus dem Rad der

Wiedergeburt erlöst ist. Christus sagt: »Liebe deinen Nächsten wie dich selbst.« Diese Anforderungen an uns Menschen sind ganz und gar ungeeignet, um sie mit irgendeiner Form der Machtausübung zu verquicken. Sie sind extrem und radikal, und sie stiften Frieden unter denen, die sie im Grundsatz akzeptieren und die ihre Schwäche und Unfähigkeit, sie zu erfüllen, immer wieder Gott zu Füßen legen.

In jeder Religion gibt es eine Fülle von Zeugnissen dafür, daß Menschen durch die radikale Praxis ihrer Religion *in diesem Leben* erleuchtet wurden und Einheit mit Gott erfahren haben. Was bedeutet dann der absolute Anspruch Jesu Christi: »Ich bin der Weg und die Wahrheit und das Leben; niemand kommt zum Vater außer durch mich.« (Joh 14,6)? Ist Jesus Christus das Tor zum Vater, selbst wenn ein Mensch nichts von ihm weiß?

Sarah liest mir aus einer neuen kommentierten Übersetzung des Tibetischen Totenbuchs von Robert F. Thurmann* vor, um mir zu belegen, daß es auch im tibetischen Buddhismus höchst differenzierte Vorstellungen von Hölle und Fegefeuer gibt und es nichts Wichtigeres für den Menschen gibt, als sich in seiner überaus kostbaren Lebenszeit auf das Danach vorzubereiten. Wir leben ja in der Vorstellung, wir hätten uns vor der Hölle gerettet, indem wir aus der Kirche ausgetreten sind. Ob wir da ganz sicher sein können?

Das Böse ist in Bereiche vorgedrungen, die bisher durch den schieren Lebensinstinkt des Menschen davor geschützt waren. Gestern steht in der Zeitung: »Todesangst vor den eigenen Eltern. Der Tod von zehn Kindern, die binnen eines Jahres von ihren Eltern getötet wurden, hat die Niederlande in helle Aufregung versetzt.«** Werden solche Dinge keine Konsequenzen über den Tod hinaus haben?

Und doch finde ich es immer noch schwer, den zweiten Satz des Gebetes mitzusprechen, das Maria den Menschen in Fatima aufgetragen hat:

> Wenn ihr den Rosenkranz betet, dann sagt nach jedem Gesätz: O mein Jesus, verzeih uns unsere Sünden, bewahre uns vor dem Feuer der Hölle, führe alle Seelen in den Himmel, besonders jene, die deiner Barmherzigkeit am meisten bedürfen.

---

* Das Tibetische Totenbuch. Neu übersetzt und kommentiert von Robert F. Thurmann. Frankfurt a. M. 1966.

** Süddeutsche Zeitung vom 29. 1. 1997.

Die Seher von Fatima, von Medjugorje und Schio berichten alle davon, daß ihnen die Muttergottes das Fegefeuer und die Hölle gezeigt hat. Ziehen wir es vor, anzunehmen, daß die Seher ihren privaten Phantasien erliegen, anstatt uns mit der Tatsache auseinanderzusetzen, daß es Grund gibt, Gott zu fürchten? Sünde, Schuld und Hölle sind Begriffe, vor denen die gesamte westliche Kultur Reißaus genommen hat, eine Kultur, die die Welt an den Rand des Abgrunds gebracht hat.

Die Auseinandersetzung mit dem Thema Schuld begleitet mich mein ganzes Leben. Es war auch das Thema meines Gesprächs mit Hans, als er mich besuchte.

Hans ist über siebzig und arbeitet mit zäher Beharrlichkeit an sich. Er glaubt, daß Christus der Erlöser ist, aber der Weg in die Kirche und zur Gnade des Gebets und der Sakramente ist ihm bisher noch durch den spirituellen Mißbrauch in seiner Kindheit versperrt. Die Mutter hat versucht, aus ihm einen reinen Engel zu machen und ihn im Namen Gottes schuldig gesprochen für alles, was in ihren Augen Sünde war. So hat sie dem Kind die Sünden der Welt auf die Schultern gepackt, und der erwachsene Mann wandte sich von der Kirche ab, in der Hoffnung, dann vielleicht aufrecht gehen zu können.

Wenn er heute etwas von Sünde und Schuld hört, schreckt er zurück. Er sucht seit zwei Jahren sein Heil im *Kurs in Wundern,* einem philosophisch-religiösen Werk, von dem seine Urheber glauben, es sei von Jesus Christus diktiert worden. Darin wird gelehrt, daß Sünde und Schuld nur im Egosystem existieren, daß es aber dieses Ego »in Wirklichkeit« nicht gibt:

Ich kann sein Trauma nachfühlen. Ich habe aber auch die versöhnende Kraft des Sakraments der Beichte erfahren. Welche Brücke führt über den Graben?

Heute morgen im Gebet wird mir der Unterschied zwischen Schuldgefühlen und Herzensreue klar. Ich kenne beides. Schuldgefühle habe ich, wenn ich meine Schuld nicht annehme. Herzensreue kommt, wenn ich sie annehme. Schuldgefühle sind Stagnation, sie schnüren mich vom Leben und der Liebe ab. Herzensreue weitet mein Herz für die Liebe. Schuldgefühle resultieren aus dem Versuch, den Schmerz der Selbsterkenntnis zu vermeiden. Herzensreue beugt sich der Selbsterkenntnis. Schuldgefühle suchen nach Entschuldigung und Rechtfertigung der Schuld durch äußere Umstände und Einflüsse (z. B. durch die Klage über eine schreckliche Kindheit). Herzensreue zieht das ganze Licht des Bewußtseins auf mich selbst, so daß alles andere ausgeblendet ist. Damit komme ich in den Besitz meiner ganzen Kraft. Schuldgefühle sind ein Produkt des Egos. Herzensreue ist eine Gnade. Schuldgefühle treiben mich von Gott weg. Herzensreue ist eine Öffnung für die Liebe Gottes. In der Anleitung zum »Immerwährenden Herzensgebet« heißt es:

> Schmerzlichste Selbsterkenntnis erfüllt das Herz, das unaufhaltsam, ohne alle Selbstentschuldigung seine Fehler bekennt und bereut.
> Je tiefer die Demut, je inniger die Herzensreue, um so begnadeter. Wundersam ist diese Erfahrung: Wer in die Wahrheit Gottes tritt, kostet seine Güte.*

Die Weichenstellung ist die Entscheidung, ob ich dem Schmerz ausweichen oder ob ich den Schmerz annehmen will. Deswegen das duftende Kreuz in Schio.

Kampf den Leidenschaften

Ich telefoniere mit Lisa aus meiner Gruppe für Ausdruckstanz. Es gibt Unstimmigkeiten. Lisa ist so erbost, daß sie wegen diverser Äußerungen einiger Frauen nicht mehr mitmachen will. In der Gruppe, die drei Jahre lang zusammen gearbeitet hat, ist keine Aufmerksamkeit darauf verwendet worden, daß unter uns Vertrauen und Wärme entsteht.

So geht es eine halbe Stunde lang am Telefon: »Wie kann sie nur, das mußt du dir mal vorstellen, schon damals hat sie ..., und dann das noch, also das geht wirklich zu weit, das laß ich nicht mehr mit mir machen, ich halte viel zuviel zurück, ich muß auch mal explodieren dürfen, nein, das tu ich mir nicht mehr an«, und so weiter und so fort.

Beim Zuhören wächst mein Gefühl, daß diese Art der Auseinandersetzung mit sich und anderen unfruchtbar ist. Meine Aufmerksamkeit läßt nach, meine Energie sinkt ab. Schließlich kommt mir eine Idee, und ich frage Lisa, ob ich ihr aus dem Buch vorlesen darf, daß sie mir geliehen hat: *»Das immerwährende Herzensgebet«*.

Dort heißt es im Kapitel »Kampf gegen leidenschaftliche Regungen«:

---

* Alla Selawry, S. 114ff.

Dich hat jemand gekränkt, und in dir erheben sich Unzufriedenheit, Ärger und Rachegedanken. Erfasse, daß sie dich zum Bösen hinreißen wollen, und bekämpfe sie.

a) Leiste Widerstand: Halte deinen Ärger an, lasse ihn nicht tiefer dringen und gestatte dir auf keinen Fall, ihm in Gedanken zuzustimmen – als sei er berechtigt. Damit wird er abgewiesen; lauert aber, zu einem neuen Angriff bereit.
b) Entwickle Widerwillen gegen ihn, zürne auf ihn – wie auf einen Feind, der dein Verderben sucht. Das ist ein harter Schlag für ihn, und er weicht, schwindet aber nicht.
c) Rufe den Namen GOTTES gegen ihn an und höre damit nicht auf, bis auch seine letzte Spur getilgt ist und Friede in der Seele herrscht.
d) Und nun erweise dem, der dich gekränkt, statt Rache eine Freundlichkeit, sage ihm ein gutes Wort, hilf ihm nach Kräften. Dieses Verhalten ertötet jeden Zorn in deinem Herzen. Zugleich gewinnst du Sanftmut – und ebenso jede Tugend, die der betreffenden Leidenschaft entgegensteht.
e) Schließlich bemühe dich um eine Einstellung, die neue Regungen von Zorn, Kränkung und Rache unmöglich macht: Halte dich jeder Kränkung für wert; mache dich bereit, sie zu ertragen, und nimm sie freudig als heilsame Arznei entgegen. So schaffst du an deinem inneren Menschen und wandelst all deine natürlichen Anlagen zu Tugenden.*

Lisa wird ganz still und fängt an zu weinen. Sie hat mir ja das Buch gebracht. Wir wissen beide in unserem Herzen, daß dies der einzige Weg zum inneren Frieden und zum Frieden mit anderen Menschen ist, unabhängig davon, wie oft wir fallen. Allein, ihn gehen zu wollen, ist entscheidend. »Lisa«, sage ich, »es ist schön, wenn wir voneinander wissen, daß wir das beide wollen. Wir brauchen einander. Keiner hat uns versprochen, der Weg sei leicht. Aber das Herz wird froh.«

Wie oft war ich verzweifelt über die destruktiven Wirkungen meiner ungezähmten Leidenschaften, am allermeisten in den Beziehungen zu meinen Kindern. Ich wollte ihre zarte Seele nicht verletzen, und doch habe ich den absurden Versuch gemacht, sie mit

---

* Alla Selawry, S. 167f.

Geschrei zu veranlassen, das zu tun, was ich für gut hielt, etwa nicht zu streiten. Mit jeder solchen Szene untergraben wir Eltern unsere eigene Autorität. Immerhin habe ich es ihnen nicht als Erziehung oder gar als Liebe verkauft. Kinder haben ein unglaubliches Reservoir an Liebe für uns und wollen uns für gut halten. Bis zur Pubertät sind sie immer bereit, ihr eigenes Empfinden für Gut und Böse dafür zu opfern, daß sie uns lieben können. Sie verurteilen uns nicht. Wenn wir ihnen aber unser Ausgeliefertsein an unsere eigenen Leidenschaften als Liebe und Erziehung zum Guten verkaufen, dann ist das Ergebnis Verwirrung. Wir betreiben Falschmünzerei. Die Kinder können dann nicht mehr klar zwischen Gut und Böse unterscheiden.

Reue hat nicht genügt, aus dem Muster auszubrechen, und therapeutische Workshops auch nicht. Sie haben nur so lange geholfen, wie das High nach einer Intensivwoche angehalten hat. Nein, aufgegeben habe ich nie, fünfzig Jahre lang habe ich nicht aufgegeben, aber keine Transformation, keine echte Umwandlung. »Wer immer strebend sich bemüht … Wie geht es weiter, Gabriele?« fragte mich meine geliebte Latein- und I-Ging-Lehrerin Tilla mit erhobenem Zeigefinger. »Den können wir erlösen.«

Wenn ich zurückschaue, so staune ich über die Geduld, die Gott mit mir hatte, und über das Gefühl, daß weite Flügel über mir ausgebreitet waren und sind. Vor ein paar Jahren stand ich einmal traurig vor mich hin starrend in der Schlange vor einer Supermarktkasse. Ein väterlicher Mann spricht mich an und sagt: »Das wird schon wieder. Ich passe auf Sie auf.« Ich stutze. Als ich aufhöre zu stutzen, ist er verschwunden. Ich laufe noch nach draußen, wünsche mir doch schon so lange einen väterlichen Freund, aber er ist nicht mehr da.

Was ich nicht hatte, war der Glaube und das Gebet. Glaube ist die Voraussetzung des Gebets, und das Gebet ist der Lebenssaft des Glaubens.

Jesus privat

Helmut, der mit mir zusammen in die Kirche aufgenommen wurde, nahm mich gestern mit in seine Gebetsgruppe. Ich möchte mich gerne mit Menschen zusammentun, die bereit sind, dem Ruf Marias zu folgen, und die sich auf diesem Weg des Glaubens unterstützen. Bevor ich den Raum betrete, bete ich um Klarheit im Herzen.

Ich komme in ein gepflegtes Haus. Die Hausherrin, eine ältere Dame, begrüßt mich freundlich. Von ihr glaubt mein Bekannter, daß sie »das innere Wort« habe und Jesus Christus durch sie spreche.

Es sind etwa fünfzehn Damen da und zwei Männer, der Hausherr und Helmut. Einige der Frauen haben vorher einer Sekte angehört, deren Führerin als »Prophetin« verehrt wird. Diese Prophetin verlangte, daß die Miglieder aus der Kirche austreten. Wes Geistes Kind diese Gruppierung ist, war mir klar, als ich kurz vor Würzburg neben der Autobahn den schneeweißen Palast dieser Sekte sah und die hermetische Einzäunung, mit der er abgeriegelt ist.

Die Frauen, die in diesem gepflegten Wohnzimmer zusammensitzen, haben – Gott sei Dank – ein Loch in der Umzäunung gefunden, durch das sie entkommen sind. Jetzt sind sie in einer Gemeinschaft, die nicht eingezäunt ist, in der sie nicht abgezockt werden, in der ihr Leben nicht von einer äußeren Instanz bis zur letzten Kleinigkeit geregelt wird, in der sie nicht aus der Kirche austreten müssen, in der sie nicht Beziehungen zu ihren Verwandten und Freunden abbrechen müssen. Und doch habe ich große Zweifel.

Die Dame des Hauses schließt die Augen und spricht in der ersten Person als Jesus Christus etwa eine Dreiviertelstunde lang. Eine zweite Frau ergreift das Wort. Sie spricht als Maria, dann noch eine dritte Frau als Erzengel Raphael.

Es sind gute, schöne, liebe Worte – aber ich spüre keine Kraft darin. Nichts überrascht, nichts trifft mich ins Herz, nichts weckt mich auf. Danach gemütliches Zusammensein. Es ist sehr viel von Jenseitigem die Rede, von unerlösten Geistern, die klopfen, von einer »schönen Heimführung einer Seele im Jenseits«, von Seelen, die sich an uns heften und uns Kraft rauben.

Auf der Heimfahrt zu dritt fragt mich die Frau, die sich für ein Sprachrohr Raphaels hält, ob ich das glauben könne. »Nein«, sage ich, »ich glaube es nicht.« Es tut mir aufrichtig leid, daß ich mich in Gegensatz zu Helmut bringen muß, den ich schätze (und den ich noch mehr schätze, weil er immer noch freundlich zu mir ist, obwohl ich ablehne, was ihm wertvoll ist).

Warum ist mir in dieser Gruppe mulmig zumute?

Erstens wegen der Qualität der Äußerungen. Wir wissen, wie Jesus spricht. Seine Worte sind ein scharfes Schwert, geführt von äußerster Barmherzigkeit. Sie sind unerschöpflich. Er spricht auf vielen Ebenen zugleich, die sich gemäß dem Stand des eigenen Bewußtseins erschließen. Jesus fordert uns Menschen immer bis an unsere äußerste Grenze. Er verlangt Unmögliches und verheißt uns, daß wir in Ihm und mit Ihm und durch Ihn die Kraft bekommen, Ihm nachzufolgen.

Zweitens bin ich skeptisch, denn Channeln ist zur Zeit große Mode, alle Welt channelt. Channeln heißt, daß ein Mensch zum willenlosen Sprachrohr einer geistigen Wesenheit wird. Es wird angenommen, daß eine Wesenheit aus dem Jenseits von einem Menschen Besitz nimmt, um durch dessen Mund zu sprechen. Es gibt zahllose Bücher, die für sich in Anspruch nehmen, von einer geistigen Wesenheit diktiert worden zu sein.

Der Vorgang ist aus zwei Gründen problematisch: Die Person, die sich als »Kanal« zur Verfügung stellt, ist nicht verantwortlich für das, was sie sagt. Sie ist ein passives Werkzeug. Andererseits wird dem, was sie sagt, dadurch Autorität verliehen, daß es angeblich von einer erleuchteten Wesenheit aus dem Jenseits stammt. Das kann wahr oder nicht wahr sein. Wenn es wahr ist, stellt sich die Frage, wer diese Wesenheit ist. In der christlichen Tradition wird größter Wert auf die Unterscheidung der Geister bei mystischen Erfahrungen gelegt, denn es können sich leicht dämonische Kräfte dahinter verbergen. In den Kreisen, in denen gechannelt wird, gibt es meist keine solchen Kriterien, sondern kritiklose Begeisterung, einen Draht zum Jenseits gefunden zu haben. Die geistige Lebensqualität des Channelers steht nicht zur Debatte. Er ist passives Instrument.

Wenn visionäre Erfahrungen echt sind, fordern sie von dem Menschen, der dazu auserwählt ist, das Äußerste. Ein solches Erlebnis ist für den Seher zutiefst erschütternd. »Fürchte dich nicht«, heißt es nicht umsonst in der Bibel, wenn Engel einem Menschen erscheinen. Sehr oft müssen die Seher, um dem Auftrag ihrer Vision gerecht zu werden, großes Leid auf sich nehmen, wie die Kinder von Fatima oder Bernadette von Lourdes.

Mein dritter Einwand ist: Maria zeichnet sich durch Kürze und Prägnanz aus. In der Bibel sind von Maria nur wenige Sätze überliefert, aber sie genügen, uns zu Gott zu führen, wenn wir sie befolgen, nämlich: »Ich bin die Magd des Herrn, mir geschehe nach deinem Wort.« Und: »Tut, was Er euch sagt.« Die Botschaften, die sie an den Erscheinungsorten gibt, sind einfach zu verstehen und schwer zu tun. Sie sind darauf gerichtet, daß jeder durch die Praxis den eigenen, direkten Kontakt zu Gott findet. Maria fordert uns zu der zweitausend Jahre lang erprobten Praxis der christlichen Kirche auf – einer Praxis, die in weiten Teilen der Kirche verlorengegangen ist – nämlich: Gebet, Eucharistie, Buße, Fasten, Bibellesen. Dies sind die Mittel, wie jeder von uns in sich selbst Raum für den Heiligen Geist schaffen kann.

Ein vierter Grund: Maria bringt Kraft und direkte, persönliche Hilfe, wenn man bereit ist, ihrem Ruf zu folgen. Diese Bereitschaft wird vielen an den Erscheinungsorten geschenkt. Deswegen sind es Orte der Gnade. Das Geschenk heißt Umkehr.

Fünftens habe ich noch nie Botschaften gelesen, die unseren Phantasien über das Jenseits Nahrung geben oder unsere Lüsternheit nach Jenseitserfahrungen stärken würden. Der Fokus der Kommunikation von Menschen, die dem Ruf Marias folgen, liegt auf Selbsterkenntnis und den praktischen Schwierigkeiten und Freuden des Weges.

Sechstens: Echte Erscheinungen tragen reiche Früchte. Medjugorje ist zu einem Weltzentrum der religiösen Erneuerung geworden, in Schio geschieht das gleiche in kleinerem Maßstab. Werke der Nächstenliebe sprießen aus dem Boden durch die radikale Hingabe und Risikobereitschaft derer, die sich Maria zur Verfügung stellen.

Siebtens zeichnet Maria an den Gnadenorten für uns Kleingläubige Spuren ihrer überirdischen Macht in den Sand der materiellen Existenz: Es geschehen Wunder, vor allem unerklärliche Heilungen todkranker Menschen. In Schio gibt es *einen* Menschen, der sie sieht, alle anderen dürfen ihren himmlischen Duft riechen.

Haben wir nicht genug Anleitung? Warum finden wir uns nicht in aller Demut zusammen und machen uns an die Arbeit? Es ist schwer, aus dem Glauben zu leben, es ist schwer, sich den eigenen Sünden und Illusionen zu stellen, dafür brauchen wir einander. Wenn dann jemand in eine tiefe Schicht seiner Seele gelangt, wenn jemand vom Heiligen Geist erfüllt wird – wie wunderbar! Aber bitte, lieber Bruder, bitte liebe Schwester, sprich in deinem eigenen Namen, falle mit mir vor Jesus und Maria auf die Knie, weine mit mir über unsere Sünden und juble mit mir, daß wir Kinder Gottes sind!

Festhalten am Rosenkranz

Fastenzeit

Die Fastenzeit hat begonnen. Die Altäre sind mit lila Stoff verhängt. Am Aschermittwoch gehe ich abends in die Kirche. Der Pfarrer zeichnet mir mit dem Daumen ein Aschekreuz auf die Stirn.

> Gedenke, o Mensch, daß du Staub bist und zum Staube zurückkehrst!

Man muß also gar nicht nach Indien zu einem Guru fahren, um mit heiliger Asche gezeichnet zu werden. Es geschieht hier in der bayerischen Dorfkirche, einen Steinwurf von meiner Haustüre entfernt.

Die vierzig Tage Fastenzeit sind eine Zeit der Buße, der Umkehr, der Eneuerung. Jesus war vierzig Tage in der Wüste und hat den Versuchungen des Teufels widerstanden. Vierzig Tage gelten als eine Zeitspanne, in der der Kampf gegen eine Schwäche, wenn er durchgehalten wird, nachhaltigen Erfolg haben kann. In der Gurdjieff-Schule, in der ich von 1974 bis 1976 war, gab es die sogenannte *Fourty day decision,* die Entscheidung, vierzig Tage lang etwas zu tun oder nicht zu tun, was der Hauptschwäche oder dem blinden Fleck der Persönlichkeit an den Kragen ging. Mr. Bennett, der Lehrer und Leiter der Schule, hat jedem Studenten geholfen, diesen blinden Fleck zu erkennen und die Entscheidung entsprechend zu wählen.

Ich habe mir für die Fastenzeit einige Beschränkungen auferlegt: keinen Alkohol und zweimal die Woche bei Brot und Wasser fasten. Außerdem will ich meine Gebetszeit am Abend so fest etablieren wie am Morgen.

Mit einem Tag fasten bin ich bisher ganz gut zurechtgekommen. Der Tag ging vorbei, und mein Körper konnte gleich wieder vergessen, daß ihm Unannehmlichkeiten bereitet wurden. Jetzt darf er einen Tag wieder essen, und dann heißt es schon wieder nein, kriegst du nicht!

Im Nachbarstädtchen findet das Vierzigstündige Gebet statt, täglich mehrere Gottesdienste, Predigten, Aussetzung des Allerheiligsten. Lila Plakate laden überall dazu ein. Ich kommuniziere an drei aufeinanderfolgenden Tagen. Obwohl ich mich unfähig fühle, das »Geheimnis des Glaubens« in mich aufzunehmen, geschieht etwas.

> Herr, ich bin nicht würdig, daß du eingehst unter mein Dach, aber sprich nur ein Wort, und meine Seele wird gesund.

Ich nehme die Hostie in den Mund, knie mich hin und spüre, wie sich unendlich zarte Helligkeit und Wärme ausbreiten. Überschwengliche Freude sprudelt in mir auf – ein reines Geschenk.

Mehr und mehr glaube ich, daß der eigentliche Widerstand gegen Christus der ist, uns lieben zu lassen. Das Ego kann sich nicht lieben lassen, denn im Licht dieser Liebe zerbricht die Grundlage seiner Existenz, und seine Manöver erscheinen lächerlich.

Der Rosenkranz

Am ersten strahlenden warmen Sonntag sind Kordula und ich auf einen Berg gestiegen. Wir beten beim Hinaufgehen den Rosenkranz. Dabei verbergen wir unsere Ketten und halten inne, wenn uns Leute begegnen. Sie würden uns für abseitig halten, wenn sie unser Gebet bemerken würden. So erscheinen wir den Leuten normal und freundlich; wir finden, daß wir auch mit Rosenkranz normal und freundlich sind. Über längere Strecken schweigen wir. Oft leuchtet im Gebet eine Einsicht auf, die dann selbstverständlich erscheint, die aber vorher noch nicht im Bewußtsein und nicht in Sprache gefaßt war.

Mehr und mehr entsteht ein Bedürfnis, den Rosenkranz zu beten. Es ist ein Tun, das sich so sehr von jedem weltlichen Tun unterscheidet. Ich weiß nicht, was dabei geschieht, ich weiß nur, daß mein Herz dabei weich wird und daß ich dadurch zu Jesus und Maria in Beziehung trete und jedes Gebet diese Beziehung nährt.

»Heilige Maria, Mutter Gottes, bitte für uns Sünder, jetzt und in der Stunde unseres Todes. *Jetzt* und *die Stunde unseres Todes* sind die einzigen entscheidenden Augenblicke unseres Lebens. Tausendmal ist es gesagt und tausendmal ist es die Wahrheit: Nur im Jetzt können wir eine Entscheidung treffen, nur im Jetzt kann Veränderung stattfinden, nur das Jetzt verändert die Zukunft, nur im Jetzt können wir uns mit Gott verbinden. Wenn ich am Abend zurückschaue auf den Tag, dann war in den meisten Augenblicken keine

Präsenz, keine Ausrichtung, keine Wachheit, um etwas anders zu machen, als ich es immer gemacht habe.

Der zweite Zeitpunkt, für den wir Maria um ihre Fürsprache bitten, ist die Stunde unseres Todes. Maria hat ihren Sohn im Sterben begleitet. Wer damals zum Tod am Kreuz verurteilt wurde, galt als von Gott verflucht. Sie hat unter dem Kreuz gestanden. Sie hat nicht geschrien, sie hat nicht getobt, sie hat sich nicht die Kleider vom Leib gerissen, sie ist nicht zusammengebrochen, sie hat ausgeharrt. Jesus hat zu den Jüngern von seiner Auferstehung gesprochen, und sie haben es nicht verstanden. Gewiß hat er seiner Mutter gesagt, daß er auferstehen werde. Das mußte sie nun glauben – entgegen aller Erfahrung, im Angesicht der Todesqualen und der Gottverlassenheit ihres göttlichen Sohnes. Dieses Bild »Maria unter dem Kreuz« zeigt: Obwohl ihr das Herz brach, konnte sie stehenbleiben, weil sie geglaubt hat. Dadurch ist sie Sterbebegleiterin für alle Ewigkeit.

Auch ich möchte glauben können, wenn ich sterbe und wenn andere sterben. Der Tod kann mit körperlichen Qualen verbunden sein, er zwingt uns, alles, aber auch alles loszulassen, was wir in unserem Leben noch nicht losgelassen haben. Wenn wir dann nicht glauben, daß jenseits der Schwelle etwas ist, wofür es sich zu sterben lohnt, wenn wir kein Band der Liebe gewebt haben, dann werden wir gewiß durch einen Schlund der Angst gehen. Wäre es nicht wunderbar, wenn uns auf der anderen Seite eine unendlich schöne, milde, gütige, lächelnde, mächtige Frau empfangen würde und uns das Gebet von den Lippen käme, das unser Herz zu sprechen gelernt hat: *»Gegrüßet seist du, Maria, voll der Gnade, der Herr ist mit dir ...«* Ich möchte mich so sehr mit ihr verbinden, daß ich auch dann, wenn meine Willenskräfte, vielleicht mein Bewußtsein, erloschen sein werden, auf sie ausgerichtet bleibe.

Ich weiß nicht, ob es so sein wird, aber ich weiß, daß dieser Glaube mir hilft zu leben und mir helfen wird zu sterben. Ich festige ihn durch das Beten des Rosenkranzes. Vielleicht wird er einmal eine Kette sein, an der Maria an einem Ende ziehen kann, wenn ich gelernt habe, am anderen Ende festzuhalten.

Hören wir Franz Werfel in seinem Lied von *Bernadette* über den Rosenkranz:

> Das Rosenkranzgebet ist eine Art von himmlischer Handarbeit, ein unsichtbares Nadelwerk, eine Strickerei oder Stickerei, aus den fünfzig Ave-Marias der Perlenschnur emsig gewirkt. Wer in Jahr und Tag gehörig viele Rosenkränze betet, der bringt schon ein tüchtiges Gewebe zustande, mit dem dereinst das

große Erbarmen einen Teil seiner Schuld zudecken kann. Die Lippen murmeln zwar nur automatisch die Worte des Engels an die Jungfrau, die Seele aber ergeht sich auf der Weide der Heiligkeit. Wenn die Gedanken dabei auch öfters von den Gesätzchen abirren und über den unvernünftigen Preis der Eier seufzen und wenn man sogar dann und wann über einem Ave für ein paar Minuten einnickt, so ist das kein Unglück, denn man verliert sich in einer größeren Geborgenheit als sonst.*

Den wunderbaren Roman darüber, wie in dem verschlafenen Pyrenäen-Städtchen Lourdes kein Stein auf dem anderen bleibt, weil ein Mädchen an einem steinigen Bachufer auf die Knie fällt und verzückt in den Himmel schaut, über das ganze Spektrum der menschlichen Reaktion auf den Anruf des Göttlichen, über die reine und unbeugsame Bernadette Soubirous – exemplarisch für die Dynamik aller Marienerscheinungen –, verdanken wir einem Gelübde des Dichters. Auf der Flucht vor den Deutschen war das Ehepaar Werfel 1940 in Lourdes gestrandet. Franz Werfel schreibt in seinem »persönlichen Vorwort«:

> Es war eine angstvolle Zeit. Es war aber zugleich auch eine hochbedeutsame Zeit für mich, denn ich lernte kennen die wundersame Geschichte des Mädchens Bernadette Soubirous und die wundersamen Tatsachen der Heilungen von Lourdes. Eines Tages in meiner großen Bedrängnis legte ich ein Gelübde ab. Werde ich herausgeführt aus dieser verzweifelten Lage und darf die rettende Küste Amerikas erreichen – so gelobte ich –, dann will ich als erstes vor jeder anderen Arbeit das Lied von Bernadette singen, so gut ich es kann.**

Zweifel

Ein Seher von Marienerscheinungen hält in der Umgebung einen Vortrag. Vorher wurde in der überfüllten Dorfkirche Rosenkranz gebetet und die heilige Messe gefeiert. Beim Vortrag im örtlichen Versammlungssaal sind sicher 1500 Menschen anwesend.

---

* Franz Werfel: Das Lied von Bernadette, Frankfurt a. M. 1993, S. 64.

** a. a. O., S. 11f.

Es heißt, der Vortrag würde insgesamt zwei Stunden dauern, mit einer Pause in der Mitte. Es gibt aber keine Pause, und der Vortrag vor einem ländlichen Publikum dauert an einem Montag abend zweieinhalb Stunden. Der Redner wettert mit erhobener Faust gegen die Sünden der Welt. Es scheint, als glaube er, mit seinem eigenen leidenschaftlichen Kampf gegen die Sünde die Welt retten zu können. Er sagt, es tue ihm leid, wenn er so von seinen Emotionen weggetragen werde: »Maria schimpft nie so wie ich, sie ist immer sanft.«

Ich kehre mit Zweifeln im Herzen nach Hause zurück. Es ist doch gerade die Güte, die Milde, die Liebe, die Sanftmut Marias, die uns ermöglicht, unser Herz zu öffnen, unserer Sünden innezuwerden und Reue zu empfinden. Ich kann mich nur verschließen, wenn ich eine erhobene, anklagende Stimme höre, und gehe emotional in Widerstand, selbst dort, wo ich inhaltlich übereinstimme. Wenn dem Redner die Muttergottes seit vielen Jahren erscheint, warum hat ihre himmlische Pädagogik nicht abgefärbt?

Ich erlaube mir, die Frage zu stellen, die für alle frommen Pilger ketzerisch sein muß: Ist es denkbar, daß das Ganze auf Täuschung beruht?

Spielen wir es einmal gedanklich durch. Welche Motivation könnte dahinterstecken? Das Ergebnis der Täuschung müßte in einer Beziehung zu seiner Motivation stehen. Das Ergebnis ist, daß viele tausend Menschen eine Erneuerung ihres Glaubens und ihrer katholischen Praxis erfahren, daß viele Bekehrungen zum Glauben stattfinden, daß sich Tausende Maria weihen. Angenommen, dies wäre das Ziel eines frommen Menschen. Er selbst kann es mit seinen schwachen Kräften nicht erreichen, also sagt er und spielt vor, daß ihm Maria erscheine, nach der Devise: Der Zweck heiligt die Mittel. Der Vorteil: Er wird gehört. Er kann die guten Werke endlich tun, die er immer schon tun wollte. Mitarbeiter strömen ihm zu und finanzielle Mittel, um karitative Projekte ins Leben zu rufen und große Jugendtreffen zu veranstalten. »Verzeih mir die Täuschung, göttliche Mutter, aber es ist doch ganz in deinem Sinne …« Ist das denkbar?

Ich halte es für ausgeschlossen, daß man selbst ein intensives Gebetsleben pflegen und gleichzeitig lügen kann.

Ich halte es für ausgeschlossen, daß man einen Ort der Glaubenserneuerung schaffen kann, wenn der Kern auf Lüge beruht. Lüge ist Sache des Widersachers. An Umkehr hat er kein Interesse.

Ich halte es für ausgeschlossen, daß ein heiliger Zweck mit unheiligen Mitteln erreicht werden kann.

Und es gibt Wunderzeichen: eine weinende Madonnenstatue, unerklärliche Heilungen.

So muß ich mich also damit abfinden, daß ich wieder einmal die ersehnte Vollkommenheit in der Welt nicht finde, nicht einmal dort, wo Maria so nah ist. Zweifel ist ein schmerzhafter Zustand, aber die Treue zu mir selbst erfordert es, ihn auszuhalten, immer wieder neu auszuhalten. Wie viele Menschen ziehen Ideologien diesem Schmerz vor! Man macht sich ein Weltbild zu eigen, übernimmt die Antworten, die andere gegeben haben, bis man glaubt, es wären die eigenen, und verteidigt sie dann mit Zähnen und Klauen.

Tue ich das?

Wenn ich glaube, daß Maria unter dem Kreuz gestanden hat, dann entscheide ich mich dafür, dieses Bild in meinem Herzen wirken zu lassen. Glauben heißt immer *nicht wissen.* Wenn ich weiß, dann kann ich gar nicht mehr glauben. »Selig sind die, die nicht sehen und doch glauben«, sagt Jesus (Joh 20,19).

Ein Bekannter, der Theologie studiert, erzählt mir, was er in der Vorlesung lernt, nämlich: Maria könne gar nicht unter dem Kreuz gestanden haben, weil das »damals verboten gewesen sei«.

Hier rüttelt ein Professor an dem kostbaren, wunderbaren Bild im Namen einer Wissenschaft, der es innerhalb der letzten dreihundert Jahre vorübergehend gelungen ist, die meßbare Wirklichkeit zur einzigen Wirklichkeit zu erklären. Dieser Wissenschaftsbegriff bröckelt allerorten, am meisten in den Naturwissenschaften, wo sich die Grenzen von Materie und Energie aufgelöst haben.

So wenig man beweisen kann, daß Maria unter dem Kreuz gestanden hat, so wenig dürfte man beweisen können, daß sie nicht darunter gestanden hat. Sofern man daran glaubt, daß Chrisus auferstanden ist – oder gibt es Theologen, die auch das in Frage stellen? –, könnte dann nicht auch das kleinere Wunder geschehen sein, daß Maria unter dem Kreuz gestanden hat, selbst wenn historisch nachweisbar wäre, daß Soldaten das Volk bei Kreuzigungen auf Abstand hielten? Würde es denn irgendeinen Schaden anrichten, wenn wir Menschen dieses Bild in uns trügen, selbst wenn es sich in der faktischen Wirklichkeit nicht so abgespielt hätte?

Ich *will* das glauben, was mich Christus, Maria und Gott näher bringt, dadurch mir selbst und dadurch den Menschen. Es ist ein Weg. Die Gotteserfahrung, das bezeugen alle Mystiker, ist jenseits von Glaubensinhalten, jenseits von Worten.

Familienbruch

Wieder geht eine Familie in meiner Bekanntschaft zu Bruch. Es ist wie eine Seuche. Kein Kraut ist dagegen gewachsen. Was als Heilmittel erscheint, ist in Wahrheit das Virus: Selbstverwirklichung.

Auch ich habe mich 23 Jahre lang selbst zu verwirklichen gesucht. Auch meine Ehe ist kaputtgegangen, und ich bin jetzt allein mit meinen Kindern. Ich sitze auf keinem hohen Roß.

Die beiden Freunde haben vier Kinder, paradiesische Verhältnisse auf dem Land. Der Mann zweifelte nie daran, daß er weiß, wie alles richtig und gut gemacht wird. Die Frau hat vor ein paar Jahren begonnen, sich zu verwirklichen. Jetzt sind sie am Ende. Die Frau packt die Kinder ein und zieht aus. Der Mann sitzt allein im großen Haus und reicht die Scheidung ein. Ein Thema mit Variationen, das viele aus eigener Erfahrung kennen und zuhauf im Freundeskreis miterleben.

Sollen wir uns etwa nicht verwirklichen? Sollen wir etwa nicht wachsen?

Was ich von meinem Mann wollte und was er mir um keinen Preis gegeben hat, das gibt er mir jetzt auch nicht, und siehe da, ich kann es allein. So notwendig, wie es mir schien, war es also nicht. Ich hätte ihn lassen können, wie er war. Er hätte mich an all dem, was ich jetzt tue, nicht gehindert. Aber ich konnte nicht. Ich konnte es nicht, weil ich mein Glück von seiner Veränderung abhängig gemacht habe. Es war ein verbissenes Ringen, in dem beide Seiten die Botschaft gaben: Nur wenn du meine Bedingungen erfüllst, erfülle ich deine. Keiner war bereit, dem anderen das zu geben, was dieser so sehr brauchte.

Dieser Kampf wird mit dem Gefühl von Recht geführt. In diesem Gefühl stärken uns die meisten Therapeuten. Es gilt als therapeutischer Erfolg, wenn wir unsere Ansprüche in der Welt vertreten und verwirklichen. Der Kampf wird bis zu einem Punkt getrieben, wo die Verhältnisse so untragbar werden, daß jedes Opfer gerechtfertigt erscheint: das Zerreißen der Familie, Doppelbelastung eines Elternteils, meist der Frauen, dadurch ungenügende Fürsorge für die Kinder, finanzielle Not. Die Zeche zahlen vor allem unsere Kinder, die sich in ihrem innersten Kern zerrissen fühlen, denn sie sind beide Eltern, und sie lieben beide Eltern. Die Konsequenzen für ihren Lebensweg sind unabsehbar.

Ein stolperndes Kind

Es ist merkwürdig: Vom Standpunkt meiner Umgebung aus gesehen, gehe ich einen radikalen Weg, bei dem manche das Gefühl haben, daß ich mich von ihnen entferne. Vom Standpunkt derer, die seit 2000 Jahren diesen Weg beschreiten, bin ich ein stolperndes Kind, das seine ersten Schritte tut.

Ich habe mich für die zweite Osterwoche zu Exerzitien zum Thema »Magd des Herrn« angemeldet. Diese Exerzitien führen zur Weihe an Maria hin. Darauf bereite ich mich mit dem *Goldenen Buch* von Ludwig Maria Grignion von Montfort vor.

Das hindert nicht, daß letzte Woche wieder die Dämonen eingebrochen sind: Verlassenheit, Einsamkeit, Angst und Sorge um die Kinder. Es scheint dann, als hätte sich nichts in mir verändert. Da ruft mich jemand an und schlägt mir vor, an einer Pilgerfahrt nach Polen teilzunehmen, zum Kloster Annaberg, zum Nationalheiligtum Tschenstochau und zum Marienerscheinungsort Ohlau. Ich sage zu.

Warum überhaupt Pilgerreisen? Warum genügt es nicht, hier auf meinem Schemelchen zu beten? Die Menschen haben das immer getan. Für den frommen Muslim ist es Pflicht, einmal im Leben nach Mekka zu pilgern, und Tibeter gehen zweitausend Kilometer zu Fuß über Eis und Schnee, um den Segen des Dalai Lama zu erhalten.

Gnadenorte sind Verdichtungspunkte von Energie. Verdichtung und Zerstreuung von Energie ist ein Merkmal der Natur selbst. Die Erde ist kein toter Klumpen Materie. Es gibt natürliche Kraftplätze, an denen wir aufgeladen werden. Die Menschen haben das früher gespürt und die Kirchen und Klöster an solche Orte gebaut. Und es gibt spirituelle Kraftplätze, initiiert durch eine Erscheinung und aufgeladen durch das Gebet der Menschen.

Ich werde also wieder in einen Pilgerbus steigen – *als Pilgerin,* als eine, die um ein Geschenk bittet, das sie nötig braucht, die Nähe zu Maria.

Der Schmerz, der sich meiner immer wieder bemächtigt, führt, so scheint es mir, nicht weiter. Aber vielleicht ist das nicht wahr. Er ist ein Schmelzofen für Hochmut. Über die Jahre hat er den harten Panzer aufgelöst und mein Herz weich gemacht. Ich überdecke den Schmerz nicht mehr gewohnheitsmäßig mit aggressiven Gefühlen, die sich unter Druck entladen. Das, was Stärke schien, ist in Wirklichkeit Schwäche.

Stärke ist, den eigenen Leidenschaften widerstehen zu können.

Stärke ist, nicht mechanisch zu reagieren.
Stärke ist, gelassen Schmerz zu ertragen.
Stärke ist, im Jetzt zu sein.
Stärke ist, auf Sicherheit zu verzichten und auf Führung zu vertrauen.
Stärke ist, im Dunkel des Glaubens sein Zelt aufzuschlagen.
Stark bin ich, wenn ich liebe.

Im »Immerwährenden Herzensgebet« heißt es:

> Ein großer Fehler beruht darin, alles, was in uns aufsteigt, für unsere Natur zu halten und zu verteidigen. Alles Schlechte muß man sorgsam vom eigenen Selbst trennen. Erkenne leidenschaftliche Regungen als Feinde, vermittle dieses Bewußtsein deinem Empfinden und entwickle eine entschiedene Abneigung gegen sie. Das ist das sicherste Mittel, um sie zu vertreiben.*

Bisher habe ich nur die aggressiven Leidenschaften wie Wut und Ärger, Gier und Neid zu diesen Feinden gerechnet. Aber die passiven sind nicht minder verderblich: Verlassenheit, Schuldgefühle, Sorgen, Weltschmerz, Selbstschmerz. Die Einsicht, daß es darum geht, mich ihnen nicht passiv zu ergeben, sondern den Kampf aufzunehmen, ist neu. In der Anleitung zur »Fehde« lehrt Theophanos der Eremit:

> Rufe den Namen Gottes gegen ihn [den Feind] an und höre damit nicht auf, bis auch seine letzte Spur getilgt ist und Friede in der Seele herrscht.**

Frühlingssonne

Kordula und ich machen einen Spaziergang vor den Bergen. Die Landschaft ist von jubelnder Schönheit. Anstatt mich zu öffnen und

---

* Alla Selawry, S. 166.

** Alla Selawry, S. 168.

wie die Buschwindröschen der Sonne entgegenzustrecken, habe ich mit negativen Gefühlen zu tun. Kordula steckt mir ein Licht auf: »Dieses Gefühl trennt dich von der Herrlichkeit Gottes.«

Die Erkenntnis hilft. Wir gehen zu einem einsamen Baum auf einem Hügel, und ich lerne das Magnifikat auswendig. Kordula sagt mir die Verse vor, und ich spreche sie nach.

> Meine Seele preist die Größe des Herrn,
> und mein Geist jubelt über Gott, meinen Retter.
> Denn auf die Niedrigkeit seiner Magd hat er geschaut.
> Siehe, von nun an preisen mich selig alle Geschlechter!
> Denn der Mächtige hat Großes an mir getan,
> und sein Name ist heilig.
> Er erbarmt sich von Geschlecht zu Geschlecht
> über alle, die ihn fürchten.
> Er vollbringt mit seinem Arm machtvolle Taten:
> Er zerstreut, die im Herzen voll Hochmut sind.
> Er stürzt die Mächtigen vom Thron
> und erhöht die Niedrigen.
> Die Hungernden beschenkt er mit seinen Gaben
> und läßt die Reichen leer ausgehen.
> Er nimmt sich seines Knechtes Israel an
> und denkt an sein Erbarmen,
> das er unsern Vätern verheißen hat,
> Abraham und seinen Nachkommen auf ewig.
> (Lk 1,47–55)

Die Landschaft und die Worte sind einander ebenbürtig. Was für Worte! Die Magd Gottes weiß, daß sie Königin ist.

Manch eine denkt, wenn sie Magd hört, an Aschenputtel. Eine Magd tut den Willen eines anderen. Wenn dieser andere ein Mensch ist, so kann sie sich selbst nicht leben. Wenn dieser andere aber Gott ist, so ist sie Königin.

Falsche Propheten

In einem esoterischen Buchladen dolmetsche ich einen Amerikaner, der einen Vortrag über »Erfahrungen mit Engeln« hält. Der Sprecher – lassen wir ihn ungenannt, denn es geht mir nicht um die Person, sondern um den Zeitgeist, den er ausdrückt – füttert seine

Zuhörer mit Licht, Liebe, Engeln, Gott, alles wird als leicht verfügbar dargestellt: Geh in dein Herz und werde still und schon bist du bei deinem Engel. Er erzählt Geschichten von Engeln, die in weißen Schleiern Reigen tanzen, er selbst hat sie in Assisi gesehen, wie sie durch die Luft sausen mit ihren großen Flügeln, ohne daß Mauern oder Körper von Menschen sie behindern könnten. Die Kirchen werden mit einem Satz schnell erledigt: »Sie sind langweilig, und es gibt Regeln.« Er kann damit rechnen, daß das Publikum dem zustimmt und auch gerne entgegennimmt, wenn er am Schluß mitteilt, daß »sehr viel Gott im Raum« sei. Es ist Zuckerwatte, die hier als Nahrung angeboten wird, und das Publikum schluckt sie, weil sie so leicht runtergeht. Verhilft sie irgendeinem Menschen zu etwas anderem als einem kurzfristigen »High«, hilft sie jemandem, seine Probleme zu lösen, sein Leben zu ändern?

Wieder zu Hause, brauche ich herzhafte Nahrung und lese in meinem *Immerwährenden Herzensgebet.* Dort heißt es:

> Geistige Selbsterkenntnis, welche vor dem Angesicht Gottes ersteht, erschließt dir das Verborgene in einem bis dahin unerahnten Ausmaß. Schmerzlichste Selbsterkenntnis ist die einzig wirksame Waffe gegen alle Abirrungen auf dem inneren Weg. Sie öffnet die Augen und läßt das Gefüge der Seele klar überblicken. Die Väter geben hier ein sprechendes Bild: Das Gewissen eines Menschen, der äußerlich lebt, ist einem trüben Wasser gleich; auf dessen Grund wimmeln Gewürm, Schlangen und Krokodile der Bosheit. Der Ahnungslose merkt nichts davon, denn das trübe Wasser verbirgt ihm die klare Sicht. So lebt er sorglos, hält sich für gut und verurteilt andere. Das Gewissen eines Erleuchteten ist dagegen einem klaren Wasser gleich: Im Sonnenlichte der Gottesgnade wird jedes Stäubchen sichtbar, und jedes Stäubchen schmerzt gewaltig, denn es trennt von Gott.[*]

Es sind die falschen Propheten, die uns weismachen wollen, Licht und Liebe und Gott und was es sonst noch Schönes in diesem Universum gibt, wären kostenlos zu haben – wenn wir an schönen Plätzen dieser Erde ein bißchen still werden. Weiß denn nicht im Grunde seines Herzens jeder, daß das eine Lüge ist? Der Weg zu Gott ist schmal und steil. Ich weiß von keinem, der angekommen ist

---

[*] Alla Selawry, S. 116f.

– in welcher Religion auch immer –, der nicht *alles* dafür gegeben hätte.

> Mein Herr und mein Gott, nimm alles von mir, was mich hindert zu dir.
> Mein Herr und mein Gott, gib alles mir, was mich fördert zu dir.
> Mein Herr und mein Gott, nimm mich mir und gib mich ganz zu eigen dir.

So hat Niklaus von Flüe, der heilige Friedensstifter der Schweiz, gebetet. Das Gebet des spirituellen Materialismus lautet: »Lieber Gott, gib mir alles, was gut und schön ist. Punkt.«

Der Unterschied zu früher

Vor dem Frühstück setze ich mich vor meine Rosa-Mystica-Statue zum Gebet. Das »meine« ist nicht ganz korrekt, denn ich habe sie noch nicht bezahlt, aber ich habe mich entschlossen, sie zu kaufen. Ich habe sie auf der Liste der Dinge, von denen ich glaube, daß wir sie brauchen, an erste Stelle gesetzt. Während ich mich sammle, beginnen die Glocken der Dorfkirche zu läuten, fünf Minuten vor halb acht, also rufen sie zur Messe. Ich stehe auf, blase meine Kerze aus und gehe zur Kirche.

Eine Handvoll alter Frauen, ein alter Mann sitzen verstreut auf den hinteren Bänken. Es klingelt, die Glocken läuten, und der alte kranke Pfarrer geht zum Altar. Das Gehen fällt ihm schwer. Er kann sich nicht mehr tief genug herabbeugen, um den Altar zu küssen. Mit der Kraft, die er noch hat, tut er das, was er ein Leben lang getan hat: Er zelebriert die heilige Messe.

Warum hat es mich hierher gezogen? Aus einem einzigen Grund: Ich möchte die heilige Kommunion empfangen. Das wunderbare Geschehen ist so zart, so innig, so ganz und gar privat, daß es nicht in Worte gezerrt werden möchte. Geheimnis des Glaubens.

Ich verlasse die Kirche, die ich mit Sorgen betreten habe, gestärkt. Das Problem ist nicht verschwunden, aber die Sorgen fesseln meine Kräfte nicht mehr. Zunehmend mehr verstehe ich, daß Menschen täglich zur Messe gehen. Der Faden reißt, wenn er von Sonntag bis Sonntag gespannt werden muß.

Gestern besuchte ich meinen Freund Kolawole, einen schwarzen Amerikaner, der Maler ist und seit zwanzig Jahren in München lebt. Er ist fünfzehn Jahre älter als ich und schaut meinen Kapriolen seit zehn Jahren freundlich zu. Ab und zu tauchte im Gespräch *the creator of the universe* auf, in einer Tonlage, aus der ich spüren konnte, daß er sich in Verbindung mit dem Schöpfer des Universums weiß.

Meine Arbeit betrachtet er als einen künstlerischen Prozeß. Er freut sich, daß sie mich mit Haut und Haaren ergriffen hat, und sagt »you have found yourself«, aber dem Inhalt dieser Arbeit steht er freundlich-skeptisch gegenüber. Ich fordere ihn heraus:

Ich: »Ich bin in eine neue Landschaft gewandert, und ich wünsche mir, daß du dich dafür interessierst.«

Kolawole: »Well, you know … ich glaube, Religion ist etwas ganz und gar Privates. Ich bete auch, aber dann, wenn mir danach zumute ist. Ich bin kein Freund der organisierten Religion.«

Ich: »Glaubst du, daß ich ein Freund von leeren Machtorganisationen bin? Wundert es dich nicht, daß ich in die katholische Kirche eingetreten bin?«

Kolawole: »Doch. Vielleicht brauchst du die Gruppe?«

Ich: »Du kennst mich gut genug. Ich habe meine Identität nie in Gruppen gefunden. Ich kenne kaum jemand in der Kirche, in die ich gehe. Du sagst, ich hätte mich gefunden, und das in einer Organisation, aus der alle fliehen, weil sie fürchten, ihre Freiheit würde darin eingeschränkt.«

Kolawole schaut mich mit seinen großen schwarzen, ruhigen Augen nachdenklich an und schweift dann ab. Aber ich lasse noch nicht locker. Ich will, daß mein Freund versteht, was ich tue, zumindest, daß er es nicht in die falschen Schubladen steckt.

Ich bitte ihn, mir zuzuhören. »Mein Schritt in die Kirche hat nichts mit sozialer Zugehörigkeit zu tun. Ich fühle mich unter Erbkatholiken nicht heimisch. Aber ich vertraue niemandem mehr in diesem Universum als Christus und Maria. Die Kirche ist der ›mystische Leib Christi‹. Maria ist die Mutter der Kirche. Das ist die Botschaft des Evangeliums, und diese Botschaft verstärkt Maria bei all ihren Erscheinungen. Wenn ich Christus und Maria suche, kann ich nicht sagen, der Weg, den sie für uns eröffnet haben, um uns der göttlichen Gnade teilhaftig werden zu lassen, interessiert mich nicht. Du weißt, daß ich schon lange suche, die letzten zehn Jahre hast du miterlebt. Immer ging es nach der Devise des Egos: ›Suche und finde nicht!‹ Das Ego geht nicht in die Kirche und kniet sich nicht nieder. In meinem Umfeld ist damit kein Staat zu machen. Aber es ist sonderbar, gerade dieses Niederknien schenkt mir Freiheit.«

Kolawole: »Möchtest du einen Tee?«
Ich: »Ja, ich möchte einen Tee.«

Den ganzen Tag war Freude in mir. Einfach so, ohne daß ich mich über etwas gefreut hätte. Eigenartig, ein Liebesgefühl in mir zu spüren, ohne daß es sich auf einen Menschen richtet.

Ich kann im guten Gefühl zu meinem Mann bleiben. Es ist ein leichtes, sich in der Trennung nur die negativen Seiten der Beziehung vor Augen zu halten, um sich darin zu bestärken, daß es notwendig war, die Familie zu zerbrechen. Aber das ist nur ein Schutz vor Schmerz. Im guten Gefühl öffnet sich in mir wieder die Möglichkeit für die Ehe, und mit ihr kommt der Wunsch, der Liebe, die uns geschenkt wurde, gerecht zu werden, das zu tun, was das Leben uns aufgegeben hat. Wenn mir dann das kalte »Es ist vorbei« entgegenschlägt, tut es weh. Die Kunst ist, mich offenzuhalten, die Liebe in mir nicht abzutöten und mich dennoch nicht an den Wunsch zu klammern. Das geht nur, wenn ich alles in die Hände Marias lege.

Der Unterschied zu früher, als ich an mir gearbeitet, aber noch nicht gebetet habe, ist eigentlich nur, daß mir jetzt geholfen wird. Damit mir geholfen wird, muß ich glauben, und um glauben zu können, muß ich ein Risiko eingehen.

Die dritte Pilgerreise: St. Annaberg, Tschenstochau, Ohlau

Diese Wallfahrten sind anstrengend. Diesmal geht es nach Polen, St. Annaberg, Tschenstochau und Ohlau. Der Bus ist halbvoll, überwiegend mit älteren Leuten. Ich halte mich an Ludovika, die mich zu dieser Wallfahrt aufgefordert hat, eine sehr attraktive »junge Frau« von 56, die von ihrer dreißigjährigen Ehe sagt, daß sie immer besser werde. Sie leitet in ihrem Ort einen Gebetskreis. Vor zehn Jahren wurde sie an Krebs operiert und hat durch diesen Schock in die Tiefe des Glaubens gefunden.

Sozial bin ich also wieder in der Fremde, mehr als bei den beiden anderen Reisen. Aber ich suche ja nicht Zugehörigkeit zu einer Gruppe, sondern ich suche Maria. Es trennt mich noch etwas von Maria, etwas, was ich nicht fassen kann und was ich selbst nicht auflösen kann. Ich bete, daß Maria in mein Herz kommen möge.

Abfahrt am Freitag morgen, den 14. März 1997, quer durch Österreich und das Land, das heute Tschechien heißt. Die Fahrt bis nach St. Annaberg in Polen dauert 14 Stunden. Davon werden sicherlich fünf Stunden gebetet. Es gibt eine Vorbeterin, die uns zum Mitmachen auffordert und uns lobt, wenn wir das brav tun. Die Menschen scheinen überzeugt zu sein, daß es auf die Quantität der Gebete ankommt. Am ersten Tag bin ich noch entschlossen, mich zu fügen und zu beten, wenn Beten angesagt ist, aber mit der Zeit kann ich das immer weniger.

Kurz vor unserem Reiseziel macht der Fahrer darauf aufmerksam, daß wir die Oder überqueren, und ich erinnere mich dunkel an die Zeiten, als die Wiedervereinigung bis zur Oder-Neiße-Grenze von der CDU und der Springerpresse propagiert wurde. Wieviel unvorhersehbare Geschichte hat sich seitdem ereignet!

Wir sind in Annaberg bei lieben Deutsch-Schlesiern in einer Pilgerpension untergebracht. Gleich am Abend ist noch die erste (deutsche) Messe in der Klosterkirche, zu der man viele Stufen erklimmen muß. Das Franziskanerkloster ist der heiligen Anna geweiht, der Mutter von Maria. Hoch oben in der Altarkrone strahlt Sankt Anna Selbdritt. Auf den Armen hält sie ihre Tochter Maria und den Enkel Jesus, von denen allerdings nur die Köpfe aus dem Prachtgewand herauslugen. Zu Beginn des Gottesdienstes schiebt sich langsam eine Jalousie, hinter der sie verborgen war, nach unten, um sich am Ende wieder zu schließen.

Anna bedeutet im Hebräischen Gnade, Liebe, Gebet. In der Legende heißt es, 20 Jahre lang habe Anna Gott um ein Kind angefleht, bis sich der Herr schließlich erweichen ließ und einen Engel schickte, der ihr die Boschaft brachte: »Anna, du wirst empfangen und eines Kindes genesen, das auf der ganzen Erde verherrlicht werden wird.«[•]

Anna gilt als Inbegriff der Mütterlichkeit und ist eine Lieblingsheilige der Katholiken. Eine Pilgerin, die jeden Monat die Reise von Deutschland nach Polen unternimmt, um die Mutter der Gottesmutter zu besuchen, sagt mir: »Anna hilft, wo sonst niemand mehr hilft.«

Der Priester predigt über die drei Stufen der geistigen Entwicklung: Reinigung, geistiges Wachstum und Einheit mit Gott. Viele Heilige hätten am Schluß nur noch den Rosenkranz gebetet.

Am Samstag Frühmesse um 5.30 Uhr. Wieder bricht der Schmerz über das Zerbrechen meiner Ehe in mir auf und Reue über meinen

---

[•] Das große Buch der Heiligen. München 1979, S. 462.

Anteil daran. Mit der Reue kommt der intensive Wunsch, gutmachen zu dürfen, was ich schlecht gemacht habe. Erst jetzt, seit meine Seele bei Christus und Maria Nahrung findet, fühle ich die Möglichkeit dazu in mir.

Nach der Messe ist Beichtgelegenheit. Ich habe Vertrauen zu dem Priester und gehe zu ihm. Nachdem ich geredet habe, ist er lange still. Schließlich spricht er einige Sätze aus dieser Stille, die wohltun, weil sie von Mitgefühl getragen sind.

Wir fahren im Bus nach Tschenstochau, dem Nationalheiligtum Polens. Es ist das größte Pilgerzentrum Europas, 20 Millionen Pilger pro Jahr, das sind viermal so viel wie in Lourdes. Auf dem Jasna Góra, dem »strahlenden Berg«, erhebt sich die gewaltige Klosteranlage. Im Presbyterium der Basilika hängt hoch oben im Altar das wundertätige Bild der Schwarzen Madonna von Tschenstochau.

Es ist ein Wallfahrtstag von Jugendlichen. Sie sind in solchen Massen da, daß ich mich nur mit Mühe in die Basilika hineinquetschen kann, in der gerade eine Messe beginnt. Ich stehe vor einem Seitenaltar, die Sicht zum Gnadenbild ist verdeckt, aber ich kann auf das erschütternde, lebensgroße Kreuz schauen, das auf diesem Seitenaltar steht. Die goldene Dornenkrone ist breit und schwer. Sie lastet auf dem Haupt, das auf die Brust gesunken ist, der Mund geöffnet, als hätte Jesus gerade mit seinem letzten Atemzug die Worte gesprochen: »Es ist vollbracht.«

Nach und nach kann ich mich etwas vorschieben und sehe, daß ein Bischof die Messe zelebriert. Hinter einer Säule wird oben am Altar das Gnadenbild sichtbar. Es ist das traurigste und zugleich machtvollste Madonnenbild, das ich je gesehen habe. Der Evangelist Lukas soll es der Legende nach gemalt haben. Das Bild hat eine äußerst bewegte Geschichte, die seit 1384 dokumentiert ist, seit es seinen Platz im Pauliner-Kloster in Tschenstochau gefunden hat. Bei einem Überfall im Jahre 1430 wurden der Madonna zwei Schnittwunden über der rechten Wange zugefügt. Nur die Gesichter von Maria und Jesus und ihre Hände sind sichtbar, der Rest des Bildes ist von einem überaus kunstvollen Gewirk aus Silberblech und Edelsteinen verborgen. Maria klopft mit der Fingerspitze auf ihre Brust, das Jesuskind hebt segnend die rechte Hand und hält in der linken ein Buch.

Trotz des Gedränges herrscht Andacht. Die einzigen fünf Worte, die ich in der Predigt verstehen kann, genügen, um zu wissen, daß der Bischof die Jugendlichen vor den Gefahren und Versuchungen der Zeit warnt: Narkotika, Pornographie, Sex, Media, Manipulation. Zum Kommunionempfang werden Gassen gebildet, durch die

Priester zu den knienden Menschen kommen, denen sie die Hostie auf die Zunge legen.

Wie schön wäre es, hier still und unbedrängt lange sitzen zu dürfen, innerhalb dieser Mauern, die über viele Jahrhunderte die Gebete und den Dank für himmlische Hilfe in sich aufgenommen haben. Sie sind behängt mit unzähligen Rosenkränzen, Bernsteinketten, silbernen Herzen, mit Krücken und Brillen als Zeugnis für wunderbare Heilungen. Aber das Gedränge ist so groß, daß es nur mit Mühe möglich ist, aus der Kirche wieder hinauszukommen, denn noch bevor sie leer ist, wälzt sich eine neue Lawine von Jugendlichen durch die Portale ins Innere.

Am Sonntag fahren wir, wie immer fleißig betend, 100 Kilometer in die andere Richtung nach Ohlau. Dort erhält der Seher Kasimir Domanski seit dem 8. Juni 1983 Marienbotschaften.*

In einem Buch über die Ereignisse in Ohlau** ist von allen möglichen Wundern die Rede, von der Heilung eines seit zehn Jahren an den Rollstuhl gefesselten Kranken auf offener Straße in Ohlau, von einem Sonnenwunder wie in Fatima, von einer Marienstatue, die blutige Tränen weint, von Jesus, der vom Kreuz die Faust erhebt.

In einem umrandeten Kasten werden die Bedingungen für eine Heilung aufgezählt:

> Man muß gebeichtet und die hl. Kommunion empfangen haben, den Rosenkranz beten und mit der heiligen römisch-katholischen Kirche fest verbunden sein, einen starken Glauben und festes Vertrauen haben (d. h.: die Botschaften nicht in Frage stellen, sondern sie erfüllen, Gott lieben, dienen, gehorchen). Auch muß man anständig gekleidet sein, wenn man am Erscheinungsort geheilt werden oder Gnaden erhalten möchte ...

Immer wieder ist vom kommenden Strafgericht die Rede und vom drohenden Atomkrieg, den wir nur abwenden können, wenn wir die Anweisungen für ein christliches Leben innerhalb der heiligen Kirche strikt befolgen.

Ich weiß nicht, was wahr ist. Ich weiß nur, daß ich mich nicht wohl fühle. Hat Jesus jemals Bedingungen gestellt, bevor er

---

* Die angeblichen Marienerscheinungen von Ohlau wurden von der polnischen Bischofskonferenz als unecht verurteilt.

** Philipp Unterguggenberger: Die Verhinderung des Dritten Weltkrieges, Altötting 1995.

jemanden geheilt hat? Spricht nicht aus jedem Wort Jesu Barmherzigkeit und Güte? Er ist doch gerade gekommen, weil die Religion in Regeln erstickt war und eine Priesterkaste dadurch der Gottesliebe den Garaus gemacht hatte. Hat der Herr nicht mit den verachteten Zöllnern gegessen und die Liebestat von einer Hure angenommen?

Was in diesem Buch gepredigt wird, ist Fundamentalismus. Pater Slavko Barbarić hat in Medjugorje ein klärendes Wort zur Unterscheidung gesagt: »Nicht fanatisch, sondern radikal.« Fanatismus und Fundamentalismus sind siamesische Zwillinge. Fundamentalismus heißt, daß eine menschliche Autorität, die sich auf nicht nachprüfbare himmlische Autorisierung beruft, einen Kanon von Muß-Vorschriften aufstellt. Die erzwungene Einhaltung solcher Vorschriften wird mit Gott legitimiert, dient aber in der Regel der Aufrechterhaltung weltlicher Machtverhältnisse. Werden die Regeln nicht eingehalten, so stehen darauf strenge Sanktionen, die den Menschen aus der Gemeinschaft, die sich diesem Regelkanon beugt, ausschließen. Hier in Ohlau ist es die virtuelle Maximalstrafe, nämlich: keine Heilung, wobei dahingestellt bleibt, ob damit eine reale Möglichkeit entzogen wird.

Es kann sein, daß ich vieles von dem tue, was hier gefordert wird, wenn ich die Entscheidung getroffen habe und immer wieder neu treffe, mich zu Gott hinzuwenden. Meine spirituelle Praxis entsteht aber nicht aus Angst vor dem göttlichen Strafgericht und nicht aus Angst vor gesellschaftlicher Sanktionierung, wenn ich den Vorschriften nicht gehorche. Sie entsteht aus Sehnsucht nach Gott, aus dem Gefühl, daß mein Leben ohne Gott hohl und leer und sinnlos ist und daß ich der göttlichen Hilfe dringend bedarf. Ich bete den Rosenkranz, weil meine Seele dabei in Harmonie kommt. Ich ringe um Glauben und Vertrauen und leide, wenn Glauben und Vertrauen schwach sind. Es ist nichts, was von mir gefordert werden könnte, denn es ist nichts, was ich machen kann. Ich möchte mich gerne hinknien zur Kommunion und mir die heilige Speise auf die Zunge legen lassen. Aber entscheidend ist, in welchem Geist ich kommuniziere. Ich kann die Hostie auch mit Liebe und Ehrfurcht stehend in meine Hand nehmen, und ich kann mit Bosheit im Herzen knien. Ich beichte, nicht weil ich muß, sondern weil ich in der Barmherzigkeit Jesu Christi Selbsterkenntnis wagen kann.

Im Milieu des Fundamentalismus ist Selbsterkenntnis nicht erwünscht und nicht möglich. Es genügt, Regeln einzuhalten, und niemand fragt, wie es im Herzen aussieht. Der Prozeß der Selbsterkenntnis ist aber mein einziger Kompaß im geistigen

Dschungel. Ich werde sensibel für Lüge und Falschheit, indem ich die Lüge und Falschheit in mir selbst erkenne.

In Ohlau weiß ich so wenig wie in Medjugorje, was wahr ist. Ich kann mir nur klarwerden über meine Kriterien für wahr und falsch, ich kann die Wirkungen von Orten und Menschen an mir beobachten. Aber am Schluß bin ich doch immer zurückgeworfen auf meine eigene Entscheidung und Verantwortung.

Das Quantitätsbeten im Bus kann ich immer weniger ertragen. Es kann unmöglich das sein, was Gott sich von uns wünscht. Ich komme ihm dadurch nicht näher. Für die Wallfahrer um mich herum ist es eine sichere Tatsache, daß das große göttliche Strafgericht im Herbst 1997 beginnt. Eine Frau sagt, Kleider gebe sie keine mehr her, und sie habe Vorräte angelegt. Sie drückt mir eine Kassette in die Hand über Hölle und Teufel, die mich vollends in den Keller bringt.

So komme ich nach vier Tagen keineswegs gestärkt, sondern niedergedrückt nach Hause. Alte negative Gefühle suchen mich heim und rauben mir die Energie. Die Attacken kommen in den Morgenstunden, wenn ich mich nicht durch Aktivität dagegen wappnen kann. Angst, Einsamkeit, Verlassenheit, Unverbundenheit, finanzielle Sorgen, Sorgen um die Kinder, stagnierender Trennungsschmerz und obendrauf dann die Stimmen, die mich niedermachen: Da, schau dich an! Immer noch das alte Trauerlied! Wozu denn das Ganze? Und ein Buch willst du schreiben, worüber denn überhaupt? Jeder Gedanke an die Pflichten des Tages löst Beklemmung aus.

Ich klammere mich an Christus und ans Gebet. Immer wieder rufe ich Ihn an, und wenn ich das wirlich laut tue, dann kommt Linderung. Es ist dann, als würde ich auftauchen und Luft schnappen dürfen, nur um bald wieder unter der Wasseroberfläche zu verschwinden. Ich bete zu Maria, bete den Rosenkranz, und kann danach eine Weile aufatmen, aber ich kann im akuten Zustand noch nicht unter ihren Mantel fliehen. Wie mag es wohl sein, als Marienkind bei der Mutter Zuflucht zu finden?

Ich rufe eine ältere Freundin an, weine am Telefon. Sie ist bei ihrer Scheidung durch Psychosen gegangen, kennt die dunkle Seite des Menschseins und übt deswegen keinerlei Glücksdruck auf mich aus, im Gegenteil: »Ich achte dich dafür, daß diese Seite auch sein darf, daß du sie nicht verdrängst und dich nicht ablenkst. Die dunkle Seite gehört zu uns Menschen. Lerne darin zu verweilen, solange es eben dauert.«

Und es dauert. Die Wende kommt, als ich morgens in meinem geliebten Buch lese, dem »Immerwährenden Herzensgebet«. Ich empfinde es als reines Gold. Es ist radikal ohne einen Hauch von Fanatismus. Von erleuchteten Seelen ist der Weg der Hingabe an Gott beschrieben, schlicht, sachlich, kompromißlos. Unter der Überschrift »Anfechtungen und Abirrungen« heißt es:

> »Welcher Geist herrscht in dir?«
> Für den Fortschritt im geistigen Leben ist die seelische Verfassung führend. Denn alles geht hier um die Umwandlung unserer inneren Natur. Daher ist es notwenig, seine Seelenregungen zu prüfen und zu wissen, welche Zustände dem Gebet fördernd sind und welche es zerstören. Zwei Kräfte wirken in entgegengesetzten Richtungen im Menschen: die lebensspendende Kraft des Guten und die todbringende Kraft des Bösen. Die Seele ist ihr Kampfplatz. Beide sind an bestimmten Eigenschaften zu erkennen:
> Wenn in deiner Seele gute Gedanken sind, wenn dein Herz Frieden und Freude empfindet und es dir wohl und leicht ist, so ist der gute Heilige Geist in dir, der Geist der Tugend, geistiger Freiheit und des Großmuts, des Friedens und der Freudigkeit. Der gute Geist macht bescheiden, ruhig und gütig. Er spricht mit dir von Wahrheit, Reinheit, Demut, Ehrlichkeit, Ruhe und allen Guttaten und Tugenden. Sind sie in deinem Herzen, so ist offensichtlich der Bote der Wahrheit in dir.
> Wenn dagegen finstere Gedanken und böse Herzensregungen aufkommen und du bedrückt bist oder in Aufruhr gerätst, so ist der Versucher in dir. Dann fällt es schwer, in Herzensbedrängnis und Verwirrung Gott von Herzen anzurufen, denn der Feind fesselt die Seele. Der böse Geist ist ein Geist des Zweifels und Unglaubens, der Begierden, Bedrängnisse, Kümmernisse und der Verwirrung. Der böse Geist macht hartherzig, gallig und er verdunkelt das Gewissen, verhärtet das Herz und erfüllt es mit selbstgefälliger Verblendung. Er zerstört deine innere Sammlung durch unnütze Hirngespinste, stürzt dich in einen Strom verzehrender Gefühle, verwundet durch Gelüste und fesselt durch Leidenschaften.*

Weiter unten werden die »sieben führenden Leidenschaften« genannt:

---

* Alla Selawry, S. 131f.

> Die Sucht nach leiblichem Wohl, Sinnlichkeit, Gewinnsucht, Kummer und Trübsinn, Zorn, Ehrsucht und Hochmut. Sie durchsetzen die ganze Menschennatur.[*]

Kummer und Trübsinn sind eine Leidenschaft, die anzeigt, daß »der Widersacher in mir ist«. Mein Kummer und mein Trübsinn schienen mir zwar immer alles andere als wünschenswert, aber irgendwie hatten sie doch einen Ehrenplatz, weit erhaben über so niedrige Regungen wie etwa die Gewinnsucht oder Genußsucht; auch schreibe ich diesen tränenreichen Leidenschaften das Verdienst zu, meine Herzenshärte aufzuweichen und meinen Hochmut einzuschmelzen. Hier nun heißt es klipp und klar, sie sind ein Zeichen, daß der Versucher in dir ist.

Der Versucher. Nietzsche hat gesagt, Gott ist tot, heutige Theologen sagen, der Teufel ist tot. Auch ich sah alle Widrigkeiten durch äußere Ereignisse oder Schwierigkeiten in den Beziehungen mit Menschen verursacht. Kordula sagt schon lange und immer wieder, für sie gebe es gar keinen Zweifel, daß der Teufel existiere, eine böse Macht, die uns aktiv auf ihre Seite ziehen will. Diese Sichtweise hat den großen Vorteil, daß ich mich als intakt betrachten kann, fähig, Angriffe von außen abzuwehren. Meine Willenskräfte werden mobilisiert.

Der erste Schritt besteht darin, die negativen Zustände zu demaskieren. Diese angstvolle Betrübtheit tut mir absolut keinen Dienst mehr. Sie raubt mir meine Energie, zerstört mein Selbstvertrauen, zieht mich in den Sumpf trüber Selbstbezogenheit, macht mich zur Last für mich und andere. Der zweite Schritt ist die Mobilisierung meiner eigenen Willenskräfte: Nein, ich bin kein hilfloses Opfer dieser Gefühle. Ich will euch nicht, ich brauche euch nicht. Der dritte Schritt besteht darin, meine mächtigen Verbündeten anzurufen und mich zu ihnen zu flüchten: Christus und Maria. Weiß ich das alles nicht schon seit geraumer Zeit?

---

[*] a. a. O., S. 134.

Für den Glauben entscheiden

Glauben und Kinderglauben sind zweierlei.

Ein Kind kann einfach glauben, sofern ihm Glaubensinhalte angeboten werden, weil und solange es noch mit seinem Herzen wahrnimmt und fühlt und »denkt«. Es kann innere Bilder annehmen, ohne daß der Intellekt sie in Frage stellt und zerstört. Von meinen eigenen Kindern weiß ich, daß sie in ihren ersten Lebensjahren ein Gewahrsein der göttlichen Wirklichkeit in sich tragen, das sie manchmal zu Äußerungen führt, die in Erstaunen versetzen, weil sie nicht auf Gelerntem, Gehörtem, Nachgeahmtem beruhen.

Glauben ist für den erwachsenen Menschen unserer Zeit eine Heldentat. Es ist, als würde man aufgefordert, in der Luft zu gehen. Die Welt schreit uns pausenlos zu, daß es nur die sinnlich erfahrbare Wirklichkeit gibt. Die meisten Menschen der westlichen Zivilisation haben keine Symbole, keine Riten, keine Orte, keine Menschen, keine Praxis, die sie darin bestärken, daß es die unsichtbare Wirklichkeit gibt. Diese Welt in der eigenen Seele mit den göttlichen Personen zu bevölkern und sich ihnen ganz anzuvertrauen, heißt, das Ego vom Thron zu stürzen und Macht und Kontrolle über das eigene Leben aufzugeben. Vor diesem Tor steht drohend die Angst, hinter dem Tor beginnt die Liebe.

Glauben und Wissen sind zweierlei. Wissen kann niemals zum Glauben führen. Wenn Wissen zum Kriterium von Glauben gemacht wird, geht der Glaube verloren.

Glauben ist Risiko.

Glauben bedarf der Willensentscheidung, sich auf einen Prozeß mit dem Unbekannten einzulassen, eine Beziehung mit dem Unbekannten einzugehen. In dieser Beziehung können dann Erfahrungen gemacht werden, die den Glauben stärken.

Glauben ist immer wieder eine Willensentscheidung.

Glauben ist ein Vehikel, ist eine geistige Existenzform, durch die es erst möglich wird, daß geistige Kräfte in unser Herz und unser Leben hineinwirken.

Berichte von Wundern können den Zweifel nicht beseitigen. Selbst wenn man Zeuge von Wundern wird, gibt der Intellekt nicht auf und setzt alles daran, das Wirken des Übernatürlichen auf natürliche Weise zu erklären.

Sogar die Jünger Jesu waren immer wieder klein im Glauben, obwohl sie Zeugen der Wunder ihres Meisters waren.

Glauben ist schwer.

In der Welt des Glaubens sind Subjekt und Objekt nicht getrennt. Wer glaubt, wird durch den Akt des Glaubens und durch das Objekt seines Glaubens verändert.

Wissen ist eine Funktion des Intellekts. Glauben ist eine Funktion des Herzens. Der Intellekt will die Herrschaft über das Herz. Das Herz kann sich unter der Herrschaft des Intellekts nicht entfalten. Der Intellekt ist führungslos und destruktiv, wenn er nicht auf das Herz hört und ihm gehorcht.

Dieser Kampf zwischen Intellekt und Herz ist der Kampf zwischen Wissenschaft und Religion, zwischen Macht und Liebe. Die verhängnisvolle Entwicklung, die unsere moderne Welt an den Abgrund gebracht hat, ist darauf zurückzuführen, daß der Intellekt zum Alleinherrscher geworden ist und keine Führung mehr hat. Der Intellekt ist die männliche Funktion (in Mann und Frau), das Herz die weibliche Funktion (in Mann und Frau).

Die männliche Kraft findet aus sich heraus keine Grenze. Die männliche Kraft, die sich selbst nicht begrenzen kann, zerstört das Leben auf dieser Erde. Sie braucht zu ihrer Begrenzung und Erfüllung die weibliche Kraft, das Gefäß.

Die weibliche Kraft unserer Zeit ist verführt und entstellt durch die Verlockungen der männlichen Selbstherrlichkeit. Die Frauenemanzipation hat bisher keine Kultur des Herzens, der Liebe, der Mütterlichkeit hervorgebracht. Maria ist die Antwort auf die Not unserer Zeit.

Die Welt kann nicht glauben. Maria ist die Vollkommenheit des Glaubens.

Die Welt ist mit Sünde und Schuld beladen und will es nicht wahrhaben. Maria ist die »Unbefleckte«, die Sündenlose, die Zuflucht der Sünder.

Die Welt verherrlicht und pervertiert die Sexualität. Maria ist die reine Liebe.

Die Welt sucht ihr Heil in Macht. Maria ist die demütige Magd.

Die Welt braucht die Mutter. Maria ist die Mutter.

Die Welt glaubt an die Allmacht des Menschen. Maria ist nichts aus sich selbst. Sie ist Gefäß für die göttliche Gnade. Deswegen ist sie Königin des Himmels.

Maria erscheint auf unserer Erde, weil sie ihre Kinder liebt.

Mein Tagwerk

Es kränkt mich, daß W. kein Wort über die Fotos der Kinder verliert, die ich ihm zum Geburtstag geschenkt habe. Einen Nachmittag lang Fotografieren, Schnellentwicklung, schöne Karte, gute Wünsche und kein Danke.

Wenn ich meinen Gefühlen freien Lauf lasse, kommt viel Unrat an die Oberfläche, Unrat im wahrsten Sinne des Wortes, der mich drängt, für Ausgleich zu sorgen, wenigstens eine bissige Bemerkung zu machen …

Ich verspreche Maria, nicht zu handeln. Von Aufopfern ist immer die Rede. Ich schaue sie an, die Rosa Mystica, und sage, daß ich ihr dieses Bedürfnis nach Dank zum Opfer bringe, samt der Bosheit und Wut, weil es nicht befriedigt wird. Natürlich ist der fehlende Dank nur ein Auslöser für alles Ungelöste zwischen uns. Es ist klar: Das ist die Art von Opfer, die die Muttergottes von uns wünscht. Es tut weh, und es brennt in der Brust. Ich halte das eine Weile aus, schaue Maria an, bitte sie, mir zu helfen bei diesem Kampf, daß ich wirklich siege und die Wut nicht in einem unbedachten Moment doch wieder hervorspringt und zuschnappt. Allmählich läßt das Brennen nach, so daß ich mich wieder anderen Dingen zuwenden kann. Als ich etwas später leichtfüßig die Treppe hinaufgehe, merke ich, daß Kraft in mir ist, die vorher nicht da war.

Am nächsten Morgen brennt und bohrt es doch wieder. Die Hunde zerren an der Leine und möchten losstürzen. Ich mache es schließlich schriftlich, schreibe auf ein Blatt Papier, daß ich mein Bedürfnis nach Dank und das Gefühl der Demütigung opfere. Ich falte den Zettel zusammen und lege ihn unter die Rosa Mystica mit der Bitte, dieses Opfer real werden zu lassen. Am nächsten Tag kann ich den Zettel verbrennen.

Und warum diese Übung? Weil auf diesem Weg das Gesetz des Handelns irgendwann bei mir liegt. Wenn ich schenken will, dann schenke ich, wenn ich nicht schenken will, dann schenke ich nicht.

Am sicheren Ufer der Skepsis

Ein Buch, das ich in einem Zug von vorne bis hinten durchlese, zieht mich nach unten, obwohl es spannend und gut geschrieben ist und von Dingen handelt, die mich interessieren: John Cornwell,

»Mächte des Lichts und der Finsternis. Okkulte Phänomene im Christentum – Mysterien oder Manipulation?«

Der englische Autor hatte sich mit 13 Jahren entschlossen, den Weg zum Priester einzuschlagen, und war in klösterlichen Seminaren dazu herangezogen worden. Als er um die Zwanzig ist, liest er Hegel, was dazu führt, daß er nicht mehr an das Mysterium der Eucharistie glauben kann. »Ich machte mir einen Spaß daraus, den Glauben meiner Mitseminaristen mit, wie ich annahm, klugen Argumenten zu unterminieren.« Das trug ihm Schwierigkeiten ein, die er dadurch löste, daß er sich mit 21 Jahren »einfach aus dem Staub machte« und ohne Qual zu einem Agnostiker wurde. Er studiert und wird Journalist. In seinen mittleren Jahren holt ihn aber das Religiöse wieder ein. Er macht ein Jahr lang eine Besichtigungsreise in die katholische Wunderwelt rund um die Erde. Darüber schreibt er dieses Buch: Marienerscheinungen in Medjugorje, Garabandal und der Ukraine, die Wunder wirkende Heilerin Schwester Briege McKenna, eine blutende Hostie in der Bronx, eine Stigmatisierte in Montreal, das Turiner Grabtuch, Lourdes, Pater Pio, der fliegende Mönch Joseph von Copertino (1603–1663), die weinende Madonna von Syrakus, die alljährliche Verflüssigung des Blutes des heiligen Januarius in Neapel und schließlich Exorzismus durch den Erzbischof Melingo.

John ist sympathisch mit seiner Mischung aus religiöser Affinität und skeptischem Rationalismus. Das findet auch die irische Nonne Briege McKenna, der er mehrmals begegnet, die mit ihm betet – ob er will oder nicht –, aber auch ins Restaurant mit ihm geht. Er hat genügend Katholizismus im Blut, um kluge und einfühlsame Fragen zu stellen – die Gespräche mit Conchita, der Seherin von Garabandal, mit dem Bischof Žanić von Mostar und dem Erzbischof Melingo sind lebendig und aufschlußreich –, aber er bleibt ein skeptischer Beobachter. Nachdem er eingetaucht ist in die Wunderwelt, folgen jedesmal ein paar Seiten mit komplizierten, an den Haaren herbeigezogenen Reflexionen, die es ihm möglich machen, sich vor praktischen, persönlichen Konsequenzen zu retten. Er praktiziert nicht. So tut er mit mir, deren Glauben noch so schwach ist, eigentlich das gleiche wie damals mit seinen Mitseminaristen: Er unterminiert meinen Glauben, auch wenn er im letzten Satz seines Buches die Bereitschaft bekundet, »einen Ausweg aus der selbstgestalteten Einöde zu finden«. Noch deutet nichts darauf hin, daß er den Preis zu zahlen bereit ist, nämlich die Entmachtung seines Intellekts.

Immerhin, ich werde mir über einiges klar.

Wenn ich nicht glauben will, wird kein Bericht über Wunder mich dazu bringen. Ich entscheide mich zu glauben und meinen Glauben zu nähren. Glauben fällt nicht in den Schoß. Er bedarf der Praxis.

Ich will mir keine fremde Realität überstülpen. Ich mache da den nächsten Schritt, wo ich in meinem Herzen ganz ja sagen kann.

Ostern

Die Fastenzeit ist bald zu Ende. Es ist gut, längere Zeit auf Alkohol zu verzichten. Die ersten zehn Tage beanstandet es der Körper, weil er es gewöhnt ist, abends ein Bier zu bekommen. Die Menge ist nicht das Problem, sondern die Gewohnheit. Sie hemmt meine Praxis. Jetzt habe ich also wieder die Chance, den Alkohol auf den kleinen Platz zu verweisen, wo er für mich in Ordnung ist, als Stimulans von Geselligkeit. Das zweimalige Fasten bei Brot und Wasser bleibt schwer. Ich kann nicht behaupten, daß ich es von Herzen täte, wie es die Gospa fordert. Da fehlt noch etwas an innerer Bereitschaft zum Verzicht. Morgen, Karfreitag, ist der letzte Fastentag.

Das dritte und schwierigste Fasten betrifft meine Reaktionen. Ich habe mich bemüht, auf Anwürfe meiner pubertierenden Tochter nicht mit Gegenattacken zu reagieren, sondern meinen Ärger an meinen Gebetsplatz zu tragen und dort zu lassen. Es wird nur schlimmer, wenn ich reagiere. Mit »Erziehung« haben diese Reaktionen nicht das geringste zu tun, werden von uns Eltern aber meistens dafür ausgegeben. Wir verspielen damit unsere Autorität, was erst in der Pubertät ganz deutlich wird, wenn die Kinder beginnen, sich bewußt und mit Hilfe ihres Intellekts dagegen zu wehren. Es wirkt Wunder, wenn ich nicht reagiere. Das gelingt mal mehr, mal weniger, und mehr nur dann, wenn ich innerlich angebunden bin.

Aus dieser Anbindung falle ich noch immer heraus. Im schlechten Zustand ist es, als wäre etwas Essentielles aus mir entwichen, Luft oder Licht oder Spannung, ich kann es nicht in Worte fassen. Als Bild kommt mir ein fest aufgeblasener Ballon oder einer, der weich und wabbelig ist. Im Wabbelzustand sind dann die Schleusen offen für meinen spezifischen, alt eingeübten Satz negativer Gedanken und Gefühle. Jeder hat da seine eigenen dämonischen Hausgenossen. Ist »Dämon« ein zu großes Wort für das, was uns die Lebensfreude, den Humor, die Energie, das Selbstvertrauen, das Gottvertrauen raubt? Es ist wichtig, diese Dämonen zu kennen, ihnen die Maske abzureißen und den Kampf gegen sie aufzunehmen.

Wieder finde ich Hilfe in meinem roten Buch, dem »Immerwährenden Herzensgebet«. Zu meinen Begierden gehört die Sehnsucht nach spirituellen Erfahrungen. »Es muß doch jetzt mal etwas Einschneidendes passieren«, sagt diese Stimme, »schon allein, damit du etwas zu schreiben hast.« Dieses Bedürfnis wird unter der Überschrift »Von den Verblendungen des Verstandes« abgehandelt. Dort heißt es:

> Eigenwahn bedroht jeden Hochmütigen, der selbstsicher nach übersinnlichem, transzendentalem Erleben trachtet. ... So fordert das Geistesgesetz, vor einer Läuterung der Seele alles Übersinnliche, Transzendentale streng zu meiden, weil es notwendig nur in den Bereich gefallener Geister und der Verblendung führt.
> Der Hochmütige beachtet dieses Geistesgesetz nicht und nimmt einschleichende täuschende Hirngespinste und schmeichelhafte Gesichte bereitwillig als Wahrheit auf.*

Was bliebe übrig von der ganzen New Age-Kultur, wenn dieser Begierde nicht Futter gegeben würde? Die reinen Herzens sind, werden Gott schauen.

Am Gründonnerstag abend gehe ich in die Messe. Ich staune immer wieder darüber, daß ich in meinem gesamten bisherigen Leben Ostern damit verbracht habe, Schokoladeneier zu suchen oder zu verstecken. Es gab auch schon mal einen Karfreitag, an dem ich gefastet habe und dann allein durch den Tag geirrt bin mit einer unbestimmten Sehnsucht.

Der Diakon predigt über die Fußwaschung. In seiner Heimatgemeinde habe der Pfarrer tatsächlich elf alten Männern die Füße gewaschen. Er spricht über Petrus, der das nicht zulassen wollte, weil das nur Sklaven bei ihren Herren gemacht haben. Aber Jesus sagt: »Was ich tue, verstehst du jetzt noch nicht; doch später wirst du es begreifen. Wenn ich dich nicht wasche, hast du keinen Anteil an mir.« Petrus will dann gleich ganz gewaschen werden, von Kopf bis Fuß, aber Jesus sagt: »Wer vom Bad kommt, ist ganz rein und braucht sich nur noch die Füße zu waschen.« (Joh 13)

---

* Alla Selawry, S. 152.

Das Gloria singt der Priester im Fortissimo, Orgel und Chor antworten mit voller Wucht. Die Glocke, die bei der Wandlung normalerweise kurz erklingt, wird furios geschüttelt.

Der Tabernakel ist offen, und die Gefäße mit Wein und Hostien stehen hinten im Mittelgang. Dort empfängt die Gemeinde den Leib Christi, das Brot des Lebens. Es ist eine gesteigerte Intensität in der Kirche, wie ich sie so noch nicht erlebt habe. Als ich nach dem Empfang der Hostie an meinem Platz knie, sammelt sich meine ganze Aufmerksamkeit wie auf einem einzigen Punkt, kein Gedanke, kein Gefühl, nur Präsenz. Geheimnis des Glaubens. Die Erfahrung genügt, um den Mystikern zu glauben und hier meinen Anker auszuwerfen.

Am Karfreitag wird vormittags der Kreuzweg gebetet – in der Kirche, weil das Wetter für den Kreuzweg draußen zu schlecht ist. Es scheint, als wäre derjenige, der die Kirche bewohnt, ausgezogen: Sie ist leergefegt, ohne jeden Schmuck, keine Blumen, keine Kerzen, die Altäre verhängt. Die Kommentare des Pfarrers zu den einzelnen Stationen sind eine Anleitung zu kompromißloser innerer Arbeit. Das wußte ich nicht, als ich den Katholizismus nur von außen gesehen habe, durch die Brille der zum »guten Ton« gehörenden selbstverständlichen Ablehnung. Ich dachte, die Kirche wäre eine geistliche Versorgungsanstalt, die für persönliche und gesellschaftliche Stabilität sorgt. Sicherlich kann sie auch so benützt werden und sicherlich wird sie so benützt, aber dann muß man sich die Ohren verstopfen oder sofort vergessen, was man gehört hat, sobald die Kirchentüre hinter einem ins Schloß fällt.

Karfreitag-Nachmittag: Die Kirche ist kahl und leer und kalt. Die Priester ziehen durch das Hauptportal mit vierzig Ministranten ein. Sie tragen blutrote Gewänder. Langsam schreiten sie zum Altar. Der Zug hält an, und die drei Priester legen sich der Länge nach mit dem Gesicht nach unten, die Arme ausgebreitet, auf den Steinboden vor den Altar. Dort liegen sie lange. Ich sitze am Mittelgang, so kann ich das Bild in meine Seele aufnehmen. Die Priester verlesen die Passionsgeschichte mit verteilten Rollen.

Nun wird das Kreuz, das sonst rechts neben dem Altar steht, von der Sakristei hereingetragen, langsam enthüllt und vor dem Altar aufgestellt. Die Priester und die Ministranten verlassen den Altarraum und ziehen in den Mittelgang. Sie bleiben stehen, wenden sich zum Kreuz und knien nieder, gehen einige Schritte, knien nieder, gehen und knien noch einmal. Die Priester nehmen ihre Plätze hinter dem Altar ein. Die Ministranten gehen paarweise zum Kreuz und beugen das Knie. Danach tut es die ganze Gemeinde: Jeder einzelne tritt vor das Kreuz und beugt Kopf und Knie. Das ist das zentrale Bekenntnis. Würde jeder, der sich so bekennt, in diesem Geiste handeln, so wäre die Welt eine andere.

Karsamstag fahre ich in dichtem Schneetreiben nach Marienstein, um bei Pater Bernhard zu beichten. Freude kommt in mir auf, als ich an der Klosterpforte stehe und klingle. Der Pater ist frei von seiner Rolle und begegnet mir als Mensch – als Bruder, der mich mit warmen, braunen Augen anschaut. Ich beichte Sünden meiner Kindheit und Studentenzeit. Natürlich kann ich das Kind entschuldigen – lange genug habe ich mich selbst durch die Brille der Psychologie angeschaut – aber Schuld war es doch, darüber hatte damals mein Gewissen keinen Zweifel. Die Studentin hatte sozialistische Ideologien zur Verfügung, um ihr Gewissen mundtot zu machen. Es ist gut, diese Dinge ein letztes Mal auszusprechen und dann wieder diese wunderbaren Worte der Lossprechung zu hören.

»Ich glaube an die Vergebung der Sünden«, sage ich im Glaubensbekenntnis. Ich glaube daran, weil ich es erfahre, und ich erfahre es, weil ich daran glaube. Das Erkennen und Bekennen von Sünde und Schuld und die Barmherzigkeit Jesu Christi sind eins und dürfen nicht auseinandergerissen werden. Erkennen von Schuld ohne die Erfahrung der Vergebung ist niederdrückende Last. Glaube an die Barmherzigkeit ohne Selbsterkenntnis wird leer. Leicht und froh laufe ich den Berg hinunter.

Die Osternachtsmesse beginnt um fünf Uhr früh. Da in dieser Nacht auch Zeitumstellung ist, muß ich um drei Uhr aufstehen. Die Kirche ist voll und zu Beginn der Messe ganz dunkel. Schweigen, Dunkelheit, Kälte, Stille. Draußen wird das Osterfeuer entzündet. Es lodert auf und flackert rot durch die Kirchenfenster. Das Portal wird geöffnet, und Pfarrer, Kaplan, Diakon und zwanzig Ministranten ziehen ein. Der Priester trägt die riesige Osterkerze mit erhobenen Armen zum Altar und ruft dreimal: *Lumen Christi.* Die Gemeinde antwortet: *Deo gratias.*

Der erste in der ersten Bank entzündet seine eigene Kerze am Licht Christi und gibt die kleine Flamme an seinen Nachbarn weiter. So entzündet sich das Licht von Mensch zu Mensch. Die vielen kleinen Lichtpunkte reichen nicht hinauf ins hohe Gewölbe, und die Dunkelheit wird erst recht sichtbar.

Christus ist auferstanden.

Jetzt erst wird die Kirche erleuchtet.

Im Wortgottesdienst werden die Meilensteine der Heilsgeschichte verlesen: Die Schöpfungsgeschichte, die Errettung des Volkes Israel aus Ägypten: wie Gott das Meer teilte und sein Volk sicher hindurchgeleitete, die Auferstehung des Herrn: Maria von Magdala, die am leeren Grab weint und von Jesus mit den Worten begrüßt wird: »Der Friede sei mit dir.« Das ist das erste, was er sagt, nachdem er von den Menschen verurteilt, gegeißelt, geschmäht und zum Foltertod ans Kreuz geschlagen wurde.

Nun die österliche Eucharistiefeier. Ich werde hineingenommen in einen schwerelosen Herzensraum des Seins. Geheimnis. Gnade. Dank.

Am Altar stehen die Körbe mit Brot, Salz, Schinken, Eiern. Sie werden geweiht. Geweihte Speisen zum festlichen Frühstück.

Zu Hause habe ich Zeit, alles schön herzurichten, bis die Kinder aufstehen. Sie haben sich bereit erklärt, nach dem Frühstück mit in den Festgottesdienst zu gehen – mir zuliebe. Bisher war das Wesentliche an Ostern immer ein großes Frühstück und Eiersuchen, ein Hochfest der Schokolade. Gewiß haben die Kinder daran schöne Erinerungen, aber sie wissen in ihrer Seele nicht, was wir mit dem Symbol des Eies feiern. Ach, hätte ich doch dafür gesorgt, daß große Bilder in ihrer Seele schwingen: die Priester auf dem Steinboden am Karfreitag, der Schein des Osterfeuers in den Kirchenfenstern, die kleine Flamme, die ein Nächster am Nächsten entzündet.

Die Kirche zeigt sich in ihrer ganzen barocken Pracht. Sie ist voller Menschen, voll Sonne und jubelnder Musik.

Nur leider schlägt die Predigt triviale Töne an. Wir sollen Osterhasen sein und keine Angsthasen. Ein Festklammern an entleerten Bräuchen. Vermutlich rangiert das unter »den Menschen dort abholen, wo er ist«. Würden die Pfarrer doch sehen, daß sie die Menschen nur mit dem Feuer ihres eigenen Herzens entzünden können.

Mittags lade ich die Kinder und einen Freund zum Essen nach Marienstein ein, ein schöner, gediegener Gasthof zwischen Kloster und Wallfahrtskirche.

Am Abend ist meine Seele erfüllt und zufrieden. Immer war da diese Leere und Sehnsucht und das Gefühl von Unstimmigkeit, wenn der Inhalt von Feiertagen nichts anderes war als gutes Essen.

Morgen, am Ostermontag, fahre ich zu meinen ersten Exerzitien:
»Ich bin die Magd des Herrn.«

Exerzitien

Eine Woche Exerzitien liegen vor mir. Die ersten Exerzitien meines Lebens. Das Thema: »Ich bin die Magd des Herrn.« Erklärtes Ziel der Exerzitien: die Weihe an Maria.

Ich habe nicht gewußt, auf was ich mich da einlasse. Vorgestellt hatte ich mir Betrachtungen und Meditationen und schöne Gespräche über Maria, eingebettet in eine Gruppe von Weggefährten. Daß ich an meine Grenzen kommen würde, habe ich nicht erwartet.

Auf dem Hinweg am Ostermontag lasse ich mir Zeit. Ziel ist Hochaltingen, ein Dorf nördlich von Nördlingen, mitten im Ries. Diese Landschaft hat die Form eines großen Suppentellers. Sie ist vor Millionen Jahren durch den Einschlag eines Meteoriten entstanden.

Ich mache einen Abstecher zur Wallfahrtskirche »Maria Brünnlein zum Trost«, östlich von Nördlingen, nicht weil ich irgend etwas über diesen Wallfahrtsort wüßte, sondern weil ich beim Blick auf die Karte zufällig den Namen »Maria Brünnlein – Wallfahrtskirche« entdecke.

Ich betrete eine prachtvolle Barockkirche. In der Wölbung der nach innen geschwungenen Stufen zu dem mächtigen Hochaltar steht ein Marienaltar zu Ehren einer kostbar geschmückten Marienkönigin mit Kind und Zepter. An der Rückseite des Altars plätschert das Brünnlein, an dem man Wasser trinken und Wasser in Flaschen füllen kann. Ich tue beides. Dann setze ich mich in die schwere Eichenbank, bete ein wenig und bitte Maria um ihren Segen für die Exerzitien. Ich bitte sie, die Liebe zu ihr in meinem Herzen zu entzünden. Zum Abschluß noch ein Blick hinauf an die Decke, wo die Königin des Himmels in lichtvoller Höhe auf einem Brunnen steht, in rotem Gewand mit blauem Mantel, mit der Sonne bekleidet, den Mond unter ihren Füßen und einen Kranz von zwölf Sternen über ihrem Haupt. Während sie in der Offenbarung des Johannes schwanger ist und vor Schmerzen in ihren Geburtswehen schreit (Offb 12,1–2), lächelt sie hier mild und huldvoll herab und läßt vier Gnadenströme über den Rand des Brunnens auf die Welt herabströmen. Mehr zu betrachten, nimmt sich die Frau, die hier kurz betet, nicht die Zeit.

Noch habe ich innere Distanz zu den üppigen katholischen Kirchen. Es bedarf noch der inneren Erlaubnis, mir den Himmel so konkret und so leiblich bevölkert vorzustellen, was eine Umwandlung meiner Seelenwelt bedeutet. In den Jahrzehnten meiner bisherigen Suche war Gott das namenlose, gestaltlose Numinose, Licht, vielleicht sogar Leere, wie es der Buddhismus lehrt. Meine besten Meditationserfahrungen waren Eintauchen und Regeneration in einen Energiestrom, der nirgendwo begrenzt zu sein schien. Das brachte in seltenen Fällen ein Gefühl der Liebe zur Welt mit sich, das der Welt aber nur kurz standhielt. Und nun diese leibliche Bevölkerung des Himmels, das Jenseitige, Ewige eingefaßt in unsere irdischen Bilder.

Darf ich mir das denn erlauben? Zu denken gibt, daß die Seher von Maria heute unisono bezeugen, Maria erscheine ihnen in leiblicher Gestalt, die sie anfassen und umarmen können, daß sie sogar verschwindet, wenn – wie bei den ersten Erscheinungen in Medjugorje – die drängenden, blinden Menschen achtlos auf ihren Schleier treten.

Ich schaue die Gemälde und Statuen an, die mal von größeren, mal von kleineren Künstlern geschaffen sind, und eine Stimme des Intellekts flüstert so leise, daß es nicht wirklich ins Bewußtsein tritt, aber die Bahn frei hat ins Unbewußte: Das ist alles Menschenwerk, öffne dein Herz nicht. Und so sage ich zwar »schön!« beim Blick auf den reich gedeckten Tisch, aber speise nicht an dieser Tafel.

Gewiß hat das mit der Prägung als Kind zu tun. Die Kirche, in die meine Großmutter mit mir gegangen ist – wo sie als ehemalige Opernsängerin lauter sang als alle anderen –, war eine karge evangelische rote Backsteinkirche. Die prachtvollen katholischen Kirchen vor den geliebten oberbayerischen Bergen waren nur gelegentliche Objekte verständnisloser Besichtigung. So kann sich (noch) nicht entfalten, was laut Kirchenführer von »Maria Brünnlein« die Künstler des Barock angestrebt haben, nämlich »einen lichtvollen, heiteren Raum zu schaffen, der im gläubigen Betrachter eine heitere Stimmung hervorruft, damit ihm ein Himmel aufgeht«.

Als ich nach meiner Rückkehr von den Exerzitien zu Hause den Kirchenführer lese, komme ich allerdings ins Staunen. Die Kirche, in die ich da zufällig hineingestolpert bin, ist nichts anderes als Gestalt gewordene Mariologie, ganz im Sinne des heiligen Ludwig Maria Grignion von Montfort, dessen *Goldenes Buch* die Grundlage der Exerzitien und der Weihe an Maria bildet. »Alle diese kunstvollen Formen weisen den Pilger dieser Kirche immer wieder auf Maria, auf ihr Sein, ihre Stellung und ihre Vorzüge hin«, nämlich: »Durch Maria zu Christus.« Das zeigt dem Gläubigen und Wissenden ein einziger Blick ins Kircheninnere. In der Mitte der kleine, zierliche Gnadenaltar mit dem plätschernden Brünnlein, an dem zu lesen ist: »Niemant Ist, der Hilff begehrt, den Maria nit erhärt.« Dahinter, alles überstrahlend, der Hochaltar mit allem, was die Religion an Macht und Pracht und himmlischer Symbolik zu bieten hat. »Über Maria, die ›himmlische Treppe‹«, so heißt es im Kirchenführer, »gelangt man gleichsam von der Erde zum Himmel, hin zu Christus, zu Gott.« Das große Altarbild über dem Tabernakel stellt die Himmelfahrt Christi dar, die in dieser Marienwallfahrtskirche als Hauptfest gefeiert wird. Darüber, kleiner, wieder Maria, die umgeben von jubilierenden Engeln als die Ersterlöste in den Himmel aufgenommen wird. Ganz oben Gott Vater und der Heilige Geist in Gestalt der Taube.

Die Himmelskönigin am Kirchenhimmel habe ich nicht übersehen können. Daß dieses Deckengemälde aber mit zwölf Medaillons umgeben ist, in denen Maria als Quelle aller Gnaden dargestellt und in Schriftbändern gepriesen wird, und daß außerdem sämtliche Seitenkapellen, der Chor und der Eingang mit einem geschlossenen Kranz liebevollster Darstellungen aller ihrer Vorzüge bemalt sind, wie sie in der Lauretanischen Litanei besungen werden – das ist mir bei diesem ersten Besuch entgangen.

In Nördlingen freue ich mich auf die gewaltige St.-Georgs-Kirche in der Stadtmitte. Durch ein mächtiges Tor in der kreisrunden Stadtmauer betrete ich das ehrwürdige Städtchen. Aber die Kirche ist am Ostermontag nur bis 16 Uhr geöffnet, und leider ist es kurz danach. Ich stelle fest, daß es sich um eine evangelische Kirche handelt. Ich habe noch keine katholische Kirche an einem hohen Feiertag verschlossen gefunden. Zunehmend mehr ist mir der Protestantismus ein Rätsel. Es wird ja auf das ganze Mysterium verzichtet, auf das Geheimnis der Eucharistie, auf Maria, auf die Gemeinschaft mit den Heiligen, auf das Sakrament der Beichte und Versöhnung, auf die Weihe, auf wunderbare Rituale. Ich brauche das alles und staune über die Fülle und den geistigen Reichtum, der mir angeboten wird.

Was hält mich noch fest?

Das Exerzitienhaus liegt auf einem Hügel mit Blick ins weite schwäbische Land. Dieses Schwabenland macht den Eindruck, als hätten die Menschen hier eine gute Mitte gefunden zwischen Himmel und Erde. Schöne bauchige Kirchen in jedem Dorf, die Türme nicht hoch, nicht niedrig, nicht spitz, nicht plump, gerade recht. Die Häuser haben steile, schwere Dachstühle. Am Morgen des ersten Tages fahre ich ins nächste Dorf, um Zahnpasta zu kaufen. Ich mache es mir zur Übung, Kreuze zur Kenntnis zu nehmen, indem ich mich bekreuzige. Auf dem Weg von fünf Kilometern sind es sicherlich acht Kreuze. Es gibt Religion in unserem Land, wir wollen sie nur nicht praktizieren.

Das Exerzitienhaus St. Ulrich in Hochaltingen wird von Pater Hans Buob geleitet – einem Schwaben, der gern in seine Mundart verfällt und in dieser auch mal »reindresche möcht« in die Lauheit der Christen. Er ist ein Gottesknecht »mit Kuttel und Darm«, der uns täglich in zwei Vorträgen belehrt. Ich kenne seine Stimme von zahlreichen Kassetten. Sie haben mich bewogen, an den Exerzitien teilzunehmen.

Der erste Vortrag am Abend ist der Frage gewidmet: »Was hält mich noch fest?« Oder anders gesagt: Welche unsichtbaren Fäden hindern den Adler am Fliegen?

Da ist die Rede von der unvermeidlichen Lauheit und der vermeidlichen und von der Sehnsucht nach Heiligkeit. Diese Sehnsucht ist die eine, unabdingbare Voraussetzung für den Weg zu Gott.

»Es scheint, als wäre Heiligkeit eine hoffnungslose Sache. Der Teufel möchte den Leuten weismachen, daß es Hochmut sei, nach Hohem zu verlangen. Glauben Sie, daß Sie heilig werden? Ist es hoffnungslos oder ist es das Entscheidende in Ihrem Leben?«

Es werden an diesem ersten Abend ein paar Grundakkorde angeschlagen, zuallererst und immer wieder die wichtigste christliche Tugend: die Demut. Die Demut geht dem Ego an den Kragen, und das Ego kämpft dagegen mit allem, was es hat. Maria ist der Inbegriff der Demut und somit auch die Erzfeindin des Egos. Aber von Maria ist in den ersten Tagen überhaupt noch nicht die Rede.

Was ist Demut? Mut zur Wahrheit.

Wie kommen wir zur Heiligkeit? Ja sagen zu dem, was heute ist – mit Willen und Verstand.

Was ist der Sinn religiösen Tuns? Die größere Liebe, nicht die größere Erkenntnis. Die größere Erkenntnis dient der größeren Liebe.

In der ersten Nacht habe ich einen Traum: Ich soll einen bekannten Intellektuellen interviewen. Ich mache mich mit einer Fotografin auf den Weg und werde mir dabei über zwei Fragen klar, die ich ihm stellen will:

1. Wie betäuben Sie Ihren Schmerz?
2. Was glauben Sie, daß nach dem Tod geschieht?

Der Intellektuelle hat darauf keine Antwort.

Während der Morgenmesse nehme ich alle mir Nahestehenden mit in diese Exerzitien. Als erstes kommt immer meine tote Schwester Bettina. Als ich innerlich ihren Namen ausspreche, spüre ich starke positive Energie um den Kopf, so als wäre etwas gelöst. Wer weiß.

Den ersten Tag, Dienstag, habe ich alles mitgemacht und war in der Illusion, ich könnte hier einfach durchsegeln und im Hafen bei Maria ankommen. Das begann bald zu bröckeln. Ich habe die Wirkung des Schweigens unterschätzt. Sprechen ist nur mit dem geistlichen Berater erlaubt. Meine Beraterin ist Herta, eine Frau von 60 Jahren.

Das Schweigen nimmt mir die Möglichkeit, mich im Spiegel eines anderen zu erfahren und zu Menschen Kontakt zu suchen, von denen ich spüre, daß sie fest im Glauben sind. Beides fällt weg.

Zum ersten Mal in meinem Leben bin ich mit Klosterschwestern zusammen, geeint in einem Ziel, das auch sie als »Braut Christi« haben, nämlich die Suche nach Maria. Etwa ein Drittel der 45 Teilnehmer sind Schwestern im schwarzen Habit. Ich schaue, was ich in ihren Gesichtern lesen kann, und das ist so verschieden wie bei allen anderen Menschen auch. Eine von ihnen, eine kleine hinter riesigen Brillengläsern, trägt einen Schleier, der ihr den Blick zur Seite verwehrt. Sie stellt sich am ersten Abend mit einer solch quirligen Frische und Lebendigkeit vor, daß ich aufhorche.

Ich kann die Menschen also nur betrachten. Täglich setze ich mich an einen anderen Tisch und achte auf meine Gefühle und Gedanken, wenn ich in ihre Gesichter schaue.

Wirksame Fürbitte

Der Tag beginnt mit dem Gotteslob, den Laudes. Es werden Lieder und Psalmen gesungen. Die Psalmen im Betrachtungsmodus, das heißt mit einer kurzen Pause bei jedem Sternchen. Nach dem gemeinsamen Singen wiederholen wir den Psalm noch einmal betend. Wer will, spricht einen Satz, der ihn oder sie besonders berührt, in die Stille hinein. Wir sind auch aufgefordert, unsere eigenen Anliegen laut auszusprechen. Wir kennen einander nicht und können zumindest anfangs Stimmen und Gesichter noch nicht zuordnen, und dennoch bekommt das eigene Gebet durch die lautlose Resonanz in der Gruppe den Charakter eines Bekenntnisses.

Ich liebe die heilige Messe, höre gespannt die Lesungen, das Evangelium und die Predigt von einem, der – die Kinder würden sagen – hundert pro ist. Weichliche Glaubenszweifel haben da keinen Raum, auch keine Anbiederei an die vermutete Lauheit der Zuhörer. Nach der Eucharistie in beiderlei Gestalt, also mit Brot und Wein, ist zehn Minuten Stille, »damit der Herr überhaupt eine Gelegenheit hat, in uns zu wirken«. Das sind die schönsten Augenblicke der ganzen Woche.

Dienstag nachmittag beginnt es im Innern labil zu werden. Ich merke, daß ich Erfolgsdruck habe, daß mir nämlich eine außergewöhnliche Gnade zuteil werde, irgend etwas Durchschlagendes. Ich kann doch nicht immer nur über die Suche schreiben und die kleinen bunten Eier am Wegesrand, es muß doch mal ein großes Osterei in der Wiese auftauchen! Herta rät mir, das Schreiben ganz zu lassen. Es geht um den Prozeß, um mich, nicht um das Buch. Das Buch kann nur aus der Fülle entstehen. »Du mußt Gott zu Ende sprechen lassen«, sagt Herta bei unserem ersten Gespräch am Dienstag. Ja, sie hat recht. Ich stelle den Laptop in den Schrank.

Wieder verschließt sich mein Herz unter dem religiösen Anprall. Ein Ausdruck davon ist meine Müdigkeit, die schon am Morgen in der Messe anfängt und mich bei jedem Vortrag quält. Es ist, als würden sich Nebelschwaden über mein Gehirn legen, so daß der ganze Organismus in Richtung Einschlafen drängt, wogegen ich dann mit Atmen und dem Drücken von Akupunkturpunkten mit geringem Erfolg ankämpfe. Das geht so bis zum Gespräch mit Herta am Mittwochnachmittag.

Sie beginnt und endet immer mit einem Gebet, das sie aus tiefstem Herzen zu meinem Wohl spricht. Es ist schön, wenn jemand die himmlischen Kräfte für mich anruft und wenn es eine Frau tut, bei der zu spüren ist, daß sie einen guten Draht ins dunkle Unbekannte hat, zu Maria und dem ganzen »himmlischen Hofstaat«. Nach dem Gespräch ist diese Nebelmüdigkeit weg und bleibt es.

Quälende Zweifel nagen an mir: Tue ich nur so? Mache ich das alles nur mit? Ist es denn echt, was ich hier mache, oder *will* ich nur? Pater Buob bewegt sich in der Welt des Glaubens auf unerschütterlichem Boden. Für mich ist dieser Boden ja noch neu, und ich gehe darauf wie ein Kind mit wackeligen Schritten. Pater Buob geht mit der Glaubenswirklichkeit so handfest um wie mit Hammer und Amboß, und wenn er die Bibel heranzieht und auslegt, dann sind die Texte für ihn ganz konkret wahr. Ich bin ja froh, wenn Priester nicht vom Zweifel angekränkelt sind, es ist ihre Aufgabe und Pflicht, und ich suche solche, aber jetzt, in diesem Zustand, komme ich mit meinem Ringen in dieser männlichen, reinen Affirmation nicht unter.

Die meisten Menschen hier dürften katholisch aufgewachsen sein, sind also in der Wolle gefärbt mit Religion. Sie haben dann durch irgendein Ereignis in ihrem Leben ihre Glaubenspraxis intensiviert und ihr Leben fester im Glauben verankert. Die Grundhaltung ist ihnen als Kind in die Seele geprägt worden. Für sie hat es einfach Jesus und Maria und Josef und die Heiligen gegeben und die Einbettung des Jahreslaufs in einen geistlichen Kalender. Bei mir hat es keine Maria, keine Heiligen, keine kirchlichen Feste gegeben, nur ein wenig Jesus, und so kann ich nicht im Keller ans Eingemachte, sondern muß mich immer neu entscheiden: Ich will glauben. Ich *will* glauben und erinnere mich an die Fixpunkte für diese Entscheidung.

Was sind meine Fixpunkte?

Ich fühle mich verloren ohne Gott.

Ich bin lange, lange herumgeirrt. Ich finde jetzt eine vollständige seelische Ausstattung, vollständig in dem Sinn, daß meine ganze menschliche Existenz mit Not und Leid und Tod Sinn bekommt.

Herta sagt mir: »Lege jedes Leid, das du erfährst, in das Herz Jesu! Wenn du dein Leid zu Jesu Leid hinzufügst – er war ans Kreuz geheftet –, dann dient auch dein Leid der Erlösung der Welt.« Nur der Heilige Geist kann mir diese Wahrheit in meinem Herzen offenbaren. Bis das geschieht, halte ich mich an die Wegweiser und tue den nächsten Schritt vor meinen Füßen.

Ein weiterer Fixpunkt ist: Ich weiß, daß mich meine Sünden ins Unglück bringen. Ich will nicht sündigen. Ich will zunehmend mehr lieben. Auf deutsch heißt das: Ich will heilig werden. Wenn ich das hinschreibe, packt mich Menschenfurcht. Werden meine Brüder beißende Ironie darüber ausgießen? Werden sie mich in Gedanken in meinen Sünden festhalten ? Duuuu? Pater Buob sagte zu Beginn des Seminars: »Wenn ihr nicht die Sehnsucht nach Heiligkeit habt, braucht ihr die Marienweihe nicht zu machen.«

Ich weiß, daß ich nur glücklich werden kann, wenn ich in der Liebe lebe. Immer geht es um den Augenblick, um den nächsten Schritt, darum, ihn zu tun, wenn ich ihn erkenne. Das ist mein Beitrag, der Rest ist Gnade.

Herta macht mir klar: Im Zustand von Zweifel und Getrenntheit ausharren mit Jesus am Kreuz. Das leuchtet mir ein. Ich kann ausharren. Ich weiß, dieser Zustand dauert nicht ewig. Ich muß den Gedanken nicht glauben, die dann freie Fahrt in meine Gefühle haben. Ausharren. Ich kann mich daran erinnern, wie gut es mir geht, wenn das Ja in mir ist.

Ein Fixpunkt ist die Liebe zu Jesus. Er ist gütig und barmherzig und demütig und voller Liebe, einer unergründlichen, unerschöpflichen, unermeßlichen Liebe.

Ein Fixpunkt ist die Eucharistie. Es ist eine große Gnade, daß ich Kommunion erleben darf, daß die Liebe zu Christus aufbrennt und daß ich ganz gesammelt und still und hell werde. Ach könnte ich nur in diesem Kontakt bleiben! Ich müßte jeden Schritt ganz langsam tun, wie auf Zehenspitzen. Überaus achtsam müßte ich sein. Aber auch hier, wo mich keine Pflichten treiben, wo ich schweige und bete, ist diese Präsenz ganz schnell wieder weg.

In dem Gefühl der Getrenntheit, der Angst und des Zweifels werde ich mir wieder einmal klar, daß ich so, wie ich bin, zu Gott kommen darf. Er ist für mich gekommen, für die Sünder. Maria ruft uns, heute, so wie wir sind, also auch mich. Ich darf mich anschauen und mit allem Egoismus, aller Zerrissenheit vor Jesus hintreten, darf Ihn um Heilung bitten. Wenn ich Ihm nicht das hinhalte, was ich bin, kann Er nichts tun. Jesus ist auferstanden. Seine Kraft ist in der Welt für mich, für dich, für uns. Entscheidend ist meine Wahrhaftigkeit. Herr, so bin ich, Herr so komme ich zu Dir, verwandle Du mich. Ich kann es nicht.

Bekäme ich Gnaden geschenkt, bevor ich in der Tiefe erfahren und angenommen habe, daß ich aus mir nichts vermag, würde ich nur stolz. Stolz, sagt der heilige Franz von Sales, ist unser Todfeind. Er stirbt eine Viertelstunde nach unserem Tod.

Ein Fixpunkt ist der Tod. Ich möchte sterben können. Ich möchte die Konfrontation mit mir und meinen Sünden nicht auf nach den Tod verschieben. Denn eins ist mir sicher: Wir werden, wenn uns der Tod aus unserem Ego befreit hat, *fühlen* können, was wir anderen angetan haben, werden den Schmerz, den wir zugefügt haben, selbst erleiden. Die Kirche nennt das Fegefeuer. Ich möchte ja sagen können, wenn der Tod kommt, und in Jesus Christus hineinsterben.

Selbsterkenntnis

In den ersten zwei Tagen geht es ausschließlich um Selbsterkenntnis. Denn alle Heiligen sind sich einig: Es gibt keine Heiligkeit ohne Selbsterkenntnis.

In den Vorträgen von Pater Buob kommt mir eine überwältigende Fülle der Erkenntnis und Lehre der christlichen Tradition entgegen.

Er schöpft vor allem aus den Schriften der alten Väter, die in der Wüste ihrer Seele auf den Grund gegangen sind. Was sie vor tausendfünfhundert Jahren in der Einsamkeit mit Gott erkannt haben, trägt kein Verfallsdatum. Es ist frische, reine Nahrung. Auch wenn ich mich angegriffen fühle, ist Freude in mir, mit dem mächtigen Strom dieser Tradition in Kontakt zu kommen. Wir sind nicht die ersten, die den Berg hinaufsteigen wollen. Seit zweitausend Jahren wird dieser Weg begangen, und die Menschen vor uns haben uns hinterlassen, was sie für wissenswert halten, wenn wir den Weg mit eigenen Füßen tatsächlich gehen wollen. Weg und Ziel ist die Reinheit des Herzens, denn die Reinheit des Herzens ist Bedingung für ein Leben in der Gegenwart Gottes.

Für mich schließt sich hier ein Kreis: Mein verehrter Lehrer J. G. Bennett, Leiter der »International Academy for Continuous Education«, in der ich von 1974 bis 1976 war, leitete am Abend vor seinem Tod eine Meditation. Das Thema war die sechste Seligpreisung: »Those pure in heart shall see God.« »Selig, die ein reines Herz haben, denn sie werden Gott schauen.« Es war sein Vermächtnis an die hundert Studenten dieser Schule für innere Arbeit.

Fünfundzwanzig Jahre später wird jetzt dieser Faden wieder aufgegriffen. Kein Therapeut, kein Leiter von Wachstumsveranstaltungen jedweder Art hat in all der Zeit über die Notwendigkeit der Reinheit des Herzens gesprochen. Nirgendwo ist mir eine Tugendlehre begegnet und entsprechend keine Lehre über die Laster. Pater Buob führt aus:

Die Reinheit des Herzens verlangt Reinheit des Willens, nämlich die Bereitschaft und das Bestreben, allein Gottes Willen zu tun. Immer muß ich die Frage stellen: »Warum tue ich das?«, um mir selbst auf meine egoistischen Schliche zu kommen. »Überall, wo Egoismus drin ist, ist die Freude getrübt.«

Die Reinheit des Willens erfordert Freiheit von den acht Lastern. »Erst wenn diese negativen Grundtendenzen in uns besiegt sind, die uns in die Unmäßigkeit treiben, kann das Herz ruhig werden. Der Sieg über die acht Grundtendenzen äußert sich in Demut.«

Dieser Sieg ermöglicht dann auch die Reinheit des Verstandes, das heißt die Ausrichtung der Gedanken auf Gott in der Übung des immerwährenden Gebets, wie es die russischen Starzen gelehrt haben. »Nur der Liebende kann mit seinen Gedanken und Gefühlen zur Ruhe kommen. Diese Liebe ist nicht gefühlhaft. Sie kommt dann zum Tragen, wenn der Mensch Dinge ertragen kann, die er sich vorher nie vorgestellt hätte.«

Die acht Laster sind: Völlerei, Unzucht, Habsucht, Traurigkeit, Zorn, Trägheit, Ruhmsucht und Stolz. Ist nur von sieben Lastern die Rede, dann fehlt die Traurigkeit. Da sie nicht aggressiv ist, geht sie oft unerkannt als Leiden durch. Hier zählt sie zu den Lastern, die uns von Gott entfernen.

Völlerei, Unzucht und Habsucht entsprechen den drei Grundtrieben des Menschen. Zur Völlerei gehört jede Art von Unmäßigkeit in der Befriedigung leiblicher Befürfnisse, auch übertriebene Sorge um den eigenen Körper und seine Verhätschelung.

Der Begriff Unzucht hat seine Trennschärfe verloren in unserer Zeit, in der man kaum mehr einen Film anschauen kann, ohne einem Sexualakt beiwohnen zu müssen, in der die Anstachelung des Sexualtriebes das Vehikel Nummer eins ist, um Produkte zu verkaufen, die keiner braucht, und in der man Kinder vor dem Frontalangriff mit Pornographie nicht mehr schützen kann.

Habsucht heißt, es gibt im Haben kein Genug. Unser Wirtschaftssystem zieht seine Dynamik aus der Triebkraft dieses Lasters, denn es ist sein Kern. Es ist ein System, das in einer begrenzten Welt am eigenen Erfolg zugrunde gehen muß. Zur Habsucht gehört auch das unersättliche Streben nach Macht.

Die Lehre von den Lastern sagt: »Werden diese drei Grundtriebe nicht in das Suchen nach Gott eingeordnet, entstehen im Menschen drei negative Stimmungen: Traurigkeit, Zorn und Trägheit.«

Wenn man nicht das bekommt, was man will, wird man entweder traurig oder wütend oder träge. Wenn man nicht traurig oder wütend oder träge sein will, muß man sich mit seinen Süchten befassen. Die Frage an den Intellektuellen war: Wie betäuben Sie Ihren Schmerz?

Bleiben noch die zwei letzten: Ruhmsucht und Stolz. »Diese beiden Laster zeigen, daß die drei Grundtriebe nicht wirksam besiegt, sondern nur unterdrückt sind. Sie zeigen sich in der Ruhmsucht und im Stolz in einem anderen Gewand unter dem Schein des Geistigen und Heroischen. Aber die Bemühungen des ruhmsüchtigen und stolzen Menschen dienen nur ihm selbst, seiner eigenen Verherrlichung. Sie machen ihn für Gott nicht offen.«

Bei unerschrockenem Hinsehen fällt es einem nicht schwer, die meisten dieser »ungeordneten Tendenzen« in sich selbst zu entdecken, und überhaupt nicht schwer fällt es einem, sie in anderen zu sehen. Es ist doch ganz »normal«, den Leib in jeder Hinsicht zu verwöhnen, querfeldbett sexuelle Befriedigung zu suchen, Besitz und Macht anzuhäufen, wütend zu werden, wenn es nicht nach dem eigenen Willen geht, gelegentlich in Trägheit zu versinken, Traurigkeit mit Alkohol herunterzuspülen oder mit Fernsehen zu betäuben, berühmt werden zu wollen und sich über andere erhaben zu fühlen. Wenn unsere Mitmenschen so sind, merken wir deutlich, daß uns das nicht gut tut. Wenn wir so sind, merken wir lange nicht, daß uns das nicht gut tut.

Zur Überwindung der acht Laster dienen die »aszetischen Werkzeuge des geistigen Handwerks«, unbequeme Dinge wie Fasten und Wachen, Selbstbeobachtung, Betrachtung des Wortes Gottes, ernstes Gedenken an den Tod, Ertragen der unangenehmen Manifestationen unserer Mitmenschen – und vor allem das Gebet. Die Werkstatt für dieses Handwerk ist die Gemeinschaft, in der man lebt, das eigene »Nazareth«.

Was das Fasten angeht, so betont Pater Buob immer wieder, daß es wichtig ist, die Kardinaltugend der Mäßigkeit zu üben. »Der normale Weg führt zur Heiligkeit.« Die Gospa in Medjugorje bittet uns darum, am Mittwoch und am Freitag bei Brot und Wasser zu fasten – nicht vierzig Tage in der Wüste. Es geht ja immer um Demut. »Die Seele wird nicht demütig, wenn sie nicht mit Brot rationiert wird«, sagt einer der Väter.

Jeder, der einen spirituellen Weg geht, ist früher oder später mit dem Chaos seiner Gedanken konfrontiert. Nicht nur hindern sie uns an der inneren Sammlung, wovon jeder Betende und Meditierende ein Lied singen kann, sie sind die eigentliche Brutstätte unseres Handelns und deswegen eine entscheidende Quelle der Selbsterkenntnis.

Es ist eine Tücke der menschlichen Funktionsweise, daß wir die Gedanken, die ständig unsere Gefühle und unser Handeln bestimmen, so gut wie gar nicht wahrnehmen, sofern wir nicht bewußt unsere Aufmerksamkeit darauf richten.

Ich bin traurig. Welche Gedanken denke ich?
Ich bin hoffnungslos. Welche Gedanken denke ich?
Ich bin voller Wut. Welche Gedanken denke ich?
Ich bin voller Neid. Welche Gedanken denke ich?
Ich habe Angst. Welche Gedanken denke ich?
Ich bin gekränkt. Welche Gedanken denke ich?

Immer finden wir außen die Ursache, und immer scheint uns zwischen dieser Ursache und unseren Gefühlen eine zwingende Kausalität zu bestehen, die das negative Gefühl rechtfertigt. Umkehr heißt, aus dieser Kausalität auszusteigen und sie als Illusion zu entlarven.

Einer der alten Väter wird gefragt:

»Warum urteile ich so häufig über meine Brüder?«, und er gibt zur Antwort:

»Weil du dich selbst noch nicht kennst. Wer sich selbst kennt, sieht die Fehler der Brüder nicht.«

Und er führt aus:

> Wenn jemand die Erinnerung an einen Bruder betrachtet, der ihn verletzt, gekränkt oder verhöhnt hat, so muß er sich dessen wie eines Arztes erinnern, der ihm von Christus gesandt wurde. Und er muß ihn als Wohltäter betrachten, denn wenn du dich dabei kränkst, so deshalb, weil deine Seele krank ist. In der Tat, wenn du nicht krank wärest, würdest du nicht leiden, denn Kränkung kommt von Krankheit. Du mußt also dem Bruder danken, denn dank seiner kennst du nun deine Krankheit. Du mußt für ihn beten und das, was dir von ihm kommt, als Heilmittel entgegennehmen, das dir vom Herrn geschickt wurde. Wenn du dich hingegen über ihn ärgerst, so ist das, als würdest du zu Jesus sagen: »Ich will deine Heilmittel nicht, ich ziehe den Eiter vor, der sich in meinen Wunden bildet.« Der Arzt Jesu ist der, der dich verspottet und dir Unrecht tut, er befreit dich vom eitlen Ruhm. Wer eine nützliche Probe flieht, flieht das ewige Leben.

Quelle der Selbsterkenntnis und Heilmittel zugleich ist das Gebet.

Pater Buob: »Gebet setzt nicht nur Selbsterkenntnis voraus, sondern führt auch zur Selbsterkenntnis. Es gibt nichts, was das Herz mehr durchforscht als das Gebet. Alles wird offenbar. Wenn uns Gedanken und Gefühle beim Gebet stören, so sollen wir uns diesen Gedanken und Gefühlen zuwenden. Gebet läßt mich die wahren Motive meines Handelns und die Ursachen meiner Gedanken und Stimmungen entdecken. Denn im Gebet muß ich mich Gott gegenüberstellen. Ich kann nicht mehr lügen.«

Es wäre unerträglich, sich mit der eigenen Sünde ernsthaft zu konfrontieren, wenn dahinter nicht der Glaube an die Barmherzigkeit Gottes stünde. »Ich glaube an die Vergebung der Sünden«, sage ich, wenn ich das Glaubensbekenntnis bete. Früher, wenn ich meinem sogenannten Schatten begegnet bin – ein Begriff, den ich heute für eine Verschleierung halte –, habe ich mich selbst fertiggemacht und bin in Verzweiflung geraten, daß bestimmte Verhaltensweisen immer wieder auftauchten. Ich sollte mich selbst so lieben, wie ich bin, war die Devise der Psychologie. Ich konnte es immer nur dann, wenn ich so war, wie ich sein wollte, also meinem Ich-Ideal entsprach. Im »High« nach einem Workshop war das für einige Wochen der Fall – aber danach kam es immer wieder zum Absturz mit nachfolgender Depression.

Seitdem ich »umgestiegen« bin, wie mein jüngster Sohn sagt, darf ich meine Sünden anschauen. Ich trage sie zu Maria und zu

Jesus und sage: Hier, bitte, ich will es nicht, nimm es weg von mir. Und wenn ich mir Zeit lasse, dann entdecke ich unter den giftigen Regungen Bedürfnisse. Von manchen kann ich Abstand nehmen, bei anderen bitte ich um deren Erfüllung. Was übrigbleibt, trage ich in die Beichte und empfange das Sakrament der Versöhnung.

Und wenn immer wieder das gleiche auftaucht? Pater Buob sagt dazu:

»Es macht Sie demütig. Lächeln Sie darüber. ›Herr, so bin ich immer noch. Aber du kannst mich ändern, und ich erlaube es dir.‹ Aber Sie dürfen Gott keinen Termin setzen, sonst resignieren Sie todsicher. Und wenn Sie bis neunzig ringen und kämpfen, dann erlangen Sie die Heiligkeit des Märtyrers der Geduld.«

Auf diese Weise wird immer ein Schuh daraus – ein Schuh, mit dem man gehen kann. Von unserer mächtigen Helferin Maria ist in den ersten zwei Tagen nicht die Rede gewesen.

Maria – meine Mutter

Am Mittwochnachmittag habe ich endlich meinen Platz zum Beten gefunden, nicht oben in der Hauskapelle, wo so viele fromme Menschen auch beten, sondern in der wunderschönen, reich geschmückten Dorfkirche. Es ist eine Rosenkranzkirche, an deren Decke und Wände die fünfzehn Geheimnisse des Rosenkranzes gemalt sind. Dort sitze ich vor der sehr irdisch-mütterlichen Maria, einer bäuerlichen, lebensgroßen Marienstatue voller Saft und Kraft mit dem Kind auf dem Arm und dem Zepter in der Hand. Hier bin ich allein und kann halblaut mit Maria sprechen.

Du bist die Mutter aller Menschen. Du bist meine Mutter.

Ich weiß, was es heißt, Mutter zu sein, denn ich bin Mutter. Wenn ich mein Muttersein in der Tiefe berühre, dann fühle ich mich wie eine Löwin.

Ich habe meine Kinder in mir getragen und geboren. Ich habe sie an meiner Brust genährt. Ich habe sie beschützt und getröstet und gesegnet. Ich habe ihnen zu essen gegeben, habe sie gekleidet und gewärmt, habe sie gepflegt, wenn sie krank waren. Ich habe mit ihnen gelitten und werde mit ihnen leiden, solange ich lebe. Ich habe sie gelehrt zu sprechen. Ich habe sie gelehrt, auf eigenen Beinen zu stehen. Ich habe sie gelehrt, Gut und Böse zu unterscheiden. Ich hätte sie gerne gelehrt zu beten. Ich habe ihnen geholfen, wenn sie etwas nicht konnten. Ich habe ihre Talente gefördert. Ich habe ihnen in meiner Welt ihren Platz gegeben. Ich will, daß alles Gute, was ich habe und suche, auch ihnen zukommt. Meine guten Beziehungen sind ihre guten Beziehungen im Diesseits und im Jenseits. Ich bete für sie. Ich liebe sie.

Wenn ich all das unvollkommen tue, wieviel besser tut es dann Maria, die durch ihre Abbilder aus Holz oder Gips immer wieder blutige Tränen um uns weint?

> Oder ist einer unter euch, der seinem Sohn einen Stein gibt, wenn er um Brot bittet, oder eine Schlange, wenn er um einen Fisch bittet? Wenn nun schon ihr, die ihr böse seid, euren Kindern gebt, was gut ist, wieviel mehr wird euer Vater im Himmel denen Gutes geben, die ihn bitten. (Mt 7,9–11)

Kann etwas fehlgehen, wenn ich mich Maria weihe? Du, meine Mutter Maria, tust all das auch für mich, willst es tun, kannst gar nicht anders. Du gehst mit mir schwanger. Du schenkst mir das Leben in Christus. Du nährst mich. Du beschützt mich. Du tröstest mich. Du lehrst mich beten. Du lehrst mich, Gut und Böse immer feiner zu unterscheiden. Du hilfst mir, der Sünde zu widerstehen. Du ergänzt, was ich nicht kann. Du förderst meine Talente. Du gibst mir in deiner Welt meinen Platz. Du willst, daß alles Gute, was du hast, auch mir zukommt. Du bist voll der Gnade Gottes und willst mich mit dieser Gnade überschütten. Du betest für mich. Du trittst für mich vor Gott ein. Du liebst mich. Du, die du deinen Sohn Jesus Christus im Tod begleitet hast, wirst mich in meinem Tod begleiten und zu Christus führen.

Während ich all dies ausspreche, entsteht ein neuer Raum in mir. Ich muß es oft und oft aussprechen, damit der Raum stabil wird und mit dieser Wirklichkeit gefüllt werden kann. Das ist Gebet. Ich entscheide mich dafür. Durch zwei Jahrtausende hallt der Dank und der Lobpreis Mariens.

Du bist ja die Mutter der Gnade
Der Sitz der göttlichen Weisheit
Die Mutter des ewigen Rates
Die Mutter der geistlichen Stärke
Die Mutter der schönen Liebe.

Du bist ja der Seligen Freude
Du bist das Lob der Getreuen
Die Hilfe der siegbaren Streiter
Die Ehre aller Gerechten
Die Liebe der Boten des Friedens

Du bist ja die Zuflucht der Sünder
Die Trösterin in der Betrübnis
Die Hilfe des Volkes Gottes
Die Ursache unserer Freude
Die Mutter aller Erlösten

Maria, wir rufen zu dir.

Wer ist Maria?

Nach zwei Tagen Selbsterkenntnis ist der Boden für Maria bereitet.

Bevor Pater Buob aber vom *Geheimnis Mariens* spricht, so wie es uns vom heiligen Ludwig Maria Grignion von Montfort eröffnet wird, macht er einen theologischen Ausflug durch die Mariologie: *Maria im Heilsplan Gottes.*[•]

Niemand, der nicht glauben will, was Pater Buob theologisch begründet, wird es glauben. Entscheidungen über das, was wir glauben, fallen nicht auf der Ebene des Intellekts und können deswegen auch kaum durch den Intellekt verändert werden. Aber für jene, die das glauben *wollen,* was Maria Mystikern und Sehern von sich und ihrer Sendung offenbart hat, ist die theologische Argumentation interessant. Ich fasse im folgenden (S. 233–238) die Ausführungen von Pater Buob zusammen, ohne die Zitate im einzelnen zu kennzeichnen.

Die grundlegenden Fragen sind nach Pater Buob:
Warum sollen wir Christen uns eigentlich mit Maria beschäftigen? Wir haben doch, wie Paulus sagt, mit Christus bereits alles!

Hat Maria im Heilsplan Gottes, des Vaters, eine Heilfunktion,oder ist sie nur ein schöner Zierat, ein nettes Beiwerk?

Ist Maria nach dem Heilsplan Gottes für unser Heil und damit auch für mein Heil nebensächlich oder ist sie wichtig und wesentlich?

In der Tat ist Christus die Quelle allen Heils. In der Apostelgeschichte heißt es: »Und in keinem anderen [als Jesus Christus] ist

---

[•] Hans Buob SAC: Maria im Heilsplan Gottes. Linz 1993.

das Heil zu finden. Denn es ist uns Menschen kein anderer Name unter dem Himmel gegeben, durch den wir gerettet werden sollen.« (Apg 4,12)

Die Formel »Christus allein« besteht dann zu Recht, wenn wir sie verwenden, um Idole oder falsche Gottesvorstellungen auszuschließen, wie zum Beispiel den römischen Kaiserkult zur Zeit der ersten Christen. Diese Formel darf jedoch der Ehre Christi keinen Abbruch tun und darf nicht falsch verstanden werden. Wir müssen Christus *mit allem, was zu ihm gehört,* annehmen, zuallererst mit dem Vater und dem Heiligen Geist, denn zusammen bilden sie den Dreifaltigen Gott. Wir dürfen Christus nicht von der Kirche trennen, denn »die Kirche ist sein Leib und wird von ihm erfüllt« (Eph 1,22–23). Christus ist das Haupt, und wir sind seine Glieder. Wer sagt: Christus ja, Kirche nein, der bekennt sich zu einem Torso! Er beraubt Christus seiner Fülle und schneidet ihn von seinem mystischen Leib ab.

Zu diesem mystischen Leib gehören jene, die uns im Glauben vorausgegangen sind, die Heiligen. Da die Heiligen ihre Heiligkeit nicht aus sich selbst haben, verherrlichen wir in ihnen die Gnade Gottes. Somit ist die Heiligenverehrung eine Hochform des Lobes Gottes.

Unter den Heiligen ragt Maria, die Mutter Jesu, hervor. Mehr als alle anderen Heiligen war und ist sie mit Christus verbunden. Wenn wir Christus suchen, dann finden wir auch sie! Die vielen Namen und Titel, die die Kirche Maria im Laufe der Jahrhunderte gab, bedeuten nichts anderes als einen Lobpreis Gottes. Auch Maria hat ja nichts aus sich selbst, sondern sie hat alles um unseres Heiles willen von Gott bekommen. Auch für sie gilt der Satz: Alles ist Gnade.

Maria, Jungfrau und Mutter

Maria, die Magd des Herrn, die in Nazareth durch die Kraft des Wortes Gottes den Gottessohn empfangen hat, empfängt unter dem Kreuz den mystischen Christus, die Kirche. Vom Kreuz herab sagt Jesus: »Frau, siehe deinen Sohn! Dann sagt er zu dem Jünger (Johannes): Siehe deine Mutter!« (Joh 19,16–27). Das ist die Geburt der Kirche.

Da Maria Jungfrau und Mutter ist, sind in ihr die beiden christlichen Berufungen vorgezeichnet, zur Brautschaft Christi durch die Gelübde Armut, Keuschheit und Gehorsam oder zur christlichen Ehe.

Schon im Konzil von Ephesus im Jahre 431 wurde Maria zur Gottesgebärerin, zur Theotokos, erklärt. Es ist der Kern des christlichen Glaubens, daß Jesus Christus der Sohn Gottes ist, daß Gott Fleisch geworden ist. Der Schöpfer wird Geschöpf. Aber er bleibt zugleich göttliche Person, auch wenn er menschliche Natur annimmt und aus einer Frau geboren wird. Folglich ist Maria die Mutter Gottes, was nicht bedeutet, daß sie *vor* Gott war.

Der Gruß des Engels Gabriel an Maria lautet: »Sei gegrüßt, du Begnadete, der Herr ist mit dir.« (Lk 1,28) Maria wird also, noch bevor Christus in ihr Fleisch angenommen hat, die »Begnadete« genannt. Das ist mit *Vorerlösung* gemeint. Gott schenkte Maria diese Gnade der Vorerlösung nicht im Hinblick auf sie selber, sondern im Hinblick auf seinen Sohn Jesus Christus und letzlich für unser Heil.

Als einziger Mensch ist Maria frei von der Erbsünde. Sie wurde *unbefleckt empfangen.* Es war Gottes Wille, daß sie – als der Tempel, in dem Jesus Fleisch annehmen sollte – ganz rein und heilig sei, ohne Makel der Erbsünde. Sie ist ihr ganzes Leben sündenlos geblieben. Die Möglichkeit zu dieser Einzigartigkeit war ein Geschenk der göttlichen Gnade, die Realität ein Ergebnis ihres bedingungslosen Ja. Maria war so vollkommen frei, daß sie zum Engel auch nein hätte sagen können. Sie wurde zu ihrem Ja nicht durch die Gnade gezwungen, sondern sie wirkte in vollkommener Freiheit mit der Gnade Gottes mit.

Wenn Maria Urbild der Kirche ist und wenn die Kirche im endgültigen Zustand Braut Christi ist, dann muß Maria Jungfrau sein und bleiben. Daran wird von seiten der Theologie immer wieder gerüttelt. Pater Buob beklagt: »Leider ist manche Theologie oberflächlich geworden und nimmt die Heilswirklichkeit, das Wunderbare, das Große und das Geheimnisvolle, in das wir hineingenommen sind, nicht mehr wahr.«

Maria als Miterlöserin

Maria ist während der gesamten Erlösungstat Jesu an der Seite ihres Sohnes. Sie ist den Weg des Leidens bis auf die Höhe von Golgotha mitgegangen. In diesem Mitleiden mit Christus ist ihre »Heilsmächtigkeit« begründet, so wie das Leiden eines jeden Menschen, das im Geist Christi angenommen wird, miterlösend wirkt. Dieser Begriff *Miterlösung* bedeutet keinerlei Abstrich an dem Glauben, daß Jesus *allein* die ganze Welt erlöst hat. Aber er hat sich entschieden, seine Erlösungsgnade durch Maria in die Welt hineinzutragen.

Maria hat im Augenblick der Erlösung die Todesqualen mit durchlitten. Sie wurde von Christus in sein Erlösungswerk mit hineingenommen. Maria ist deshalb als bereits Erlöste auf eine einmalige Weise Miterlöserin für alle Menschen.

Maria ging wie wir den gewöhnlichen Weg der irdischen Pilgerschaft. Wie wir war sie Versuchungen ausgesetzt. Sie ist Mutter aller Glaubenden, weil sie Jesus durch den Tod hindurch, aus dem Tode herausglauben mußte. Am Karsamstag hat sie im Glauben bis zum Ostermorgen durchgehalten. Sie hat ihren Glauben über den Tod Jesu hinaus bewahrt und wurde so zur Mutter der Glaubenden.

Ihr Weg mit Jesus ist ein Weg des Glaubens. Sie konnte nicht verstehen, warum der zwölfjährige Jesus ohne Erklärung im Tempel bleibt und die Eltern drei Tage lang in Angst und Schrecken versetzte. Sie konnte nicht verstehen, warum Jesus sie mit den Worten »Wer ist meine Mutter und wer sind meine Brüder?« (Mk 3,33) schroff zurückwies, als sie ihn aus einer Menschenmasse herausholen will, weil die Leute sagten: »Er ist von Sinnen.« (Mk 3,21) Sie konnte nicht verstehen, warum Jesus sie bei der Hochzeit von Kana hart angeht: »Was willst du von mir, Frau?« (Joh 2,4) Sie versteht nicht, aber sie bewahrt alles in ihrem Herzen und glaubt.

Die Heilssendung Mariens ist ein fortdauerndes Geschehen. Sie empfängt und gebiert uns alle unaufhörlich, denn bei Gott gibt es keine geschichtlichen Einmaligkeiten. Alles Leben ist in Christus und alle Gnaden sind in Maria gebündelt. Christus aber, der Spender aller Gnaden, kommt durch Maria zu uns. Deshalb empfangen wir alles Leben aus Maria, und sie ist als Mutter der Kirche Vermittlerin aller Gnaden. Sie ist keine Nebensache unseres Heils, sondern keiner kommt ohne sie zum Heil – mag er sie anerkennen oder nicht. Es ist der Heilsratschluß Gottes, die ganze Fülle des Heils durch Maria, die Mutter der Kirche, in die Welt hineinzuschenken.

Maria in der Vollendung

In der Offenbarung des Johannes wird die Endzeit und der Endkampf zwischen »der Frau« und »dem Drachen« prophetisch vorhergesagt. Dort heißt es:

> Der Tempel Gottes im Himmel wurde geöffnet, und in seinem Tempel wurde die Lade seines Bundes sichtbar … Dann erschien ein großes Zeichen am Himmel: eine Frau, mit der Sonne bekleidet; der Mond war unter ihren Füßen und ein Kranz von zwölf Sternen auf ihrem Haupt. Sie war schwanger

> und schrie vor Schmerzen in ihren Geburtswehen ... Und sie gebar ein Kind, einen Sohn, der über alle Völker mit eisernem Zepter herrschen wird. Und ihr Kind wurde zu Gott und seinem Thron entrückt. (Offb 11,19; 12,1–5)

Die Frau der Apokalypse ist ein Bild für Zion, für Jerusalem, für die Kirche und für Maria. Sie ist »mit der Sonne umkleidet«, dem Symbol für Christus. Sie hat ihren Glanz also nicht aus sich selbst, sondern von der Sonne, von Christus. Der Mond zu ihren Füßen ist das Symbol für die Kirche. Als Mutter der Kirche hat Maria einen Kranz von zwölf Sternen auf ihrem Haupt. Diese versinnbildlichen die vollkommene Zahl des ganzen Volkes Israel, die Schar aller Heiligen. Maria ist daher die Königin aller Heiligen. Bis zur Ankunft des Herrn gebiert Maria unaufhörlich ihre nachkommenden Kinder unter großen Geburtswehen. Zu dieser Sendung gehört es, daß Maria sich auf die menschliche Ebene herabbegibt, uns erscheint, zu uns spricht, uns mahnt und zu Gott zurückruft. Soweit die mariologische Theologie.

Wie schon gesagt: Wenn man sich nicht entschlossen hat zu glauben, wird einen keine theologische Argumentation der Welt zum Glauben führen. Wenn man nicht glauben will, wird man selbst innerhalb der Theologie schlüssige Argumente finden, die dem Heilswirken Gottes den historischen Boden entziehen und das Wunderbare und Geheimnisvolle des göttlichen Dramas, in das wir hineingestellt sind, zerstören. Diese Entscheidung bleibt meist unbewußt, und welche Kräfte sie beeinflussen, ist in Dunkel gehüllt. Welche Rolle spielen familiäre, soziale, kulturelle Faktoren? Welche Rolle spielt die Gnade, welche der freie Wille? Warum war es mir als achtjährigem Mädchen plötzlich wichtig, getauft zu werden? Warum wird einer berufen, ein anderer nicht? Warum will einer nach Medjugorje fahren, ein anderer nicht? Warum antwortet einer auf Schicksalsschläge mit Gebet, ein anderer mit Verzweiflung? Darauf habe ich keine Antworten. Der Ruf ertönt durch die Erscheinungen der Muttergottes jedenfalls laut und vernehmlich über die ganze Erde. Wer ihm folgt, wie skeptisch auch immer, muß gewärtig sein, daß ihm die Gnade zuteil wird zu glauben. Das hat Umsturz zur Folge im inneren Leben und nicht selten im äußeren.

Erst wenn diese Entscheidung zum Glauben gefallen ist, werden Bücher lesbar, die das heilsgeschichtliche Drama zwischen Gott und Mensch »ausworten«, wie Grignions »Goldenes Buch« oder das Buch »Magd des Herrn« von der 1967 gestorbenen Mystikerin

Adrienne von Speyr.* Sie sind wunderbare Nahrung für den Glauben. Ihr Inhalt ist nicht beweisbar; ihre Wahrheit erweist sich in der Wirkung, die ein wachsender Glaube in der Seele und schließlich im eigenen Leben hat.

Maria wirken lassen

Erst am vierten Tag kommen wir zum Kern der Sache, dem marianischen Weg, wie ihn der heilige Ludwig Maria Grignion von Montfort dem gottsuchenden Menschen weist.

Die Schrift »Abhandlung über die wahre Andacht zu Maria«** verfaßte Grignion, der von 1673 bis 1716 lebte, gegen Ende seines Lebens. Sie ging, wie er vorausgesagt hatte, verloren und wurde 1842 wiederentdeckt. »Da begann Grignion in der ganzen katholischen Kirche sein wunderbares Apostolat, das, getragen von der höchsten Autorität der Päpste Pius X. (1903–1914) und Benedikt XV. (1914–1922), sich immer weiter ausdehnt und immer tiefer greift.« *** Von Papst Johannes Paul II. ist bekannt, daß er diesen Weg praktizierte. *Totus tuus* steht in seinem Wappen, *ganz der Deine.* Er war bestrebt, Ludwig Maria Grignion zum Kirchenlehrer zu ernennen.

Wenn wir uns also auf Grignion einlassen, befinden wir uns zwar nicht im Einklang mit den modernisierenden Strömungen in der Kirche, aber doch keineswegs in einer sektiererischen Nische.

Die Titel der Werke Grignions, die im »Goldenen Buch« zusammengefaßt sind, formulieren das Programm: »Die Liebe zur ewigen Weisheit«, »Die vollkommene Hingabe an Jesus durch die Weihe an Maria«, »Das Geheimnis Mariens« und »Brief an die Freunde des Kreuzes«.

Schon aus diesen Titeln ist ersichtlich, daß die Befürchtung, man könnte Jesus verfehlen, wenn man sich in die Hände Mariens begibt, unbegründet ist. Grignion war ein Gottsucher, der in der schmerzlichen Erkenntnis seiner eigenen Unfähigkeit einen leichten

---

* Adrienne von Speyr: Magd des Herrn, Einsiedeln 1988.

** Alle genannten Schriften von Grignion finden sich im »Goldenen Buch«.

*** Vorwort von Leo Gommeninge, in: Ludwig Maria Grignion von Montfort, Der heilige Rosenkranz, Feldkirch o.J.

und sicheren Weg zu Gott gesucht hat. Er hat mit und durch und in Maria sein Ziel erreicht und wurde am 20. Juli 1947 von Papst Pius XII. heiliggesprochen – 231 Jahre nach seinem Tod.

Über diesen Weg spricht Pater Buob in vier Vorträgen. Er legt dar, was jeder im »Goldenen Buch« selbst lesen kann. Ich versuche das Wesentliche zusammenzufassen.

Der marianische Weg ist ein Weg der radikalen Hingabe. Wir schenken uns Maria, und sie wandelt uns so, daß sie uns mit Jesus vereinigen kann. Es ist ein Weg des Glaubens. Er erfordert die Entscheidung, den Glauben an das Heilswirken Marias zum Boden der Existenz zu machen.

»Die Weihe an Maria ist kein einmaliger Akt. Es geht um einen Weg, der tagtäglich Schritt um Schritt vollzogen wird. Da ist kein Kompromiß möglich. Ein Kompromiß macht Sie unglücklich. Ein Salto mortale macht Sie frei.«

»Maria hält die Seele nicht fest, sondern sie wirft sie in Gott. Ihre ganze Sehnsucht ist es, uns ganz in Gott hineinzuführen. Das kann sie nur in dem Maß, in dem wir uns ihr überlassen.«

Maria, die Mutter Jesu, handelt an uns, wenn wir es zulassen, wenn wir uns ihr in die Hände geben. Christus selbst ist das Risiko eingegangen, denn niemandem liefert sich ein Mensch mehr aus als seiner Mutter. Es kann nicht falsch sein, es ihm gleichzutun.

Maria hat Christus in die Welt hineingeboren. Was sie einmal war, ist sie für immer: Sie bringt uns Christus, und was sie an ihm getan hat, tut sie auch an uns – empfangen, prägen, gebären, ernähren und aufziehen. Das ist »das Gesetz der Gnade«, ihre Aufgabe im Heilsplan Gottes.

Hingabe heißt, daß ich nicht länger versuche, mich selbst zu gestalten, so wie ein Bildhauer aus hartem Stein eine Skulptur meißelt, sondern mein Bemühen ist darauf gerichtet, mich formbar zu machen. Maria ist die »erhabene Gußform Gottes«.

Um in den Händen Marias bildsam zu werden, muß ich mich ihr ganz überlassen, muß ihr alles schenken, was ich bin und habe, meinen Eigenwillen, meine Meinungen, meine Pläne, meine Leiden, meine Freuden, meine Sorgen und meine Verdienste. Wenn ich das tue, ergänzt sie alles, was an meinem Gebet, meiner Arbeit, meiner Liebe dürftig und armselig ist. Grignion sagt: »Geben wir auch einen wurmigen Apfel, dann legt Maria diesen Apfel auf die goldene Schale ihres Herzens, und Gott ist entzückt von ihrer Gabe, von unserer Gabe.«

Den Akt der Übergabe sollen wir täglich viele Male wiederholen, durch ein Wort, einen Blick oder eine Geste, was immer uns an den Akt der Ganzhingabe erinnert und ihn erneuert. Denn »Maria ist angewiesen auf unsere Freiheit. Der Himmel hat mehr Ehrfurcht vor unserer Freiheit als wir selber.«

Von »der heiligen Sklavenschaft der Liebe« spricht Grignion. Diese heilige Sklavenschaft führt in die größte Freiheit. Wenn wir zu ihr ja sagen, dann macht sie aus unserem Ja zu ihrer Person das, was uns selbst nie ganz gelingt: die vollkommene Hingabe an den Willen Gottes.

All das geschieht im Verborgenen. »Erwarten Sie keine Hochgefühle. Es ist eine trockene Alltagssache. Gehen Sie in der schlichten, demütigen Haltung Mariens durch den Alltag. ›Dieser Weg‹, so versichert Grignion, ›ist leicht, ist sicher, ist heilig, ist unbefleckt und ist ohne Täuschung.‹ Aber trocken wie Staub. Erwarten Sie nichts Auffälliges. Es geht um die große Nüchternheit des Glaubens.«

Die Grundhaltung auf diesem Weg ist: heilig werden, ja. Wie, das ist dein Problem, Maria. So wie ich *jetzt* bin, gehöre ich dir, mit meinem Bemühen und meinem Versagen, sieh zu, was du daraus machst. Nur immer wieder alles ihr übereignen.

Pater Buob: »Wer sich kennt und weiß, wie erbärmlich und begrenzt alles ist, was er tut, für den ist das etwas Wunderbares. Sie leben leicht. Sie leben angstfrei. Sie brauchen sich um nichts mehr zu sorgen. Das ist heilige Entspannung.«

Grignion sagt im »Goldenen Buch«: »Alle Tage deines Lebens sollst du Gott danken für die Gnade, die er dir erwiesen hat; denn er hat dir ein Geheimnis eröffnet, das zu kennen du nicht verdienst.« Wird ein Kind Mariens deswegen vom Leiden verschont? »Im Gegenteil, es wird sogar mehr davon bedrängt als ein anderer; denn Maria ist die Mutter der Lebenden und gibt daher allen ihren Kindern reichlich vom Baum des Lebens, nämlich vom Kreuze Christi. Aber wenn sie ihnen große Kreuze auferlegt, erlangt sie ihnen auch die Gnade, sie geduldig, ja sogar freudig zu tragen. Die Kreuze, die sie ihren Kindern gibt, sind also eher Süßigkeit, es sind versüßte Kreuze und nicht bittere Kreuze.«

Und doch nennt es Grignion einen leichten Weg: »Die Ganzhingabe ist ein Weg, auf dem es keine Hindernisse gibt. Man kann zwar auch auf anderen Wegen zur Vereinigung mit Gott gelangen; aber da muß man durch viel Leiden hindurch und durch manch geheimnisvolles Sterben; die Schwierigkeiten, die es da gibt, sind schwer zu überwinden. Durch manch dunkle Nacht, durch unheimliche Kämpfe und Todesängste muß man hindurch; über steile Berge und spitze Dornen und durch furchtbare Wüsten. Aber auf dem Weg, der Maria ist, kommt man leichter und müheloser voran …

Maria ist ihren treuen Dienern stets ganz nahe und gegenwärtig. Sie erhellt ihr Dunkel und erleuchtet sie in ihren Zweifeln; sie ermutigt sie in ihren Ängsten und stützt sie in ihren Kämpfen und Schwierigkeiten. Und so ist in Wahrheit dieser jungfräuliche Weg zu Jesus Christus, verglichen mit anderen Wegen, ein Pfad der Rosen und des Honigs.«

Wir allerdings müssen unseren Lebensbaum pflegen. Dazu gibt Grignion sieben Ratschläge:

1. Der Baum muß ganz frei stehen, ohne jede menschliche Stütze. Zu Maria müssen wir unsere Zuflucht nehmen und nur auf ihre Hilfe zählen.
2. Man muß den Baum – die Beziehung zu Maria – immer wieder betrachten. Man lebt in der Beziehung zum Du, zu Maria. Unser Sinnen und Trachten ist auf sie gerichtet.
3. Wir müssen den Baum vor Dornen und Disteln schützen, das heißt, wir müssen durch Selbstüberwindung alle unnützen Vergnügungen und eitlen Beschäftigungen aufgeben.
4. Wir sollen die Raupen entfernen, die die Blätter des Baumes so gerne auffressen: Eigenliebe und Bequemlichkeit.
5. Wir sollen den Baum vor wilden Tieren schützen, das sind die schweren Sünden, die den Baum töten könnten, und auch die läßlichen, wenn man sie nicht ernst nimmt.
6. Wir sollen den Baum begießen durch Beten und Beichten und Quellen des Heils in Anspruch nehmen.
7. Wir sollen Sturm, Schnee, Frost nicht fürchten. Das heißt, die Hingabe an die Gottesmutter wird Angriff und Widerspruch erfahren. Aber wer den Baum ruhig weiterpflegt, hat nichts zu fürchten.

Zuletzt gibt Pater Buob drei Warnungen Grignions an uns weiter.

1. Hüte dich davor, zu glauben, es sei vollkommener, geradewegs zu Gott zu gehen.
2. Hüte dich vor jeder Willensanstrengung, um das, was du sagst und tust, auch gefühlsmäßig auszukosten. Also kein Gefühl und keine Erfahrung erzwingen wollen. Alles im reinen Glauben tun. »Dieser reine Glaube kann voll von Zerstreuung sein, von Langeweile, von Trockenheit, sogar von Widerwillen. Kümmern Sie sich nicht um diese Gefühle. Das beste ist, Amen zu sagen zum Wirken Mariens. Wir brauchen nur unsere Einwilligung dazu zu geben. Sie respektiert unsere Freiheit. Grignion nimmt uns die Furcht, wir seien aus der Weihe

herausgefallen, wenn diese negativen Gefühle kommen. Selbst wenn wir nur aus den Lippen das *totus tuus* herauspressen müssen ... Das wird kommen, es kommt immer im Wachstum des Gebetslebens. Das sind die Gebetsschwierigkeiten.«

3. Hüte dich davor, dich zu betrüben, wenn du nicht gleich die tröstliche Nähe der Gottesmutter in deinem Inneren fühlst.

Pater Buob: »Nur das, was wir im reinen Glauben aufbauen, das wird stark werden. Das sind die Apostel von morgen. Das ist die Erfahrung der ganzen Heilsgeschichte. Gefühle sind dabei unwesentlich. Immer wieder gibt es Leute, die alles leichter machen wollen. Das zerplatzt alles wieder. Nüchterner, reiner Glaube durch den Alltag hindurch, der steckt an und der hält durch. Das ist der Glaube Mariens, der Glaube Abrahams, der Glaube der Apostel. Dann kommt eine Freude, die Leid umschließt, und nicht eine Freude, die Leid ausschließt. Begeisterung ist eine Zugabe, nichts Wesentliches. Wenn Sie aber den Weg des Glaubens über Jahre gehen und die Früchte des Geistes kommen, dann werden Sie merken: Das ist kein Vergleich, das ist etwas viel Tieferes, etwas viel Sichereres, Kraftvolleres. Die schönen Gefühle sind nur Zugabe. Grignion ist der nüchterne Mystiker.«

Krise

Merkwürdig: Obwohl ich froh bin über all das, was ich hier höre, kommt mir unter dem religiösen Dauerbeschuß der Glaube abhanden. Es ist, als spielten die Dämonen in meinem Innern Fußball. Der kleinste negative Gedanke schlägt auf mein Gefühl durch.

Am Donnerstagabend gehe ich nicht zur einstündigen täglichen Anbetung des Allerheiligsten. Die Hostie wird ausgesetzt, das heißt, aus dem Tabernakel herausgeholt und in der Monstranz zur Anbetung auf den Altar gestellt. Die Gläuigen glauben, daß Jesus Christus in der geweihten Hostie wesenhaft real gegenwärtig ist. Es ist die größte Herausforderung des Glaubens überhaupt. Heute schaffe ich es nicht, mich ihr zu stellen.

Nur in der heiligen Messe verliere ich mich nicht in meinen Hohlräumen.

Lesung aus dem Johannesevangelium (Joh 21): Der auferstandene Jesus erscheint seinen Jüngern am See Tiberias. Jesus ist auferstanden, das wissen die Jünger, aber was sollen sie tun? Petrus tut das, was er früher auch getan hat: Er geht fischen, und die anderen kommen mit. Sie fischen die ganze Nacht und fangen nichts. Als sie zum Ufer kommen, steht Jesus am Ufer, und sie erkennen ihn nicht. Jesus sagt zu ihnen: »Meine Kinder, habt ihr nicht etwas zu essen?« Sie antworten: »Nein, wir haben nichts.« Er sagt: »Werft das Netz zur rechten Seite aus.« Es wird so voll, daß sie es gar nicht mehr einziehen können. Da sagt der Jünger, den Jesus liebte: »Es ist der Herr!«

Als ich das höre, stürzen mir die Tränen in die Augen, und die Liebe kommt wieder.

Petrus springt ins Wasser, schwimmt an Land, die anderen kommen hinterher. Petrus zieht das ganze schwere Netz allein an Land. Am Ufer brennt ein Kohlenfeuer. Darauf rösten Fische und Brot. Vor ein paar Tagen war Petrus schon einmal an einem Kohlenfeuer gesessen. Jesus war gerade verhaftet worden, und drei verschiedene Leute erkannten Petrus und sagten, er gehört auch zu ihm. Da verleugnete Petrus den Herrn dreimal, *bevor der Hahn krähte.*

Nach dem Essen fragt Jesus Petrus, den er mit seinem menschlichen Namen anspricht, dreimal: *Simon, Sohn des Johannes: Liebst du mich?* Und gibt ihm dreimal den Auftrag: *Weide meine Schafe!* Die Liebe zu Jesus befähigt ihn dazu, zum Felsen der Kirche zu werden – trotz seines Versagens.

Ich weine die ganze Messe durch, bis zur Kommunion. Da wird mir wieder diese kostbare Stille geschenkt. Aber nur kurz.

In den Vorträgen beutelt es mich wieder. Pater Buob spricht über die Welt des Glaubens mit einer solchen Bombensicherheit, daß ich nicht mitkann. Mir rutscht der Glaube weg.

Im Spiegel sehe ich mich so blaß und alt wie noch nie in meinem Leben. Obwohl ich schlafen kann, soviel ich will, habe ich tiefe Ringe unter den Augen. Nach dem Essen verkrieche ich mich unter der Decke und gehe dann wieder hinüber in die Kirche, die ich liebgewonnen habe, und setze mich dort zu Maria. Ich bete den glorreichen Rosenkranz. Das bringt wieder etwas Frieden.

Wie gut, daß ich täglich mit Herta sprechen darf. Sie stärkt mich durch ihre Aufrichtigkeit, ihren Glauben und ihr Gebet. Ich vertraue ihr ganz. Wie immer betet sie zu Beginn darum, daß der Heilige Geist unser Gespräch leiten möge.

Sie sagt, es überrascht sie überhaupt nicht, daß ich in der Krise sei. Bei ihren ersten Exerzitien hätte sie die Koffer gepackt und abbrechen wollen, und nur die Furcht vor dem, was die anderen sagen könnten, habe sie zurückgehalten. Ich wäre den Weg so schnell gegangen. Es sei eine große Gnade, daß ich jetzt schon »Das Goldene Buch« gefunden hätte.

Daß Anfechtungen kommen, sei ganz normal. Jeder, der vor einem solchen Schritt steht, geht da durch. Zum Beispiel die kleine Therese von Lisieux. Unmittelbar vor Ablegung ihrer Gelübde ging sie zu ihrer Oberin, um ihr mitzuteilen, daß sie doch nicht berufen sei. Die habe nur gelacht. »Manche, die hier sind, haben das schon hinter sich und genießen dann den klaren, lichten Glauben.«

Ich sage: Wenn ich mich in der Zukunft sehe, dann sehe ich mich als einen Menschen, der glaubt und liebt.

Herta fragt mich, ob ich schon das Wort habe, das ich in die Finsternis hineinspreche. Nein, ich habe es nicht.

Ich erinnere mich an die Situation am Tag nach der Rückkehr von Medjugorje, als die göttliche Kraft mir zugeströmt ist und es aus der Tiefe meiner Seele aufstieg: *Ich glaube*. Aber ich fürchte, daß dieses Wort im Unglauben keine Kraft haben wird.

Herta erinnert mich an die Geschichte aus dem Evangelium, wo ein Vater Jesus um die Heilung seines Sohnes bittet und ihn mit den Worten anruft: »Herr, ich glaube, hilf meinem Unglauben!«

Wenn ich Jesus mit diesen Worten anrufe, dann soll ich Maria mit hineinnehmen, mit Maria beten.

Herta erinnert mich daran, daß ich immer wieder gesagt hätte: »Ich habe keine Alternative zum Glauben.«

So ging es den Jüngern auch.

Als Jesus zu ihnen sagte: »Das Brot, das ich geben werde, ist mein Fleisch, ich gebe es hin für das Leben der Welt«, fanden viele seiner Jünger diese Rede unerträglich und wandten sich ab. »Da fragte Jesus die Zwölf: Wollt auch ihr weggehen? Simon Petrus antwortete ihm: Herr, zu wem sollen wir gehen? Du hast Worte des ewigen Lebens.« (Joh 6,48–71)

Auch ich wüßte wahrhaftig nicht, wohin ich gehen sollte.

Herta fordert mich auf, für die dunklen Stunden und die Finsternis und die Anfechtungen zu danken. Sie läßt mich das Magnifikat beten, das ich auswendig kann.

> Meine Seele preist die Größe des Herrn,
> und mein Geist jubelt über Gott, meinen Retter.
> Denn auf die Niedrigkeit seiner Magd hat er geschaut.
> Siehe, von nun an preisen mich selig alle Geschlechter!
> Denn der Mächtige hat Großes an mir getan,
> und sein Name ist heilig.
> Er erbarmt sich von Geschlecht zu Geschlecht
> über alle, die ihn fürchten.

Er vollbringt mit seinem Arm machtvolle Taten:
Er zerstreut, die im Herzen voll Hochmut sind.
Er stürzt die Mächtigen vom Thron
und erhöht die Niedrigen.
Die Hungernden beschenkt er mit seinen Gaben,
und die Reichen läßt er leer ausgehn.
Er nimmt sich seines Knechtes Israel an
und denkt an sein Erbarmen,
das er unsern Vätern verheißen hat,
Abraham und seinen Nachkommen auf ewig.

Es ist schön, diese Worte zu sprechen. Dankbarkeit steigt in mir auf.

Samstagnachmittag. Letztes Gespräch mit Herta.

Seit dem gestrigen Gespräch ist dieses wilde Schwanken in mir vorbei. Herta betet mit einer Innigkeit, daß ich gerne bereit bin zu glauben, daß ihr Gebet diese Gnade auf mich herabgerufen hat.

Wenn die Anfechtungen und Glaubenszweifel wiederkommen, dann soll ich diesen Satz sprechen: »Herr, ich glaube, hilf meinem Unglauben!«

Sie sagt: »Du entschließt dich in einem Zustand inneren Friedens für die Weihe. Das bezeugen ich und Pater Buob. Wenn später wieder Anfechtungen kommen, ist es wichtig, dem treu zu bleiben, was du jetzt erkannt hast.«

Ich: »Mein größtes Hindernis ist die Angst vor dem Leiden. Ich scheue davor zurück, das Kreuz zu bejahen.«

Herta: »Das kann ich dir wirklich zusprechen. Davor mußt du keine Angst haben. Im größten Leid erfährst du die Auferstehungsfreude.«

Ich weiß genug von ihrem Leben, um zu wissen, daß sie diesen Satz aus Erfahrung spricht.

Weihe an Maria

Dieser Weiße Sonntag ist auch der Barmherzigkeitssonntag. Jesus hat der seligen Schwester Faustine (1905–1938) verheißen:

»Ich wünsche, daß Meine Barmherzigkeit festlich am ersten Sonntag nach Ostern gefeiert werde. An diesem Tag werden die äußersten Tiefen Meiner Barmherzigkeit als Zuflucht für alle geöffnet sein. Jene, die gebeichtet haben und an diesem Tag die heilige Kommunion empfangen, erhalten nicht nur die Verzeihung ihrer Sünden, sondern auch den Nachlaß der Strafen, die sie dafür verdient haben ...«

An diesem Tag also weihe ich mich Maria.

Ich habe noch kein großes Vertrauen in die Fähigkeit, über mich selbst zu verfügen, aber ich habe Vertrauen zu Maria, zur Mutter Jesu. Ich bin bereit zu glauben, was die Kirche über sie lehrt, was die Mystiker über sie sagen, was sie, wenn sie Menschen erscheint, über sich selbst sagt. Sie ist die Magd des Herrn, das heißt, sie überläßt sich vollkommen dem Willen Gottes. Keine Sünde, keine Angst, kein Eigenwille, kein Verstehenwollen tritt zwischen sie und den Willen Gottes. Weil sie selbst ganz und gar Gefäß, ganz und gar Frau ist, ganz und gar frei von ihrem Ego, konnte sie zur Mutter Jesu werden, zur Mutter Gottes. Sie will nichts für sich selbst. Christus hat sich ihr anvertraut und ausgeliefert. So will auch ich mich ihr anvertrauen. Daß dieses Anvertrauen zu einem vollständigen Ausliefern wird, das muß sie in mir bewerkstelligen. Ich gebe ihr die Erlaubnis, mich zu lehren, mich zu leiten, über mich zu verfügen. Wohin sie mich führen wird, liegt im dunkeln – so wie sie nicht ahnen konnte, wohin sie ihr Ja-Wort führen würde – oder doch?

Pater Buob predigt über die Erneuerung des Taufgelübdes. Diese Erneuerung habe ich gerade erst in der Firmung, bei meiner Aufnahme in die katholische Kirche, vollzogen.

Grignion: »In der Taufe haben wir uns zum ersten Mal zu Christus bekannt. Durch ein feierliches Gelöbnis haben wir uns seinem Dienst geweiht. Aber wie leichtfertig setzen wir uns über die heilige Verpflichtung hinweg! Und doch sind wir Christi unumschränktes Eigentum. Bestätigen wir also diese absolute Abhängigkeit durch den bewußten Vollzug unserer Hingabe an Jesus durch Maria. Unsere himmlische Mutter wird uns dann helfen, in Zukunft unsere Taufgelübde treuer zu erfüllen.«[•]

Ich spreche das Weihegebet mit, wie es Grignion formuliert hat, aber es geht in seinen Formulierungen noch über meinen derzeitigen religiösen Horizont. Es ist keine Ablehnung in mir, aber ein Stillehalten: Da muß ich erst noch hineinwachsen. In der Stille nach dem gemeinsamen Weihegebet hole ich das Blatt Papier heraus, auf dem ich das aufgeschrieben habe, was ich selbst von Herzen sagen kann.

[•] Ludwig Maria Grignion von Montfort: Das Goldene Buch, S. 410.

Beim letzten Mittagessen dürfen wir wieder miteinander sprechen. Ich sitze neben dem Pfarrer aus Halle, der an den Exerzitien teilgenommen, aber auch mitzelebriert hat. Er erzählt, wie er zum »Goldenen Buch« gekommen ist: Als er es mit achtzehn Jahren zum ersten Mal in die Hand bekam, dachte er, der aus einem atheistischen Elternhaus stammt und noch nicht lange zum Kaholizismus gefunden hatte, diese Religion sei wohl doch ein Irrtum. Er legte das Buch weg und vergaß es. Zwanzig Jahre später waren Frauen aus Schlesien in seiner Gemeinde, die aus diesem »Goldenen Buch« beteten. Da wurde er wieder neugierig. Er suchte das Buch und fand es am Boden eines Köfferchens, das unter seinem Bett stand. Er schlug es auf und las: »Wohl sehe ich voraus, daß zornschnaubende Bestien voll Wut daherrasen werden, um mit ihren Teufelszähnen diese kleine Schrift zu zerreißen, ebenso wie den Verfasser, dessen sich der Heilige Geist zur Niederschrift bedient hat. Zumindest werden sie dieses Büchlein im Dunkel und im Schweigen einer Truhe vergraben, damit es nicht ans Licht komme.« Da wußte er, daß jetzt für ihn die Zeit für diesen Weg gekommen war.

Ich gehe auf die kleine Schwester zu, die mir ganz am Anfang bei der Vorstellung aufgefallen war, und sage ihr, ich hätte immer nach ihr Ausschau gehalten, ob sie die ganze Woche gefastet habe? Sie ergreift meine Hand mit ihren zwei Händen und schaut mir voller Wärme und Offenheit ins Gesicht.

Sie entschuldigt sich, daß sie nicht bei den Mahlzeiten gewesen sei. Es täte ihr so leid, daß wir sie vielleicht vermißt hätten. Aber sie hätte uns alle im Gebet mitgenommen. Nach der Fülle der Vorträge habe sie gar nicht essen können. Es sei so wunderbar gewesen, sich die Freiheit nehmen zu dürfen, einfach nur in ihrem Zimmer ein Stück Brot zu essen. Sie, die Clarissin, habe hier das gefunden, was ihr immer gefehlt hätte.

Nach dem letzten Vortrag am Samstagnachmittag über die Heilige Dreifaltigkeit und das Leiden Christi hätte sie gar nicht unter Menschen sein können. Als sie das sagt, steigen ihr die Tränen in die Augen.

Unter der schwarzen Haube, die ihr wie Scheuklappen die Sicht nach rechts und links versperrt und sie vor Blicken anderer schützt, begegnet mir eine junge Frau, eine Jungfrau, mit einem völlig offenen Herzen. Sie kommt mir vor wie eine weiße Krokusblüte im Schnee, durch die die Sonne leuchtet. Ich fühle nichts Trennendes zwischen ihr und mir, mühelos kann sie sich in mich große, weltgebundene Frau einfühlen. Sie schreibt sich die Namen meiner Kinder auf, um sie mit ins Gebet zu nehmen.

Überwundene Hindernisse

Ich habe mich Maria geweiht und schaue zurück auf die Hindernisse, die ich überwinden mußte. Das größte Hindernis war die Angst vor dem Glauben. Im Zustand des Nichtglaubens erschien mir der Glauben als eine unerhörte Zu-Mut-ung, als das größte Risiko, das ich je eingegangen bin. Es war, als würde ich den Fuß auf eine Brücke über einen Abgrund setzen, ohne zu wissen, ob diese Brücke irgendwo wieder aufsetzt. Als eine, die in der Kindheit nicht mit Glauben ausgestattet wurde, habe ich das erst gewagt, als das Land, auf dem ich stand, brüchig wurde, nämlich meine Ehe und die materielle Existenz. Für einen anderen ist es Krebs oder ein Autounfall oder vielleicht sogar Überdruß am Erfolg. Ich begann zu Jesus zu beten.

Dann trat Maria ins Blickfeld. In Medjugorje erlebte ich tiefe, echte Frömmigkeit. Bei aller Marienverehrung stand dort Jesus im Mittelpunkt, so wie er im Mittelpunkt des Rosenkranzes steht. Diese marianische Frömmigkeit wird von den heutigen Schriftgelehrten als »Volksfrömmigkeit« abgetan. Immerhin erlebe ich Frömmigkeit. Von Professorenfrömmigkeit habe ich noch nichts gehört.

Vielleicht verhält es sich so: Maria wird dort, wo man fürchtet, mit ihr in die Irre zu gehen, als ein statisches Objekt des Glaubens aufgefaßt. So als wäre sie eine Endstation. *Das Geheimnis Mariens,* in das uns Grignion hineinführen will, ist aber, *daß uns Maria aktiv wandelt,* sofern wir uns ihr anvertrauen. Wir lassen uns auf einen Prozeß ein, in dem *sie handelt.* Sie ist die Magd des Herrn, sie will nichts für sich selbst, deswegen konnte sie zur Mutter Jesu werden. Sie hat Christus einmal in die Welt geboren, und sie bringt ihn für alle Zeiten in die Welt.

Die nächste Schranke war: *Ich bin nicht gut genug* und: *Das kann ich nicht durchhalten.* Diese Angst löste Pater Buob auf. Er sagt dazu: »Ich suche ja gerade einen Weg, weil ich es selbst nicht kann. Wenn ich es allein könnte, bräuchte ich keinen Weg. Es gibt nur ein wirkliches Hindernis, und das ist nach Grignion ›die geheime Anhänglichkeit an uns selbst‹. Das Vertrauen auf uns selbst, auf unsere eigene Kraft, ist das einzige wirkliche Hindernis. Es geht darum, uns loszulassen auch mit unserem Versagen. Nicht erst vollkommen sein und dann weihe ich mich ihr! Unser Versagen ist kein Hindernis, wenn wir unser Versagen, ja unsere Sünde, in sie versenken. Das ist ein täglicher Prozeß. Es ist *ihre* Sache, damit fertigzuwerden.«

Wieder ein göttliches Paradox: Alle halten wir Selbstvertrauen für eine wünschenswerte Tugend, während es hier als das größte Hindernis dargestellt wird. In der Erfahrung ist es kein Widerspruch. Mein Selbstvertrauen ohne Gottvertrauen stand auf tönernen Füßen. Ich mußte ständig pusten, um den Ballon aufgeblasen zu halten. Jetzt, mit wachsendem Gottvertrauen, fühle ich mich zunehmend sicherer in mir selbst.

In der Entzweiung mit mir selbst habe ich in anderen Menschen nach Vollkommenheit gesucht, eine Sehnsucht, die – es kann nicht anders sein – immer wieder enttäuscht wurde. Von Maria wird sie schrankenlos erfüllt. Der Glaube an ihre Vollkommenheit ermöglicht mir nach und nach, die Unvollkommenheit der Menschen, ja sogar meine eigene, anzunehmen.

Der nächste Dämon, der mir den Weg versperren will, ist *die Angst vor dem Kreuz.* »Wehe, wehe«, ruft er mir zu, »wenn du diesen Weg gehst, wirst du furchtbar leiden müssen«, und dabei rollt er mit den Augen und rasselt mit seinem Panzer, am liebsten dann, wenn ich schutzlos bin: morgens beim zu frühen Aufwachen. Dann fällt mir ein, was alles passieren *könnte.*

Die Lebensläufe von Heiligen sind in diesem Zustand Wasser auf die Mühle dieses Dämons. Sieh, wie sie gelitten haben, die Mystikerinnen unseres Jahrhunderts: Therese von Konnersreuth, Marthe Robin, Adrienne von Speyr. Gibt es einen, der nicht mit größten Leiden geschlagen wurde? Grignion sagt dazu: »Im Vergleich mit diesen kühnen Adlern, mit diesen königlichen Löwen sind wir nichts als verschreckte Vögel und furchtsame Hasen.«

Die Vernunft sagt mir, daß diese Ängste mich aus der Gegenwart herausziehen und nur eine Wirkung haben: mir den Weg zu versperren. Leiden die Menschen nicht überall und zu allen Zeiten Qualen, die auch mich treffen könnten? Woher weiß ich, welches Maß mir zugemessen ist? Es geht um ein Ausscheren, nicht aus der Wirklichkeit, sondern aus der Lüge unserer Kultur, die uns pausenlos ins Bewußtsein hämmert, wir könnten das Leiden vermeiden, wenn wir nur dieses Produkt kaufen oder jene Therapie. Freude und Leiden gelten als unversöhnlich.

Die Religion umfaßt das ganze Leben. Sie verheißt die Fülle der Freude, ja Seligkeit, schon in diesem »Jammertal«. Freude und Leiden sind auf geheimnisvolle Weise versöhnt.

Wie ein Kind sich an der Hand der Mutter widerstrebend ins Dunkle führen läßt, vor dem es Angst hat, so geht es mir mit Maria. Die Angst vor dem Leiden ist noch da, aber sie hindert mich nicht mehr, den Weg weiterzugehen. Es ist noch nicht so lange her, daß ich mich wie ein Kind gefühlt habe, das alleine im dunklen Wald ausgesetzt ist und das sich, starr vor Angst, nicht mehr bewegen kann. Viele, viele Menschen kennen diese Zustände. Wenn wir die Brüchigkeit der Existenz erleben und uns kein Glaube die Erfahrung eines größeren Sinnzusammenhangs eröffnet, wie sollte uns da nicht eine undefinierbare, eine überwältigende Angst packen?

Und noch eine merkwürdige, unfaßliche Angst taucht manchmal auf, das ist *die Angst vor der Liebe.* Wenn ich sie spüre, weiß ich, daß ich Christus näher bin, als wenn ich sie nicht spüre. Dieser Ort in meiner Seele schließt sich immer wieder ganz schnell. Er ist gefährlich. Eine Stimme sagt: »Und was soll aus mir werden?« Und trotzdem zieht die Sehnsucht dorthin.

Ich *beginne* erst, diesen Weg zu gehen. So bin ich wie ein Wanderer, der einen anderen Suchenden trifft und ihm erzählt, er sei einem Weisen begegnet, der habe ihm den Weg beschrieben, auf den er sich jetzt machen wolle. Der Weise habe von einer wunderbaren hohen Frau gesprochen, der man sich anvertrauen könne. Sie nähre und schütze und führe und forme und lehre und ergänze alles, was uns Wanderern fehle. Es gebe nur eine Schwierigkeit: Sie zeige sich nur ganz wenigen, wir anderen müßten glauben.

Wachsam im Alltag

Seit den Exerzitien – seit der Marienweihe –, das ist nun eine Woche her, fühle ich mich getragen und in meiner Mitte. Eine innere Wachsamkeit ist da, die mir erlaubt, meine gewohnheitsmäßigen negativen Reaktionen sozusagen an der Tür abzufangen, bevor sie sich in meinem Inneren breitgemacht haben. Wenn die Reaktion aber schon angesprungen ist und der Aufruhr im Herzen nur eines möchte, nämlich sich nach außen entladen, dann rufe ich Maria oder Jesus an, bemühe mich, nach innen in die Tiefe zu gehen, und lege ihnen das Ungeordnete vor die Füße. In dem getragenen Zustand kommt es nicht oft dazu, daß ich diese Notbremse ziehen muß. Es fühlt sich einfach nur normal an, nicht in meine spezifischen Gewohnheitssünden zu verfallen.

Das war nach Medjugorje auch so, ungefähr vier Wochen lang. Dann ging es nach und nach wieder bergab, trotz Gebet, trotz Beichte, und aller innerer Kampf führte nicht in diesen normalen Ausnahmezustand, in dem ich kaum kämpfen muß. Ich bin gespannt, wie lange es so bleiben wird. Immer bin ich ja in der Illusion, daß es einfach so bleiben kann, es fühlt sich ja leicht an. Neu ist jetzt, daß ich mich Maria geweiht habe, ihr also die Erlaubnis gegeben habe, in mir zu wirken. Diese Weihe wiederhole ich täglich. Ich fühle, wie wenig ich Herr im eigenen Haus bin, um zu einer solchen Übereignung fähig zu sein. Es ist eine Weihe, kein Gelübde. Ein Mensch muß sich selbst besitzen, um sich Gott wirklich hingeben zu können, und er kann es nicht ohne die Gnade.

Beim Fühstück allein am Tisch, die Kinder sind in der Schule, sitze ich vor einem Teller Müsli und nehme nach einem kurzen Dankgebet, bei dem ich mit den Gedanken schon beim Essen bin, den Löffel in die Hand. Noch bevor ich ihn in den Mund stecken kann, schießt ein Gefühl tiefer Dankbarkeit in mich ein. *Herr, ich danke dir für deine Gnade, Herr, ich preise dich.*

Am Samstagabend ergibt sich ein Gespräch mit Hanna, mit der ich seit zwanzig Jahren befreundet bin. Sie ist in der Nachbarschaft von Therese von Konnersreuth aufgewachsen, die das Kind aufgefordert hat, seine Finger in ihre Stigmata zu legen. In ihrer Verwandtschaft gibt es mehrere Jesuitenpatres, ja sogar einen Kardinal. Ihre Mutter geht täglich zur Messe.

Hanna spricht über ihre religiöse Not als Kind. Sie *mußten* zur Beichte gehen. Schuld, Schuld, Schuld. Ständiger moralischer

Druck nach dem Motto: Der liebe Gott sieht alles. Frömmelei in der Kirche ohne Wirkung auf die Herzen. Nach der Kirche wurde genauso gehässig und mißgünstig über andere gesprochen wie vorher. Nirgendwo Stille, um auf die eigene innere Stimme lauschen zu können. Statt dessen Regeln und Vorschriften. »Da mußte ich raus!«

Das war die eine Seite. Auf der anderen Seite ist ein Empfinden für Heiligkeit in ihre Seele gelegt worden, das sie nie verloren hat. Bei der Erstkommunion »ging der Himmel für sie auf«. In der Familie sei sie an diesem Festtag wie ein Engel behandelt worden. Alles war für sie geschmückt, für das reine Kind im weißen Kleid. Der Faden zu Christus und Maria ist nie ganz abgerissen. Daß man sich verloren fühlen kann im Universum, ist ihr nicht nachfühlbar.

Hanna hat – ohne die Kirche zu verlassen – weiträumig gesucht. Für meine Hinwendung zur katholischen Kirche hatte sie zunächst nur ein süffisantes Lächeln übrig. Aber es scheint, als wende sich ihr Weg zurück und als entdeckte sie die Schätze neu, die trotz allem in ihre Seele gelegt wurden.

Spirituelle Ökologie

Von der E. F. Schumacher-Gesellschaft in München wurde ich zu einem Schumacher-Abend eingeladen. Ein paar Leute sollten ihre Lieblingszitate aus seinen Büchern vorlesen und kommentieren. Von mir als Nichte wünschte man außerdem persönliche Impressionen.

Ich folgte der Einladung, weil ich die Gelegenheit nutzen wollte, die spirituelle Botschaft von Schumacher weiterzutragen, von der ich zu Recht annahm, daß sie in diesem Gesprächskreis von Ökologen kein großes Gewicht hat. Auch wollte ich die Tatsache mitteilen, daß er 1971, sechs Jahre vor seinem plötzlichen Tod, zum Katholizismus konvertierte.

Schumachers Buch »Small is beautiful« ist Anfang der siebziger Jahre zu einem Weltbestseller geworden. Es hat seine Strahlkraft aus dem Zusammenführen von Spiritualität und Ökonomie, denn Schumacher war ein spiritueller Sucher und ein Ökonom. Der Untertitel der englischen Originalausgabe heißt: »Economy, as if people mattered«, will sagen: Tun wir doch mal so, als würde das Wohl des Menschen im Mittelpunkt stehen, und schauen wir uns dann an, wie unser Wirtschafts- und Gesellschaftssystem beschaffen ist und beschaffen sein sollte.

Unter anderem las ich folgende Zitate vor:

> Unser System ist extrem destruktiv, und ich glaube, wir müssen uns endlich mit den meta-physischen oder, wenn Sie wollen, philosophischen und religiösen Ursachen dieser Situation befassen.*
>
> Wir sind in einer Krise dieser modernen Zivilisation gefangen, weil sie die zwei großen Lehrer der Menschheit mehr oder weniger aufgegeben hat.
>
> Wer sind diese beiden Lehrer? Zum einen ist es das wunderbare System der lebendigen Natur ..., zum anderen die traditionellen Werte, die Tradition der Weisheit der Menschheit, von der wir uns auch abgetrennt und sie durch ein höchst merkwürdiges System ersetzt haben, das wir objektive Wissenschaft nennen.
>
> Rufen wir uns in Erinnerung, was ein Mensch wirklich ist ... Erstens, wie immer Sie es ausdrücken wollen, kommt er von einer göttlichen Ebene auf diese Erde. Er ist der Sohn oder die Tochter des Göttlichen. Zweitens ist er ein soziales Wesen; er kommt nicht allein. Er wird in diesen sozialen Kontext hineingestellt. Und drittens ist er ein unvollständiges Wesen. Er ist hierher geschickt worden, um sich zu vervollständigen. Aus dieser Einsicht heraus ist die gesamte Ethik formuliert worden und alle Gebote an das Menschengeschlecht. Als ein Wesen göttlichen Ursprungs ist der Mensch aufgerufen, Gott zu lieben, wenn man es in der traditionellen Sprache ausdrückt. Als soziales Wesen ist er aufgerufen, seinen Nachbarn zu lieben. Und als ein unvollständiges individuelles Wesen ist er aufgerufen, sich selbst zu lieben. Die sozialen, politischen und wirtschaftlichen Organisationen sollten diese drei absoluten Notwendigkeiten reflektieren. Wenn sie nicht erfüllt sind, wenn der Mensch das nicht tun kann, dann wird er unglücklich und zerstörerisch, ein Vandale und ein suizidaler Irrer.**

Am Ende seines letzten Buches *A Guide For the Perplexed* entwickelt Schumacher Kriterien, um zwischen Gut und Böse zu

---

* E. F. Schumacher, Good Work. London 1979, S. 139 (Deutsch: Das Ende unserer Epoche. Reinbek bei Hamburg 1980).

** a. a. O., S. 187.

unterscheiden. Er beschreibt die Entwicklung des Menschen in drei Stufen: Zuerst lernt der Mensch, was ihm die Tradition der Gesellschaft von außen anbietet. Dann sortiert er das aus, was er nicht brauchen kann, und behält, was er brauchen kann, genannt »Individuation«.

> Die dritte Aufgabe kann man erst dann angehen, wenn man die ersten zwei bewältigt hat, und man braucht dafür die bestmögliche Hilfe. Diese Aufgabe besteht darin, »sich selbst abzusterben«, den eigenen Vorlieben und Abneigungen, all den egozentrischen Eingenommenheiten. In dem Maß, in dem man damit erfolgreich ist, hört man auf, von außen gesteuert zu werden, und man hört auch auf, sich selbst zu steuern. Man hat Freiheit gewonnen, oder man könnte auch sagen, man wird dann von Gott gelenkt. Wenn man Christ ist, dann hofft man, genau dies eines Tages von sich sagen zu können.
> Wenn das die dreifache Aufgabe des Menschen ist, dann können wir sagen, daß das »gut« ist, was mir und anderen auf dieser Reise der Befreiung weiterhilft.*

All dies ist Wasser auf meine Mühle, nicht jedoch auf die Mühle der hier versammelten Ökologen. Sie schweigen. Nach einer Weile sagt die Diskussionsleiterin: »Sie merken an dem Schweigen, daß wir uns mit diesem Aspekt von Schumacher hier eigentlich nicht befassen.« »Ja«, sage ich, »das dachte ich mir schon, darum bin ich gekommen.«

Es erscheint mir wichtig, bei einem Mann, von dem man sich inspiriert fühlt, nicht nur das herauszunehmen, was in den eigenen Kram paßt. Für meine Begriffe sind die Grünen deswegen keine wirklichen Hoffnungsträger und den anderen Parteien menschlich zum Verwechseln ähnlich, weil sie kein spirituelles Fundament haben.

Ich erzähle, daß ich mich immer gefragt hätte, warum Schumacher am Ende seiner langen Suche katholisch geworden sei, und daß ich nun den gleichen Schritt vollzogen hätte. Maria sei es, von der verheißen sei, daß sie das Böse auf dieser Welt besiegen werde, denn sie sei der Inbegriff all dessen, was dieser Welt fehle: Liebe, Gewaltlosigkeit, Güte, Mütterlichkeit …

---

* E. F. Schumacher: A Guide For the Perplexed. New York, London 1977, S. 135. (Deutsch: Rat für die Ratlosen. Rowohlt Verlag, 1978) (Übersetzung der Zitate von Gabriele Kuby).

Da kommt Leben in die Bude. Eine Frau läßt ihrer Wut auf die Kirche freien Lauf. An Ostern sei sie mal wieder in der Messe gewesen und habe diesen Satz gehört: »Ich bin nicht würdig, daß du eingehst unter mein Dach.« Punkt. Sie sei aber würdig! Und sie könne dieses ganze Geschwafel von Schuld und Erlösung nicht mehr hören! Eine andere Frau erinnert daran, daß der Satz noch weitergehe, nämlich: »...aber sprich nur ein Wort, so wird meine Seele gesund.« Das sei doch ein wichtiges menschliches Bedürfnis, an den Magier zu glauben, der einen gesund macht.

Ich frage mich: Wie kann ich mitteilen, wie sehr ich gerade diesen Satz liebe, weil ich wahrhaftig unwürdig bin für das Licht Christi und er es mir doch schenkt in der Eucharistie. Darüber kann ich nicht sprechen, wenn die Liebe zu Gott oder die Suche nach Gott oder die Sehnsucht nach Gott nicht erwacht ist. So bitte ich darum, noch ein paar Zeilen vorlesen zu dürfen von dem Mann, der in diesem Kreis als Wegweiser betrachtet wird. Im Epilog von »A Guide For the Perplexed«, das im Jahr seines Todes, 1977, veröffentlicht wurde, spricht er von der Notwendigkeit der Umkehr.

> (Der Mensch) entdeckt jetzt, daß die Erde ein Durchgangsstadium ist, so daß die Weigerung, nach dem Himmel zu greifen, einen unwillkürlichen Abstieg in die Hölle bedeutet ... Nur wenn wir erkennen, daß wir tatsächlich in infernalische Regionen abgestiegen sind, wo uns nichts anderes erwartet als der kalte Tod der Gesellschaft und die Auslöschung aller zivilisierter Beziehungen, können wir den Mut und die Vorstellungskraft für eine Umkehr, ein *metanoia,* aufbringen.*

Und der fragt im allerletzten Absatz:

> Können wir uns darauf verlassen, daß genügend Menschen schnell genug »umkehren«, damit die moderne Welt gerettet wird? Diese Frage wird oft gestellt, aber jede Antwort, die man darauf geben kann, führt in die Irre. Die Antwort »Ja« würde zu Selbstzufriedenheit führen, die Antwort »Nein« zu Verzweiflung. Es ist erstrebenswert, solche lähmenden Fragen hinter uns zu lassen und mit der Arbeit zu beginnen.**

---

* a. a. O., S. 139.

** a. a. O., S. 140.

Das Göttliche erscheint dem rationalen Verstand paradox und widersprüchlich, und es muß paradox und widersprüchlich erscheinen. Die menschliche Welt zerfällt in Gegensätze, die immer neu versöhnt werden müssen. Gott ist Einheit, also muß er Einheit der Gegensätze sein, die wir als einander ausschließend wahrnehmen.

Jesus: Gott *und* Mensch
Maria: Jungfrau *und* Mutter, Magd *und* Königin
Der Mensch: Erlöstes Kind Gottes *und* Sünder
Barmherzigkeit *und* Gericht
Selbstaufgabe in Gott *und* Individuation
Dein Wille geschehe *und* größtmögliche Freiheit
Göttliche Vorsehung *und* freier Wille.

An den Widersprüchen kann sich der rationale Verstand blutig stoßen, er wird zu keiner Lösung kommen. Denn er ist nicht dazu ausgestattet, der Lösung innewerden zu können. Der Konfrontation mit dem Widerspruch können wir ausweichen. Wir können aber auch in der Spannung ausharren, weil der Verstand sagt, es muß die Einheit geben, auch wenn ich, der Verstand, sie nicht finden kann.

Es gibt ein anderes Organ in uns, das sich nicht an den Widersprüchen stößt: das Herz. Es kann die eigene Sündhaftigkeit erkennen und sich doch als erlöstes Kind Gottes fühlen. Es muß aber darüber wachen, daß ihm der Verstand keine Knüppel zwischen die Beine wirft. Dieser Knüppel hat den Namen Zweifel, der, wenn er losgelassen wird, sinnzerstörend wütet.

Der ruhige Punkt, an dem beide Kräfte im Ausgleich sind, ist gemeint mit dem Ausdruck »in der eigenen Mitte sein«. Immer zieht es uns heraus aus dieser Mitte, und das Fortschreiten von Punkt zu Punkt ist eine Gratwanderung. Erst seit ich bete und um Hilfe bitte, entsteht allmählich ein Gefühl, in der Anziehungskraft der Mitte zu bleiben. Es geht verloren, wenn ich nicht bete.

Viele Menschen klagen bitter darüber, daß der Katholizismus ihnen in der Kindheit und Jugend Selbstliebe und gedeihliches Heranwachsen zu Freiheit und Selbstbestimmung verwehrt hat, weil man »immer schon mit einem Fuß in der Verdammnis stand«. Wenn es so war, dann haben die Menschen, die für das Kind die Kirche und Familie repräsentiert haben, den Widerspruch zwischen Schuld und Erlösung nicht ausgehalten und haben ihn nicht in ihrem Herzen und dem der Kinder ausgeglichen, sondern sie haben sich auf eine Seite geschlagen, auf die der Schuld und des strafenden Gottes. Warum? Weil sich auf diese Weise Machtverhältnisse in Familie,

Kirche (und Staat) durchsetzen lassen. Der Preis ist hoch, es ist der Verlust der Erfahrung unserer Gotteskindschaft.

Aber war das alles? Gab es wirklich nur diese Seite?

Wenn wir aus einer wichtigen Beziehung, etwa einer Ehe, aussteigen, dann halten wir es in der Regel für sinnvoll, uns damit auseinanderzusetzen, warum wir der Herausforderung zur Liebe nicht gewachsen waren. Man nennt das »verarbeiten«, und an jeder Ecke gibt es einen Therapeuten, der uns dabei helfen will.

Wenn wir aus der Beziehung zu Gott aussteigen, was so viele schuldbeladene Katholikenkinder als junge Erwachsene getan haben – mit und ohne formellen Austritt aus der Kirche –, dann geschieht nichts dergleichen. Es ist ein relativ leichter Schritt, denn wir brauchen uns nur dem breiten Strom des Zeitgeistes zu überlassen, der mit Gott nichts zu schaffen hat. Die Beziehung zu Gott, die in den Brechungen der menschlichen Beziehungen die Kindheit mitgeprägt hat, bleibt unbearbeitet und wird verdrängt. Es gibt auch niemand, der einem dabei helfen würde. Priester kommen nicht in Frage, weil man das ja alles hinter sich gelassen hat, und Therapeuten haben es nicht mit der Religion, jedenfalls habe ich keinen gefunden. Sie sind in dieser Hinsicht in derselben Lage. So wird all das, was unbearbeitet geblieben ist, was nicht integriert ist, zum Stein, der gegen die Kirche geschleudert wird. Zielpunkte sind leicht zu finden und Menschen, die applaudieren, auch.

Was heißt das, »nicht integriert«? War da nicht beim kleinen Kind ein Vertrauensverhältnis zu Gott? War da nicht irgendwann einmal eine innere Bezogenheit auf die unsichtbare Welt? Gehörten Jesus und Maria und Engel und Heilige für ein katholisches Kind nicht einfach zu seiner Welt? Gab es nicht rührende, fromme, gläubige Kindergebete? Gab es nicht manchmal den Entschluß, gut zu sein? Haben die katholischen Kirchenfeste nicht Glanz und Rhythmus in den menschlichen Alltag gebracht? Gab es da nicht irgendwo einen frommen Menschen, an dem nichts Scheinheiliges, nichts Verlogenes war, sondern Wärme und Liebe in den Augen und irgendeine kleine Tat, die in Erinnerung geblieben ist? Gab es vielleicht einmal ein Erlebnis, in dem uns der Himmel direkt angerührt hat?

Integrieren heißt, sich diese Gefühle wieder anzueignen, es sind ja die eigenen, und den Schmerz zuzulassen, der sich dann vielleicht einstellt – und die Sehnsucht. Wer das tut, wird nicht wütend auf die Kirche sein und auch nicht gleichgültig, sondern traurig, wenn in ihr die frohe Botschaft verdunkelt wird.

Meine Mutter im Haus

Ich habe meine 87jährige Mutter zu mir genommen.

Oft war der Impuls da, für meine Mutter sorgen zu wollen. Aber in der konkreten Kommunikation kam mir dieser Impuls immer wieder abhanden. Ich konnte im Zusammensein nicht in der Liebe bleiben, sondern verfiel in die alte Reaktion des Kindes, mein Herz zu verschließen. Ich will die persönliche Variante von Mutter-Tochter-Problemen nicht beschreiben. Jeder kann seine eigene einsetzen. Wie sollte die Beziehung von Müttern zu Töchtern (und Söhnen) nicht schwierig sein in einer Zeit, in der die Definition der Rolle der Frau so radikal im Umbruch ist – und damit alle primären Beziehungen.

Jetzt traue ich es mir zu. Es ist etwas Neues in meinem Leben: *Ich bin mit Maria im Bunde.* Wer könnte mich in Fragen des Mutter- und Tochterseins besser lehren als sie. Nichts Spektakuläres hat sich verändert. Pater Buob hat oft genug betont: Der Weg mit Maria geht nüchtern und alltäglich mitten durchs eigene »Nazareth«. Das Neue ist, daß meine altgewohnten Reaktionen weniger zwingend sind. Die Dinge tendieren leichter zu ihrer eigenen Stimmigkeit. Konkret heißt das: Es ist mehr Frieden im Haus als je.

Beichtgespräch

Ich war bei Pater Bernhard in Marienstein zu einem langen Gespräch. Eine Bitte erfüllt sich, nämlich die um einen geistlichen Begleiter. Zum ersten Mal war ich bei ihm zur Beichte am Tag vor meiner Aufnahme in die Kirche, zum zweiten Mal am Karsamstag und gestern zu einem Gespräch.

Marienstein ist eine Wallfahrtskirche auf halber Berghöhe. Neben der Kirche ist ein ausgezeichnetes Gasthaus und hundert Meter weiter, steil den Berg hinauf, das Minoriten-Kloster. Über der Klosterpforte auf dem Dach steht überlebensgroß eine Marienstatue, die apokalyptische Frau mit dem Sternenkranz ums Haupt.

Ich darf um 18 Uhr an der Vesper der Ordensbrüder teilnehmen. Psalmen werden im Wechsel Satz für Satz gelesen mit einem kurzen Halt zwischen den Satzteilen. Danach werde ich zur irdischen Vesper mit den Hausgästen des Klosters eingeladen. Die Patres essen im Refektorium.

Nun hat Pater Bernhard Zeit für mich. Ich habe Fragen zur Beichte, zur Gebetspraxis und zur Situation mit meiner Mutter.

Was soll ich beichten?

Pater Bernhard weitet mein Bild von der Beichte: Das Bekenntnis ist nur ein Teil, die Begegnung mit Ihm ist das Entscheidende. Auch Positives soll in der Beichte mitgeteilt werden. Was hat Gott an Gnade an mir gewirkt? Wenn man nur das Bekenntnis sieht, dann ist das wie ein Junge, der die Großeltern nur deswegen besucht, weil sie ihm Geld schenken. Er übersieht, daß die Großeltern sich freuen, wenn er kommt, und vielleicht wird er eines Tages traurig sein, wenn er entdeckt, daß es mit den Großeltern viel mehr hätte sein können.

Es ist gut, vor der Beichte zu beten: »Herr, zeige mir, was ich sagen soll.« Wie die Blinden von Jericho. Sie schreien laut, und als man sie stillschweigen heißt, schreien sie noch lauter: »Herr, Sohn Davids, hab Erbarmen mit uns.« Jesus fragt: »Was soll ich euch tun?«, und sie antworten: »Herr, wir möchten, daß unsere Augen geöffnet werden.« (Mt 20,29–34)

Schwere Sünden müssen gebeichtet werden, aber bei den sogenannten läßlichen Sünden besteht keinerlei Zwang oder Notwendigkeit, alles zu sagen, nur das Wesentliche. Es gibt Dinge, die ich vor mir selbst gerne verschleiern will, vielleicht Kleinigkeiten, die mir peinlich sind. Die Scham vor dem Beichtvater hört auf, wenn sich Vertrauen entwickelt und ich mich angenommen weiß. Wichtig ist, vor *mir selbst* nichts zu verbergen. Wenn man den scheinbaren Kleinigkeiten nachgeht, dann erweisen sie sich manchmal als Ranken, in denen das Christsein verfangen ist. Oft sind wir selbst dafür blind.

Pater Bernhard sagt, daß er sich manchmal Vorwürfe gemacht habe, weil er Menschen nicht deutlich genug auf ihre Fehler hingewiesen habe. Aber er versteht seine Aufgabe darin, mitzugehen, so wie Jesus, der sich nach der Kreuzigung zu den verzweifelten und zutiefst enttäuschen Jüngern auf dem Weg nach Emmaus gesellt und den Weg mit ihnen zu Ende geht. Pater Bernhard ist sich über die Grenzen seines Mitgefühls bewußt und will deswegen lieber keinen Rat geben, nur begleiten.

Ich frage, wie es ist, wenn ich keine Reue empfinde, aber weiß, daß die Kirche eine bestimmte Handlung zur Sünde erklärt. »Reue ist eine Not wendende Gnade. Wenn man sich im Widerspruch zur kirchlichen Morallehre befindet, ist es wichtig, dies auszusprechen. Es kann sein, daß an irgendeiner Stelle ein Nerv durchtrennt ist und es deswegen nicht weh tut. Diese Stelle kann dann vielleicht heilen.«

Pater Bernhard betont noch einmal: Es muß nichts gesagt werden. Die Dinge haben Zeit. Es sei einmal ein Mann bei ihm gewesen, der habe bei der ersten Beichte überhaupt nichts gesagt, er habe nur geweint, weil er zu Ihm zurückgefunden habe. Zweieinhalb Jahre habe es dann gedauert, bis er sich habe öffnen können.

Das Bußsakrament ist die Erneuerung der Taufe. Taufe ist die Neuschöpfung des Menschen. Aber dennoch sündigen wir Menschen und trennen uns wieder von Gott. Im Sakrament der Buße begegnen wir dem Auferstandenen neu und versöhnen uns wieder mit Gott. Es ist die immer erneut notwendige Hinwendung und Umkehr zu Gott.

Ich frage, warum die Buße, die der Beichtvater auferlegt, so gering sei.

Buße, sagt Pater Bernhard, kommt von besser machen. Sie ist nicht nach rückwärts, sondern nach vorne gerichtet. »Es gibt keine Rechtfertigung vor Gott im Werk. Nur Gott rechtfertigt den Menschen.« Und doch geht es darum, daß ich eines Tages meinen Einsatz für andere bringen kann.

Wir sprechen über die Hölle.

Pater Bernhard sagt, er wüßte nicht, wo heutige Theologen die Berechtigung hernähmen, die Hölle für nicht existent zu erklären. Es gibt zu viele eindeutige Aussagen darüber in der Bibel. Den Kindern von Fatima, den Sehern von Medjugorje und vielen anderen Sehern wurde Einblick in die Hölle gewährt. »Ich flüchte mich in die Barmherzigkeit Gottes«, sagt er. Trotz allem Leid, trotz aller Enttäuschung, die der Mensch durchleben muß, glaube er fest daran, daß Gott den Menschen liebt, nicht nur aus Barmherzigkeit, sondern weil er zutiefst am Menschen interessiert sei und sein Heilsplan letztlich alles zum Guten wende.

Während ich zuhöre, wird mir bewußt, daß ich mit dem Eintritt in die katholische Kirche meinen Fuß in ein Meer von Geheimnis gesetzt habe. Dennoch spüre ich unter meinen Füßen festen Boden. Ich weiß, was ich zu tun habe, und kenne die Richtung. Die Wärme und Menschlichkeit des Mannes, der mir in seiner schwarzen Kutte gegenübersitzt, trägt viel dazu bei, daß ich mich auf dem rechten Weg weiß.

Zu meiner täglichen Gebetspraxis will ich ihn noch befragen. Wenn ich abends eindöse, hätte es doch keinen Zweck. »Das Gebet ist für den Tag da, nicht der Tag für das Gebet. Setzen Sie sich feste Zeiten, ein gutes Mittelmaß, und halten Sie diese ein, egal ob Sie schlafen oder nicht. Sie treten so, wie Sie sind, vor Gott, und wenn Sie vor Gott schlafen, macht das auch nichts.«

Er spricht davon, wie er betet. Jedes Beten ist gut, das Nähe schafft. »Wenn ich einen Film gesehen habe, der mich beschäftigt, rede ich mit Ihm darüber und gebe es Ihm. Ich gebe Ihm einfach alles.«

»Wie geht das, *geben?«*

»Einfach geben.«

Die Wirklichkeit dieses Gebens werde ich entdecken, je mehr ich Jesus ins Dunkle hinhalte. Allein, daß jemand so erfahrungsgesättigt von Ihm spricht, macht das leichter.

Zwei Stunden sitzen wir zusammen.

Am Ende empfange ich die Lossprechung und den Segen.

Als wir nach einem neuen Termin suchen, erzählt er mir, wie seine Woche aussieht. Ab und zu gibt es mal einen freien Dienstagabend. Das war heute. Ein eigenes Leben habe er nicht, so wenig wie eine Mutter mit kleinen Kindern. Er habe sich das eigentlich anders vorgestellt, aber vielleicht müsse man nur seine Vorstellung ändern.

Er wehrt ab, als ich mich bedanke. »Jeder hat eine eigene Gabe«, sagt er. »Ich verkündige die Armut des Herrn. Deswegen bin ich Franziskaner geworden.«

Zuletzt spricht er noch ein Gebet.

> Unter deinen Schutz und Schirm fliehen wir, o heilige Gottesgebärerin; verschmähe nicht unser Gebet in unseren Nöten, sondern erlöse uns jederzeit von allen Gefahren, o du glorwürdige und gebeneidete Jungfrau, unsere Frau, unsere Mittlerin, unsere Fürsprecherin. Versöhne uns mit deinem Sohne, empfiehl uns deinem Sohne, stelle uns vor deinem Sohne. Amen.

Mir scheint, daß hier wieder eine gütige Führung waltet.

Der dicke Knoten

Mein Auftrag und Vertrag vom Verlag lautet, daß ich ein Buch über Marienerscheinungen schreiben soll. Das Buch, das sich durch mein Leben schreibt, ist aber kein Buch über Marienerscheinungen, sondern über die Umkehr, zu der Maria bei allen Erscheinungen aufruft. Maria »geht durch unsere Straßen«, wie sie sagt, um das zu bewirken: daß wir uns umdrehen zu Gott, zu Christus, ihrem Sohn.

Nachdem die Lektorin gelesen hat, was bisher vorliegt, erlaubt sie mir erstaunlicherweise die Kehrtwendung. Sie sagt: »Machen Sie weiter so.«

Sie schreibt mir Lobendes, aber auch Kritisches. Das Kritische lautet so:

»Es muß ja kein Happy-End geben, aber nur aufgewühlte Gefühle, Kummer und Zweifel wären ja auch einem Marienbuch wenig angemessen.«

Sie hat vollkommen recht. Nur daß ich keinen Roman schreibe. Es liegt nicht in meiner Hand. Ich beschreibe meinen Prozeß der Umkehr, und mein Beitrag ist größtmögliche Wahrhaftigkeit. Ich habe das Buch Maria geweiht und gebe diese Wünsche an sie weiter; es sind meine eigenen. *Sie* ist die Knotenlöserin. Als solche wird sie in der Kirche St. Peter am Perlach in Augsburg verehrt und angerufen:

Heilige Maria, Gottesmutter und Jungfrau voller Gnaden,
du bist unsere Knotenlöserin!

Mit deinen Händen voll Liebe Gottes lösest du
die Hindernisse auf unserem Weg wie einen Knoten,
der unter deinen Händen alle Hinderlichkeit verliert und
zu einem geraden Band der Liebe Gottes wird!

Löse, du heilige, wunderbare Jungfrau und Mutter,
alle Knoten,
die wir uns selber bereiten durch unseren Eigenwillen,
alle Knoten, die vor uns unseren Weg hindern.

Leuchte du mit deinen Augen darüber,
daß alle Knoten durchsichtig werden und
wir voll Dankbarkeit das Unlösbare
mit deinen Händen lösen können! Amen.

O Maria, Knotenlöserin,
sei du unsere liebe Mutter und nimm unsere Hände
und mache sie so lösend, daß deine Hände durch unsere Hände
Frieden und Lösung und Hilfe bringen. Amen.

Der dicke Knoten ist die Beziehung zu meiner Mutter. Es war Freude in mir, als ich den Entschluß gefaßt hatte, meine Mutter zu mir zu nehmen.

Meine Mutter erlebt mich verwandelt und führt es auf meine Konvertierung zurück. Aber nach und nach wird das alte Programm wieder aktiviert, und das Gefühl, neuen Boden unter den Füßen zu haben, schwindet.

Marienverehrung eine Gefahr?

Ich telefoniere mit Helmut, meinem Mitkonvertiten. Nach einer Weile stellt er fest, daß wir beide jammern. Ob ich den Rosenkranz bete, fragt er mich. Da wird mir bewußt, daß das schon wieder ins Schleifen geraten ist, ohne daß ich es recht gemerkt habe – ich tue doch jeden Morgen etwas, denke ich, sogar abends saß ich häufig an meinem Gebetsplatz – und? Warum komme ich wieder ins Schwimmen? Wenig Gebet. Zweimal bin ich, statt zu Hause zu beten, in die Morgenmesse gegangen. Ich hörte die Glocken und habe mich rufen lassen. Nun merke ich, daß die Messe das Gebet keineswegs ersetzt. Die Messe ist eine Feier, das Gebet ist Arbeit; beide Male ist es ein Austausch von Geben und Nehmen, aber der Einstieg liegt in der Messe beim Nehmen und im Gebet beim Geben. Dieses Geben darf nicht fehlen, sonst schwimmen mir die Felle weg.

Ich stehe am nächsten Sonntag rechtzeitig auf, um vor der Messe noch den Rosenkranz beten zu können: »Gegrüßet seist du, Maria, voll der Gnade. Der Herr ist mit dir. Du bist gebenedeit unter den Frauen und gebenedeit ist die Frucht deines Leibes, Jesus« – und nun das erste Geheimnis –, »den du vom Heiligen Geist empfangen hast«.

Wie war Maria, daß sie vom Heiligen Geist empfangen konnte? »Ich bin die Magd des Herrn«, hat sie dem Engel zur Antwort gegeben. Sie hat sich ganz und gar zur Verfügung gestellt. So konnte sie der Heilige Geist überschatten und den Samen in sie legen, der sie fruchtbar gemacht hat, so daß sie zur Gottesgebärerin wurde.

Was bedeutet das für mich? Wie kann ich *Magd des Herrn* sein? Was halte ich zurück? Wie steht es mit meiner Bereitschaft, Gott und den Menschen zu dienen? Welche Widerstände, Ängste, welchen Eigenwillen entdecke ich in mir, um deren Auflösung ich bitten will?

Indem ich zu Maria hinschaue, steigen diese betrachtenden Fragen in meiner Seele auf, und ein Prozeß kann beginnen. Ein

Raum eröffnet sich, in dem sie aktiv werden kann, in dem sie mich lehren kann. Sie kann mich um so mehr lehren, je mehr ich sie liebe, ich liebe sie um so mehr, je mehr ich sie kennenlerne, und ich lerne sie kennen, indem ich bete. Die Mystikerin Adrienne von Speyr schreibt in ihrem Buch »Magd des Herrn:«

> Sobald sie aber in irgendeiner Seele auch nur die kleinste Ähnlichkeit mit ihrem Jawort wahrnimmt, gleitet sie hinein und hilft die Seele so ausweiten, daß diese bereit wird für die Aufgaben des Sohnes …
> Eine besondere Wachsamkeit entfaltet sich dort, wo einer um die Kraft des Glaubens ringt und betet. Denn sie liebt die Menschen und ihren Sohn so sehr, daß sie keinen größeren Wunsch hat, als beide zusammenzubringen. So erfindet sie alles, um den Suchenden zum Glauben hinzuziehen und ihm das Verständnis dafür beizubringen, bis daß er, durch das Zarte, Duftige und so ganz Einfache ihres Glaubens und Jasagens angezogen und mitgenommen, den Übergang nicht mehr als einen Sprung ins Leere empfindet, sondern als einen wirklichen Schritt, den er menschlich zu setzen vermag. Sie zeigt ihm ihren Alltagsdienst im Glauben und führt ihn aus dem Geringen ganz sachte zur gesteigerten Hingabe. •

Innerhalb der Kirche ist die Stellung Marias im Heilsplan Gottes, also im Erlösungswerk Jesu Christi, heftig umstritten. Auf der einen Seite wird der Platz, den sie im Glaubensleben vieler Gemeinden einnimmt, immer schmaler, weil sie ja, wie an den Hochschulen gelehrt wird, »eine ganz normale Frau« ist. Auf der anderen Seite entfaltet sie durch ihre Erscheinungen eine ungeheure Dynamik auf dieser Erde. Gegen die marianische Erneuerungsbewegung wehren sich viele Pfarrer. Warum? Was fürchten sie? Worin besteht die »falsche Marienfrömmigkeit«?

Wenn es die Aufgabe des Menschen ist, in freier Hingabe zu Gott zurückzufinden, und wenn die Religion dazu da ist, uns in den Strom der Gnade zu stellen, damit aus dem »alten Menschen« ein »neuer Mensch« werde, dann ist alles gut, was uns auf dem Weg der Transformation vorantreibt und zieht, und alles schlecht, was uns auf diesem Weg hindert. Die Frage ist also: Welche Art von Marienverehrung fördert den inneren Wandel, welche hindert ihn?

• Adrienne von Speyr: Magd des Herrn, S. 177f.

Es ist eine Begrenzung Marias, wenn wir sie nur als Puffer für die Notfälle des Lebens in Anspruch nehmen. Wir rufen sie um Hilfe an, wenn es dick kommt. Es scheint, daß sie keine Bedingungen stellt und sich als Mutter von jedem ihrer Kinder, in welcher Situation auch immer, zur Hilfe bewegen läßt.

> Wer hat je umsonst deine Hilfe angefleht?
> Wann hast du vergessen ein kindlich Gebet?
> Drum ruf ich beharrlich im Kreuz und im Leid.
> Maria hilft immer! Sie hilft jederzeit!

Wenn Religion aber ein Weg der Transformation ist, welche Rolle spielt dabei Maria? Dem, was man verehrt, wird man ähnlich. Spricht irgend etwas dagegen, ihr ähnlich zu werden? O ja, unser Ego! Es schreit Zeter und Mordio und versteckt sich hinter Angst und Drohungen, wir würden alles verlieren, was das Leben lebenswert macht. Und wenn wir von unserem eigenen Ego absehen? Lieben wir nicht Menschen, die etwas von Maria an sich haben, etwas von ihrer Sanftmut, ihrer Güte, ihrer Stärke, ihrer Demut, ihrer Würde? Hätten wir nicht alle gerne Mütter, die so sind wie Maria? Hätten unsere Kinder nicht gerne Mütter, die so sind wie Maria? Was also spricht dagegen, sie in unser Leben hereinzubeten?

Am See

An einem der ersten warmen Frühlingsabende sitze ich am See, der nur fünf Minuten von der Haustüre entfernt ist – ein Umstand, für den ich immer wieder danke. Die Bank steht an einer etwas erhöhten Stelle, wo das Ufer ein paar Meter steil abfällt. Durch die Kiefern, die am Abhang wachsen, schimmert der zartblaue See in der untergehenden Abendsonne. Ich sitze still in der Schönheit.

Was wissen die Fische von den Vögeln? Ab und zu sehen sie einen Schatten übers Wasser gleiten, wenn sie nicht mit Fressen beschäftigt sind und mal nach oben schauen. Und manchmal springt einer aus dem Wasser, da bleibt ihm die Luft weg und die Augen gehen ihm auf. Vielleicht erzählt er seinen Mitfischen aufgeregt vom Licht und der Schönheit und dem fliegenden Vogel, den er gesehen hat. Das sind die Gipfelerlebnisse der Fische. Die anderen werden ihm das glauben oder auch nicht, und manch einer wird es selber wissen wollen und irgendwann den Sprung wagen. Die Welt über dem Wasserspiegel ist ganz nah und doch für den Fisch ganz und gar fremd und unerreichbar.

Vielleicht sind wir in der gleichen Lage, was den Himmel angeht. Er ist ganz nah, so nah wie Luft und Erde für die Fische, und doch ist er für uns gewöhnliche Sterbliche fremd und unerreichbar. Der Zeitgeist hämmert uns ins Bewußtsein, daß es nichts anderes gibt als »Wasser und Algen«, da aber dieses Wasser immer schmutziger und trüber wird, glauben das immer weniger Menschen. Und es gibt in allen Zeiten und in allen Völkern dieser Erde die Kunde von der anderen Welt und ihren Bewohnern, überbracht von Menschen, die so leicht geworden sind, daß sie in beiden Welten leben können. Das sind die Mystiker und die Heiligen. Liest man über ihr Leben, so scheint es, daß sie leicht geworden sind durch Einwilligung ins Leiden.

8. Mai, Christi Himmelfahrt

Mich befällt, wie letztes Jahr auch, an diesem Tag Traurigkeit. Jesus entschwindet. Er wohnt nicht mehr unter uns. Der Pfarrer aber predigt über unseren Grund zur Freude. *Seid gewiß, ich bin bei euch alle Tage bis zum Ende der Welt.* Jesus wurde Mensch, wurde getötet, ist auferstanden in einem Leib, der aß und trank und den die Jünger berühren konnten. *In diesem Leib* fährt er in den Himmel auf. Damit, so sagt der Pfarrer, eröffnet er diese Möglichkeit für *alle* Menschen, eine Möglichkeit, die vorher nicht gegeben war.

Es fällt mir schwer, das zu glauben. Was ist mit den erleuchteten, gottverwirklichten Menschen vor Christus? – Ich muß keine Antwort darauf haben. Zunehmend weniger bedrücken mich die Einwände meines Verstandes gegen katholische Glaubenssätze, weil es für mein Handeln nicht notwendig ist, daß ich darauf eine Antwort habe. So lasse ich die Frage stehen im Vertrauen, daß ich der Antwort innewerde, wenn es an der Zeit ist.

Auf dem Heimweg von der Kirche ergreift mich große Freude, daß ich zur Kirche gefunden habe. Mein Leben hat sich in alle Richtungen mächtig erweitert. Nach unten in zweitausend Jahre Christentum; nach oben in den Himmel und horizontal zu dem ganzen katholischen Volk rund um die Erde mit seinen Kirchen, Gebräuchen und heiligen Stätten.

Ich beginne über Marthe Robin zu lesen, eine Stigmatisierte unserer Zeit. Sie lebte in völliger Verborgenheit – eine sprudelnde Quelle der Liebe, die viele Ordensneugründungen inspiriert hat. Als ihr kleiner Sarg am 6. Februar 1981 zum Friedhof getragen wurde, war es ihr »erster Ausgang« nach fünfzig Jahren. Es ist unfaßbar, daß einer unserer Mitmenschen sich entscheiden kann, das Leiden des Gekreuzigten ein Leben lang Woche für Woche zu erdulden, um durch eine im Geheimnis verborgene Alchimie des Leidens unsere Seelen zu retten. So weit gespannt ist die Freiheit, die uns gegeben wurde: von einem Hitler oder Stalin, die für Millionen Tote und unermeßliches Leid verantwortlich sind (heute vor 52 Jahren endete ihr blutiges Rasen), bis zu einer Marthe Robin, die durch ihr freiwilliges Leiden vielleicht Millionen Seelen erlöst.

Mutter und Muttergottes

Vergeben

Über das Thema Mutter kommt es, statt zu einem vernünftigen Gespräch, zu heftigen Wortwechseln mit meinem Bruder am Telefon. Beide fühlen wir uns verletzt, können uns aber in unserer Verletztheit nicht zeigen und nicht sehen und fallen statt dessen übereinander her. Porzellan wird zerschlagen. Das ist ein Jammer, denn das Porzellan ist mir kostbar.

Einen Tag lang verbringe ich im inneren Dialog mit ihm, getrieben von dem Wunsch, daß *er* zur Einsicht kommen möge.

Abends beim Gebet bitte ich um Selbsterkenntnis.

Morgens beim Gebet bitte ich wieder um Selbsterkenntnis. Ich schlage »Das Goldene Buch« auf, und es öffnet sich beim Abschnitt »Gewissenserforschung«:

> Wir können den Weg zu Gott nicht ohne Selbsterkenntnis betreten. Wer sich Gott ganz hingeben will, muß zunächst wissen, was er in Wahrheit selber ist. Jesu Mahnung: »Richtet nicht! So werdet ihr nicht gerichtet. Denn das Urteil, das ihr fällt, wird über euch gefällt, und mit dem Maße, mit dem ihr meßt, wird euch gemessen werden. Was siehst du den Splitter im Auge deines Bruders, und den Balken in deinem eigenen Auge beachtest du nicht? Oder wie kannst du zu deinem Bruder sagen: Laß mich den Splitter aus deinem Auge ziehen, und siehe, in deinem Auge steckt ein Balken. Du Heuchler, zieh erst den Balken aus deinem Auge! Dann magst du sehen, wie du den Splitter aus dem Auge deines Bruders ziehst.« (Mt 7,1–6)[•]

Das ist wie ein Peitschenhieb, ein heilsamer, und einer, der mir zeigt, daß mein Gebet erhört wurde. Ich verbringe den Rest des Tages damit, mir den Balken in meinem eigenen Auge anzuschauen. Jetzt ist es plötzlich möglich.

Ich sehe, da ist immer noch der Bodensatz, der, wenn daran gerührt wird, hochquillt und das Wasser trübt. Der Dreck ist immer wieder über längere Phasen auf den Grund gesunken, und ich

---

[•] Ludwig Maria Grignion von Montfort: Das Goldene Buch, S. 378f.

konnte glauben, das Wasser sei nun endlich klar. Allerdings war es nötig, gewissen Situationen auszuweichen, bei denen die Gefahr drohte, daß im Untergrund herumgestochert werden könnte, und ihnen weinend zu entfliehen, wenn es doch geschah. Ich will großreinemachen.

Was ist dieser Schlamm, was ist der Balken, der mich hindert, klar zu sehen?

Ich mache mir bewußt und schreibe auf, welche Äußerungen meiner Nächsten negative Gefühle auslösen. Ich schreibe die Glaubenshaltungen auf, die als Bindeglied zwischen dem äußeren Auslöser und den negativen Gefühlen fungieren und die deswegen so gut funktionieren, weil sie mit einem Gefühl der »Berechtigung« daherkommen (Ich grolle, *weil* ...). Ich verfolge die einengenden Wirkungen dieser Glaubenshaltungen in meinem Leben.

Ich sehe, daß ich immer noch offene Rechnungen mit mir herumtrage, als wären sie ein Guthaben, das noch jemand einzulösen hätte. Die Einsicht ist nicht neu. Neu ist die Kraft dieser Einsicht: Daß ich *zu meinem eigenen Wohl* diese Rechnungen unbedingt schließen muß. Sie sind kein Guthaben, sondern Bleikugeln, die an meinen Füßen hängen. Niemanden interessiert die Frage der »Gerechtigkeit« auch nur im geringsten.

Vergib uns unsere Schuld, wie auch wir vergeben unsern Schuldigern. Täglich bete ich doch diesen Satz. Was würde es nützen, wenn Gott unsere Schuld vergibt, wir aber einander nicht vergeben? Es käme kein Frieden.

Ich schreibe »Schuldscheine« und trage diese jetzt mit mir herum. So kommen sie vom emotionalen Bodensatz ins Bewußtsein. Ich will sie mir täglich anschauen, bis ich sie aus ganzem Herzen und ohne Rest ins Feuer werfen kann. Für das Restlose ist Maria zuständig.

Solange mir mein Gefühl sagt, es schulde mir jemand etwas, ist es nicht möglich, ins Geben zu kommen, ist es nicht möglich, dankbar zu sein, ist es nicht möglich, mich für die Fülle des Lebens zu öffnen.

Am folgenden Sonntag fahre ich zu meiner kleinen Kapelle mit der schwarzen Madonna am Waldrand. Ich bringe ihr meine drei Schuldscheine, bete über jedem das Gebet zu Maria, der Knotenlöserin, und verbrenne einen nach dem anderen vor ihren Füßen. Es bleibt in der Asche ein Fetzchen Papier übrig mit einem M darauf. Das nehme ich mit, die Asche blase ich in den Wind.

Freude und Leichtigkeit greifen um sich seit diesem Stück Arbeit.

Ohne daß ich meiner Mutter ein Wort davon gesagt hätte, leuchtet in den nächsten Tagen Liebe zwischen uns auf. Sie sagt:

»Wie schön, daß ich bei dir sein kann! Ich lerne dich ja jetzt erst kennen.«

Wir bilden uns ein, Vergeben sei eine großmütige Tat zu Gunsten eines anderen. In Wahrheit befreien wir uns dadurch selbst aus unseren Verstrickungen.

Wiederfinden

Beim Beten geht mir etwas auf vom fünften freudenreichen Geheimnis: »... Jesus, den du im Tempel wiedergefunden hast.« Drei Tage lang haben Maria und Josef das Kind gesucht, das plötzlich auf dem Rückweg von der Pilgerreise nach Jerusalem verschwunden ist. Jede Mutter, die ein Kind auch nur für ein paar Stunden verloren hat, kann sich einfühlen, wie furchtbar es ist, wenn man drei Tage lang nach seinem Kind sucht. Als sie Jesus schließlich finden, sagt Maria: »Kind, wie konntest du uns das antun? Dein Vater und ich haben dich voll Angst gesucht.« Da sagte er zu ihnen: »Warum habt ihr mich gesucht? Wußtet ihr nicht, daß ich in dem sein muß, was meines Vaters ist?« (Lk 2,48–49)

Es ist eine ganz konkrete Vorübung auf Karfreitag, Karsamstag und Ostersonntag. Maria mußte durch die Angst gehen und im Glauben bleiben. Nur so konnte sie die Erfahrung machen, daß sie ihn tatsächlich wiederfindet *in dem, was meines Vaters ist.* Der zwölfjährige Jesus beginnt seine Mutter zu lehren. Wäre er Kind geblieben und hätte um die Erlaubnis gebeten, im Tempel zu bleiben, so hätte er ihr diese Erfahrung nicht schenken können, die ihr helfen wird, wenn in der Kreuzigung die Anforderung an ihre Glaubenskraft alles menschliche Maß übersteigt. Sie hat ihn schon einmal *drei Tage* lang verloren *und wiedergefunden.*

Die scheinbar mitleidlose Härte der Antwort Jesu an seine Mutter wird von manchen heutigen Theologen als ein Zeichen dafür genommen, daß das Verhältnis Jesu zu seiner Mutter keineswegs so liebevoll war, wie wir das gerne hätten. Dieselben Theologen ziehen in Zweifel, daß Jesus sich von Anfang an seiner Gottheit bewußt gewesen sei, sie halten vielmehr dafür, Jesus sei so vollständig Mensch gewesen, daß ihm erst im Mannesalter seine Gottessohnschaft und Sendung offenbart wurde.

Solche Deutungen tun mir nicht gut. Es gibt in diesen Dingen keine faktische Ebene des Beweises. Warum also so deuten? Es wird dadurch ein weiteres Bild zerstört, das unserer Seele die frohe

Botschaft einprägt: das segnende Jesuskind auf dem Arm Marias, wie wir es in fast jeder Kirche sehen. Ein Jesuskind, das sich seiner Gottheit nicht bewußt ist, kann nicht segnen.

Unverhofft geschützt

Immer mal wieder habe ich Kordula von meinen Erfahrungen bei der Visionssuche erzählt. Ich habe mich diesem strengen Ritual zweimal unterzogen, zum ersten Mal fünf Jahre vor meinem Kircheneintritt auf einer kleinen kroatischen Insel, einmal mit Vor- und Nachsorge in einer Gruppe im Tessin.

Visionssuche, das geht so: Man verbringt vier Tage und Nächte fastend allein in der Natur, nur mit einem Schlafsack, einem Regenschutz, vielleicht einem Zelt bestückt und ausreichend Wasser.

Das Ritual zur Anrufung des großen Geistes stammt aus der indianischen Kultur. Es markiert den Übergang von der Pubertät ins Mannesalter. Auch Christen haben zu allen Zeiten in der Einsamkeit gefastet, um sich für den Heiligen Geist zu öffnen.

Es ist eine sehr intensive Konfrontation mit der eigenen Geringfügigkeit, wenn man alles abstreift, was einem sonst Sicherheit und Identität gibt. Die Zeit vergeht unerbittlich langsam, kein Lichtschalter, mit dem man sich der Nacht entziehen könnte, keine Mauern, die einen von Tieren, Pflanzen, Gerüchen, Geräuschen, Kälte, Hitze, Regen, Wind isolieren. Geschwächt durchs Fasten, werden die Sinne fein und die Natur gesprächig. Man geht hinaus mit einer Frage, einem Lebensknoten, und die Chancen sind groß, daß man Antwort und Lösung findet. Ich fand auf der kroatischen Insel eine Frage, auf die dieses Buch der Beginn einer Antwort ist.

In der vierten und letzten Nacht baute ich einen Steinkreis, um darin die Nacht zu durchwachen. Die Steine symbolisieren den eigenen Mikrokosmos, die Menschen, die Lehrer, die Fragen, die Probleme, die göttlichen Personen, auf die man bezogen ist. In meinem Steinkreis gab es einen Stein für Christus und einen Stein für meinen Beruf.

Ich hielt es für ausgeschlossen, daß ich fähig sein würde, die Nacht zu durchwachen. Die Zeit bleibt stehn in der nackten Konfrontation mit sich selbst, und die Müdigkeit legt sich schwer auf die Schultern. Nach Mitternacht gab ich auf und schlief ein. Die Ratte, die mich in allen Nächten begleitet hatte, war auch diesmal wieder um mich. Ich hörte sie sagen: »Unsere Schwester schläft.« Langsam, unendlich langsam, wurde es hell. Ich war enttäuscht. So große Anstrengung und keine Vision.

Ich packte meine sieben Sachen zusammen und hatte, bevor ich von meinem Mann abgeholt wurde, nur noch eins zu tun: mich von jedem Stein zu verabschieden. Der letzte Stein war mein Berufsstein. Ich schaue ihn an und sehe darin, wie von Leonardo in die Maserung des Steines gezeichnet, überirdisch schön das Antlitz Christi. Ich schaue mit einer Art sachlichem Interesse, sehe auch alles andere, wie ich es immer sehe. Ich wickle den Stein in ein Seidentuch und nehme ihn mit. Seitdem liegt er auf meinem Altar und als Frage in meiner Seele.

Sechs Jahre später sagt Kordula eines Tages, sie sei bereit. An Pfingsten wollen wir uns aufmachen. Jeder für sich, aber so, daß wir uns einmal am Tag ein Lebenszeichen geben.

Nun werde ich schwankend, scheue zurück vor der Riesenanstrengung. Eigentlich wäre mir viel mehr nach Umsorgtwerden zumute. Ich habe eigentlich auch keine Frage, muß nur beharrlich einen Fuß vor den anderen setzen.

Einen Tag vorher entscheide ich mich doch noch dafür. Der strahlende Himmel ist ausschlaggebend – kein sehr verläßlicher Grund in bayerischen Bergen.

Wir wollen einen Platz in der Nähe von Marienstein suchen, um im Dunstkreis des Klosters zu sein und vorher und hinterher die Messe zu besuchen. Der einsame Platz, zu dem uns einer der Patres führt, erweist sich als belegt: Ein Bierkasten steht neben einem brennenden Feuer, und die dazugehörigen Männer tauchen hinter den Bäumen auf. So suchen wir im nächsten Tal und landen auf zwei Hügelkuppen, von denen aus wir einander einmal am Tag zuwinken wollen.

An einen Baum gelehnt, sitze ich viele Stunden und schaue hinunter ins Tal, das von den Bergen wie von zwei großen, mächtigen Armen umfangen ist. Es ist windig, und nach und nach ziehen ein paar Wölkchen auf. Eine Stunde später sind es schon Wolken, und nachdem die Sonne hinter den Bergen verschwunden ist, fängt es leicht an zu regnen. Was tun?

Leichtfertig motiviert vom schönen Wetter, habe ich nicht gut für mich gesorgt und keinen Regenschutz eingepackt. Der Schlafsack hält der Nässe nicht stand. Zurück zum Auto zu gehen, wäre die schlechteste Lösung. Ein Stück unter mir sehe ich einen dunklen Fleck, der nach Hütte aussieht. Ich packe meine sieben Sachen zusammen und mache mich auf den Weg, der kein Weg ist, sondern bald in knöcheltiefen Matsch führt. Ich ziehe meine Stoffturnschuhe aus und gehe barfuß. Auf der einen Seite senkrecht aufragende Felsen, auf der anderen Seite Wald am abfallenden Hang. Es regnet, es dunkelt, es grummelt, kurzum, es ist sehr ungemütlich. Vor Gewitter in den Bergen habe ich Angst. Da leuchtet etwas hell in der Felswand. Ich schaue und traue meinen Augen nicht: Eine Grotte tut sich auf unter dem überhängenden Fels, etwa zehn Meter lang und fünf Meter tief, und in dieser Grotte steht auf einem hoch im Fels angebrachten Brett, das mit einem weißen Tuch mit Spitzenrand bedeckt ist, eine große Marienstatue, zu ihren Füßen gut zwanzig dicke Kerzen. Ihr gegenüber auf dem Boden ein Kruzifix mit Heiland und zwischen den beiden auf halber Höhe der Erzengel Michael, der den Drachen tötet. Eine Tafel klärt mich darüber auf, daß ich mich in der Klause eines Einsiedlers befinde, der hier jahrzehntelang gelebt hat. Jetzt kommen die Menschen offenbar noch zum Beten an diesen verschwiegenen Ort.

Ich bin in Sicherheit. Es darf jetzt schütten, donnern und blitzen – mir kann hier nichts geschehen. Ich breite meinen Schlafsack auf dem harten Boden aus, zünde eine Kerze an, durch die die Nacht erst richtig schwarz wird, gehe in der Grotte auf und ab und bete.

Unendlich viele Möglichkeiten hätte es gegeben, nicht an diesen Ort zu finden. Er ist mir zugefallen aus einer führenden Hand. Sie sagen es ja alle, die sich zu Maria geflüchtet haben: Sie sorgt für ihre Kinder.

Am nächsten Tag scheint wieder die Sonne. Ich steige hinauf zu meinem Platz, fühle mich schwach vom Fasten, weiß nicht recht, warum ich hier bin. Die Lektion, so scheint es, habe ich schon bekommen.

In den Morgenstunden der zweiten Nacht entschließe ich mich, ins Kloster zurückzugehen. Als ich den Hügel zu Kordula hinaufsteigen will, kommt sie herunter. Alle hundert Meter muß sie Pause machen, weil sie sich so schwach fühlt. Sie will trotzdem bleiben, allerdings nicht nur bei Wasser, sondern auch bei Brot. Dinge zu Ende zu führen, ist ihre Stärke. Immerhin hat sie ein Zelt dabei. Wir brechen zusammen das totale Fasten und Schweigen und trennen uns, ich zurück ins Kloster, sie wieder hinauf auf den Berg.

Etwas beschämend ist es, früher als geplant an der Pforte zu klingeln. Aber die Patres haben es dauernd mit der menschlichen Schwäche zu tun und sind so nett wie zuvor. Mehr denn je genieße ich die Geborgenheit an diesem Ort, der von einer überlebensgroßen Marienstatue auf dem Hausdach beschützt wird. Die Natur hat ihr Hochzeitskleid an, die Bäume sind mit weißen Blüten übersät, die Wiesen bunt getupft. In der Maisonne spaziere ich den Bergweg entlang: »Geh aus mein Herz und suche Freud in dieser schönen Maienzeit ...«

Am letzten Tag habe ich ein Beichtgespräch mit Pater Bernhard. Wir sprechen über die Erfahrung draußen in der Natur. Es war ja deutlich, daß die Patres skeptisch waren hinsichtlich unseres Vorhabens. Pater Bernhard erläutert: Maria war keine Büßerin, keine Asketin, keine Einsiedlerin. Ihr Weg ist Freiheit durch Bindung *im System,* ein Weg, der ganz und gar unauffällig ist.

Nicht nur Seele und Geist, auch mein Leib wird gut ernährt an diesem Ort. Es ist ein familiärer Betrieb, und es ergeben sich im Speiseraum schöne Gespräche mit anderen Menschen, die hier Ruhe und Erquickung suchen.

Bei der Abrechnung sucht Pater Klaus nach Gründen für Nachlässe: »Studentin«, »Mutter« ... Es läuft auf einen milden Obolus hinaus.

Mir rufen diese Tage zu: So kann das Leben blühen und gedeihen, wenn es in Gott gegründet ist.

Eine Rose von Therese

Ich laboriere an einer schmerzhaften Kränkung von einem Nächsten, bei dem ich auf Wohlwollen eingestellt war und niemals Mißgunst erwartet hätte.

Ich reagiere wie gewisse Muscheln im Meer, die abrupt zuschnappen, wenn man mit einem Strohhalm in ihre Weichteile sticht. Mein Kommunikationsradius schrumpft schmerzhaft zusammen; ich funktioniere, wie es erwartet wird, und fühle mich jämmerlich. Ich tue und sage nichts Böses zum Adressaten, aber gerate am nächsten Tag in Wortwechsel mit allen drei Kindern, die nichts damit zu tun haben. Ich sehe meine Bedürftigkeit, beobachte meine lächerlichen, rachsüchtigen Gedanken, bitte darum, daß ich aus dem Schlechten nicht noch mehr Schlechtes mache, frage, was ich daraus lernen soll, und finde die Antwort, die immer paßt und immer schwer zu tun ist: Loslassen! Spreche immer wieder mit Maria: Hier, da hast du's, so bin ich jetzt, ich komm nicht raus ... hol du mich raus! Arbeitszeit bleibt ungenutzt. Schließlich geht es noch eine Drehung tiefer in die Selbstentwertung. Dafür ist meine Arbeit immer ein gefundenes Fressen.

Am Nachmittag des darauffolgenden Tages sitze ich wartend in einer Arztpraxis. Ich schlage das kleine Büchlein von Theophan

Beierle über Therese von Lisieux auf: »Ein Weg für alle«.* »Freude bereiten« heißt das Kapitel. Dort wird Therese zitiert: »Ich habe viel gelitten, sehr viel sogar, geweint habe ich nur bei Maria!« ... »So wird das Lächeln Thereses strengstes Werkzeug ihrer körperlichen und seelischen Buße.« Ich lese das, und es erscheint mir als ein Ding der Unmöglichkeit, in diesem Zustand zu lächeln. Funktionieren geht gerade noch, aber lächeln, ja sogar Freude bereiten? Aussichtslos. Ich lese weiter über ihr Loblied auf die Schwachheit, das sie mit ihrer ganzen Existenz gesungen hat.

> »Therese hat durch diese zehn Jahre pausenloser Niederlagen hindurch gemußt, um schmerzlich zu erkennen und es nie wieder zu vergessen, wie unverändert schwach, klein, ja ohnmächtig sie blieb – bei allem Bemühen um Selbstheiligung. Also wird sie auch künftig niemals wieder der Versuchung nachgeben dürfen, aus eigener Kraft und durch eigene Anstrengung ihr Heil zu wirken. Sie weiß jetzt, daß der Mensch lediglich verantwortlich ist für das Bemühen, für den guten Willen. Aber die Verantwortlichkeit für den Erfolg ruht allein auf Gottes starken Schultern.«

Sie hat ihre Schwachheit so gründlich angenommen, daß sie schließlich sagen kann:

> »Mir erscheint die Vollkommenheit ganz leicht. Ich sehe, daß es genügt, die eigene Nichtigkeit zu erkennen und sich wie ein Kind in die Arme des guten Gottes fallen zu lassen.«

Plötzlich stelle ich überrascht fest: Die Muschel ist wieder aufgegangen! Die Bedürftigkeit, der Kummer sind wie weggeblasen.

Wie wunderbar, daß es all diese Heiligen gibt, die den Weg für uns gebahnt haben und vielleicht auf der anderen Seite effektiver für uns tätig sind, als sie es je auf Erden waren. Therese von Lisieux war davon jedenfalls zu Lebzeiten überzeugt. Sie würde »Rosen auf die Erde regnen lassen«, kündigte sie an.

---

* Theophan Beierle: Ein Weg für alle – Therese von Lisieux, Niederaula 1993.

Buddha und das Kreuz

Seit langem hege ich den Verdacht, daß mein Schlafplatz ungünstigen Erdstrahlen ausgesetzt ist. Ich entschließe mich deswegen, den Wünschelrutengänger, Herrn Brunner, kommen zu lassen, um das Haus abzugehen.

Herr Brunner ist ein eingefleischter Katholik. Vor Jahren hat er seine Arbeit mit einem dröhnenden »Im Namen des Vaters, des Sohnes und des Heiligen Geistes« begonnen. Er sieht in meinem Zimmer die Buddha-Statue auf der Kommode stehen und redet mir ins Gewissen: »Der Herr sagt: ›Du sollst keine anderen Götter haben neben mir.‹ Sie werden nie in die Tiefe des katholischen Glaubens kommen, solange Sie den Buddha hier stehen haben.«

Ich sage nichts dazu, aber ich bin wieder konfrontiert mit der alten Frage: Ist Christus der Erlöser der ganzen Welt, haben Christen also die Aufgabe, alle Völker zum Christentum zu bekehren? Jesus hat seine Jünger dazu beauftragt: »Gehet hin und lehret alle Völker!«

Betrachten wir die Frage einmal aus einer anderen Perspektive.

Gott liebt die Menschen. Er sieht, daß sie die geschenkte Freiheit nicht zu ihrem Wohl nutzen können, sondern große Leiden über sich bringen. Er will die Menschen in seiner Liebe einen. Er sendet seinen Sohn auf die Erde, um durch sein Leben, seine Lehre, sein Leiden den Menschen die Botschaft der Liebe zu überbringen und den Weg der Liebe begehbar zu machen. Inkarnation bedeutet, daß er sich den Bedingungen von Zeit und Raum unterwerfen muß, daß er also nur zu *einem* Zeitpunkt und an *einem* Ort Fleisch werden kann. Er muß ein Volk auswählen, in dem er seine Sendung beginnt. Tut das der Universalität dieser Sendung Abbruch?

Es ist eine Ahnung in mir, daß der Anspruch auf Erlösung der ganzen Welt seine Legitimation im Sühneleiden hat. Jesus hat die absolute Gewaltlosigkeit vorgelebt bis hin zum grausamen Tod. Das Kreuz ist das Erlösungszeichen, es fordert uns auf, aus Liebe füreinander zu leiden. Diese Bereitschaft bringt Frieden. Jeder Konflikt, jede Machtausübung, jede Gewaltanwendung, jeder Krieg hat seine Ursache darin, daß wir nicht bereit sind, füreinander zu leiden. Also ist die Botschaft universal.

Wenn die Botschaft gelebt wird, kann sie nur Gutes in die Welt bringen. Sie pervertiert in dem Maß, in dem Macht oder gar Gewalt eingesetzt werden, um Menschen zu bekehren – nach der Devise: Der Zweck heiligt die Mittel. Wo diese Devise angewandt wird,

wird die Heiligkeit des Zwecks sofort zerstört, und es bleibt menschliches Machtstreben, das Gottes Wirken ausschließt.

Meine Sache kann es also nur sein, den täglichen Kleinkrieg mit mir selbst zu führen, um mich für die Gnade zu öffnen, die mich mehr und mehr in die Liebe führt. In dem Maß, in dem ich in die Liebe komme, wird sich der Radius dieser Liebe ausweiten. Über mehr muß ich nicht entscheiden.

Und der Buddha auf meiner Kommode?

Tatsächlich ist jedes Bedürfnis, in einer anderen Religion Nahrung zu suchen, verschwunden. Ich habe alle Hände voll zu tun, das umzusetzen, was mich die katholische Religion lehrt, und mich für das zu öffnen, was sie schenkt.

Eines ist klar: Jeder religiöse Weg verlangt vollständige Hingabe. Kommen wir dazu, wenn wir uns auf dem Supermarkt der Weltreligionen das herauspicken, was uns gerade schmeckt?

Religion ist anziehend wegen ihrer Verheißungen und abstoßend wegen ihrer Strenge. Glaubt jemand im Ernst, es ginge ohne Strenge? Um diese Botschaft zu hören – werde jetzt und hier glücklich durch die Erfüllung deiner Bedürfnisse –, tragen wir viel Geld in Wachstumsseminare aller Art. Aber hat das etwas mit Gott zu tun? Die Mystiker, von denen ich weiß, sind fest verwurzelt in ihrer Tradition und erheben sich von dort in die Einheit mit Gott jenseits aller in Worte gefaßten Dogmen und Inhalte. Deus semper maior, Gott ist immer größer.

Kränkung

Wieder ein Einbruch. Der schwelende Konflikt mit dem Bruder. Jesus spricht von all unseren Mitmenschen als von unseren Brüdern. Jeder hat seine eigenen Brüder und Schwestern, die nicht so sind, wie er sie sich wünscht. Die Anweisung von Jesus ist radikal:

> Jeder, der seinem Bruder auch nur zürnt, soll dem Gericht verfallen sein; und wer zu seinem Bruder sagt: Du Dummkopf!, soll dem Spruch des Hohen Rates verfallen sein; wer aber zu ihm sagt: Du gottloser Narr!, soll dem Feuer der Hölle verfallen sein.
>
> Wenn du deine Opfergabe zum Altar bringst und dir dabei einfällt, daß dein Bruder etwas gegen dich hat, so laß deine Gabe dort vor dem Altar liegen; geh und versöhne dich zuerst

> mit deinem Bruder, dann komm und opfere deine Gabe. (Mt 5,22–23)

Das war das Evangelium am letzten Sonntag.

Es gehen zwei Faxe hin und her, die weiter entzweien. Ich liebe meinen Bruder und leide darunter, daß sich die Beziehung nicht entfalten kann, weil wir immer noch verstrickt sind. Ich stürze wieder in die Bedürftigkeit. Die Nacht ist schlecht. Man müßte dem Gehirn verbieten können, in solchen Zuständen irgend etwas zu denken. Es denkt nur herunterziehenden Schrott. Erst aus der Bedürftigkeit rauskommen, und dann kann man ja getrost wieder über das eigene Leben nachdenken. Besser, die Bedürftigkeit pur zu erleben.

Um zwölf Uhr hole ich mir ein Bier und eine Tüte Chips ins Bett, lese in der Bibel, bete ein wenig, schlafe dabei ein, aber wache schon bald wieder auf. Ich schlage die Bibel auf, und mein Blick fällt auf den Psalm 126. Dort heißt es:

> Die mit Tränen säen, werden mit Jubel ernten.
> Sie gehen hin unter Tränen und tragen den Samen zur Aussaat.
> Sie kommen wieder mit Jubel und bringen ihre Gaben ein.

Das lese ich so lange, bis es bei meinem Herzen ankommt.

Am Morgen immer noch Tränen. Ich bete nicht, weil ich zu unkonzentriert bin, sondern lasse mich von den Glocken in die Kirche rufen.

Danach rufe ich Pater Bernhard an und bitte um einen neuen Termin. Er sagt mir den Satz: *Cor patens, quia patiens.* Das Herz ist offen, weil es leidet.

In der Post finde ich einen Brief und ein Buch von meiner englischen Kusine, die mir lange nicht geschrieben hat. Das Buch heißt: *Healing the Family Tree,* von Dr. Kenneth McAll.* Ich lese den Umschlagstext und zwei Seiten vom Vorwort – das genügt, um mir das Gefühl zu geben, daß der barmherzige Gott mir im richtigen Augenblick das gibt, was ich brauche. Kenneth McAll ist ein englischer Psychiater, der durch Gebet und Eucharistie die Menschen aus ihren Verstrickungen löst, indem er das Band der

---

* Kenneth McAll: Healing the Family Tree. Deutsch: Familienschuld und Heilung, Salzburg 1982.

Kontrolle, die ein Mensch über einen anderen ausübt, durchtrennt und in die Hände Jesu Christi legt.

Es breitet sich wieder Freude aus, die den ganzen Tag über zunimmt. Der Schlaf ist erquickend. Am Morgen sagt mir meine Mutter, auch sie hätte bestens geschlafen. Sie hätte das Ave Maria am Tag vorher auswendig gelernt, das wären ja wunderbare Worte.

Heute morgen während des Gebets kommt es aus meinem Herzen: *Du bist der Herr,* ja Herr, *Du bist der Herr.* Die Tränen, die jetzt fließen, sind gänzlich anderer Natur.

Wieder bedürftig

Das Hiersein meiner Mutter konfrontiert mich mit der tiefsten Wunde meines Herzens.

Ich lasse, so gut es geht, die Inhalte weg. Wer will, mag die eigenen dafür einsetzen. Jeder von uns steht in einer Kette von Verletzung und Schuld, und wer Kinder hat und die Vierzig überschritten hat, der dürfte in der Regel die Illusion verloren haben, daß er/sie alles gut und besser und anders macht als Vater oder Mutter. Wohl dem, der die Kette durchbricht. Gewiß warten unsere Ahnen darauf und jubeln, wenn es einer schafft.

Die alte Bedürftigkeit ergreift Besitz von mir und der »Hunger nach Gerechtigkeit«. In diesen Gefühlszuständen scheint alles verloren, was ich über so lange Zeit mir erarbeitet habe, vor allem das offene Herz. Ich vermeide jedes Wort, das zu einem verbalen Konflikt führen könnte. Das ist neu. Ich werde die sachlich Funktionierende. Das ist nicht neu. Darunter staut sich Aggressivität. Ich werde gereizt zu den Kindern, Frieden und Heiterkeit stehlen sich davon.

Es geht nicht! Ich kann es nicht! Die Kinder haben Vorrang! Warum überhaupt ich! Es ist ja gar nicht meine Aufgabe! Anerkannt wird es sowieso von niemandem! Wie konntest du dich da bloß hineinreiten! Also steig wieder aus! Es ist zu viel: allein mit den Kindern, Arbeit, die Pflege der Mutter. Gefühl: miserabel. Freiheit: null. Die Negativität füttert sich selbst.

So geht es drei Tage lang.

Es folgt eine Nacht mit wenig Schlaf, in der ich ernsthaft erwäge, meine Mutter wieder meinem Bruder zurückzubringen, dessen Aufgabe die Sorge für sie ist. Von zwölf bis zwei Uhr setze ich mich an den Computer und werde mir schreibend über den

Mischmasch meiner Motive klar. Es gibt den reinen Impuls der Tochter, für die Mutter sorgen zu wollen. Sie ist zu viel allein, und die Alternative Altersheim möchte ich ihr ersparen. Aber dieser Beweggrund ist unterlagert von der unerloschenen Sehnsucht des kleinen Kindes, das zu bekommen, was es nicht bekommen hat. Das erste hält nicht stand, wenn das kleine Mädchen in der erwachsenen Frau verletzt wird. Es gab noch einen dritten Beweggrund: die Hoffnung, ich könnte die Verstrickung auflösen.

Das Gebet am Morgen schenkt Stärkung, so als würde mein Herz umhüllt. Ich bitte darum, daß ich offen werde, mich führen zu lassen. Den ganzen Tag über bin ich nicht müde. Bevor ich meiner Mutter das Frühstück bringe, lese ich ihr einen Psalm vor. Sie nimmt es gerne an.

Nachmittags gehe ich zu meinem Kreuz hinter dem Dorf unter der großen alten Tanne und setze mich auf die Bank mit Blick auf Dorf und Berge. Vier Jahre lang suche und finde ich hier Trost und Stärkung.

Starker Wind fährt in die Wolken und die Haare, fast wie am Meer. Scharfes, klares Licht. In den Wind hinein bete ich laut das Vaterunser. Ich finde Gesten zu den einzelnen Bitten. Was für eine schöne Entdeckung! Der Körper betet mit. So setzen die Worte Fleisch an.

Ich spreche mit mir.

Jesus sagt, ertragen, das Kreuz auf sich nehmen – warum? Freiheit. Freiheit! Er will, daß du frei bist. Du, Jesus, bist die Quelle der Liebe, Maria, du Mutter der Gnade. Geh an die Quelle. Was du suchst, findest du niemals bei den Menschen. Werde frei, werde frei. Wenn du haben willst, bist du abhängig. Nur durch Geben kann sich Negatives ins Positive wandeln. Nur durch Geben kannst du aus der alten Dynamik aussteigen. Deine Mutter lebt nicht mehr lange. Sie ist siebenundachtzig. Geh durch das Nadelöhr. Es ist deine Heilung. Das Ja breitet sich wieder aus und damit Freude, Resonanz mit Wind und Wolken und Sonne und Bergen. Ich möchte mit meiner Mutter beten.

Sie ist einverstanden. Sie nimmt den Rosenkranz in die Hand, den ich aus Tschenstochau mitgebracht habe. Ihre Lippen öffnen sich nicht, auch nicht beim Vaterunser. Was für eine sonderbare Scham wir da in uns tragen.

> Denn da, wo zwei oder drei in meinem Namen versammelt sind, bin ich mitten unter ihnen. (Mt 18,20)

Ich will ein Gesätz beten. Die Sammlung, die Präsenz ist so intensiv, daß es drei werden. Irgendwann werfe ich einen Seitenblick auf meine Mutter. Ein Lächeln liegt auf ihrem schönen Gesicht.

> Und vergib uns unsere Schuld, wie auch wir vergeben unseren Schuldigern.

Welche Barmherzigkeit! Wie groß unsere Schuld auch sein mag, wenn wir vergeben, ist uns vergeben. Das heißt, das Nichtvergeben bindet uns mehr als die eigene Schuld. Wir vergeben den Menschen, die uns verletzt haben, und Jesus vergibt uns. Ich habe es immer wieder unmittelbar erfahren, daß die Last auf *meinen* Schultern leicht wird, wenn ich vergebe.

Wer bist du?

Während meiner Gebetszeit heute früh sitze ich vor der Rosa Mystica und bitte Maria darum, mir zu zeigen, was ihr Platz, ihre Bedeutung, ihre Aufgabe ist.

Ich frage: »Wer bist du, Maria?«

»Ich bin die Magd des Herrn. Ich zeige euch *wie*.«

Sie, die Frau, ist ganz und gar und ausschließlich darauf ausgerichtet, den Willen Gottes zu tun. Sie hat kein Ich, das sich Seinem Willen in den Weg stellt. Sie muß nicht suchen, sie geht nicht in die Irre. *Der Herr ist mit ihr.* Sie ist nichts als Gefäß für Seinen Willen. Gefäß für den göttlichen Willen zu sein, ist die Essenz des Weiblichen.

Da Frauen über Jahrtausende in dieser Funktion von Männern mißbraucht wurden, von Männern, die Macht hatten und dadurch stark schienen, die aber innen schwach waren, mußte die Frauenbewegung entstehen, die diesen Machtmißbrauch in den westlichen Gesellschaften weitgehend beendet hat. Bei jedem Sieg verliert der Sieger etwas, das er notwendig braucht. Uns »emanzipierten Frauen« fehlen die männlichen, starken Männer, damit wir weibliche, hingebende Frauen sein können.

Maria ist so sehr und so vollkommen Gefäß, daß ihr Leib geeignet ist, Gott in seine irdische Existenz aufzunehmen.

Ihre Haupteigenschaft ist die Demut. Maria hat den Mut gehabt, ihr Ich ganz und gar sterben zu lassen. Sie dient Gott. Nichts in ihr stellt sich zwischen sie und den Willen Gottes. Keine Angst vor Leiden und kein Leiden kann sie darin im geringsten beirren. Sie sagt mit ihrem Geist, ihrem Herzen, ihrem Leib, ihrer gesamten Existenz: »Ja. Dein Wille geschehe.«

Sie, die geschaffene, geborene Frau, zeigt uns, wie ein Mensch vollkommen ist in der Beziehung zu Gott. Jeder Mensch, Mann und Frau.

Marienverehrung bedeutet: Sie lieben, zu ihr hinschauen, ihr Raum im eigenen Herzen geben, denn dem, was man liebt und verehrt, wird man ähnlich.

Marienweihe bedeutet: Maria immer wieder neu die Erlaubnis geben, in mir zu wirken.

Ich suche in mir nach dem Unterschied des Bezogenseins auf Christus und Maria und stelle fest: Die Herausforderung zum Loslassen von Eigenwillen, zur Weichheit, zur Sanftmut, zur Lieblichkeit, zur Schlichtheit, zur Kindlichkeit, zur Hingabe ist bei Maria größer. All das fordert auch Jesus, aber ich empfinde die Aufforderung zu diesen irdisch menschlichen Tugenden nicht so unmittelbar. Jesus ist Mensch und Gott, er ist Güte und Barmherzigkeit und Liebe, und er ist strenger Lehrer, Erkenntnis, Feuer, Richter, unfaßlich in seinem Leiden. Er steht mir eher gegen-über, während Maria mich umhüllt.

Ich frage Jesus im Gebet: »Warum genügst du nicht allein?«

Und im Herzen kommt die Antwort: »Du brauchst die Mutter.«

Schlaflos

Wieder habe ich ab 3 Uhr früh nicht geschlafen. Ich bin in der Bedürftigkeit, nicht in der Liebe. Darunter leiden meine Kinder, ich selbst, meine Arbeit, mein Gebet. Ich bete nachts, um 4 Uhr, an meinem Altar sitzend, einen Rosenkranz. Ich sehe meine Schwäche, meinen Eigenwillen, mein Noch-so-weit-Entferntsein vom Zurücktreten und Hören, was Gott von mir will.

Meine Mutter fragt, wie es mir geht. Sie sieht, daß es mir nicht gutgeht. Ich entschließe mich, ihr ehrlich zu antworten, und sage ihr, daß ich durch ihr Hiersein zum bedürftigen Kind werde, daß meine Lebenssituation mir das aber nicht erlaubt. Sie sagt: »Wieso gibt es dir keine Kraft, daß du für mich sorgst?« Sie reagiert erst mit Abwenden und Schmerz. »Ins Altersheim gehe ich nicht!« Ich sage:

»Mutti, du kannst es aus Liebe zu uns tun.« Sie schaut mich an und nickt leise.

Priesterweihe

An Peter und Paul fahre ich nach Freising zur Priesterweihe. Ich wollte den Diakon, der im Sonntagsgottesdienst so oft die Bibel mit hoch erhobenen Armen zum Altar getragen und das Evangelium singend vorgetragen hat, gerne bei diesem Schritt begleiten.

Acht Priesterkandidaten werden vom Bischof geweiht. Es ist ein machtvolles Ritual, das fast drei Stunden dauert. Bischöfe, Kardinäle und schätzungsweise 250 Priester repräsentieren die hierarchische Kirche, in die die Neupriester aufgenommen werden. Jeder wird mit Namen angerufen, tritt einzeln hervor und sagt laut: »Hier bin ich.« Er kniet vor dem Bischof nieder und gelobt ihm Gehorsam. Er wird vom Bischof geweiht. Er wird von allen anwesenden 250 Priestern durch Handauflegen gesegnet. Er legt das rote priesterliche Gewand an. Seine Hände werden gesalbt. Er bekommt die Gaben des Volkes, Brot und Wein, überreicht. Er wird vom Bischof umarmt und empfängt den Friedensgruß. Dann folgt die Eucharistiefeier, in der die neu geweihten Priester durch die segnend ausgestreckte Hand die Wandlung mit dem Bischof mitvollziehen.

Hier erlebe ich, was Tradition ist, ein Wort, das in einer Zeit, die sich dem sogenannten Fortschritt verschrieben hat, einen schlechten Klang bekommen hat. Hinter dieser Form steht das ununterbrochene geistige Ringen von sechzig Generationen unserer Vorfahren: göttliche Sendung, Ausbreitung, Verfestigung, Überlieferung, Abirrungen bis zu großen Verbrechen an Andersgläubigen oder Nicht-Rechtgläubigen und immer wieder Erneuerung durch den Heiligen Geist – sonst würde die Kirche nicht mehr bestehen.

Würde sie die heutige Zeit besser bestehen, wenn das Priesteramt nicht nur den Männern vorbehalten wäre, was manche für eine Zitadelle der Tradition halten, die im Zuge der Gleichberechtigung genommen werden muß? Hat die evangelische Kirche mehr Anziehungskraft, weil es dort Pfarrerinnen gibt? Ich zweifle daran. Die Frage hat etwas mit der Auffassung vom Wesen von Mann und Frau zu tun und der sich daraus ergebenden Aufgabe in der Welt. Mit dem Schlachtruf »Gleichberechtigung« ist die Wahrnehmung für den wesenhaften Unterschied zwischen Mann und Frau jedoch verlorengegangen, und das Augenmerk darauf zu richten, gilt als reaktionär.

Nach der dreistündigen Messe ergießen sich die Menschen auf den Innenhof, der an den Dom angrenzt. Die neu geweihten Priester kommen im schwarzen Anzug heraus, und wir dürfen ihnen persönlich Glück und Segen wünschen. Ich stehe daneben, wie Mutter und Vater ihren Sohn umarmen, den sie nun endgültig an Gott übergeben haben. Es wird kaum etwas sichtbar von den Gefühlen, die ihre Herzen bewegen, aber spürbar sind sie doch. Als der Sohn sich den nächsten Gratulanten zuwendet, gehe ich zur Mutter und beglückwünsche sie. Ohne ihre Frömmigkeit wäre heute gewiß nicht geschehen, was geschehen ist.

Während ich am Abend bei meiner Mutter bete, taucht eine Ahnung auf von der tiefsten und wesentlichsten Aufgabe von uns Frauen. Vielleicht besteht sie darin, die Seele unserer Kinder und unserer Männer zu Gott hinzuwenden.

Schon länger hat mich die Menschenfurcht nicht mehr ergriffen. Jetzt will sie mich gerade davon abhalten, das auszusprechen, was sich mir als wahr aufdrängt. Ich entferne mich so weit von dem Emanzipationsgeist, der aus den schönen jugendlichen Gesichtern erfolgreicher Frauen strahlt, dem einzigen Frauentyp, der die geballte Power der Medien hinter sich hat.

Wenn es Gott gibt,

wenn die Aufgabe des Menschen darin besteht, zu seinem Schöpfer zurückzukehren,

wenn die Zerrüttung unserer Welt in einem kausalen Zusammenhang mit ihrer Gottabgewandtheit steht,

wenn die Haltung des Menschen gegenüber Gott nur Hingabe sein kann,

wenn Hingabe das Wesen der Frau ist,

dann haben wir Frauen eine besondere Aufgabe bei der Rückkehr zum Ursprung. Und dann hat Maria eine besondere Aufgabe in unserer Zeit.

Diese Aufgabe hat mit der Bereitung des Bodens zu tun, des Seelengrundes unserer Kinder. Jesus spricht im Gleichnis vom Sämann darüber, wie der Boden beschaffen sein muß oder nicht beschaffen sein darf, damit das Wort, das der Sämann sät, Wurzeln schlagen kann. (Mk 4,1–20) Er darf nicht hart und felsig sein, er darf nicht mit Dornen zuwuchern, es muß guter Boden sein, der Frucht bringt. Wer kann diesen Boden bereiten, wenn nicht die Mütter?

Wenn wir das bei unseren Kindern nicht tun – wer soll es dann tun?

Mütter genießen in unserer Gesellschaft kein hohes Ansehen; »nur« Mutter zu sein, gilt schon beinahe als Versagen und ist für uns Frauen kaum mehr akzeptabel, selbst wenn die attraktivere berufliche Arbeit nur darin besteht, untergeordnete Arbeit an einem Bildschirm zu verrichten. Es könnte daran liegen, daß wir die eigentliche Aufgabe nicht mehr erfüllen, nämlich in den Seelen unserer Kinder Platz für Gott zu schaffen. Pater Zovko von Medjugorje sagt: »Wir haben alle Mütter verloren, als wir Maria aufgaben.«

Zweispurig leben

Ich gehe mit der Hostie im Mund zu meiner Bank und knie mich hin. Da steigt ein tiefer Schmerz auf, so lange und so weit von Gott entfernt gelebt zu haben. All die Jahrzehnte verdichten sich in diesem Augenblick zu einer Wahrnehmung: herumirren außerhalb der Ordnung. Keine Eheschließung vor Gott, keine Taufe der Kinder, keine Grundlegung des Glaubens in den Kindern. Eine einspurige Existenz, so als würde ein Zug in Schräglage nur auf einer Schiene fahren. Die zweite Schiene ist die Heiligung der Existenz, indem sie durch die Sakramente an den Himmel gebunden wird:

Durch die Taufe: Aufnahme in die Gotteskindschaft.
Durch die Eucharistie: Leibhafte Teilhabe an Christus.
Durch die Firmung: Bewußte Öffnung für den Heiligen Geist.
Durch das Sakrament der Ehe: Göttlicher Segen für eine Bindung, die nicht weniger ernst ist und nicht weniger fordert als der Eintritt ins Kloster.
Durch die Beichte: Immer erneute Versöhnung mit Gott.
Durch die Krankensalbung: Heilung von Geist, Seele und Körper, Wegzehrung für die letzte entscheidende Reise.
Durch die Kirchenfeste: Einbettung des Jahreslaufs in den himmlischen Kalender.

Fern von all dem habe ich die größere Hälfte meines Lebens verbracht und habe als Mutter nicht das getan, was ich heute als die wichtigste Aufgabe der Mutter sehe: die Kinder im gelebten Glauben zu verankern.

Primiz

Primiz des neu geweihten Priesters in seinem Heimatort Mühldorf, einem bayerischen Städtchen. Seine allererste Messe zelebriert er auf Heimatboden. Sie soll auf dem Marktplatz im Freien stattfinden.

Seit Tagen regnet es, am Abend vorher so stark, daß ich auf der Landstraße nur noch fünfzig fahren kann. Auch bei der einstündigen Fahrt am Morgen regnet es in Strömen. Der Regen paßt einfach gar nicht zu diesem Tag.

Kurz vor Mühldorf wird der Himmel lichter, es hört auf zu regnen, aber große, graue, dunkle Wolken stehen noch am Himmel. Ob es halten wird? Ich entschließe mich, den Regenschirm im Auto zu lassen.

Der Primiziant wird von seinem Elternhaus abgeholt und zum Marktplatz geleitet. Vor den Stufen zu dem bescheidenen Haus liegt ein Teppich aus Blumenblättern. Die Kornähre und der Kelch sind zu erkennen und der Wahlspruch des Primizianten: »Herr, schenke mir ein hörendes Herz.«

In dem kleinen Faltblatt, das an die Menschen verteilt wird, steht das ganze Gebet des jungen Königs Salomo:

> Herr, auf Dich vertraue ich,
> in Deine Hände lege ich mein Leben.
> Herr, schenke mir ein hörendes Herz,
> damit ich die Not in Deinem Volk erkenne
> und ihm in Liebe diene.

So hat Salomo gebetet, als er die Nachfolge König Davids antrat, ein Amt, von dem er wußte, daß er es nicht aus eigener Kraft ausfüllen konnte. Er sagte: »Ich bin noch sehr jung und weiß nicht, wie ich mich als König verhalten soll.«

Gott gefällt diese Bitte, und er antwortet: »Sieh, ich gebe dir ein so weises und verständiges Herz, daß keiner vor dir war und keiner nach dir kommen wird, der dir gleicht.« (1 Kön 3,7–9)

Stellen wir uns vor, unsere Politiker würden so beten oder jeder von uns, der andere führt …

Die Blaskapelle spielt, Menschen sammeln sich vor dem Haus, und in der Nebenstraße bildet sich ein langer Zug mit Fahnenträgern. Der Primiziant erscheint in der Haustür in seinem hellen Meßgewand. Er wird vom Bürgermeister und seinen zwei Stellvertretern, die ihre Amtsketten angelegt haben, abgeholt. Der Zug bewegt sich zum Stadtplatz. Dort ist ein Freialtar aufgebaut unter einem gelben Zeltdach. In dessen Mitte hängt ein großes Kreuz, das im Wind schwankt. Fünf- bis sechstausend Menschen füllen den Platz, um diese erste Messe eines Sohnes ihrer Stadt mit zu feiern.

Der Primiziant tritt ans Mikrofon. Nicht er sei der Mittelpunkt, sondern Gott. Nicht er spende das Sakrament der Eucharistie, sondern Jesus Christus. Durch die Natürlichkeit und Gelassenheit, mit der er seinen neuen Platz in der Mitte von Tausenden Menschen einnimmt, strahlt er aus, was er sagt.

Der Himmel zeigt sich zunehmend freundlicher. Der heftige Wind, der die jungen Birken an der Rückseite des Altars schüttelt, läßt den Regenwolken keine Zeit, sich zu erleichtern. Immer wieder richten sich zweifelnde Blicke nach oben. Der Neupriester geht ein kleines öffentliches Risiko des Glaubens ein. Er sagt: »Wir stehen unter einem blauweißen Dach. Es wird kein Naß durchgehen.«

Zum ersten Mal vollzieht nun dieser Priester die Wandlung von Brot und Wein in den Leib und das Blut Jesu Christi – das Geheimnis des Glaubens. Der Altar steht voll mit Opferschalen, die von den vielen mitzelebrierenden Priestern ins Volk getragen werden, um Tausende mit dem Himmelsbrot zu speisen. *Der Leib des Herrn, der Leib des Herrn, der Leib des Herrn ...*

Am Ende der Messe steigt Lobpreis zum Himmel auf. *Großer Gott, wir loben dich,* singt der ganze dicht gefüllte Platz.

Tatsächlich hat sich keine der grauen Wolken entladen, ja es wird gegen Ende der zweistündigen Feier sogar warm und sonnig – um am Nachmittag zum Siebenschläferregen zurückzukehren.

Erschöpfung

Die letzte Woche war ich nah am »Burnout«. Allein mit Kindern, Mutter, Haus, Arbeit. Im Zwiespalt durchlittene Nächte: Will, kann, soll ich meine Mutter bei mir behalten? Es gibt zwei Bedingungen, um das tragen zu können: Ich darf mit meinen Nächsten keine schwerwiegenden Konflikte haben, und ich muß beten.

Ich hatte einen schwerwiegenden Konflikt mit meiner Mutter. Sprechen über das Thema »Du liebst mich nicht oder nicht genug oder nicht so, wie ich es brauche«, ist von Übel. Ich verwunde mich jedesmal, wenn ich das denke oder gar sage. Und ich verwunde sie. Es führt zu Verhärtung, Ohnmacht, weiterer Entfernung, schlaflosen Nächten. Vor allem: Es ist nicht wahr, ich wäre sonst nicht am

Leben. Gewiß, es gibt Brechungen der Liebe, gewiß ist die systemische Ordnung in dieser Familie nicht hergestellt, aber das sind die Wunden an einem Baumstamm, der ja doch trotzdem steht und Früchte trägt. Wenn ich nur auf die Wunden starre, verschwindet der Stammbaum, dem ich meine Existenz verdanke, aus meinem Blick und damit aus seiner kraftspendenden, natürlichen Funktion.

Ich kann es mir absolut nicht leisten, mich in den gottverlassenen Raum hineinziehen zu lassen, indem ich die Ursache von Leid außen suche und danach trachte, daß ein anderer Mensch etwas tut, sagt, begreift, verändert, damit es mir bessergeht.

Das Vehikel der Versuchung ist der Intellekt. Weil es »wahr« ist, darf, ja muß es ausgesprochen werden. Der Intellekt glaubt eine Berechtigung zu haben, die Anerkennung seiner »Wahrheit« vom anderen einzufordern. Der Intellekt fragt nicht, wie *wirkt* etwas, er analysiert und sagt: So ist es, friß oder stirb. Was dabei stirbt, ist die Liebe und der Frieden und das Gute und Nährende, das in einer Beziehung trotz allem ist.

Das Herz verstummt und erstarrt in einer solchen Auseinandersetzung. Statt den eigenen ursprünglichen Schmerz zu fühlen, gerät es in die Besessenheit von sekundären Gefühlen wie Wut und Ohnmacht.

Die zweite *conditio sine qua non* ist das Beten.

Im Aufruhr verflüchtigt sich die Zeit, der geregelte Rhythmus für den Anschluß an die Kraft geht verloren. Das Ergebnis: Erschöpfung. Alles ist zu viel, nirgendwo Freude, jeder Gedanke an etwas, das getan werden muß, macht den Berg größer und die Energie, ihn zu besteigen, geringer. Ich bestelle in der Apotheke Johanniskrautdragees. Das klingt nach Kraut und nicht nach Psychopharmaka. Ich habe mir geschworen, niemals Psychopharmaka zu nehmen, weil ich weiß, daß keine Entwicklung stattfindet, wenn man sich nicht von seinem eigenen Schmerz wandeln läßt. Dieser Schwur hat bisher gehalten.

Im Zustand der Erschöpfung ist es, als würden die Zellen den Kontakt zueinander fahren lassen und alle viere von sich strecken. Ich stelle es mir so vor, als hätten die Zellen Hände, mit denen sie aneinander festhalten. Im normalen Aktivitätszustand ist es ein belastbarer Händedruck von mittlerer Festigkeit, der bei gelegentlichem hohen Streß sehr fest wird. Während entspannter Zustände, vor allem im Schlaf, liegen die Hände freundlich und weich ineinander und erholen sich, um am nächsten Tag wieder zugreifen zu können. Wenn sie aber unter übermäßigem Streß ständig mit äußerstem Krafteinsatz aneinander festhalten und es kommt noch irgend etwas hinzu, das ihnen auch die nächtliche

Entspannung nicht ermöglicht, dann lassen sie ganz los, und das Ergebnis ist der sogenannte »Burnout«, das Ausbrennen. Eine bestimmte Lebensenergie, die Schwung, Tatkraft und Inspiration verleiht, fließt nicht mehr. Hoffnung, das heißt eine Haltung positiver Offenheit für die Zukunft, geht auf null.

Statt in die Apotheke gehe ich in die Kirche, kommuniziere und bete. Als ich wieder herausgehe, fühle ich mich wieder im Lot. Die Energie fließt. Ich kann mich meinen Aufgaben zuwenden.

Hören lernen

Mein Zahlungsmittel für diese Arbeit ist eigentlich nur eines: der Entschluß, wahrhaftig zu sein. Es ist die Maut, die ich für meinen spirituellen Weg bezahle, sonst habe ich kaum etwas in der Tasche. Manchmal komme ich an Punkte bei dieser Dokumentation der Umkehr, wo ich mein Ungenügen lieber nicht preisgeben würde, aber es entspringen Einsichten daraus. Mir fällt ein Märchen ein von einer Frau, die Heilen lernt. Sie bekommt eine Krankheit nach der anderen, und jeweils wird ihr das Kraut gezeigt, das diese Krankheit heilt. Die Einsicht kommt leicht, das Anders-Handeln ist schwer. *Das* Heilmittel in meinem Leben ist nun die Eucharistie. Es beginnt mir eine Notwendigkeit zu werden, täglich zu kommunizieren.

Meine Mutter. Immer wieder meine Mutter in einem Buch über Maria. Sie sieht, daß ich an den Rand meiner Kraft komme, und hat ihre Bereitschaft erklärt, ins Altersheim zu gehen.

Ich betrachte den ganzen Ablauf und sehe eins: Ich habe mir die Aufgabe *genommen.* Innerhalb des Familiensystems ist das nicht meine Aufgabe, ich bin nicht einmal darum gebeten worden.

Was war die treibende Kraft in mir? Das Kind, das die Liebe sucht. Ich habe nicht gewartet, gefragt, gehorcht, gefragt, gehorcht, sondern habe mich von diesem Kind treiben lassen. Das Kind will haben. Es gibt auch die erwachsene Tochter, die geben will, aber wenn das Kind in ihr immer wieder in Betrübnis gerät, dann nimmt es der erwachsenen Frau die Kraft, von der sie jedes Quentchen braucht, um ihre Aufgaben erfüllen zu können.

Wir möchten alle gern vom Himmel geführt werden, und wer das Vaterunser betet, sagt immer wieder: »Dein Wille geschehe.« Gewiß ist es wunderbar – und jene, die es erleben, bezeugen, daß es die einzige wahre Quelle des Glücks ist –, einen klaren inneren Kompaß zu besitzen, der einen auf Kurs hält, im Gleichgewicht, in der Mitte. Aber das hat einen Preis, den ich häufig noch nicht freiwillig und im voraus zu zahlen bereit bin: den Eigenwillen zu opfern. Ich zahle meistens erst hinterher, wenn ich mich in eine Situation hineinmanövriert habe, die mich zwingt, mich an meinem Kompaß zu orientieren.

Für eine wie mich, die immer wieder glaubt, sie wüßte, was für sie und andere gut ist, heißt es, diese Überzeugung aufzugeben und erst einmal der Erkenntnis Raum zu geben, daß sie es nicht weiß, und dann ins Dunkle hinein zu fragen, zu horchen, zu warten. *Herr, schenke mir ein hörendes Herz.* Für alle Macher ein Ding der Unmöglichkeit.

Um überhaupt fragen zu können, gibt es Voraussetzungen.

Es muß Vertrauen dasein, daß eine göttliche Kraft mir wohlwollend zugeneigt ist und mich – auch wenn ich es nicht gleich erkennen kann – zu meinem Besten führt. Es bedeutet ein Aufgeben von Kontrolle. Das erfordert *Mut* – immer wieder aufs neue.

Es muß die Bereitschaft zum Gehorsam dasein. Was würde es mir nützen, wenn Gott laut zu mir spräche, ich aber nicht bereit und fähig wäre, den schmalen Weg zu gehen? Die Bereitschaft zum Gehorsam wirkt wie ein Verstärker für die leise Stimme Gottes.

Gehorsam ist durch Stechschritt-Militarismus in Mißkredit gekommen. Wir glauben, wir täten unseren Kindern etwas Gutes, wenn wir ihnen keinen Gehorsam abverlangen. Das Extrem war das – auf Kosten der Kinder – kläglich gescheiterte Experimente antiautoritärer Erziehung der revoltierenden Studenten und der Hippies. Mittlerweile glaube ich, daß eine der Tugenden, die wir lernen müssen, Gehorsam ist und daß wir das am besten als »Hänschen« lernen, und nur schwer als Hans.

Lösung

Meine Mutter ist wieder ausgezogen.

Mehrmals habe ich in der Eucharistie das Problem übergeben. Jedesmal war das klare Empfinden da, daß eine innere Trennung ansteht. Trotzdem immer noch Kampf und Qual in den Nächten.

Allmählich sehe ich klar, daß der ganze Impuls, meine Mutter zu mir zu nehmen, von meinem inneren verwundeten Kind ausgeht, das mit einer Zähigkeit ohnegleichen und einer Ausdauer ohnegleichen die Liebe der Mutter sucht. Es ist bereit, dafür fast jedes Opfer auf sich zu nehmen. Diesmal gefährdet es geradezu meine Existenz, denn ich bin kaum mehr in der Lage zu schreiben und habe doch einen Termin. Es übertölpelt vernünftige Einsicht, ja sogar wohlmeinende Warnungen, indem es sich meiner Ideale zur Durchsetzung seines Ziels bemächtigt, insbesondere der religiösen: Diene, tu Gutes, grenze das Alter, den Tod nicht aus dem Leben aus …

Aber es kommt nichts Gutes dabei heraus, nirgendwo.

Es wird ganz deutlich: Ich kann auf meinem Weg zu Maria und Christus nicht voranschreiten, solange diese Bindung und Liebeserwartung an meine leibliche Mutter besteht.

Alle meine Hoffnung setze ich auf die Eucharistie.

Mitte der Woche wird die Atmosphäre so dicht und ich so wackelig, daß ich alles stehen- und liegenlasse und nach Marienstein fliehe. Pater Leonhard nimmt mich in Empfang. Ich klage darüber, daß ich nun schon sechzehn Jahre bewußt an dem Mutterproblem arbeite, und immer noch, und immer noch … Er schaut mich mit seinem Ist-doch-alles-nicht-so-schlimm-Lächeln an und sagt mir, welches Zimmer ich bewohnen darf. Ich lege mich ins Bett, das Fenster offen zu den Bergen. Nach einer Weile höre ich, daß die äußere Zimmertür auf und wieder zu geht. Nach dem Nachmittagsschlaf finde ich dort ein Blatt Papier mit einer Geschichte. Pater Leonhard hat es mir hingelegt:

> Eine chinesische Legende erzählt von einem alten, wunderlichen Mann, der vor langer Zeit in Nordchina lebte.
>
> Vor seiner Haustür lagen zwei riesige Berge, die ihm den Weg nach Süden versperrten. Mit großer Entschlossenheit machte er sich daran, zusammen mit seinen Söhnen die beiden Berge mit der Hacke abzutragen. Ein anderer Mann sah ihnen bei der mühsamen Arbeit zu. Schließlich sagte er verächtlich:
>
> »Was für ein dummes Unternehmen! Es ist doch vollkommen aussichtslos, daß ein paar Leute wie ihr diese beiden gewaltigen Berge fortschaffen können.«
>
> Doch der alte Mann antwortete:
>
> »Wenn ich sterbe, werden eben meine Söhne weitermachen, und wenn sie sterben, werden es meine Enkelsöhne tun, und dann folgen deren Söhne und Enkel usw. Die Berge sind zwar hoch, aber sie können nicht höher werden, und mit jedem Stückchen, das wir abtragen, werden sie entsprechend niedriger. Warum sollten wir sie nicht beseitigen können?«
>
> Und er fuhr fort, jeden Tag in unerschütterlicher Überzeugung weiterzuschaufeln!

Gott war darüber sehr bewegt, und er sandte zwei Engel, die trugen die Berge auf ihrem Rücken fort.

Es ist ein Mittwoch. An jedem Mittwoch wird in der Wallfahrtskirche der ganze Rosenkranz-Psalter gebetet. Das Gebet bringt mich ins Lot. Pater Bernhard schenkt mir danach noch eine Stunde. Wir gehen den Weg entlang und setzen uns auf eine Bank vor die Berge, die von den letzten Sonnenstrahlen beschienen sind. Wir müßten gar nichts reden, allein in diesem Frieden zu sitzen, ist Balsam.

Am Morgen bete ich um Viertel nach sechs mit den Patres. Sie beginnen mit einem Gebet des heiligen Franziskus:

Höchster, glorreicher Gott!
Erleuchte die Finsternis meines Herzens und schenke mir rechten Glauben, gefestigte Hoffnung und vollendete Liebe. Gib mir, Herr, das rechte Empfinden und Erkennen, damit ich deinen heiligen und wahrhaften Auftrag erfülle.

Um 8.15 Uhr ist Messe. Ich bete und bitte, daß die Bindung an meine Mutter gelöst werde. Ich will ein freier Mensch sein. Erst dann kann ich lieben. Tiefe Trauer, Tränen, aber ich spüre: Es ist jetzt möglich. Ich knie mich hin, und die Hostie wird mir auf die Zunge gelegt.

Am Tag danach holt mein Bruder unsere Mutter wieder zu sich. Sie ist heiter, ohne ein Anzeichen von Betrübnis.

Geschenke

Gesund glauben

Eine Woche Dolmetschen in einem psychotherapeutischen Seminar für Krebspatienten liegt hinter mir. Diese Arbeit steht auf zwei Säulen:

1. Tu das in deinem Leben, was dir Freude und Erfüllung bringt.
2. Löse negative Gefühlsmuster auf, die deinen Lebensweg behindern.

Hier sind Menschen zusammengekommen, in deren Leben der Tod, der uns unsichtbar immer begleitet, die Tarnkappe abgelegt hat. Die Diagnose »Krebs« ist wie ein Schwert in ihr Leben gefahren. Oft wird diese Diagnose von den Ärzten mit einem Todesurteil versehen, das auf nichts anderem als statistischer Wahrscheinlichkeit beruht: »Sie haben noch soundso viele Monate/Jahre zu leben.« Ein solches Urteil ist ein brutaler Schlag ins Zentrum der Selbstheilungskräfte eines Menschen, denn diese Kräfte können sich nur im Medium von Hoffnung entfalten. Hoffnung heißt nicht: Ich werde gesund, Hoffnung heißt: Ich kann gesund werden, unabhängig davon, wie wahrscheinlich es ist.

Die erste Botschaft könnte als eine Aufforderung zum Egoismus verstanden werden. Aber: Kann ich Freude verbreiten, wenn ich sie nicht in mir habe? Kann ich geben, wenn ich aus dem Leeren schöpfe?

Also, meine Süße, du hast doch nun begriffen, es wird niemand anderes für dich tun. Auf! Auf! Mach Platz für Spiel und Spaß in deinem Leben. Du weißt doch: Ein Heiliger, der traurig ist, ist ein trauriger Heiliger, und ein Sünder, der traurig ist, ist halt ein trauriger Sünder, da mag er beten, so viel er will.

Die zweite Säule: Arbeit mit Überzeugungen, Einstellungen, Gedanken, auf englisch kurz *beliefs.* Sie beruht auf folgender Prämisse: Nicht Menschen, Dinge oder Ereignisse sind die Ursache unserer negativen Gefühle, sondern unsere Reaktion auf Menschen, Dinge und Ereignisse. Diese Gefühlsreaktion ist eine direkte Folge der *Gedanken,* die wir hinsichtlich des äußeren Ereignisses haben. Also: Nicht die äußeren Ereignisse machen uns krank, sondern die Art, wie wir darauf reagieren. Damit liegt die Verantwortung und die Kraft bei uns selbst.

In der christlichen Tradition der Selbsterkenntnis wird nichts anderes gelehrt, allerdings verbinden wir uns im Gebet und durch die Sakramente bewußt mit dem Heiligen Geist, um diese Schlacht zu schlagen.

Als Dolmetscherin nehme ich an einer Einzelsitzung mit einer Patientin teil. Sie glaubt, daß ihre böse Mutter schuld ist an ihrem Krebs. Die Mutter ist wenige Tage vor dem Seminar gestorben. Beide Brüste der etwa vierzigjährigen Frau sind amputiert.

Einer ihrer Kernsätze lautet: »Meine Mutter hat mich nicht geliebt.«

Sie bringt »Beweise« für diesen Glaubenssatz, Beweise, die sich in ihrem Bewußtsein festgesetzt haben wie ein Propf im Abflußrohr. Bei näherem Nachfragen werden diese Beweise bröckelig. Die Patientin fühlt, daß sie ihrer Mutter unrecht tut, wenn die ganze Beziehung mit diesem Satz über Bord geworfen wird. Sie weiß auch, daß sie gestorben wäre, wenn sie gar keine Liebe bekommen hätte. Ihr wird klar: Wie auch immer die Beziehung gewesen sein mag, es macht sie krank, mit diesem Glaubenssatz durch die Welt zu gehen. Sie wird bereit, ihn zu verändern. Nach und nach schält sich heraus:

> Meine Mutter ist ein fehlbarer Mensch wie ich. Sie hat mich geliebt, so gut sie konnte. Jetzt, seit die menschlichen Begrenzungen von ihr abgefallen sind, fließt ihre Mutterliebe ungebrochen zu mir.

Mir scheint, die Sitzung war speziell für mich arrangiert. Die Arbeit, die diese Frau getan hat, hat sie für mich getan. Wir sehen das, was wir glauben, und halten es für »wahr«. Diese »Wahrheit« ändert sich, wenn wir anders glauben. Die Frage ist deswegen nicht: Ist es »wahr«?, sondern: Ist meine Sichtweise lebensfördernd oder lebensnegierend?

Wie stimmt das mit einem religiösen Weg innerhalb der katholischen Kirche überein, die es ja keineswegs meinem subjektiven Empfinden überläßt, was sie mir als wahr zu glauben aufgibt?

Wenn ich einfach glaube, was mir Autoritätspersonen von Kindheit an vermittelt haben, muß dieser Glaube durch eine Krise der Ausscheidung und der Aneignung gehen, damit ein Mensch zu eigener Identität gelangen kann. Viele Katholiken, die sich von Schuld und Sünde und einem strafenden Gott niedergedrückt fühlten, haben alles fahrenlassen und sind aus der Kirche ausgetreten. Der Glaube wurde ihnen nicht von Menschen vermittelt, in denen die Liebe Fuß gefaßt hatte.

Ich muß diese Altlasten nicht abtragen. So ist der Glaube zwar nicht in die Fasern meiner Existenz eingewoben, aber ich kann mich unvoreingenommen für den Glauben entscheiden, weil ich erkenne und erfahre, daß es »gesund« ist zu glauben, was ich im Glaubensbekenntnis bete. Ich will glauben und erfahren,

daß es einen liebenden Gott gibt,
daß der barmherzige Christus sich aus Liebe für uns Menschen geopfert hat und auferstanden ist,
daß uns durch die Sakramente Gnade zufließt,
daß der Heilige Geist uns stärkt und heilt und tröstet,
daß Maria, die Mensch war wie wir, uns nährt und führt und liebt und schützt und verwandelt,
daß die Engel und Heiligen eine Quelle des Heils und der Gnade sind.

Es gibt auch Glaubensinhalte, die mir ungesund erscheinen. Ich will nicht an die Möglichkeit der »ewigen Verdammnis« glauben, will nicht glauben, daß es Seelen und Bereiche im Universum geben könnte, die Gott nicht wandeln und in die Einheit zurückführen kann. Aber ich darf ja die Dinge, die ich nicht fassen kann und die ich nicht wissen muß, stehenlassen. Jesus hat verheißen, daß uns der Heilige Geist in die ganze Wahrheit einführen werde.

Tatsachenschein

In einer Zeit der Diktatur des rationalen Intellekts gelten Aussagen fraglos als legitimiert, die sich in den Mantel des Faktischen hüllen. Eine Aussage hat deswegen Geltung und Anspruch auf Gehör, weil sie nach Meinung des Sprechers »Tatsachenwahrheit« enthält. Das ist ihre Eintrittskarte in die *Wirklichkeit*, das heißt in die Welt, in der jeder Gedanke und jede Erkenntnis Wirklichkeit schafft.

Unser gängiger Wahrheitsbegriff hinterfragt weder, wie unsere Auffassungen von Wahrheit zustande gekommen sind, noch was die Wirkung einer bestimmten Auffassung von Wahrheit ist. Er erfaßt von einem Kontinuum nur einen bestimmten Ausschnitt.

Nur selten gibt man sich Rechenschaft darüber, wie man zu einer bestimmten Meinung gekommen ist, die man als seine eigene betrachtet. Bei näherem Hinsehen stellt es sich als sehr fraglich heraus, wie »eigen« eine Ansicht ist.

Die Ansichten werden durch die Familie geprägt, durch den größeren sozialen Zusammenhang, in dem man lebt, und durch den

Zeitgeist. Je abhängiger man innerlich von der Zugehörigkeit zu einer Gruppe ist, um so verbissener wird man Meinungen verteidigen, die diese Zugehörigkeit legitimieren. Oft erlebt man in Diskussionen – meist am Gegenüber und nicht an sich selbst –, daß kein noch so stichhaltiges Argument den anderen erreicht. Es tut es nicht, weil nicht die Meinung, sondern die Zugehörigkeit zur Gruppe zur Debatte steht. Sich dem Zeitgeist ein Millimeterchen zu entwinden, bedarf eines hohen Grades der Individuation.

Sehr oft ist dieser Bereich des Kontinuums unbewußt, obwohl hier die Entscheidung fällt, welchen Ausschnitt der unendlich vielfältigen Wirklichkeit jemand in seine Wahrnehmung einläßt. Die den faktischen Aussagen vorgeordnete Ebene muß verschleiert bleiben, weil die Aussagen sonst ihren Absolutheitsanspruch einbüßen würden.

Auf welcher Ebene wird entschieden, ob einer glaubt:

- Atomenergie ist notwendig und sicher oder Atomenergie ist nicht sicher und nicht notwendig.
- Es gibt Wunder oder es gibt keine Wunder.
- Maria erscheint uns Menschen, und ihre Botschaften sind wichtig oder ihre Erscheinungen sind Hirngespinste der Seher?

Wann und wo und durch welche Einflüsse ist die Weichenstellung in die eine oder andere Richtung geschehen?

Jeder wird sich aus der Wirklichkeit das zusammenklauben, was die Grundentscheidung stützt. Was im Sieb der subjektiven Wahrnehmung hängenbleibt, erscheint dann als *die* Wirklichkeit oder *die* Wahrheit, die in Auseinandersetzungen mit der Wucht einer »Tatsache« auftritt.

Auf der anderen Seite des Kontinuums liegt die *Wirkung* einer Aussage.

Im Buch Jesaja heißt es:

> Denn wie der Regen und der Schnee vom Himmel fällt und nicht dorthin zurückkehrt, sondern die Erde tränkt und sie zum Keimen und Sprossen bringt, wie er dem Sämann Samen gibt und Brot zum Essen, so ist es auch mit dem Wort, das meinen Mund verläßt: Es kehrt nicht leer zu mir zurück, sondern bewirkt, was ich will, und erreicht all das, wozu ich es ausgesandt habe. (Jes 55,10–11)

Es genügt, daß eine Aussage faktisch »wahr« erscheint, um sie in die Welt zu setzen. Wir übernehmen keine Verantwortung für das, was sie in der Wirklichkeit bewirkt.

In der Wissenschaft erleben wir, daß alles gemacht wird, was gemacht werden kann: zum Beispiel Atombomben, Genmanipulation, künstliche Befruchtung. Auch wenn wir es mit der Angst zu tun bekommen, erscheint es uns als Fortschritt gegenüber der Zeit von Galilei, den man zwang, seine Erkenntnis zu verleugnen, daß sich nicht die Sonne um die Erde, sondern die Erde um die Sonne dreht. Aber die Antwort haben wir trotzdem nicht. Wir zerstören die Erde und unsere Existenz auf dieser Erde. So wie es in unserm Blut eine Barriere gibt, die Giftstoffe nicht ins Gehirn vordringen läßt, so müßte es eine Wertebarriere geben zwischen dem Faktischen und dem Gewollten. Woher den Konsensus nehmen? Wie nah muß der Tod unserer Zivilisation kommen, damit wir ihn finden?

Bei Theologen ist es besonders merkwürdig, wenn sie die Frage nach der Wirkung ihrer Aussagen nicht stellen. Theologie fängt erst da an, wo die Entscheidung zum Glauben gefallen ist. Zentral für den christlichen Glauben ist der Glaube an das Wirklichkeit schaffende Wort. *Und das Wort ist Fleisch geworden.* Müssen wir uns nicht darum kümmern, welches Fleisch unsere Worte annehmen? Es erscheint völlig legitim, den Glauben mit »Fakten« zu erschüttern (etwa: Maria hat nicht unter dem Kreuz gestanden, weil man das damals nicht durfte). Die sogenannten Fakten nicht auf sich wirken zu lassen, erscheint wie ein Überrest von engstirnigem dogmatischem Mittelalter.

Keiner nimmt uns die Verantwortung für das ab, was wir glauben. Es muß ein Prozeß der Aneignung stattfinden durch Überprüfung mit Kopf und Herz, denn nur so bleiben und werden wir authentisch. Was sich dann in seiner Wirkung als gesund und tragfähig erweist, das will ich schützen. So entscheide ich mich, nur solche geistige Nahrung zu mir zu nehmen, die meinen Glauben stärkt, denn ich finde es schwer zu glauben und aus dem Glauben zu leben. Ich bedarf der Stärkung. Wenn ich deutlich mache, was ich glauben *will*, kann jeder entscheiden, ob er den Weg weiter mitgehen will oder nicht.

Sterntaler

Das Telefon klingelt. Ein alter Freund meldet sich. Er war meine erste Liebe. Wir hören alle paar Jahre einmal voneinander und teilen uns die großen Ereignisse im Leben mit.

Er sagt, er habe eine Steuerrückzahlung bekommen, die er verschenken wolle, da sei ich ihm als erste eingefallen. Sich entschuldigend fragt er nach meiner Kontonummer. Es ist eine Summe, die mir Zeit gibt, mein Buch zu Ende zu schreiben – ein halbes Jahr.

Ein Schauer läuft mir vom Scheitel bis zur Sohle. Ich bin sprachlos. Ich arbeite derzeit mit meinen Glaubenshaltungen, mache mir die negativen bewußt und übe die positiven ein. Zum Beispiel:

Ich muß alles alleine schaffen. Dagegen: Ich habe immer Hilfe bekommen und werde Hilfe bekommen, wenn ich sie brauche. Oder: Ich werde bald ohne Geld dastehen. Dagegen: Gott hat mein ganzes Leben lang für mich gesorgt. Ich kann auf Ihn vertrauen. Meine Sorgen übergebe ich vertrauensvoll an Maria und Jesus.

Ich kenne Existenzangst gut. Nachts um halb drei mit Angst aus dem Schlaf fahren und nur noch schwarzsehen; wenn das Gezwitscher der Vögel im Morgengrauen zum Angstauslöser wird. Nichts, worauf man stehen, an das man sich halten könnte. Lustlos vor dem Essen sitzen und mager werden. Das alles ist überwunden – nicht dadurch, daß plötzlich Sicherheit da wäre, sondern weil das Vertrauen auf tragende Kräfte gewachsen ist, durch Glaubensrisiko und Antwort. Seit ich weiß, daß es richtig ist, was ich tue, habe ich keine Existenzangst mehr, aber doch ständige Anspannung. Immer wieder wird deutlich: Ich muß das Risiko des Vertrauens eingehen, um zu erleben, daß ich getragen werde.

Ich setze mich an meinen Gebetsplatz und lege lange die Stirn auf den Boden. Ich schaue auf das Christus-Antlitz auf dem Turiner Leichentuch. Eine überwältigende Dankbarkeit ergreift mich, daß Christus in die Welt gekommen ist, für uns, für mich gelitten hat bis zum Tod am Kreuz. Was, wenn er nicht gekommen wäre? Wie furchtbar kalt wäre die Welt.

Über dem Leichentuch schaue ich auf eine Ikone von Maria mit dem Kind. Was, wenn sie nicht »ja« gesagt hätte? Gott, heißt es, hat mit Maria einen neuen Anfang gemacht. Er hat sie sündenlos erschaffen. Und doch hätte sie nein sagen können. Sie hat ihr bedingungsloses Ja gesprochen, und Christus ist bedingungslos Mensch geworden. Bisher habe ich Maria immer als Gefäß gesehen, das Gott in sich aufnimmt. Aber es verbinden sich ja *zwei* Zellen, die vom Vater und von der Mutter. Jesus ist ganz Gott und ganz Mensch, »ungetrennt und unvermischt«. Aus der Substanz Marias wird er Mensch.

Das Tor zur Dankbarkeit öffnet sich. Alles um mich herum, alles, wovon ich lebe, was mich ernährt an Körper und Seele, die Früchte der Erde, die materiellen Dinge, die geistige Nahrung, habe nicht ich gemacht; in allem steckt der Schweiß und der Kampf und das Herz und der Geist von anderen.

Später sitze ich dankend in der Kirche. Ich schaue mich um. Wie viele Menschen über wie viele Generationen haben diesen Raum geistig und materiell erbaut! Und wieviele haben an dem Weg gebaut, den man Tradition nennt, so daß ich ihn nicht mehr bahnen muß, sondern gehen kann mit Gottes Hilfe.

Eine große Sehnsucht ist in mir, sterben zu dürfen mit dem Gefühl, daß ich meinen kleinen Stein zu dem großen Bau dazugelegt habe.

Assisi

Ich sitze auf der Piazza San Rufino in Assisi und spreche in mein kleines Tonbandgerät. Die Mauer der Kirche, an die ich mich lehne, ist warm von der Sonne. Nur noch ihr Giebel ist in abendliches Rotgold gehüllt.

Kordula und ich sind seit zehn Tagen in Italien unterwegs, zuerst in der Toskana. Welche Fülle herrlicher Kunst in Städten und Städtchen! Immer und immer wieder Maria. Gibt es eine Frau auf dieser Erde, die öfter gemalt worden ist? Sie hat es gleich gewußt: »Selig werden mich preisen alle Geschlechter.« Es ist schön, in einem Land zu sein, wo die Gottesmutter überall präsent ist und die größten Künstler zu ihren größten Werken inspiriert hat. Lange und fast allein sitze ich in Siena vor der Maestà von Duccio im Dommuseum. Die wichtigsten Szenen aus dem Leben Jesu und Marias sind hier auf Goldgrund mit innigster Empfindung und Lebendigkeit dargestellt. Jesus trägt den gleichen dunkelblauen, goldgesäumten Mantel wie Maria. Das Bild, wie er seiner Mutter vom Kreuz herab tot in die Arme stürzt, prägt sich tief in die Seele.

Zu Mariä Himmelfahrt wollen wir in Assisi sein. Zwei Tage vorher kommen wir dort an. Vom ersten Augenblick an schließe ich diese Stadt in mein Herz. Es sind die rosa und weißen Steine, die es mir angetan haben. Sie scheinen die Morgenröte in sich aufgesaugt zu haben. Die unregelmäßigen Steine, aus denen die Häuser, die Kirchen, die Klöster erbaut sind, wurden vom Berg Subasio heruntergeschleppt und mit der Hand behauen – es steckt unendlich viel harte Arbeit darin. Was die Bewohner mit den Steinen gemacht haben, haben Franziskus und die Seinen mit ihrer Menschennatur gemacht. Das ist die Basis der hohen Spiritualität an diesem Ort.

Schon lange lebt Assisi in meinem Kopf. Daß es *so* schön ist, habe ich nicht geahnt. Dem können auch wir pilgernden Touristenmassen nicht ernsthaft Abbruch tun, nicht einmal die zahllosen Geschäfte, die Rosenkränze, Heiligenbilder, Keramik und Spezialitäten verkaufen. Es ist nur der Schaum auf dem Bier. Sobald man die Heiligtümer des *Poverello*, des heiligen Franziskus und der heiligen Klara, betritt, befindet man sich an einer spirituellen Tränke sondergleichen.

Nachdem wir ein Zimmer gefunden und uns ausgeruht haben, gehen wir abends auf die Piazza. Diese Plätze in den italienischen Städten sind öffentliche Wohnzimmer, auf denen Begegnung stattfinden kann. Jemand fängt an Gitarre zu spielen, andere kommen dazu und singen. Aus dem Singen entwickelt sich Spiel und Tanz. Zwei große Gruppen bilden sich, die bei manchen Spielen ineinanderfließen, sich wieder trennen, wieder zusammenkommen. Die Kreise sind offen für alle, jeder kann hineingehen und wieder hinaus, sich auf die Stufen des Minervatempels setzen und zuschauen. Rhythmusinstrumente tauchen auf, wir tanzen und klatschen und lachen einander ins Gesicht. Welche Sprache einer spricht, welche Hautfarbe einer hat, wie alt er ist, was er glaubt, spielt alles keine Rolle. Leichtigkeit, Freude, Spiel, Lachen, Anfassen, Singen, Tanzen, Musik, laue Abendluft, funkelnde Sterne über uns, kurzum: So ist das Leben richtig.

Daß ab und zu ein Franziskaner auftaucht, ist wie das Salz in der Suppe. Sie mischen sich unters Volk, zugewandt, offen, aber ihre mit dem Strick zusammengehaltene Kutte zeigt: Sie haben ihr Kapital anderswo investiert. Sie brauchen nur dazustehen, um an dieses Anderswo zu erinnern. Ich erlebe hier in Assisi wie in Medjugorje wieder einen großen Pilgerort, der von Franziskanern getragen wird. Mir scheint, wo sie sind, kann nichts aus dem Ruder laufen.

Kordula und ich sind uns einig darüber, daß wir hier unter den Franziskanern Männer sehen, wie wir sie suchen und nicht finden: Sie sind männlich, präsent, offen, natürlich und herzlich. Ich frage mich, was sie so männlich wirken läßt, und nehme an, daß sie durch ihr Ordensleben ihre Mutterbindung gründlich gelöst haben. Wir flachsen darüber, daß sie unsere Männer eine Zeitlang in die Schule nehmen könnten. Das wär doch was, ein franziskanisches Training für Männer von heute. Wir emanzipierten Frauen haben ihnen ja den Teppich unter den Füßen weggezogen, und sie wissen nicht mehr, wie sie uns gegenüber stehen sollen. Sehnen wir uns in der Tiefe unserer Seele nicht danach, daß der Mann die Führung übernimmt, damit wir Frau sein können? Die Franziskaner machen den Eindruck, als hätten sie etwas zu lehren auf diesem Gebiet.

Den größeren Teil des nächsten Tages verbringe ich in der Basilika San Francesco. Nach Franziskus' Tod am 3. Oktober 1226 entstand innerhalb von nur zehn Jahren diese gewaltige Doppelkirche, in der die Gebeine des Heiligen in der Krypta ruhen. Die Wände sind bis auf das letzte Eckchen von den Großen der italienischen Kunst des 13. und 14. Jahrhunderts bemalt: Simone Martini, Cimabue, Giotto, Lorenzetti: ein religiöses Bilderbuch über das Leben von Jesus, Maria und Franziskus von größter Innigkeit und Intimität.[•]

In der Nacht vor Mariä Himmelfahrt findet in der Unterkirche von San Francesco, also am Grabmal des heiligen Franziskus, eine Gebetsstunde statt und eine Mitternachtsmesse. Jugendgruppen beten für das Jugendtreffen mit dem Papst in Paris. Leider verstehe ich nicht viel Italienisch, aber manchmal genügen ein paar Schlüsselworte, um in etwa folgen zu können. Ein solches Schlüsselwort ist »La madre di Jesu Christo«, zu dem sich die Predigt dreimal in einem Crescendo steigert, als würde das Orchester unisono das Thema spielen. Zusammen mit der Körpersprache des Priesters und dem Tonfall wird klar, daß Maria hier in ihrer himmlischen Majestät verkündet wird.

Gefeiert wird die Aufnahme Marias in den Himmel *mit Leib und Seele.* Dieser Glaube erschien mir bislang gänzlich unverständlich. Der Leib gehört der Erde an, wenn die Seele aus ihm ausgetreten ist, wird er zu »Staub«. Aber während ich hier sitze und kaum etwas verstehe, blitzt etwas von dem Geheimnis auf: Gott hat sich zum Menschen erniedrigt, ist im Fleisch Marias Mensch geworden; dann erhöht er den Menschen, indem er seine irdische Mutter »mit Leib und Seele« in den Himmel aufnimmt. Es ist eine geheimnisvolle Versöhnung von Mensch und Gott, von Frau und Mann, von Materie und Geist. Ein Mensch, eine Frau, ist zur göttlichen Dreifaltigkeit emporgehoben und wirkt am Erlösungswerk ihres Sohnes mit als eine, die für uns bittet und die Gnade verteilt. Das hat sie schon bei der Hochzeit in Kana getan: Sie war es, die gemerkt hat, was die Menschen brauchten, nämlich Wein, der später

---

[•] Wenige Wochen später wurde die Kirche bei den Erdbeben im September 1997 schwer beschädigt.

zum Blut Christi wird, und sie war es, die ihren Sohn auf unsere Bedürftigkeit hingewiesen hat.

Am Morgen des Himmelfahrtstages nehmen wir an einer Messe im Kloster der bayerischen Klarissinnen teil. Es ist uns zu Ohren gekommen, daß dort ein junges Mädchen eingekleidet wird, das heißt ins Kloster eintritt.

Die Braut Christi kniet auf einer einzelnen Bank vor dem Altar. Sie trägt ein weißes Brautkleid mit Tüllschleier und Kranz, die taillenlangen, über den Rücken gebreiteten Haare sind darunter sichtbar. Nach der Predigt und der persönlichen Ansprache an die Postulantin kommen zwei schwarze Schwestern, nehmen ihr Kranz und Schleier ab und ziehen ihr das Brautkleid aus. Im Unterkleid kniet sie sich wieder nieder. Eine Schwester kommt mit der Schere, ergreift die langen Haare und schneidet sie mit zwei radikalen Schnitten ab. Zwei Häubchen werden der Postulantin aufgesetzt, eins, das die Stirn halb verdeckt, ein anderes, das Haare und Ohren verdeckt, dann das schwarze Kleid, darüber – als Zeichen ihres Novizinnenstatus – ein weißer Schleier. Nach ihrem Gelöbnis der Hingabe an Christus geht sie zum Marienalter und weiht sich der Mutter Gottes.

Am Ende der Messe Glückwünsche von ihren neuen Schwestern und Abschied von den Eltern, Verwandten und Freunden. Viele weinen, auch ich weine. Mutter und Vater weinen nicht. Ich höre, daß es nicht ihr erstes Kind ist, das diesen Weg gewählt hat.

In diesem Augenblick ist das 19jährige Mädchen entschlossen, für den Rest ihres Lebens über die Schwelle dieses Klosters zu treten und die Türe für immer hinter sich zu schließen. Kontakte mit Eltern, ja mit dem Priester, der die Hostie reicht, finden durch ein Gitter statt, das nur zuläßt, daß sich zwei Hände berühren. Es ist ein kontemplativer Orden, der seine Aufgabe ganz und gar im Gebet sieht. Es werden noch Jahre vergehen bis zur »ewigen Profeß«. Bis dahin ist es keine Sünde, wenn die Novizin sich entschließen sollte, wieder in die Welt zurückzukehren. Sollte sie sich wirklich endgültig für dieses Leben der Kontemplation entscheiden, so wird sie die Mauern dieses Klosters – von zwingenden Lebenserfordernissen abgesehen – nur noch einmal verlassen: im Tod.

Ich fühle mich von dem Vorgang merkwürdig angegriffen. Bisher habe ich in der bequemen Vorstellung gelebt, Klöster wären eine Sache der Vergangenheit, heute »im neuen Zeitalter« gehe es darum, mit Gott in der Welt zu leben. Auch jetzt, beim Schreiben, kommt diese Irritation wieder auf. Warum? Vielleicht, weil die Meßlatte für ein gottbezogenes Leben so hoch wird, daß meine eigenen Anstrengungen verschwindend gering erscheinen? Da tut ein Mädchen, das in unseren Schulen und unserem Zeitgeist großgeworden ist, einen Schritt, der für mich ganz und gar undenkbar ist. Sie tritt radikal aus der Welt heraus und vertraut gänzlich auf die vertikale Beziehung zu Gott. Möge hinter diesen Klostermauern ein leuchtendes Liebesfeuer zum Himmel brennen!

Vielleicht verrichten die gottgeweihten Beter und Büßer auf dieser Erde einen unschätzbaren Dienst für die ganze Menschheit. Irgend jemand muß schließlich den Kontakt nach oben halten. Es könnte sein, daß sie ein morphogenetisches Feld erschaffen, das für uns gewöhnliche Wegschnecken Möglichkeiten eröffnet, die sonst nicht da wären. Das junge Mädchen, das nun unter ihrem Schleier auf einem anderen Stern lebt, hat ein reines, strahlendes Gesicht.

Assisi ist der Ort, an dem der Papst am 27. Oktober 1986 die Vertreter der Weltreligionen zum Friedensgebet eingeladen hat. In einem Buchladen entdecke ich einen Fotoband über das Ereignis. Das, wonach sich mein Herz sehnt, ist darin dokumentiert: die gemeinsame Ausrichtung aller Religionsführer auf den Frieden. Alle bitten den Gott, an den sie glauben, um Frieden: die Buddhisten, die Hindus, die Jainas, die Muslime, die Shintoisten, die Sikh, die afrikanischen Schamanen, die nordamerikanischen Indianer, die Parsen, die Juden und die Christen aller Verzweigungen. Der Papst hat nicht zur Diskussion und Verabschiedung von Resolutionen eingeladen, sondern zu Schweigen, Fasten und Gebet, und die Führer aller Weltreligionen haben diese Wallfahrt in die Stadt des großen Friedenstifters unternommen.

Franziskus hat durch Liebe bekehrt, nicht durch Gewalt. Gott hat ihn durch direkten Eingriff auf diesen Weg gelenkt. Als der junge Mann, Sohn eines wohlhabenden Tuchhändlers, prächtig ausgerüstet, loszog, um an der Seite eines berühmten Ritters Ehre und Ruhm im Kreuzzug zu suchen, hörte er eine Stimme vom Himmel, die ihn fragte:

»Franziskus, was ist besser, dem Herrn zu dienen oder dem Knecht?«

»Besser natürlich dem Herrn!«

»Warum gibst du dir dann so viel Mühe, den Knecht zu suchen statt den Herrn?«

»Herr, was willst du, daß ich tun soll?«

»Kehr zurück nach Assisi! Dieses hier ist nicht dein Weg!«

Franziskus gibt seine hochfliegenden Pläne auf und kehrt – zum Gespött aller – nach Assisi zurück. Was er mit seinem Leben machen soll, weiß er immer noch nicht. Er betet deswegen in einem halbverfallenen Kirchlein vor einem bunten Tafelkreuz:

Höchster, glorreicher Gott!
Erleuchte die Finsternis meines Herzens und schenke mir rechten Glauben, gefestigte Hoffnung, vollendete Liebe und tiefgründende Demut. Gib mir, Herr, das rechte Empfinden und Erkennen, damit ich deinen heiligen und wahrhaften Auftrag erfülle.

Und er bekommt Antwort: »Baue meine Kirche wieder auf!«

Das tut er bis heute. Die Menschen, die am 26. Oktober 1986 nach Assisi gepilgert sind, können dasselbe Gebet in derselben Kapelle (San Damiano) und vor demselben Kreuz sprechen wie Franziskus im Jahre 1205. (Das ursprüngliche Kreuz hängt allerdings heute in der Kirche der heiligen Klara.)

Der Papst begrüßt die Führer und Sprecher aller Weltreligionen vor der Ur- und Mutterkirche des franziskanischen Ordens, dem kleinen Kapellchen Portiuncula, das von einer mächtigen Basilika überwölbt ist: Maria degli Angeli unterhalb von Assisi in der Ebene.

Dort haben sie sich im Halbkreis fürs Gruppenfoto aufgestellt, zur Rechten des weiß gekleideten Papstes der Rabbi, gefolgt von den Vertretern der christlichen Religionen, alle im schwarzen Talar; zur Linken der Dalai Lama, gefolgt von den Führern der schamanistischen und asiatischen Religionen. Sie bringen Farbe ins Bild. Auf einem Foto ist zu sehen, wie Papst und Dalai Lama einander umarmen. Fern aller Förmlichkeit, legt der Dalai Lama seinen Kopf an die Brust des Papstes.

Schade, denke ich, daß ich vor elf Jahren von solchen Ereignissen noch keine Notiz genommen habe. Das Wort »Papst« pflegte in mir und in meinem sozialen Umfeld ein Sperrfeuer von halbbewußten Vorurteilen auszulösen, durch das nichts mehr durchdrang. Ich wäre gerne dabeigewesen.

Am Abend des Festes der Aufnahme Marias in den Himmel gehen wir durch Olivenhaine zur Vesper nach San Damiano. Franziskus muß diese Bäume geliebt haben: Sie sind bescheiden, unauffällig, knorrig und bestehen ihre Existenz selbst dann, wenn sie stark verwundet sind, die Rinde geborsten, der Stamm gespalten. Sie treiben weiter Zweige und tragen Früchte, die zum Reichtum des Landes beitragen. Ihre Schönheit ist der silbrige Mondglanz auf den Blättern.

Franziskus hat den Auftrag Gottes *»Baue meine Kirche wieder auf«* zunächst wörtlich verstanden und hier in San Damiano eigenhändig Stein auf Stein gesetzt. Es ist eine wunderbar schlichte, friedvolle Kirche mit angrenzendem Kloster. Hier singen wir jetzt mit den franziskanischen Brüdern Psalmen. Jeder Ort, der von

Franziskus geprägt wurde, hat eine unvergleichliche Atmosphäre von Noblesse und Authentizität.

Den letzten Vormittag verbringen wir betend in der Portiuncula. Sie ist auch der Sterbeort des Franziskus. »Hic locus sanctus est«, ist mit großen goldenen Lettern am Eingang des Kirchleins in den Marmorfußboden eingeschrieben. Dieser Ort ist heilig. Es hätte des Hinweises nicht bedurft. Schon beim Zugehen auf die Kapelle steigen mir die Tränen in die Augen. Ich betrete die Urzelle, die Gebärmutter des franziskanischen Ordens. In einer ununterbrochenen Kette durch die Jahrhunderte fühlen sich Männer und Frauen dazu gerufen, ihr Leben Prinzipien zu unterwerfen, die die Welt haßt: Armut, Keuschheit und Gehorsam – um sich dann der Welt wieder zu schenken. Ich staune, daß ich hier einfach eintreten darf, daß es einen solchen Ort überhaupt gibt, daß ich in ein spirituelles Samenkorn hineinschlüpfen darf, mich in das Bänkchen knien und meine Schulter an die Steine lehnen darf, die Franziskus selbst zu einer Eiform aufgeschichtet hat und in denen achthundert Jahre Gebet gespeichert sind. Das Zentrum des goldgrundigen Altarbildes ist die Verkündigungsszene: Der Engel kniet segnend vor Maria. Diese weicht mit dem Oberkörper zurück und erzeugt dadurch zwischen Knie und Scheitel eine Rundung, die wie eine Schale ist, in der sie den Heiligen Geist auffängt.

Ich nehme an zwei heiligen Messen teil, einer italienischen und einer englischen. Bei der ersten empfange ich das Brot, bei der zweiten den Wein. Es ist ein Ort, an dem Sünden vergeben und Gebete erhört werden.

Männer und Frauen

Wieder zu Hause, mache ich mit Kordula eine Bergtour. Es ist ein anstrengender Weg, hoch hinauf auf 2000 Meter, wo die Schreie einzelner Dohlen an den nackten Felswänden abprallen. Die Trübe lichtet sich, wird ausgeschwitzt und ausgeatmet beim mühsamen Steigen. Wir kommen gegen Abend an und bleiben auf der Hütte. In der kleinen Wirtsstube sitzen wir »zwei Dirndln« zwischen zwei Gruppen. Auf der einen Seite zehn gestandene Männer, die seit zwanzig Jahren regelmäßig zusammen in die Berge gehen. Auf der anderen Seite ein buntgemischter Haufen, der nicht auf einen Nenner zu bringen ist. Wir spielen heiteres Beruferaten, wenn wir's nicht erraten, müssen wir eine Runde ausgeben. Bei der vorletzten

Frage kommt endlich der Geistesblitz: eine Heimattheatergruppe. Den Schnaps bekommen wir.

Draußen in der hereinbrechenden Nacht nichts als Fels und Wind. Außer Frage, daß die Natur größer und stärker ist als wir. Drinnen in der Wärme, bei wenig Licht und viel Bier, werden Freunde und Fremde für ein paar Stunden zu einer Gemeinschaft, die nichts anderes will, als Spaß miteinander zu haben. Der Hüttenwirt spielt auf der Ziehharmonika, und wir tanzen auf den drei Quadratmetern freiem Boden. Ich genieße es, einen Haufen Männer um mich zu haben, die alle mit mir tanzen wollen, mich kräftig im Kreis wirbeln und aufpassen, daß wir nicht anstoßen. Daß ich die Männer als Männer nehme und genieße, vergelten sie mir mit Respekt. Sie sind Männer, ich bin Frau, das ist alles. Ich kann nehmen, was mir gefällt, und mühelos die Grenze ziehen, wo es mir nicht mehr gefällt. Mit einem Kuß sage ich meinen Tänzern gute Nacht, bevor wir uns alle nach Mitternacht im großen Matratzenlager in den Schlafsäcken verkriechen.

Beim Aufwachen prasselt der Regen auf das Dachfenster. Wir steigen im Regen ab und kommen gerade noch rechtzeitig zur Sonntagsmesse in die Wallfahrtskirche Maria Kirchental.

Warten

Ein befreundetes Paar mit einer Tochter lebt seit bald zwanzig Jahren unverheiratet zusammen. Der Mann hat die Frau nie ganz genommen. Die Frau leidet darunter, aber natürlich hat sie aus ihrer eigenen inneren Dynamik einen Partner gewählt, der nicht ganz ja sagen kann.

Der Mann ist in den letzten zwei Jahren durch eine tiefe Krise gegangen und taucht nun mit neuen Kräften daraus auf. Die Frau hat ihn geduldig und selbstlos unterstützt. Was nun? Wie gehen die beiden mit dem Gefälle von Geben und Nehmen um? Was tut er mit den neuen Kräften, die plötzlich wieder einen Fluß erotischer Energie zwischen ihm und anderen Frauen möglich machen?

Ich möchte ihm sagen: Vorsicht, Vorsicht, jetzt ist der Zeitpunkt gekommen, vom Jüngling zum Mann zu werden, indem du deine Frau ganz nimmst. Sie wird aufblühen, wenn du ganz ja sagst, und du wirst ein gestandener Mann. Aber wie kann ich es so sagen, daß er es nehmen kann?

Es ergibt sich, daß er und ich allein spazierengehen. Das haben wir noch nie getan, heute arrangiert es sich ganz von selbst. Wir plaudern weitläufig über dies und das, fern von einer Einladung, über seine Beziehung zu sprechen. Da kommt mir eine Idee: »Heiliger Geist, wenn du willst, daß ich sage, was ich sagen will, dann laß ihn danach fragen. Ich verspreche, daß ich es nicht von mir aus tun werde.«

Wir laufen zwei Stunden, verstehen uns gut und reden über alles mögliche. Dann also nicht, denke ich. Das ist begleitet von einem angenehmen Gefühl des Lockerlassens, jenseits der Polarität von Identifikation und Gleichgültigkeit.

Wir gehen noch in ein Café. Das Gespräch nähert sich dem heißen Brei ohne mein Zutun, und plötzlich die Frage: »Wie siehst du eigentlich unsere Beziehung?« Die Tür ist offen. Ich darf sagen, was ich zu sagen habe.

Er nimmt es auf und bedenkt es.

Die Beziehung zwischen ihm und mir ist am Ende besser, als sie vorher war. Hätte ich von mir aus gesprochen, wäre sie gewiß schlechter.

Es zeigt sich, was die Sprache in ihrer geheimnisvollen Weisheit in sich umschließt: daß Hören und Gehorchen ein Zwillingspaar sind. Ohne Gehorchen kein Hören und ohne Hören kein Gehorchen. Wir meinen, wir täten ja gerne den Willen Gottes, wenn wir ihn nur kennten, aber wir kennen ihn nicht, weil wir nicht bereit sind zu gehorchen.

Das Kreuz annehmen

Die Leere aushalten

So, mein liebes Kind, es ist an der Zeit, Farbe zu bekennen, ein Geständnis abzulegen vor Ihnen, liebe Leserin, lieber Leser. Ich habe keine Alternative. Entweder ich tue es oder ich höre auf zu schreiben. Ich sagte ja schon, mein Zahlungsmittel ist Wahrheitstreue, etwas anderes habe ich nicht als die Bereitschaft, im Dunkeln zu sagen, es ist dunkel, in der Einsamkeit zu sagen, es ist einsam, einen Fehler einen Fehler, einen Irrtum einen Irrtum, eine Lüge Lüge zu nennen.

Alle Rosenkränze, alle Messen, alle Selbsterkenntnis, alle Wallfahrten, das Fasten, das Beichten und das Bibellesen haben in diesen eineinhalb Jahren nicht dazu geführt, daß ich ein fröhliches Herz habe.

Als jemand, dem das Urvertrauen nicht in die Wiege gelegt wurde, kämpfe ich noch immer um den festen Boden unter meinen Füßen. Zeitweise fühlt er sich fest an, und jedesmal ist das von der Illusion begleitet, es würde so bleiben, denn es scheint ja normal und natürlich, daß der Boden fest ist. Es scheint normal und natürlich, wenn die Energie fließt, Kraft da ist, Handlungsfähigkeit, Inspiration, die Welt voller Möglichkeiten. Das bin »ich«, das andere bin nicht ich, sagt die Illusion. Vielleicht hat ein Skispringer auch die Illusion, daß er nur er selbst ist, wenn er fliegt. Und doch will ich nicht davon ablassen, ein fröhliches Herz für normal zu halten.

Versage ich nicht Maria gegenüber, wenn ich nicht Zeugnis geben kann für die Erfüllung ihrer Verheißungen? Für dauernde Geborgenheit in ihrer Mütterlichkeit? Ist das fröhliche Herz nicht das Markenzeichen eines Christen?

Durch die Jahrhunderte hallt das Lob Mariens als Quelle der immerwährenden Hilfe. »Wer hat je umsonst deine Hilfe angefleht?«

Der Zustand der Verlassenheit und Ungeborgenheit bemächtigt sich meiner vor allem dann, wenn ich zu früh aufwache. Zwar ist er – verglichen mit Angst – milde, aber ich fühle mich negativen Gedanken schutzlos ausgeliefert. Ich rufe dann Christus und Maria an, ich nehme den Rosenkranz in die Hand, ich versuche meine Gedanken auf das Gebet zu konzentrieren und schlafe dabei häufig wieder ein. Dennoch ist die Energie gelähmt. Ich kann nicht zupacken, vor allem: Ich kann nicht schreiben.

Was den Zustand wesentlich verschlimmert und in die Blockierung treibt, ist der Gedanke, ich dürfte ihn nicht haben. Es verschafft sich dann die Stimme in mir die Oberhand, die ihn als Versagen, ja Schuld interpretiert. Menschenfurcht macht sich breit vor dem niederschmetternden Urteil der Nächsten: Es hat sich nichts geändert.

Zur Debatte steht das Verhältnis zum Leiden, also der Kern der Religion.

Die »Welt«, vor allem unsere westliche Welt, brüllt uns entgegen: Sei glücklich! Wenn du nicht glücklich bist, bist du ein Versager. Pausenlos werden wir mit der Illusion bombardiert, wir könnten, wenn wir es nur richtig machten, uns dauerhaft auf die Seite des Glücks schlagen. Leid und Tod sind etwas, das ausgemerzt werden sollte; wo das nicht geht, ist Verdrängung das Gebot. Leiden und Sterben genießen kulturell keine Achtung, sie sind ihrem Wert und ihrer Würde entkleidet. Der Mensch wird als psychostatisch gesehen; er wird nicht als Pilger begriffen mit einem Woher und Wohin, der in jeder Lebensphase etwas Spezifisches zu lernen hat.

Die Religion sagt etwas anderes: Leid, Krankheit, Sünde, Schuld und Tod gehören wesensmäßig zum Menschen. Sie sind Lehrmeister für den Menschen auf seiner Pilgerreise von der Geburt zum Tod. Die Religion verheißt Erlösung, die Fülle des Lebens, ein fröhliches Herz, Geborgenheit in der Liebe Gottes – nicht durch den vergeblichen Versuch der Ausgrenzung des Leidens, sondern durch das Annehmen des Leidens, das uns das Leben zumutet. Dann erst kann sich seine verwandelnde Kraft erschließen, dann erst können die Verheißungen sich erfüllen. Das Bild, die Tat, die uns vor Augen gestellt ist, ist das Kreuz, ist Christus am Kreuz.

Ich bin in meiner Abwehr des Leidens noch wie ein Fisch, der angebissen hat, aber an langer Leine wild herumschlägt, bevor er sich aus dem Wasser ziehen läßt. Das Leiden anzunehmen, erscheint wie Tod.

Die Stimme, die mich anklagt, wenn ich nicht froh bin, ist die Stimme der Welt, der ich noch immer meinen Glauben schenke. Ihr zu glauben, ist die eigentliche Sünde; es ist wie eine Säure, die den Zustand gerinnen läßt.

Dabei weiß ich es doch besser. Ich glaube den Satz: »Herr, ich bin nicht würdig, daß du eingehst unter mein Dach, aber sprich nur ein Wort und meine Seele wird gesund.« Ich habe es erlebt.

Es war ja der Beginn meines spirituellen Weges 1973, als ein Sonnenuntergang und die letzte Klaviersonate von Beethoven zum Tor in die Welt leuchtender Sinnerfülltheit wurden.

Wenn ich den Satz glaube, »Sprich nur ein Wort, so wird meine Seele gesund«, dann folgt etwas daraus, daß ich nämlich Geduld üben und warten muß, bis der Herr das Wort spricht, und im Warten das tue, was meins ist, nämlich all das, was mir hilft, mich nach und nach der Sünde zu entwinden.

Ich kann die Gnade nicht manipulieren, durch keine Wallfahrt, durch kein Gebet, sosehr ich mir auch eine Kausalität wünsche, um nicht meiner Ohnmacht vor Gott innezuwerden.

Wenn Gnade geschenkt wird, ist es immer überwältigend offenbar, daß zwischen meinen Bemühungen und der Gnade eine – von meiner Seite her – unüberbrückbare Kluft besteht. Ich kann den Boden lockern, ich kann Unkraut ausreißen, ich kann nicht den Samen schaffen, kann ihn nicht säen, das Gesetz seiner Reifung liegt nicht in meiner Hand.

Ich kann Zeugnis geben für immer wieder erneute Hilfe, erneutes Aufrichten, Ausrichten, so daß ich immer erneut Kraft bekomme, meinen Acker durchzupflügen. Und da bin ich mittendrin.

Ich bin im Begriff, dort loszulassen, wo mein Festhalten in Beziehungen auf meiner eigenen Bedürftigkeit beruht. Was dann bleibt, ist ungewiß. Aber gewiß ist, daß auf dieser Bedürftigkeit nichts wachsen kann, am wenigsten die Gotteskindschaft in mir. Ich glaube, die Schritte sind geschehen jetzt in diesem Sommer. Muß ich mich denn wundern, ja anklagen, daß ich unter der Leere leide?

> Und jeder, der um meines Namens willen Häuser oder Brüder, Schwestern, Vater, Mutter, Kinder oder Äcker verlassen hat, wird dafür das Hundertfache erhalten und das ewige Leben gewinnen. (Mt 19,29)

Verlassen heißt aufhören, die Leere mit der Liebe von Menschen füllen zu wollen, heißt, die Leere aushalten, heißt, um die Gnade bitten, daß sie gefüllt werde, heißt, fähig werden zu lieben. Heißt auch, nach Wahlverwandtschaft suchen, nach der Gemeinschaft mit Menschen, die sich auf denselben Weg gemacht haben.

Beichtgespräch

Pater Bernhard und ich sitzen im Besuchszimmer des Klosters und führen ein freundschaftliches Gespräch. Ich weiß, ich darf alles sagen, ich darf so sein, wie ich bin, mit allem Dunklen, Festgehaltenen, das ich auch bin; ich darf nicht nur – es ist die einzige Forderung an mich, damit sich das Sakrament der Versöhnung an mir vollziehen kann. Wo sonst kann ich mich zeigen, wie ich bin? Wo sonst wird das immer erneute Fallen des Menschen angenommen, und wo sonst wird er so sehr ermutigt, immer wieder aufzustehen und weiterzugehen?

Es tut gut, regelmäßig vor einen sprechenden Spiegel der Selbsterkenntnis zu treten und die eigenen Sünden aus der grauen Nebelzone der Halbbewußtheit herauszuheben. Den Nebel bildet die Rechtfertigung durch unsere ach so guten Absichten und die äußeren Umstände, die uns so verletzt haben, daß wir nicht anders konnten, als …

Wenn wir außerhalb des Beichtbewußtseins sind, dann *wissen* wir von unseren Sünden, aber *fühlen* die Sünden der anderen und lassen uns von den ungezähmten Pferden des Gefühls ins falsche Handeln treiben. Innerhalb des Beichtbewußtseins fühlen wir die eigenen Sünden als Reue und *wissen* von den Sünden der anderen.

Angenommen, ich gebe mir Rechenschaft, aber nur mir allein, so bleibe ich doch in meiner menschlichen Welt immer noch der König, der sich zeigen kann, wie er will, und von dem höchstens noch die Kinder sehen, daß er eigentlich keine Kleider anhat. Mich vor einem anderen Menschen nackt zu zeigen, erfordert De-Mut, auch wenn ich weiß, daß mir im Sakrament der Beichte verziehen wird. Die Erfahrung, daß wir verurteilt und abgelehnt werden für unsere Schwäche, unseren Egoismus, unsere Bosheit, steckt uns in jeder Faser.

Der kostbare Gewinn ist die Erfahrung, daß ich so, *wie ich bin,* angenommen werde, als fehlbarer, strebender Mensch. Ich lerne dadurch, mich selbst anzunehmen. Die Beichte ist, wie die Krankensalbung, ein Sakrament der *Heilung*. Heilen heißt, das Dunkle mit dem Licht in Berührung bringen, so daß es allmählich von ihm durchdrungen werden kann. »Ego te absolvo«, sagte der Priester früher auf lateinisch. Ich spreche dich los – *von deinem Ego.*

Wir haben noch etwas Zeit, und ich habe Fragen.

»Wie ist das mit der Auferstehung? Liegen wir in den Gräbern und warten auf den Jüngsten Tag oder findet das Gericht gleich statt, im Tod? Die Kirche lehrt, daß nach Christus Maria der einzige Mensch ist, der mit Leib und Seele in den Himmel aufgenommen wurde. Wie ist das für uns gewöhnliche Sterbliche? Gibt es einen Unterschied zu den Heiligen, die ja doch »leben«, denn sie sind anrufbare Quellen des Heils?«

Der Pater ist kein Freund von schwergewichtiger Theologie. »Ich verkünde die Armut des Herrn«, hat er bei anderer Gelegenheit gesagt. So antwortet er einfach:

»Wir wissen es nicht. Wir brauchen es auch nicht zu wissen. Wir wissen nur, daß es ein Weltgericht geben wird und daß es ein barmherziges Gericht sein wird.«

»Aber«, wende ich ein, »es gibt doch so viele Berichte über Menschen, die gestorben und wieder ins Leben zurückgekommen sind. Sie alle sprechen von wunderbaren Lichterfahrungen.«

»Sie sind nicht gestorben. Sie waren nur klinisch tot.«

Ich denke an die Doppeltüren, die es hier im Kloster gibt. »Wahrscheinlich sind sie nur durch die erste Tür gegangen und beschreiben daher lediglich das Niemandsland zwischen Zeit und Ewigkeit.«

Darauf der Priester: »Was nach der zweiten Tür ist, weiß niemand.«

Meine zweite Frage betrifft den Kern der christlichen Religion, die Heilsgeschichte. Ich weiß, daß mir das Verständnis nur geschenkt werden kann, indem es mir im Herzen aufgeht, nicht durch Worte. Und trotzdem will ich die Frage aussprechen:

»Was heißt es, daß Christus die Welt von ihren Sünden erlöst hat, daß er die Sünden der Welt auf sich genommen hat? Wir sündigen alle weiter, und wir können – laut Lehre der Kirche – auch nach Christus für unsere Sünden noch in die Hölle kommen?«

Der Priester sagt, wir hätten keinen Grund, nicht an die Existenz der Hölle zu glauben, aber: »Nur der kommt in die Hölle, der in die Hölle will.«

Er erklärt: »Die Schöpfung ist auf Christus hin angelegt. Die Menschen haben sich von Gott abgewandt, indem sie sich selbst zum Herrn gemacht haben und von Gott verlangen, daß er ihnen die Krone aufsetzt. Gott hat sich durch seine Menschwerdung erniedrigt. Wir sind alle in Christus geborgen. Er unterfängt die ganze Schöpfung.« Dieser letzte Satz setzt sich ins Herz. *Er unterfängt die ganze Schöpfung.*

Vollmacht

»Die Kirchen sind leer, weil die Priester keine Magier mehr sind«, sagt ein nachdenklicher, gebildeter, spiritueller Sucher.

Hat er recht?

Ich glaube, er hat nicht recht.

Vielleicht könnte man sagen, die spirituell interessierte Mittelschicht geht nicht in die Kirche, weil sie dort Magier erhofft und keine findet.

Priester sind keine Magier und wollen es nicht sein.

Was ist ein Magier? Meyers großes Taschenlexikon definiert Magie so: »Praktiken, mit denen der Mensch *seinen eigenen Willen* auf die Umwelt in einer Weise übertragen will, die nach naturwissenschaftlicher Betrachtungsweise als irrational erscheint ... Unter *schwarzer* Magie versteht man Handlungen, die die Schädigung eines einzelnen oder einer Gruppe beabsichtigen, während die *weiße* Magie nur die Praktiken umfaßt, die ohne schädigende Intention zur Mehrung von Gütern irgendwelcher Art eingesetzt werden.«

Ob schwarz oder weiß, der entscheidende Unterschied zum Priester ist, daß der Priester, wie jeder Gläubige, bestrebt ist, *den Willen Gottes* zu tun. Dazu muß er demütig sein. Die erste Seligsprechung in der Bergpredigt heißt:

> Selig, die arm sind vor Gott, denn ihnen gehört das Himmelreich. (Mt 5,3)

Wer kennt nicht das Problem, einem Menschen ein Geschenk machen zu wollen, der alles hat? Wie kann Gott uns mit seinen Schätzen beschenken, wenn wir voll sind mit uns selbst? Die christlichen Heiligen und Mystiker bezeugen, wie sie immer »ärmer« wurden, ihrer Nichtigkeit immer mehr bewußt, je mehr sie von Gott erfüllt wurden. Dabei haben sie sich nicht verloren, sondern in ihrer Nichtigkeit erst ihre wahre Bestimmung und Identität gefunden.

Magier wollen die Welt nach ihrem Willen formen.

Der Christ will den Willen Gottes tun. Er muß deswegen darauf verzichten, die Welt nach seinem Willen zu formen. Wie könnte er sonst die Gegenwart Gottes erfahren?

Priester sind keine Magier. Sie öffnen den Raum für Jesus Christus, denn Er ist in dem Sakrament gegenwärtig. Sie haben die Vollmacht von Jesus Christus, im Namen seines Vaters das zu tun, was Er getan hat: Sünden zu vergeben, Kranke zu heilen und böse Geister auszutreiben.

> Wem ihr die Sünden vergebt, dem sind sie vergeben; wem ihr die Vergebung verweigert, dem ist sie verweigert. (Joh 20,21–23)

Heilt Kranke! (Mt 10,8)

Und er setzte zwölf ein, die er bei sich haben und die er dann aussenden wollte, damit sie predigten und mit seiner Vollmacht Dämonen austrieben. (Mk 3,15)

Viele Priester wagen nicht, diese Vollmachten auszuüben, weil sie nicht daran glauben können, daß sie dieses priesterliche Charisma haben.

Die Beichte wird nicht mehr in Anspruch genommen, auch deswegen nicht, weil in den Predigten kaum mehr etwas von Sünde zu hören ist, geschweige denn von den Konsequenzen der Sünde jenseits der Schwelle des Todes. Ich glaube nicht, daß die Priester nur deswegen nicht darüber predigen, weil sie fürchten, daß sie dann nur noch von den Heiligenfiguren in ihrer Kirche angehört würden, die dieser Predigt nicht bedürfen. Ich glaube, sie könnten gar nicht anders, als die Menschen immer wieder zu mahnen und zu warnen und an den barmherzigen, sündenvergebenden Gott zu erinnern, wenn sie selbst daran glauben würden, daß die Seele nach dem Tode leiden wird, wenn sie sich Gott nicht zuwendet – zur rechten Zeit. Jesus sagt:

Nicht jeder, der zu mir sagt: Herr!, Herr! Wird in das Himmelreich kommen, sondern nur, wer den Willen meines Vaters im Himmel erfüllt. (Mt 7,21–23)

Die Heilung der Kranken liegt so gut wie ganz in den Händen einer Medizin, die so weit in die Gesetze der Materie vorgedrungen ist, daß sie dem Tod – so scheint es, wenn man die gesteigerte Lebenserwartung betrachtet – erhebliches Terrain im Diesseits abgejagt hat. Der Tod ist der Gegner, den die Medizin besiegen möchte, aber niemals besiegen kann, auch dann nicht, wenn der weitaus größte Teil des gesamten Medizinbudgets einer Gesellschaft in den Intensivstationen und Operationssälen für die Lebensverlängerung Todkranker ausgegeben wird. Wenn der Tod sich dann doch als der Mächtigere erweist, wird dieser wichtigste Augenblick im Leben eines Menschen seit der Geburt als Versagen interpretiert und damit zu einem elenden und würdelosen Fehlschlag.

Priester haben die Vollmacht zu heilen, aber unter zwei Voraussetzungen: daß Heilung immer die Heilung von Leib *und* Seele ist und Gott der Herr über Leben und Tod. Die Heilung der Seele bedarf der Versöhnung mit Gott. Die kann ein Priester im Namen Jesu vermitteln, und er kann helfen, falls es nicht zu einer physischen Heilung kommt, daß ein Mensch sich durch und in seinem Leiden Gott zuwendet.

Das Austreiben von Dämonen gilt als mittelalterliches Relikt, hinter dem die Scheiterhaufen aufleuchten, auf denen Millionen Frauen als Hexen verbrannt wurden, Frauen, von denen sich die männliche Machtstruktur von Kirche und Staat bedroht fühlte. Wir glauben nicht mehr daran, daß böse Geister von einem Menschen Besitz ergreifen können. Wenn einer von zerstörerischen Impulsen beherrscht wird, kommt er in die Psychiatrie und wird mit Hilfe einschlägiger Produkte der chemischen Industrie handhabbar gemacht. Daß die Ursachen einer Krankheit in einem Bereich liegen könnten, in den die Chemie nicht hineinreicht, vermutet kaum jemand.

So wie wir die schützende Ozonschicht der Erde zerstören, so fürchte ich, daß wir derzeit die geistige Schutzschicht durchlöchern, die uns vor dämonischen Kräften bewahrt. Pater Slavko Barbarić hat in Medjugorje darüber gesprochen, wie Menschen manchmal in Raserei geraten, wenn sie mit dem Heiligen in Berührung kommen, und wie ein solcher Mensch durch die Herabrufung der Christuskraft geheilt wird. Der englische Psychiater Dr. Kenneth McAll berichtet in dem Buch *Familienschuld und Heilung*, daß durch das Sakrament der Eucharistie Menschen geheilt werden, die als unheilbar gelten. Wenn er nach genauer Prüfung zu dem Schluß kommt, daß ein Fall von Besessenheit vorliegt, so wird in der Eucharistiefeier dieser Geist Christus übergeben und ebenso der Mensch, der jetzt davon frei ist. McAll berichtet von Ergebnissen, die so wunderbar sind, als hätte Christus selbst geheilt.

Meine Hoffnung richtet sich auf die heilende Kraft Christi in unserer Welt, denn ich wüßte nicht, worauf ich sie sonst richten könnte.

Sühneleiden

Könnte es nicht ein Kontinuum sein von der Bedürfnisbefriedigung auf Kosten anderer bis zum freiwilligen Sühneleiden der Heiligen in der Nachfolge Christi? Am einen Extrem die großen Tyrannen und Kriegsherrn dieser Welt, die Millionen Menschen hinschlachten und grenzenlose Zerstörung in Kauf nehmen, um ihren Wahn aufrechtzuerhalten: Ich bin der Herr der Welt. Am anderen Extrem der Mensch gewordene Gott, der sich hinschlachten läßt, um die Menschen von ihren Sünden, von ihrer Gottgetrenntheit, zu erlösen.

Was tut eine Frau wie Marthe Robin, die fünfzig Jahre lang jeden Freitag am eigenen Leib das Leiden Christi durchlitten hat? Als ihr Sarg im Februar 1981 zum Friedhof getragen wurde, war es ihr »erster Ausgang« aus ihrem kleinen dunklen Zimmer nach fünfzig Jahren. Welcher Art ist die Ökonomie, auf deren unsichtbare Waagschale dieses Leiden geworfen wird?

Der heilige Franziskus hat die Armut zu seiner strengen Herrin gewählt. Er hat Entbehrungen gesucht und ertragen. Sein Leiden war freiwillig und bewußt, so daß sich durch seinen Orden über die Jahrhunderte ein Liebesstrom in die Welt ergießt. Wir leiden meist stöhnend und rebellierend gegen die aufgezwungene Last. Ist nicht zu vermuten, daß das kleinste, bewußt auf sich genommene Leiden einen Goldklumpen in der Ökonomie des Seelenheils darstellt?

Für uns gewöhnliche Strebende geht es erst einmal darum, das Leid, das uns das Leben beschert, anzunehmen. Es ist immer das falsche. Es scheint immer unnötig und überflüssig und ungerecht und ein Hindernis für unsere höchsten Ziele.

Wenn ich im Zweifel bin, dann schaue ich mich um und frage mich: Wie sind Menschen, die leiderfahren sind? Und wie sind Menschen, die erfolgsgewöhnt sind?

Nelson Mandela war 23 Jahre im Gefängnis, Arbeiter im Steinbruch. 23 Jahre lang hat er Kraft gesammelt, um die Versöhnung seines durch Schuld, Haß und Rache gespaltenen Volkes zu bewirken. Ein Vehikel der Versöhnung sind die »Wahrheitskommissionen«, in denen sich Opfer und Täter begegnen. Jemand, der gefoltert wurde, schaut dem, der ihn gefoltert hat, in die Augen, spricht die Qual aus – und vergibt. So wird die Sündenkette durchbrochen.

Meinen Frieden

Im Zusammenhang mit meiner noch bestehenden Ehe geschieht eine Grenzüberschreitung, die mich verletzt und in Wut bringt. Das Unnötige an der Verletzung kränkt meinen Stolz ganz besonders. Dieser Stolz verhüllt sich im Gefühl des Rechtes. Zunächst setze ich mich ins Auto, fahre auf Waldwege und schreie meinen Haß und meine Wut heraus.

Dann schreibe ich einen Brief. Er ist gehalten im Ton, so daß ich mich in der Illusion wiegen kann, ich hätte das Kunststück vollbracht, mein Territorium zu wahren, ohne zu sündigen. Befriedigung, kein Frieden. Meine Tochter sieht, was ich tue, und sagt: »Denk doch auch an uns!«

Abends gehe ich in die Messe. Ich weiß nicht, an welcher Stelle es geschieht, plötzlich kehrt Frieden ein. Ich befinde mich in einem Innenraum, in dem ich nicht kämpfen muß, nicht kämpfen will. Ich kann nicht kämpfen und gleichzeitig in diesem Raum sein. Das ist gemeint, wenn es heißt: »Meinen Frieden schenke ich euch.« *Meinen* Frieden, nicht euren Frieden. Ich werfe den Brief ins Feuer.

Unterscheiden

Helmut, mein Mitkonvertit, der mich im Februar in seine Gebetsgruppe mitnahm, besucht mich, um mir mitzuteilen, daß er ins Kloster geht. Schon in zwei Monaten wird er als Postulant bei den Franziskanern beginnen und Theologie studieren, um Priester zu werden. Schon öfter hat er daran gedacht. Jetzt ist der Ruf so klar und eindeutig, daß er ganz davon ergriffen ist und den Schritt hinaus aus der »Welt« ohne inneren Konflikt tut.

Ich bekomme Zweifel, ob meine Ablehnung seiner Gebetsgruppe berechtigt war, und lese ihm den Text vom Februar vor.

Helmut könnte sich verletzt fühlen, aber er bleibt ruhig und gelassen. Wir sprechen darüber, wie man das Echte vom Falschen unterscheiden kann. Jesus sagt: »An den Früchten werdet ihr sie erkennen.«

Eine offensichtliche Frucht ist seine Berufung. Aber nicht nur er ist einen weiten Weg gegangen. Die Gruppe betet inzwischen gemeinsam den Rosenkranz, die meisten Mitglieder sind in die Kirche eingetreten und, vor allem, die Gottesliebe wächst.

Helmut sagt:

»Es gibt verschiedene Möglichkeiten, wie sich Gott offenbaren kann: durch Erscheinungen, durch Visionen, durch das innere Wort, das aus dem Herzen aufsteigt, durch Träume. Es kann im Großen geschehen, wie zum Beispiel in Medjugorje, oder ganz im Verborgenen. Wir haben in der Gruppe immer um den Geist der Wahrheit gebetet. Was, wenn es wahr ist? *Müssen* die Empfänger nicht bezeugen, wer in ihrem Herzen spricht?«

Helmut übt keinerlei Druck auf mich aus, meinen Text zu ändern. Er fordert mich nur auf, um die richtige Erkenntnis zu beten.

Ich will die Zweifel stehenlassen. Es ist wichtig, zu zweifeln, wenn Menschen für ihre Botschaften göttliche Autorität beanspruchen. Aus gutem Grund prüft die Kirche Privatoffenbarungen mit peinlichster Sorgfalt und braucht oft Jahrzehnte, bis sie diese als einen Eingriff des Übernatürlichen anerkennt. Obwohl mehr als zwanzig Millionen Menschen Medjugorje besucht haben und die Früchte unübersehbar sind, ist Medjugorje bis heute nicht anerkannt und wird auch nicht anerkannt werden, solange die Botschaften noch andauern. Für die Seher und Visionäre bedeutet das sehr oft einen Leidensweg, auf dem ihre Standhaftigkeit im Feuer von Verdächtigungen, Verhören und Angriffen von allen Seiten geprüft wird.

Franz Werfel formuliert die zögerlich skeptische Haltung des Bischofs von Lourdes – exemplarisch für die ganze Kirche – so:

> »Zwischen das Wunderbare und die Anerkennung des Wunderbaren legt Monseigneur die dichteste Isolationsschicht, die es gibt: die Zeit … Die Zeit ist die schärfste Säure der Welt, ein Königswasser, in dem nur das lauterste und schwerste Gold Bestand hat. Jedes leichtere Metall, mag's auch seinen Eigenwert besitzen, wird zerfressen und schließlich aufgelöst … Man wird sehen, ob die Volksbewegung, die von Lourdes sich über ganz Frankreich ausbreitet, Bestand hat oder nur eine flüchtige Anwandlung der durch den Nihilismus der Oberschicht ermüdeten Massen war.« •

Seit Lourdes sind eineinhalb Jahrhunderte vergangen. Die Volksbewegung hat Bestand bis heute und ist von Maria an vielen anderen Orten dieser Erde entzündet worden.

Zu Fuß nach Altötting

Nach mühsamem Retten über die Nacht sitze ich vor meiner Rosa-Mystica-Statue und schlage das Gebetsbuch auf. Es öffnet sich bei

---

• Franz Werfel: Das Lied von Bernadette, 1993, S. 406f.

dem Gebet »Zur Mutter der immerwährenden Hilfe«. Ich lese es laut.

> Mutter von der immerwährenden Hilfe, du bist die Ausspenderin aller Gnaden, die Gott uns Armseligen verleiht. Er hat dir solche Macht, solchen Reichtum, ein so gütiges Herz gegeben, damit du in unsren Nöten uns zu Hilfe kommst. Hilf auch mir! Ich empfehle mich deinem Schutz ... Wenn du mir hilfst, dann fürchte ich nichts ... Ich fürchte nur das eine, ich könnte aus Nachlässigkeit darauf vergessen, mich dir anzuempfehlen, und so verlorengehen. Hohe Königin, erflehe mir Vergebung meiner Sünden, Liebe zu Jesus, Beharrlichkeit bis ans Ende und die Gnade, stets zu dir zu rufen, du Mutter von der immerwährenden Hilfe.

Ich brauche mich in diesem Gebet nicht zu verstecken und mich nicht zu schämen für das Fallen. Die Welt und die Welt in mir verurteilt das Fallen, entwertet, verachtet den, der fällt. Aber solange ich bete, solange ich zu Gott hinschaue, solange ich mich nicht zum Werkzeug des Bösen mache, falle ich *auf* dem Weg.

Ich lese das Gebet dreimal, dann ist klar, was ich heute tue: Ich faste endlich wieder mit Brot und Wasser und gehe zu Fuß nach Altötting. Ich starte vom Haus einer betenden Bäuerin. Von dort sind es noch ungefähr zwanzig Kilometer, erst an der Alz entlang, dann über die Dörfer, die letzten fünf Kilometer Autostraße. Es ist einer jener Herbsttage, an denen die Luft selbst zu glänzen scheint und die Natur in ihre größte Pracht taucht. Da ich von Süden nach Norden gehe, liegen die Berge hinter mir, zartblau hingebreitet über den ganzen Horizont.

Es kann nichts schaden, mich zu reinigen, denke ich, es ist zwar nicht der Ganges, an dessen Ufer ich hier entlanglaufe, aber ein helles springendes Wasser. So ziehe ich mich aus, lege mich in die Strömung und tauche dreimal den Kopf ins kalte Wasser. Beim Gehen bete ich viele Rosenkränze. Ich könnte nicht behaupten, daß mein Gebet sehr gesammelt wäre. Immer wieder ist es unterbrochen, weil ich auf die Karte schaue oder weil ich mich von meinen Gedanken einfangen lasse, von denen ich nur eines weiß: Sie sind nicht neu. An einer Wegkreuzung spricht mich eine Frau an: »Wallfahrten Sie? Dann miassns do geh, des is kirza.« Die Leute hier scheinen mit Fußgängern vertraut zu sein, die nach Altötting streben.

Plötzlich bricht sich der Schmerz Bahn, unverhüllt und direkt, der Schmerz, daß ich es nicht geschafft habe, meine Mutter in Liebe bei mir aufzunehmen. Nach den Tränen Stille, Entspannung und nach einer Weile Klarheit.

Das Annehmen der Eltern mit ihrer Dunkelheit oder irgendeines Menschen, geht nicht in der Bedürftigkeit. Alles unter Gottes Sonne benutzen wir, um diese Grundbedürftigkeit nicht zu fühlen oder ersatzweise zu befriedigen. Jede Sucht und jede Abhängigkeit hat hier ihren Ursprung. In der Tiefe heilen kann diese Bedürftigkeit nur der Himmel.

Schon oft und immer wieder habe ich angenommen, verstanden, verziehen, bereut und habe meine Liebe zu meiner Mutter und zu meinem Vater gefunden. Aber die Bedürftigkeit war nicht geheilt, und so konnte die Wunde immer wieder aufreißen und der Circulus vitiosus abermals ablaufen von Hinwendung, Verletzung, Abwendung, Bedürftigkeit, Reue, Hinwendung, Verletzung, Abwendung ... Halt, halt, hier ist die Weichenstellung. Erst die Bedürftigkeit heilen und dann hinwenden.

Ich setze weiter einen Fuß vor den anderen und komme schließlich in Altötting an. Bevor ich die Gnadenkapelle betrete, trinke ich noch am Brunnen von Bruder Konrad.

Nur wenig Beter sind in der Kapelle. Ich setze mich auf eines der quietschenden, halbrunden Holzbänkchen gegenüber der Madonna. Ich bitte um Vertrauen und Hingabe. Zwanzig Kilometer zu Fuß – das kann ich tun, so weit reicht der Machtbereich meines Ichs. Der Rest ist deins, Maria, du voll der Gnade. Sieh, ich bin gekommen, sieh, Maria, ich will zu dir, neige dich zu mir, ich bitte dich.

Nach und nach wird es stiller im Inneren. Ein Bild taucht auf: Ich knie vor Maria und lege meine Stirn an ihre Knie. Sie legt segnend ihre Hand auf meinen Kopf. Das Herz öffnet sich, die Schultern sinken nach unten, der Atem fließt. Um ihr noch ein wenig näher zu kommen, stehe ich auf und knie mich hin, ganz vorne, an das Marmorgitter. Von hier muß ich steil nach oben schauen, um die kleine, kräftige Gestalt zu sehen mit der mächtigen Krone, das kleine Jesuskind im Arm, dem seine schwere Krone fast bis auf die Augen rutscht. Ich schaue einfach nur noch, all das Gold und Silber, das Maria umgibt, verschwimmt zu einem einzigen glänzenden Licht. Ich öffne die Hände und halte ihr die Wunde meines Herzens hin – nackt. Nichts mehr, was sie verdeckt.

Es schlägt fünf Uhr, der verabredete Zeitpunkt, an dem ich abgeholt werde.

Danke, Maria. Danke, meine Mutter!

Maria unter dem Kreuz

Seit langem wünsche ich mir ein Kreuz, eines, das ich mit dem Herzen anschauen kann. Im Wohnzimmer steht die Rosa Mystica vor einem an der Wand gespannten dunkelblauen Seidentuch, zu ihren Füßen drei Silberdisteln, Blumen und Kerzen. Vor ihr bete ich, wenn die Kinder in der Schule sind. Oft betet die Katze mit und legt sich schnurrend vor meine Knie auf das Schaffell.

Heute habe ich ein altes, wunderbares Kreuz geschenkt bekommen. Was ich mit den Augen sehe, bleibt als Bild im Herzen stehen. Die Menschen, die den Gottessohn ans Kreuz schlagen, weil die Liebe ihnen wie Verbrechen erscheint, schaffen durch ihr Verbrechen den ewigen Ausdruck der Liebe: Jesus stirbt mit weit geöffneten Armen, das Haupt in Erbarmen gesenkt.

Nun steht Maria unter dem Kreuz. Wenn ich aufschaue, blicke ich in ihre Augen und sehe hinter ihr das Kreuz. Jesus sagt am Kreuz zu Johannes: »Siehe, deine Mutter.«

Und zu seiner Mutter: »Siehe, deinen Sohn.« Er sagt auch: »Siehe, deine Tochter.«

Ich habe meine Haare kurz geschnitten.

Ich habe mein Zimmer leer gemacht, um es zu streichen, die Möbel umzustellen und von Grund auf Ordnung zu machen. Ich melde mich im Kirchenchor an. Ich bin entschlossen, den geistlichen Kampf zu führen. Die Traurigkeit ist ein Laster, das mich von Gott trennt.

Hochzeit von Kana

Das erste Wunder, das Jesus tut, die Tat, mit der er sein öffentliches Wirken beginnt, ist die Verwandlung von Wasser in Wein. Er ermöglicht den Menschen ein rauschendes Fest.

> Auch Jesus und seine Jünger waren zur Hochzeit eingeladen. Als der Wein ausging, sagte die Mutter Jesu zu ihm: Sie haben keinen Wein mehr. Jesus erwiderte ihr: Was willst du von mir, Frau? Meine Stunde ist noch nicht gekommen. Seine Mutter sagte zu den Dienern: Was er euch sagt, das tut!
>
> Es standen dort sechs steinerne Wasserkrüge, wie es der Reinigungsvorschrift der Juden entsprach; jeder faßte ungefähr hundert Liter. Jesus sagte zu den Dienern: Füllt die Krüge mit

> Wasser! Und sie füllten sie bis zum Rand. Er sagte zu ihnen: Schöpft jetzt und bringt es dem, der für das Festmahl verantwortlich ist. (Joh 2,1–12)

Maria ist an dieser Tat wesentlich beteiligt. Dreißig Jahre lang hat sie für Jesus den Raum geschaffen, in dem er in seine ganze Kraft hineinreifen konnte. Sie weiß, wer er ist, sicherlich hat sie ihn schon Wunder tun sehen, sonst wäre der Satz, mit dem sie ihn einlädt, über die Schwelle zu gehen, unverständlich.

Als umsichtige Hausfrau bemerkt Maria, daß der Wein ausgegangen ist. Das ist das Letzte, was auf einer Hochzeit geschehen darf, das Fest würde scheitern, wenn der Überfluß in Mangel umschlüge. Sie geht zu Jesus und sagt den schlichten Satz: »Sie haben keinen Wein mehr.«

Jetzt, sagt sie, jetzt ist der Zeitpunkt gekommen. Sie gibt ihm den Weg frei, mehr noch, sie stößt ihn über die Schwelle des mütterlichen Raums in die Öffentlichkeit, indem sie ihn auffordert, seine Gottheit durch ein Wunder preiszugeben.

Jesus scheint nicht damit gerechnet zu haben. Er weist sie hart zurück, nennt sie »Frau«, als wäre sie eine Fremde. »Was willst du von mir, Frau? Meine Stunde ist noch nicht gekommen.« Aber sie muß wohl in seinen Augen sehen, wie seine Ablehnung in Zustimmung zu ihrem »Jetzt« umschlägt, wie er in die Ferne schaut zum Kreuz und den Willen seines Vaters in ihren Worten erkennt. Sie wendet sich den Dienern zu und sagt nur noch den einen Satz, sagt ihn für alle Ewigkeit: »Tut, was er euch sagt.«

Eine Angst vor dem Weg mit Maria und Jesus ist, daß er Verzicht und Opfer in einem Maß erfordert, daß die Lebensfülle verlorengehen könnte. Aber das erste Wunderzeichen, zu dem Maria Jesus auffordert, besteht darin, Wasser in Wein zu verwandeln, Wein in Hülle und Fülle für ein Hochzeitsfest. Auf der menschlichen Ebene ermöglicht Jesus den Hochzeitsgästen Freude und Überschwang.

Aber es ist auch eine himmlische Hochzeit, die hier gefeiert wird: die Verbindung von Gott mit den Menschen im Neuen Bund. Dazu verwandelt Jesus das irdische Wasser in göttlichen Wein, in den Wein, der später bei jeder Eucharistiefeier in das Blut Christi gewandelt wird.

Ein Traum

Ich stehe am Beginn einer Hängebrücke, die ich zu überschreiten habe. Sie ist so lang, daß ich das andere Ufer nicht sehen kann. Die Golden Gate Bridge kommt mir in den Sinn. Unten Meer, oben Himmel, dazwischen ein schwankendes Brett unter den Füßen und zwei Seile an der Seite. Ich habe Angst. Hinter mir geht ein Mann. Ich trete zur Seite und lasse ihn vor. So kann ich dicht hinter ihm meine Schritte so setzen wie er.

Das Kreuz

Die Kernbotschaft des Christentums ist abstoßend. Sie wird still in die Welt gerufen durch das Symbol des Christentums: das Kreuz. An diesem Kreuz hängt Jesus, an diesem Kreuz hängt alles. Es bedeutet: Unsere menschliche Existenz, ausgespannt zwischen Himmel und Erde, eingebunden in die Gemeinschaft mit allen Geschöpfen, ist leidvoll. Christus am Kreuz zeigt uns, wie wir im Leiden sein sollen: das Leiden annehmen bis zur tiefsten Verlassenheit. Das ist abstoßend, empörend, überhaupt nicht anziehend, »Torheit«, wie Paulus sagt.

Auf der anderen Seite Verheißungen all dessen, wonach unsere Seele sich sehnt: nicht nur nach der Seligkeit im nächsten Leben, der »Wohnung«, die uns Jesus bereitet, dem »Tisch«, an dem er uns bedienen wird; sondern nach Fülle, nach Liebe, nach Frieden in diesem Leben. *Meinen Frieden gebe ich euch.*

Jeder Mensch sucht nach Glück und versucht, sich alles zu verschaffen, wovon er glaubt, es zu diesem Glück zu brauchen. Wir suchen es in der äußeren Welt, um so mehr, je leerer es im Inneren ist, und es wird immer leerer, je mehr wir außen suchen und haben. Das geht notwendigerweise auf Kosten anderer.

Im Großen: Wir leben in einer Gesellschaft, deren Wohlstand andere bezahlen: Milliarden Menschen mit Armut und Hunger, und die Erde mit den Vorräten, die sie in Millionen Jahren angelegt hat und die wir in einem winzigen Augenblick ihrer langen Geschichte abfackeln. Wir sitzen auf dem Baum unseres bröckelnden westlichen Wohlstandes und hoffen, daß uns die steigende Flut nicht erreicht.

Im Kleinen: Wo bin ich tatsächlich bereit, zugunsten eines anderen zu verzichten: auf das größere, bessere Stück, sei es

Fleisch, sei es der bessere Platz, sei es Macht, sei es mein Recht oder meine Meinung oder meine Rache. Außerhalb der Religion sagt uns niemand, daß das erstrebenswert wäre, und doch wird jeder zustimmen, daß Frieden unter uns Menschen, Frieden mit der Erde nicht zu haben ist, wenn wir nicht auf die Erfüllung von Bedürfnissen verzichten, die wir nur auf Kosten anderer befriedigen können.

Sünde heißt, ich befriedige Bedürfnisse auf Kosten anderer, sei es auf materieller, seelischer oder spiritueller Ebene. Wenn ich das tue, liebe ich nicht. Sünde ist schuldig gebliebene Liebe.

Auf die Befriedigung von Bedürfnissen zu verzichten, heißt leiden. Welche Sünde wird nicht deswegen begangen, weil wir zu diesem Leiden nicht bereit sind? Welche Sünde müßte begangen werden, wenn wir bereit wären zu leiden?

Deswegen das Kreuz.

Der Zeitgeist sagt uns: Leiden ist eine Krankheit. Im Mittelalter hingegen galten die Menschen als krank, die unfähig waren zu leiden.

Die Welt ächzt unter den Sünden von uns Menschen. Kaum mehr einer, der leugnen könnte, daß wir auf den ökologischen Kollaps unseres Planeten zurasen und auf den seelischen Kollaps einer Gesellschaft, die sich von Gott abgewandt hat. Aber keiner will etwas wissen von Sünde, von Schuld, von Umkehr – vom Kreuz. Ersparen wir uns dadurch Leiden? Alles spricht dafür, daß wir durch den Versuch, ihm auszuweichen, es in einem Maß auf uns herabbeschwören, wie es diese Erde nie gesehen hat.

Deswegen das Kreuz.

Was tut Gott, der uns *seinen Frieden* schenken will?

Er kommt auf diese Erde und lebt, was er lehrt, bis zum äußersten Extrem: Er opfert sich selbst, *und* er steht von den Toten wieder auf.

> Deinen Tod, o Herr, verkünden wir, und deine Auferstehung preisen wir.

Jeder weiß, welche Wunder ein Zurücknehmen, ein Verzicht auf Rechthaben, ein Geben statt Nehmen, bewirkt. Wenn das im Kleinen so ist, ist dann nicht anzunehmen, daß ein Kontinuum bis zu dem Punkt führt, wo Glück und Leid versöhnt sind? Die Heiligen bezeugen es: Sie finden Süße im Leid, denn sie werden darin eins mit Jesus.

Der heilige Ludwig Maria Grignion von Montfort schreibt:

> Wenn ihr hingegen richtig zu leiden wißt, dann wird das Kreuz zu einem sanften Joch werden, das Jesus Christus euch tragen hilft. Es wird zu zwei Flügeln der Seele, die sich zum Himmel erhebt; es wird zu einem Schiffsmast, der euch leicht und glücklich in den Hafen des Heiles führt. Tragt euer Kreuz geduldig, und es wird euer inneres Dunkel erleuchten; denn wer nicht Versuchung leidet, der weiß nichts. Tragt euer Kreuz mit Freuden, und die göttliche Liebe wird euch entflammen, denn in der reinen Liebe zum Heiland kann niemand ohne Schmerzen leben. [•]

Ich schrecke zurück und weiß doch, daß es wahr ist. Ich möchte gerne einfach glücklich sein, ohne Kreuz. In Momenten der Einsicht ahne ich, welche Freiheit, welche Gelassenheit, welcher Friede kommen wird, wenn ich in der Tiefe meiner Seele bereit bin, das Leiden, das mir dieses Leben abverlangt, anzunehmen, weil mir Christus dann nah ist. Negative Gefühle werden mit der Wurzel ausgerissen, als da sind: Neid, Eifersucht, Unzufriedenheit und vor allem Angst. Angst haben wir vor der imaginierten Möglichkeit des Leidens. Wenn ich bereit bin, das, was kommt, aus der Hand Gottes anzunehmen, verschwindet die Angst. Das Leid bleibt rein. Es reduziert sich auf seinen objektiven Kern.

Jedesmal, wenn wir das Kreuzzeichen machen, sagen wir im Grunde unserer Seele: Ja, ich bin bereit, mit Dir zu leiden.

Dann erst werden die Verheißungen wahr. Wenn wir auf der irdischen Glücksschiene in den Himmel kämen, wären wir längst alle dort.

Mein Herz, mein liebes Herz,
woher deine Angst?
Umarme das Leid.
Umarme das Leid, das war, das ist, das kommen wird,
und du bist frei, gelassen und weit,
vielleicht sogar froh.
Das Leid bleibt rein.
Du machst es nicht groß und nicht klein.
Du heilst das Getrennte.

[•] Ludwig Maria Grignion von Montfort: Das Goldene Buch, S. 320.

Das Sterben von Josef

Im Sommer letzten Jahres fing es an. Josef, der Mann von Ludovika, hat Blut im Stuhl. Bald kommt die Diagnose: Darmkrebs. Josef ist knapp über Fünfzig. Er genießt sein Leben. Mit seinem Handwerksbetrieb verdient er so viel Geld, daß er alles Schöne, was das Leben zu bieten hat, tun kann: Golf spielen, segeln, fliegen, die Welt bereisen, ein Zweithaus bauen im Ausland nach eigenen Plänen. Mit seiner Frau hat er sich über eine Arbeitsteilung verständigt: Er ist für das Weltliche zuständig, sie für das Religiöse. Beide sind in ihrem Bereich sehr kompetent und tolerieren, ja schätzen die Zuarbeit des anderen. Kinder haben sie keine. Nie ist Josef die Idee gekommen, daß es auch ihn treffen könnte.

Josef wird operiert. Er ist bald wieder auf den Beinen, aktiv wie eh und je. Von Jammern hält er nichts, zu keinem Zeitpunkt. Seine Frau betet Novenen zu den Heiligen, denen sie sich am meisten verbunden fühlt. Sie betet um die Gesundheit ihres Mannes, aber sie setzt immer hinzu: »Dein Wille geschehe.«

In dieser Phase lerne ich Josef kennen. Wir mögen uns, weil wir beide sagen, was wir denken. Er spürt, daß er im Grunde durch weiteren Genuß dem Leben keinen Sinn mehr abgewinnen kann. Ich sage: Jetzt kommt das Geben daran. Darüber denkt er nach.

Der Erfolg der ersten Operation währt nur kurz. Das Geschwür wächst weiter, Metastasen bilden sich in der Leber. Eine zweite Operation wird ihm angeraten, Chemotherapie dringend empfohlen. Josef lehnt ab. Er erkennt, daß er sterben muß. Er nimmt es als Tatsache hin, wie er die Tatsachen des Lebens immer hingenommen hat. Er will sich nicht vorher von der Medizin noch seine Vitalität rauben lassen und elend im Krankenhaus sterben.

Die Beschwerden werden größer, aber die Lebenskraft, die er noch hat, nutzt er, um in seinem neu gebauten Haus den Badezimmerboden mit schönen Steinen zu fliesen, das Gartentor in Auftrag zu geben, und das, was noch nicht fertig ist, in vertrauenswürdige Hände zu legen. Er ordnet alles, was noch zu ordnen ist, übergibt die Firma, bestellt für seine Frau ein neues Auto.

Er kann immer weniger essen, der Darm läßt kaum mehr etwas durch. Die Schmerzen nehmen zu. Er nimmt stark ab. Ludovika tut alles, was sie tun kann. Und sie betet. Sie betet nicht mehr darum, daß er am Leben bleibt, sie betet, daß er in Würde sterben darf und zu den Sakramenten der Kirche zurückfindet.

Josef ist nämlich vor ein paar Jahren aus der Kirche ausgetreten. Allzumenschliches hatte ihn erbost. Seine eigene religiöse Übung bestand nur noch darin, gelegentlich in den Sonntagsgottesdienst zu gehen und auf seinen Reisen in den Kirchen ein Vaterunser zu beten. Ludovika wünscht sich so sehr, daß er beichtet und die Sterbesakramente empfängt, bevor er diese Welt verläßt. Sie *wünscht* es, sie drängt ihn nicht. Im Nicht-Drängen hat sie sich lange geübt in dieser Ehe.

Die Nächte verbringt Josef überwiegend im heißen Wasser in der Badewanne. So werden die Schmerzen erträglicher. Manchmal sagt Ludovika am Telefon: »Die Nacht war schlimm.« Selten, daß sie weint. Ihr Mann hat ihr gesagt: »Du warst eine gute Frau.«

Wir wissen alle, er hat nicht mehr lange zu leben. Ich mache einen Besuch, stelle eine rosa Azalee auf den Tisch neben der Couch, auf der er liegt. Blüten in Fülle. Ich erzähle ihm von meinen Erfahrungen mit der Beichte, welche Lasten mir abgenommen werden, wenn ich meine Sünden Jesus zu Füßen lege, und wie dadurch Neues möglich wird. Ich spreche über die wunderbare Nahrung der Eucharistie. Jesus sagt: »Wer meinen Leib ißt und mein Blut trinkt, der hat das ewige Leben.«

»Wenn ich dir zu viel rede, Josef, dann sag mir, daß ich aufhören soll.«

»Ja, ja, rede nur weiter.«

Die Geschichte von den Arbeitern im Weinberg fällt mir ein. Jesus gibt denen, die erst spät anfangen zu arbeiten, den gleichen Lohn wie jenen, die sich den ganzen Tag geplagt haben. Letztere finden das begreiflicherweise ungerecht. Sie erkennen nicht die Barmherzigkeit Jesu. Wir können nicht darauf spekulieren und am Morgen die Hände in den Schoß legen. Aber Jesus sagt uns, es gibt, solange wir leben, kein Zuspät, um uns Ihm zuzuwenden.

Was, wenn wir es nicht tun? Wenn wir es bis zuletzt nicht tun?

Darüber rede ich jetzt nicht mit Josef, aber die Frage nach dem, was danach kommt, ist in mir nicht mehr zum Schweigen zu bringen. Es scheint mir überaus dringend, in diesem Leben die Weichen zu stellen.

Die rosarote Lehre von Licht und Liebe, die uns angeblich alle am Ende des Tunnels erwartet, ganz gleich, wie wir gelebt haben, hat etwas von McDonald's Softeis an sich. Es schmeckt gut, aber leben kann man nicht davon. Scheinbar bewiesen wird diese Ansicht durch die Aussagen von Wiederbelebten, die bezeugen, daß es dort drüben so überaus schön gewesen sei, daß sie gar nicht hätten zurückkommen wollen. Es mehren sich die Stimmen, die das für eine einseitige Auswahl halten. Der amerikanische Herzspezialist

Dr. Maurice Rawlings teilt mit, daß Menschen unmittelbar nach der Wiederbelebung auch von Höllenerfahrungen berichten, die so schrecklich sind, daß sie ihr Leben radikal zum Guten wenden.* Wozu unser ganzes Ringen und Streben und Leiden, wenn es kein Gericht gibt? Wenn Gott die Liebe ist, dann muß eine Liebesverwandlung in uns geschehen, um in Gott eingehen zu können.

Christus läßt keinen Zweifel daran, daß es einen Ort der Verdammnis gibt.

> Wenn dich deine Hand oder dein Fuß zum Bösen verführt, dann hau sie ab und wirf sie weg! Es ist besser für dich, verstümmelt oder lahm in das Leben zu gelangen, als mit zwei Händen und zwei Füßen in das ewige Feuer geworfen zu werden.« (Mt 18,8)

In *das* Leben. In das ewige Leben in der Herrlichkeit Gottes. Beides ist nicht vorstellbar mit unseren Sinnen, die nur für die Wahrnehmung der relativen Welt geschaffen sind, weder der Himmel noch die Hölle, aber die Konsequenzen dessen, was wir glauben oder nicht glauben, sind erkennbar.

Wenn die Möglichkeit besteht, daß der Zug, in dem wir sitzen, auf einen Abgrund zurast, ist es dann nicht auf jeden Fall sinnvoll, auszusteigen, auch wenn die Reise vielleicht zu Fuß auf einem steinigen Weg weitergeht?

Zwei Tage später telefoniere ich mit Ludovika. Ein Wunder ist geschehen, sagt sie. Josef ist wieder in die Kirche eingetreten. Er hat gebeichtet und die Sterbesakramente empfangen. Gemeinsam hätten sie noch eine große Osterkerze gekauft, die ihm durch den Tod leuchten und ihr Licht in ihre Trauer werfen soll. Sie hätten einen glücklichen Tag miteinander verlebt.

Bei meinem letzten Besuch sieht mich Josef nicht mehr. Ludovika, der Pfarrer und ich beten den schmerzhaften Rosenkranz neben dem Sterbenden. Er hat ein Kreuz in der Hand. Die Kerze mit dem Alpha und Omega brennt auf dem Tisch, darunter steht das Bild des barmherzigen Jesus, wie er der Schwester Faustyna erschienen ist, mit der Unterschrift: »Jesus, ich vertraue auf dich.« Ludovika kniet an der Seite ihres Mannes auf dem Steinboden. Sie weint nicht, sie betet.

Josef stirbt in der Nacht. Einen Tag lang bleibt er aufgebahrt im Wohnzimmer liegen. Seine Frau hat ihm seine schönsten Kleider

---

* Dr. med. Maurice S. Rawlings: Zur Hölle und zurück. Leben nach dem Tod – überraschende neue Beweise, Hamburg 1996.

angezogen, ein weißes Dinnerjackett mit schwarzer Fliege. Auf dem Mund und den Augenlidern liegt ein leises Lächeln. Es scheint, als wäre der Tod darüber befriedigt, daß er sein Werk mitten unter den Menschen im Wohnzimmer verrichten darf. Er zeigt sein sanftes, friedliches Gesicht.

Die Verwandten und Freunde kommen, um Abschied zu nehmen. Abends wird bei dem Toten im überfüllten Wohnzimmer der Rosenkranz gebetet, tags darauf in der Kirche – ein murmelnder Strom, dem sich die Seele anvertrauen kann.

Bei der Beerdigung ist die Kirche voll. Hunderte begleiten ihn auf seinem letzten Weg. Ludovika steht gefaßt am Grab, bis der letzte den Sarg mit Weihwasser besprengt hat.

Wie wird sie es verkraften, wenn sie allein im leeren Haus ist? Ludovika fühlt sich nicht allein. Sie staunt über die Kraft, die ihr zufließt vom Gebet so vieler Menschen. Sie trauert, aber ihre Trauer ist gefaßt durch das Glück, ihren Josef in der Gnade Gottes zu wissen.

Tod, wo ist dein Stachel, Tod wo ist dein Sieg? (1 Kor 15,55)

Das ganze Leben

Advent

Tag der Unbefleckten Empfängnis, der *Immaculata,* das erste Marienfest im Kirchenjahr.

Gefeiert wird, daß Maria ohne Makel der Erbsünde von ihrer Mutter empfangen wurde, nicht, wie vielfach irrtümlich angenommen wird, daß Maria Jesus direkt vom Heiligen Geist empfangen hat. Sie ist – als zukünftige Mutter Jesu – bereits erlöst, noch bevor Jesus durch seinen Tod am Kreuz die Menschheit erlöst. Sie ist die *Vorerlöste,* der vollkommene Mensch, Gott in ihrer ganzen Existenz gehorsam. »Sie macht«, schreibt die Mystikerin Adrienne von Speyr, »dem Sohn von Anfang an die Erlösung anschaulich, die für alle gedacht ist und für alle ausreichen wird.«[•]

An diesem Tag ruft mich eine Beterin unseres Dorfes an und erinnert mich daran, zwischen 12 und 1 Uhr zu beten. Es sei eine Stunde ganz besonderer Gnade.

Es ist jene Stunde, in der Maria im Jahre 1947 in Montichiari in Oberitalien der Krankenschwester Pierina Gilli erschienen ist.

Pierina berichtet, die Muttergottes habe sich ihr auf einer großen, weißen Treppe gezeigt, die an beiden Seiten mit weißen, roten und gelben Rosen geschmückt war. Maria habe dabei gelächelt und gesagt:

> Ich bin die Unbefleckte Empfängnis. Ich bin Maria der Gnade, das heißt die Gnadenreiche, Mutter meines göttlichen Sohnes Jesus Christus. Durch mein Kommen hier in Montichiari wünsche ich, als »Rosa Mystica« angerufen und verehrt zu werden. Ich wünsche, daß man jedes Jahr am 8. Dezember um die Mittagszeit die »Stunde der Gnade« für die ganze Welt feiere. Mit dieser Übung wird man zahlreiche seelische und leibliche Gnaden erlangen …

Nach den Anweisungen der Seherin Pierina wurde die Rosa Mystica geschnitzt – die Mutter Gottes im weißen Kleid mit weißem Schleier, einer weißen, einer roten und einer goldenen Rose auf der Brust, mit betend erhobenen Händen. Diese Statue ist als

---

[•] Adrienne von Speyr: Maria in der Erlösung, S. 9.

Missionarin vieltausendfach auf der ganzen Welt unterwegs. Ihr besonderes Anliegen ist die Erneuerung der Kirche. Sie ist als Pilgermadonna in mein Haus gekommen, und ich habe sie nicht wieder fortgelassen.

So gehe ich also in der Mittagsstunde dieses 8. Dezember in die Dorfkirche. Ich sitze allein vor dem Marienaltar und bete den Rosenkranz. Die Gnade, um die ich vor allem bitte, ist Freude – eine Freude jenseits der Gegensätze von Glück und Leid.

Als ich zurückkomme, liegt im Briefkasten die Zeitschrift »Maria heute«. Darin beschreibt der Theologe René Lejeune, worum ich bitte:

> Die Freude erschallt am Himmel von Bethlehem durch den Gesang der himmlischen Heerscharen und in den Worten, die der Engel des Herrn an die Hirten richtet: »Fürchtet euch nicht, denn ich verkündige euch große Freude.«
> Jede Freude drückt eine vorübergehende oder andauernde Seinsfülle aus. Die Fülle der messianischen Freude zeigt sich unabhängig von der momentanen Gefühlslage, die in unserem Herzen herrscht, denn sie entspringt an der Quelle des Lebens selbst. Sie ist ein Pulsieren des Heiligen Geistes in unserem tiefsten Innern. Er ist es, Er allein, der uns die messianische Freude mitteilt …

Adventszeit – üblicherweise damit verbracht, im Kaufrausch durch die Fußgängerzonen der Städte zu taumeln – ist die Zeit der Vorbereitung auf *das* Freudenereignis der Heilsgeschichte. Ich beginne das Stundengebet zu beten, Laudes und Vesper, in dem die Heilserwartung der Menschen vor Christus in große, schlichte Worte gefaßt ist, auf daß »der geheimnisvolle Rückstoß gelingen möge, der unser Herz in Bewegung setzt«.

Außerdem faste ich in der Adventszeit zweimal in der Woche bei Brot und Wasser. Bisher habe ich es über längere Strecken nur einmal getan. Es ist immer gut, bringt Biß in die Woche. An zwei Tagen zu fasten, war ich bisher nicht bereit. Ich wurde gereizt, und das kann nicht der Sinn sein.

Aber sonderbar: Wenn Freude da ist, wird die Freude durch das Fasten intensiviert. Hinzu kommt: Ich habe mich entschlossen, damit das Gebet für meine Kinder zu stärken. Sie sind in eine Welt hineingeworfen, in der sich die Identität der Jugendlichen an Textilmarken und Popstars heftet, in der sie pausenlos mit Pornographie bombardiert werden, angefangen mit sogenannten Jugendzeitschriften wie *Bravo* und *Girl*. Ihre schöpferischen Kräfte werden durch die Dauereinspeisung vorfabrizierter Fernsehbilder gelähmt, durch Bilder, in denen brutalste Gewalt und gierige Ex-und-hopp-Sexualität tagtäglich zur »Unterhaltung« feilgeboten werden. Auf den Straßen geht die Saat der Gewalt auf, die von den Erwachsenen ins Bewußtsein der Jugend gesät wird. Dem extremen Leistungs- und Konkurrenzdruck an den Schulen steht das Gespenst der Arbeitslosigkeit gegenüber. Es ist eine Welt, deren familiäre und ökologische Basis zerbricht. Ist es da verwunderlich, daß immer mehr der Versuchung nicht widerstehen können, die sich ihnen an jeder Ecke mit einem unsichtbaren hämischen Grinsen anbietet: den Drogen, die ihnen für den Preis der Zerstörung von Leib und Seele kurze Ausflüge in eine sorglose, schmerzfreie, bilderreiche Welt gestatten?

Gegen diese Kräfte treten wir Eltern an. Brauchen wir da nicht mächtige Verbündete? Das Fasten führt aus der Ohnmacht heraus *und* aus der Macht. Ich habe keine Kontrolle, die Kausalität ist verborgen, aber ich spüre: Ich lege zu meinem Gebet etwas Eigenes dazu. Pater Slavko sagt in Medjugorje: »Fasten ist Beten des Leibes.«

Weihnachten

Wieder hat sich elektrischer Lichterglanz über Stadt und Land gebreitet, wieder haben wir in unseren Wohnzimmern die Kerzen an den geschmückten Tannen entzündet, haben vielleicht sogar dem Bild der Krippe für die Augen unserer Kinder Gestalt gegeben. Jeder spürt, daß dieses Fest etwas mit Liebe zu tun hat und daß Liebe etwas mit Familie zu tun hat. Wenn da, wo Liebe, Frieden, und Verbundenheit sein sollten, keine Liebe, kein Frieden und keine Verbundenheit sind, wird das an Weihnachten besonders fühlbar.

Auch bei uns haben die Kinder die Weihnachtszeit auf Vater und Mutter verteilen müssen. Mit den Geschenken vom Vater kamen sie fröhlich zum Weihnachtsabend nach Hause. War ich letztes Jahr noch in der Verwandtschaft untergeschlüpft, um den Trennungsschmerz zu dämpfen, so war ich dieses Jahr froh, am Heiligen Abend mit den Kindern allein zu sein, um das Geheimnis dieses Festes in meinem Herzen bewahren zu können.

Was wir an Weihnachten feiern, sprengt das menschliche Fassungsvermögen. Läßt man in sein Bewußtsein ein, daß es Heilsgeschichte gibt mit einem Anfang und einem Ende, so ist es das entscheidende Ereignis zwischen der Erschaffung der Welt und der Rückkehr der Welt zu Gott:

Gott wird Mensch.

Welchen Eingang wählt Er in die Welt?

Er kommt als Säugling, denn es gibt kein Herz, das sich dem ersten Lächeln eines neugeborenen Kindes verschließen kann. Er wird in einem Stall geboren.

Nur die Zeichen am Himmel zeigen, daß ein König geboren wurde. Die Zeichen auf der Erde machen deutlich, daß sein Reich nicht von dieser Welt ist. Er findet keine Heimat unter den Menschen und wird schließlich ermordet.

> Das wahre Licht, das jeden Menschen erleuchtet, kam indie Welt. Er war in der Welt, und die Welt ist durch ihn geworden, aber die Welt erkannte ihn nicht. Er kam in sein Eigentum, aber die Seinen nahmen ihn nicht auf. Allen aber, die ihn aufnahmen, gab er die Macht, Kinder Gottes zu werden, allen, die an seinen Namen glauben. (Joh 1,9–12)

Ist es wahr oder ist es nicht wahr?
Ist das nicht eine wichtige Frage?
Was folgt aus dem Nein? Was folgt aus dem Ja?

Ich antworte mit meinem kleinen, menschlichen, schwachen Ja. Dieses Ja ist das Tor zu Jesus Christus.

Der Weg führte mich über Silvester in das Kloster Maria Bronnen am Hochrhein, in den Orden der Augustinerchorherren, der Brüder vom Gemeinsamen Leben. Pater Dietrich gehört diesem Orden an. Eine Woche lang werde ich in die offenen Arme einer christlichen Gemeinschaft aufgenommen. Die Menschen gehen auf mich zu und begrüßen mich mit freundlichen Worten. Es ist leicht, in ein warmes, offenes Gespräch zu kommen. Ich erlebe, was Gastfreundschaft sein kann: Uns Gästen wird uneingeschränktes Vertrauen entgegengebracht, alles steht uns offen, und wir dürfen nehmen, was wir wollen: Essen, Telefon, Bücher. Neben dem Telefon liegt ein Büchlein zum Einschreiben, neben dem Bücherstand steht eine Kasse. Beteiligung an der Küchenarbeit wird nicht organisiert, man kann helfen oder sitzen bleiben und sich unterhalten, während andere die Arbeit tun. Was wir für unseren Aufenthalt geben, bleibt uns selbst überlassen. Wenn es einer nicht weiß, wird er in die Kapelle geschickt, um dort die richtige Antwort zu finden.

Die Brüder und Schwestern haben Armut, Keuschheit und Gehorsam gelobt. Sie bewohnen getrennte Häuser, essen aber gemeinsam und gehen freundschaftlich miteinander um. Schon ihrem Ordensgründer Gerhard Groote (1384–1440) ging es vor 600 Jahren um die *devotio moderna,* um zeitgemäße Frömmigkeit, und darum geht es auch Pater Johannes, der den Orden im Jahre 1975 hat wiederaufleben lassen.

Pater Johannes war Chemiker, bevor er die Berufung zum Priester und Ordensgründer bekam. Er hat eine schwere Herzoperation hinter sich und ist deswegen in seiner Aktivität eingeschränkt. Es ist wunderbar zu sehen, wie ein Mensch führt, der dient. Er nimmt, wenn er ins Zimmer tritt, den Raum nicht in Besitz, keiner verändert das, was er gerade tut, und doch ist seine Präsenz spürbar. Seine großen, braunen, milden Augen zeigen, daß er mit Macht nichts zu schaffen hat. Es ist nicht sein Wille, der hier geschehen soll, sondern Seiner.

Jesus Christus ist die Nabe dieser Gemeinschaft. Morgens und abends wird die heilige Messe gefeiert. Das Stundengebet wird singend gebetet: Laudes, Sext, Vesper mit anschließendem Rosenkranz und der Komplet, und vor allem: Das Allerheiligste ist täglich ausgesetzt, vormittags in der Schwesternkapelle, nachmittags in der Brüderkapelle, am Donnerstag die ganze Nacht über. Der Herr soll nicht allein gelassen werden in jener Nacht, in der er Blut schwitzt vor seiner Kreuzigung und die Jünger einschlafen.

Ich nehme an all dem teil. Es ist keine Disziplin, die ich mir abverlangen müßte; es zieht mich hin, weil es meiner Seele wohlergeht, wenn sie in Gemeinschaft betet oder in der Stille vor dem Allerheiligsten.

Ich gehe täglich zur heiligen Messe und kommuniziere, denn es ist wahrhaftig Himmelsbrot, das mir dort gereicht wird. Ich gehe manchmal mit Bangen zum Altar. Kann das wirklich sein? Wird es wieder so sein, daß ich hineingenommen werde in Liebe und Stille und Frieden und die Gewißheit der Gegenwart Jesu? Darf ich Jesus wirklich vertrauen? Und jedesmal werde ich wieder beschenkt.

> Ich bin das lebendige Brot, das vom Himmel herabgekommen ist. Wer von diesem Brot ißt, wird in Ewigkeit leben. Das Brot, das ich geben werde, ist mein Fleisch, ich gebe es hin für das Leben der Welt. (Joh 6,51)

Von Karl Rahner stammt das Wort: »Die Christen werden Mystiker sein, oder sie werden nicht mehr sein.« Hier in unseren Kirchen geschieht tagtäglich das unfaßbare Mysterium der Wandlung von

Brot in den Leib Christi, von Wein in das Blut Christi. Indem wir davon essen und trinken, werden wir selbst in die Wandlung mit hineingenommen.

Ich bitte Pater Johannes, bei ihm beichten zu dürfen. Das geschieht am ersten Januar. Thema ist mein Muttersein. Es ist eine merkwürdige Sache mit der Selbsterkenntnis. In der Bedürftigkeit sind wir blind für den Egoismus, der daraus resultiert. In dem Maß, in dem die Bedürftigkeit schwindet, wird der Egoismus sichtbar. Während wir vorher damit beschäftigt sind, einzelnes Unkraut auszureißen, bekümmert darüber, daß es immer wieder nachwächst, kommt nun der Boden ins Blickfeld, aber erst, wenn er gedüngt wird. Ein anderes Wort für diesen Dünger ist Gnade.

Pater Johannes tut das, was er mir rät: Er wendet sich mir mit einem hörenden Herzen zu. Er sagt: »Als Mutter und auch als Oberer ist man Gärtner, kein Städtebauer. Jesus spricht vom Reich Gottes immer in Bildern des Wachstums. Die Kinder annehmen, nicht formen wollen, formen tut Er. Danken Sie für Ihre Kinder!«

O ja, ich danke Gott für meine drei gesunden, schönen Kinder, deren Seele in ihren Augen leuchtet.

Zuletzt betet Pater Johannes für mich und meine Kinder vor dem Kreuz. Er spricht mir aus dem Herzen.

Am 2. Januar lädt Pater Dietrich mich und zwei weitere Gäste zu einer Wallfahrt zu Niklaus von Flüe ein. Seine Klause liegt hundert Kilometer vom Kloster entfernt in der Schweiz. Bruder Klaus ist der Nationalheilige der Schweiz. Sein Standbild steht im Bundesgebäude zu Bern, denn ihm glauben die Schweizer ihren jahrhundertelangen Frieden zu verdanken. Bruder Klaus war ein angesehener und politisch aktiver Bürger seiner Gemeinde, als er 1467 im Alter von fünfzig Jahren seine Frau und seine zehn Kinder verließ und Einsiedler wurde. Zwanzig Jahre lebte er in einer Klause unterhalb seines Familienhauses, ohne zu essen und zu trinken. Schon zu Lebzeiten wurde er von seinen Landsleuten als Heiliger und Friedensstifter verehrt, wurde aber erst 1947 heiliggesprochen.

Wir sind an diesem zweiten Januar fast die einzigen Besucher in dem stillen Tal, in dem unten das Flüßchen Melcha rauscht. So fügt es sich, daß ich ganz allein in der Klause des Heiligen bin und es wage, mich dort hinzuknien, wo Bruder Klaus zwanzig Jahre lang gebetet hat. In der angrenzenden Kapelle feiert Pater Dietrich an diesem Herz-Jesu-Freitag nachmittags um drei Uhr für uns die heilige Messe.

Meine Richtschnur seit nunmehr zwei Jahren ist, mich mit all meiner Unvollkommenheit und Schwäche in den Gnadenstrom zu stellen, dessen brüchiges Gefäß die Kirche ist. Allmählich stellt sich das Empfinden ein, daß kein Treibsand mehr unter meinen Füßen ist, vielmehr ein fester begehbarer Weg.

Nach meiner Rückkehr kommt meine Mutter zu Besuch. Sie ist eine Woche bei mir. Es ist keinerlei Spannung da. Unser Umgang ist freundlich und liebevoll. Ich will nichts anderes als das, was ist. Ob es wirklich geschafft ist?

Den Glauben hüten

In Kirchstätt wird zu einem Predigtzyklus eingeladen. Ein jesuitischer Pater, ein Professor und Doktor der Philosophie, ist dafür von auswärts eingeladen. Er spricht über die Grundfragen des Glaubens, nämlich Glaube, Schöpfung, Erbsünde, Sünde und Erlösung. Ich gehe voller Interesse hin. Er spricht frei und mit Wucht. Die erste Predigt halte ich noch ganz gut aus, nach der zweiten fühle ich mich an der Basis meines Glaubens angegriffen. Ich muß beten, um wieder darauf stehen zu können.

Der Priester und Professor sucht nach Übereinstimmung zwischen der Naturwissenschaft und der Religion. Natürlich stamme der Mensch vom Affen ab, etwas anderes zu glauben sei reine Dummheit. Gott sei kein Eingreifgott, sondern der Boden, der alles ständig trägt. Es gibt keinen naturwissenschaftlichen Beweis, daß das Wetter durch Wettersegen beeinflußbar ist. »Ich glaube das nicht. Wir können mit solchen magischen Gebräuchen Gott nicht beeinflussen, etwas zu tun.« Wir dürften nicht meinen, wir müßten nur richtig beten, dann wird Gott das schon machen. Er wolle nicht sagen, daß es in Lourdes keine Heilungen gebe, aber er wolle sagen, daß es in einem großen Krankenhaus täglich das Zehnfache an Heilungen gebe. Man spreche vom Wunder der Brotvermehrung, fünf Brote – und zwölf Körbe bleiben übrig. Jede Aussaat sei mindestens ein genauso großes Wunder: »Da sät man ein bißchen, und die Scheunen werden voll ...« Nach der Predigt setzt der Priester das Allerheiligste zur Anbetung aus.

Noch ist mein Glaube nicht fest genug, um sich nicht angegriffen zu fühlen. Ich wünsche mir von einem Priester, daß er mir hilft zu glauben, denn es ist schwer, aus dem Glauben zu leben. Ich will glauben, daß es einen gütigen, liebenden Gott gibt. Darum *wage ich zu beten: »Vater unser ...«* Für mich ist es ein himmelweiter Unterschied, ob ich an einen göttlichen Urgrund glaube oder an einen Gott, der seine Kinder wie ein Vater liebt. Die großen Mystiker und die kleinen Frommen sind die Zeugen für eine individuelle, lebendige Wechselbeziehung zwischen Gott und den Menschen. Ich will glauben, daß mein Gebet zu Gott, zu Jesus Christus, zum Heiligen Geist, zur Jungfrau Maria, zu Engeln und Heiligen gehört wird. Dieser Glaube ist die Voraussetzung für wirkungsvolles Gebet. Jesus sagt: »Alles, worum ihr betet und bittet – glaubt nur, daß ihr es schon erhalten habt, dann wird es euch zuteil.« (Mk 11,24)

Betet und bittet: Eine Bitte ist nur dann eine Bitte, wenn dem anderen die Freiheit bleibt, sie zu erfüllen oder nicht zu erfüllen, wenn wir ihm also bei Nicht-Erfüllung weder unsere Liebe entziehen noch den Glauben daran, daß er sie erfüllen kann. Deswegen hat Gebet nichts mit Magie zu tun: *Dein Wille geschehe,* nicht meiner. Daß wir Menschen Gott um seine Gnade bitten, scheint wesentlich zu sein, allein um uns begreiflich zu machen, daß wir nicht die Herren der Schöpfung sind. Wenn trotz Wettersegen und Flurprozession die Ernte schlecht ausfällt – was bleibt uns anderes übrig, als wieder um den göttlichen Segen zu bitten? Noch immer haben die Menschen dann zu Gott gefleht, wenn sie in Not waren. Ich erlebe, daß durch mein Gebet in mein Leben Frieden kommt und meine Liebe zu Gott und den Menschen wächst.

Ich will glauben, daß ich Gott erreichen kann, und ich will an Wunder glauben, nämlich daran, daß Gott die Macht besitzt, außerhalb der von ihm geschaffenen Naturgesetze zu handeln, weil ich glaube, daß der Schöpfer größer ist als das Geschaffene. (Im übrigen muß man die Augen schon fest zukneifen, wenn man leugnen will, daß es in unserer Welt Wunder gibt.) Ich erlebe, daß dieser Glaube heilt. Er ermöglicht mir, mich in jeder heiligen Messe dem Wunder der Eucharistie zu öffnen.

Wenn das ein *dummer* Glaube ist, so nehme ich das in Kauf. Es gibt Schlimmeres als Dummheit. Dummheit mit Frömmigkeit gepaart ergibt Einfalt. Gott kann sich der Einfältigen bedienen. Gescheitheit ohne Frömmigkeit ist gefährlich. Sie paart sich dann mit der Macht und will sein wie Gott. Es ist die Krankheit unserer Welt, und es war die Krankheit, gegen die Jesus gekämpft hat und die ihn bekämpft hat. Die Einheit von Kopf und Herz ist das, wonach ich strebe, eine Einheit, in der das Herz führt, weil es mit Macht nichts zu schaffen hat, und in der der Kopf dem Herzen dient, weil er ohne Führung durch das Herz zu einem zerstörenden Tyrann wird.

Ja zur Kirche

Heute vor einem Jahr, am 12. Januar 1997, bin ich in die Kirche aufgenommen worden. Die Natur feiert mit mir diesen ersten Jahrestag. Strahlendes Licht ist über die Landschaft ausgegossen. Die Berge stehen scharfkantig und schneeglänzend gegen den wolkenlosen, zartblauen Himmel. Noch sind die Pflanzen im Winterschlaf, aber das Licht tanzt und jubelt. Mein Herz ist offen, um die Schönheit aufzunehmen, aber immer ist in der Freude ein Tropfen Sehnsucht, die durch das, was meine Augen sehen, nicht befriedigt wird.

Er ist der Tag, an dem Jesus sich von Johannes taufen läßt, so wie das übrige Volk, das in Scharen zu dem Täufer in die Wüste hinauszieht, jenem Johannes, der damals im Leibe seiner Mutter Elisabeth vor Freude hüpfte, als er Jesus im Leibe Marias gewahr wurde. Das Volk fragt sich, ob er vielleicht der Messias sei, aber Johannes antwortet:

> Ich taufe euch nur mit Wasser. Es kommt aber einer, der stärker ist als ich, und ich bin es nicht wert, ihm die Schuhe aufzuschnüren. Er wird euch mit dem Heiligen Geist und mit Feuer taufen. (Lk 3,15–17)

Zum Gottesdienst gehe ich in die Kirche, in der ich letztes Jahr zum ersten Mal kommuniziert habe und in der ich mit heiligem Öl gesalbt wurde. Die Kirche ist noch weihnachtlich geschmückt, helles Sonnenlicht strömt durch die Fenster. Der Kaplan fügt den heiligen Gesten die menschliche Wärme seines Herzens hinzu, und die Gemeinde singt aus voller Kehle. Die Tränen, die mir beim Kommunizieren übers Gesicht laufen, sind keine Tränen der Trauer, sondern Tränen, die ein Mensch weint, wenn er mit dem in Berührung kommt, wonach er sich schon so lange sehnt. Ich gehe zurück auf meinen Platz und bin ganz innen, ganz in der Stille.

Es ist merkwürdig: In einer Zeit, in der sich ein Großteil der Menschen von Gott abgewandt hat, in der die Kirche von allen Seiten angegriffen wird, in der sich Teile der Kirche in einem Anpassungsprozeß an den Zeitgeist befinden, der den Raum für das Heilige immer mehr einzuengen droht, in dieser Zeit werde ich zum Wesentlichen dieser Kirche hingezogen, ohne innere Konflikte bestehen zu müssen, so als würde der Herr darauf achten, daß »mein Fuß an keinen Stein stößt«. Es ficht mich nicht an, wenn ich von Korruption, sexuellen Verfehlungen, finanziellen Verstrickungen höre. Zwar sind es schwere Verwundungen, die dem »Leib Christi«, der die Kirche ist, zugefügt werden, aber die Sakramente werden dadurch nicht zerstört, nicht der gelebte und praktizierte Glaube all der Menschen, die aufrichtig suchen und das Gute lieben, nicht die Gnadenschätze, die die Heiligen und Märtyrer in zweitausend Jahren durch ihr Beten und Leiden für uns angehäuft haben. »Daß du die Kirche annehmen kannst, ist ein Geschenk Marias«, sagt mein Mitkonvertit Helmut.

Die Königin des Friedens sagt in ihrer Weihnachtsbotschaft 1997 in Medjugorje:

> Liebe Kinder! Auch heute freue ich mich mit euch und lade euch alle zum Guten ein. Ich wünsche, daß jeder von euch nachdenkt und den Frieden in seinem Herzen trägt und sagt: »Ich möchte Gott an den ersten Platz in meinem Leben stellen!« So, meine lieben Kinder, wird jeder von euch heilig werden. Sagt zu jedem: »Ich wünsche dir Gutes!«, und er wird es dir mit Gutem vergelten, und das Gute wird im Herzen eines jeden Menschen wohnen. Heute abend bringe ich euch das Gute meines Sohnes, der Sein Leben gegeben hat, um euch zu retten. Daher, meine lieben Kinder, freut euch und streckt eure Hände zu Jesus hin, der nur das Gute ist. Danke, daß ihr meinem Ruf gefolgt seid!

Menschen sind fehlbar, die irdische Kirche ist fehlbar. Wir kritisieren die Kirche wie Kinder ihre Eltern im tief eingewurzelten Glauben, daß wir ihr (ihnen) nicht ernstlich etwas anhaben können. Gewiß gibt es Kräfte, die die Kirche tatsächlich zerstören wollen, aber die meisten kritisieren, ohne das wirklich zu wollen und ohne sich diese Frage zu stellen. Wäre unsere Welt besser dran, wenn es keine Kirche gäbe? Wenn es keine Stimme gäbe, die sagt, es gibt Gott, Gott ist die Liebe, die Liebe ist Wirklichkeit, wir sind als Gotteskinder Teil dieser Wirklichkeit und werden es, indem wir durch Jesus Christus lernen zu lieben? Wären wir besser dran, wenn es niemanden mehr gäbe, der uns sagt, welches die Zehn Gebote sind, die wir nicht überschreiten dürfen, damit die Liebe in und unter uns wachsen kann? Wären wir besser dran, wenn es niemanden mehr gäbe, der sagt, das Leben ist von Gott geschenkt und deswegen heilig, nicht nur das starke, auch das ungeborene, das behinderte, das kranke, das alte Leben?

Das alles wollen wir abschütteln und werden doch Zeugen eines immer schnelleren Abgleitens ins Böse, das keine Grenzen mehr kennt. Ein amerikanischer Wissenschaftler ist entschlossen, Menschen zu klonen, alsbald also wie Rosen oder Tomaten im Labor zu züchten nach den Kriterien des Marktes – sofern nicht gerade ein Diktator am Ruder ist. Niemand zweifelt daran, daß das, was machbar ist, auch gemacht werden wird. Kein Aufschrei steigt zum Himmel.

Es sei »der erste Schritt, wie Gott zu werden«, sagt jener Wissenschaftler. Luzifer ist aus dem Himmel vertrieben worden, weil er »sein wollte wie Gott«, und er verführte Eva und Adam, indem er dieselbe Begierde in ihnen weckte: »Ihr werdet sein wie Gott.« Das Böse braucht sich heute nicht mehr zu maskieren. Ist es da erstaunlich, daß Angst und Panik zu einer Volksseuche werden?

Man stelle sich vor, wenn in dreißig Jahren die ersten geklonten Menschen ihrer selbst gewahr werden. Es ist höchst unwahrscheinlich, daß die Rechnung der Eltern, durch genetische Manipulation an Sperma und Ei intelligentere, schönere, glücklichere Menschen zu züchten, als sie selbst es sind, aufgehen wird. Ganz im Gegenteil. Genetische Anlagen sind Potenz und bedürfen gedeihlicher physischer und seelischer Bedingungen, um sich zu entfalten. Es mangelt auch heute nicht an genetischer Potenz, sondern an gedeihlichen Bedingungen. Wenn also die Rechnung nicht aufgeht – sowenig wie sie heute aufgeht, wenn Eltern glauben, sie könnten mit ihren Kindern alles gutmachen, ohne sich selbst gut zu machen –, wenn also die Eltern böse werden auf die Kinder, weil sie ihre Wunschträume nicht erfüllen, und die Kinder böse werden auf die Eltern, weil sie nicht im Nährboden bedingungsloser Liebe, sondern in einem ehrgeizigen Zuchtmilieu aufwachsen, dann bekommen sie vielleicht eine erweiterte Geburtsurkunde in die Hand, die ihnen beweist, daß die Eltern Macht über ihre genetischen Anlagen ausgeübt haben. Der Weg zum Gewahrsein der Gotteskindschaft ist von der Anmaßung der Eltern schier unüberwindbar verstellt. Kann man sich das Höllenfeuer des Hasses vorstellen, das in einem genetisch manipulierten Menschen entbrennt, der sich seiner Ohnmacht bewußt wird?

Ein sehr sensibler Spiegel für die Sündenfront der Erwachsenen sind die Schimpfworte der Kinder. Sie benutzen obszöne Worte, bevor sie eine Ahnung haben, was sie bedeuten. Heute beschimpft einer den anderen als »Laborbaby!« und bekommt zur Antwort: »Du bist ja geklont!«

Wir Menschen sündigen, Menschen in der Kirche sündigen. Der Papst hat in diesen Tagen die Archive des Vatikans für die Historiker geöffnet, um Licht in die Ketzer- und Hexenverfolgung zu bringen. 1994 hat er erklärt, die Kirche solle sich mit »der Sünde ihrer Söhne« befassen und sich all jener Umstände erinnern, bei denen diese sich vom Geist Christi und des Evangeliums entfernt und in einer Weise gedacht und gehandelt hätten, »die echte Formen des Gegenzeugnisses und des Skandals« gewesen seien. Mir wäre es lieber, er hätte von Verbrechern gesprochen, denn wie anders soll man die Ketzerverfolgung, die Hexenverbrennung, die gewalttätige Missionierung im Verein mit den imperialistischen Eroberungen nennen? Welcher Papst wird die Toten und die Völker, bei denen das geschehen ist, vor der Weltöffentlichkeit um Vergebung bitten?*

Und doch ist die Kirche das Gefäß, in das sich der Heilige Geist immer wieder neu ergießt. Maria ist Mutter der Kirche, weil sie das vollkommene Gefäß für Jesus Christus war. Bei jeder Kommunion hält mir der Priester die Hostie vor Augen und sagt: »Der Leib Christi.« Indem ich ihn esse, werde ich zum Teil seines Leibes. Nach und nach faßt mein Herz Mut, sich dem Mysterium zu öffnen. Ich fasse Mut, weil ich spüre, daß meine Seele heilt.

Christus beschwört uns, Ihm zu glauben, Ihm zu vertrauen, denn ohne daß wir glauben, ohne daß wir vertrauen, kann Er uns nicht erreichen. Wie sonst können wir erfahren, daß der unsichtbare Gott gütig und barmherzig ist, daß die innere Wirklichkeit unseres Universums *Liebe* ist, wenn wir dieses Wagnis nicht eingehen? *Das Wagnis des gläubigen Vertrauens* ist die Maut, die wir auf dem Weg zu Gott immer wieder zahlen müssen. Wie wir nichts tun können ohne Ihn, so kann Er nichts an uns tun, ohne daß wir an Ihn glauben.

> Ich allein bin die Liebe und Barmherzigkeit. Ich kann auch den größten Sünder nicht bestrafen, wenn er mein Mitleid anruft, sondern ich verzeihe ihm in unendlicher und unerforschlicher Barmherzigkeit. (Jesus an Schwester Faustyna)

Die Siebenschläferin

Wir wohnten einmal in einem Haus, in dem gab es Siebenschläfer auf dem Dachboden. Da sie die Balken annagen und Dreck machen, versuchten wir sie zu fangen. Der Köder in der Falle war nur über eine Wippe zu erreichen. Wenn diese Wippe kippte, knallte vorne die Klappe herunter, und das Tierchen war gefangen.

Da wir im Dachzimmer schliefen, hörten wir nachts die Klappe zuschlagen und dann das hektische Klappern der Wippe. Zehn,

---

* Johannes Paul II. hat es zur Jahrtausendwende getan.

zwanzig, dreißig Minuten versuchte das Tier sich zu befreien, bis es schließlich aufgab und sich traurig in einer Ecke zusammenkauerte. Am Morgen schauten uns zwei runde, schwarze Augen angstvoll an. Wir fuhren mit der Falle über den nahegelegenen Fluß und entließen den Siebenschläfer in die Freiheit. Oft brauchte er ein paar Augenblicke, um zu realisieren, daß die Tür zur Freiheit offenstand.

Nur einmal war es anders. Wir hörten die Klappe herunterknallen und warteten darauf, daß das Klappern der Wippe aufhörte. Aber das tat es nicht. Es gab nur Pausen. Das Klappern hörte auf, wir schliefen ein, das Klappern fing wieder an, wir wachten auf. So ging es die ganze Nacht. Am Morgen schauten wir in die Falle. Sie war leer – die Klappe zu!

Irgendwie ist es dem Siebenschläfer gelungen, die Klappe zu öffnen und herauszuschlüpfen. Er hat nicht aufgegeben, obwohl alle Erfahrung ihm sagen mußte, daß seine Lage ausweglos war. Ich bin überzeugt, daß es eine Siebenschläferin war, die zu ihren Jungen wollte.

Von der Psychologie zur Religion

Ich habe lange gesucht. Immer wieder zerstob das Gefundene, und ich suchte weiter. Nur eines war mir an mir selbst sicher: Ich würde nicht aufhören zu suchen, und sei es bis zum letzten Atemzug. Jetzt suche ich Gott immer noch, aber auf einem markierten Bergweg, der sich öffnet, indem ich ihn gehe. Ich glaube nicht mehr, daß ich den Weg auf eigene Faust finde, ich glaube nicht mehr, daß mich ein anderer hinauftragen wird, und ich glaube keinem, der mir sagt, er kenne einen Weg ins Glück am Leid vorbei.

Als ich mein Heil in der Psychologie suchte, schien es mir, als wäre das Leben dort, wo ich durch Übungen aller Art und die emotionale Dynamik einer Gruppe in intensivierte Bewußtseinszustände gelangte. Wenn ich, um einen hohen Feiertag aufzupolieren, eine Messe besuchte, schien sich das allgemeine Urteil zu bestätigen, daß spirituelle Erfahrungen in der Kirche nicht zu finden sind.

Ich fragte mich, ob jemand, der einen religiösen Weg geht, eigentlich in Kontakt kommt mit seinen Gefühlen, mit dem Schmerz seiner Kindheit und mit der Struktur seiner Persönlichkeit, die sich durch seine spezifische Antwort auf die Erfahrungen der Kindheit herausgebildet hat. Es schien mir, als habe die Religion eine stabilisierende Funktion, die den Status quo erhält, sowohl innerhalb der Persönlichkeit wie innerhalb der Gesellschaft. Die schuldbeladene Geschichte des Katholizismus schien diese Sicht zu untermauern. Was ich von außen wahrnahm, hatte nichts Anziehendes für mich.

Anziehend war das Versprechen der Psychologie: Du bist deines Glückes Schmied. Wenn du es richtig machst, kannst du dem Leiden entfliehen und zum Meister deines eigenen Drehbuchs werden. Dieser Meister würde natürlich ein glückliches Drehbuch schreiben, eines, in dem die Heldin an Leib und Seele gesundet, sich aller Fesseln entledigt, die sie daran hindern, stark, erfolgreich, glücklich, gesund, beziehungsfähig und liebesfähig zu werden. Selbstverwirklichung war das Thema in der Doppelbedeutung des Wortes: die Verwirklichung der einzigartigen Individualität unter der Prämisse, daß wir das *selbst* können, aus eigener Kraft.

Gewiß braucht man Hilfe für diesen Prozeß. Wie die richtige Hilfe finden in diesem Gewimmel von Methoden? Immer wieder legt ein neues Schiff am Ufer an mit einem neuen Kapitän, der den Hilfesuchenden mit strahlendem Lächeln verspricht, daß er in der Lage sei, sie sicher ans ersehnte andere Ufer des Glücks zu bringen.

Da gibt es das altehrwürdige Schiff der Psychoanalyse. Es wurde vor hundert Jahren von einem genialen, dem Kokain zugeneigten Schiffsingenieur namens Freud erbaut. Er entwickelte eine Art U-Boot, das einer dem Augenschein verhafteten Zeit Kunde von unbekannten Tiefen der menschlichen Seele brachte. Es bleibt allerdings so lange unter Wasser, daß man oft nicht weiß, ob es eigentlich je wieder auftaucht und am anderen Ufer anlegt. Dieser Schiffsbauer hatte einen Schüler, der sich mit Erfolg selbständig gemacht hat, sehr zum Verdruß seines Meisters. Jung war sein Name. Er war noch tiefer getaucht, hatte mächtige archetypische Ströme entdeckt, von denen er die Menschen gelenkt sah. Auch wollte er es sich nicht nehmen lassen, auf der Reise zu den Sternen aufzublicken.

Die beiden haben eine Art Schiffahrtsmonopol erworben, obwohl die Fahrt mit diesem Unternehmen sehr lange dauert, sehr teuer ist und sich oft mehr als eine Tauchexpedition herausstellt denn als Transport zu einem anderen Ufer.

Dieses Monopol wird heute von vielen hurtigen Schiffchen hart bedrängt. Sie bestreiten die Notwendigkeit, in die Tiefe zu tauchen, vielmehr schießen sie geradewegs zum Ziel. Auf der Reise wird den Passanten beigebracht, wie sie ihre zu kleinen oder zu großen Schuhe, ihre zu engen Hosen, ihre einschnürenden Mieder, ihre aufgetakelten Ich-bin-wer-Hüte über Bord werfen und in bequeme, ihnen entsprechende Kleider umtauschen können. Sie lernen Fühlen, positiv Denken und Visualisieren, ihr Bewußtsein neurolinguistisch zu programmieren, ihr Unterbewußtsein zu hypnotisieren, den Körper in Schwung zu bringen, sexuell kompetent zu werden, sich selbst zu lieben und gut für ihre eigenen Bedürfnisse zu sorgen.

Viele Menschen werden stärker, erfolgreicher, glücklicher, gesünder, beziehungfähiger durch die diversen Methoden der Psychologie. Vielleicht sogar liebesfähiger, wenn sie das Glück haben, an einen Therapeuten zu geraten, der selbst liebesfähig ist. Nur eines werden sie nicht: weniger egoistisch.

Um die Lebensmitte, wenn sich die großen Themen präsentieren, etwa Krankheit, Scheitern der Ehe, Kündigung oder ernste Sorgen um die Kinder, dann stellen wir plötzlich fest: Im Grunde habe ich mich nicht geändert.

Ich bin durch Reisen auf diversen kleineren Schiffen immer nur kurzfristig glücklich geworden. Es entstand ein psychologiespezifisches Schuldgefühl, das nicht zu schaffen, was mir die Kurse versprachen. Erst als mich die Krise der Lebensmitte in den Klauen hatte und ich mir meine Ohnmacht eingestehen mußte, mich selbst zu verwirklichen, erst da wurde ich bereit, mich umzuwenden und zu bitten.

Bis dahin hatte ich geglaubt, meine Welt sei nach oben offen. Meine Kinder habe ich allabendlich gesegnet: »Gott segne dich und behüte dich, Gott lasse sein Licht in dir leuchten und gebe dir seinen Frieden.« Ich dachte, wenn ich nur fleißig meditierte, würde ich irgendwie in die göttliche Energie eintauchen. Auch wenn sich die Welt beim Meditieren meist weitete, blieb ich doch allein, und von fleißig konnte keine Rede sein.

Ich bin nicht in Beziehung zu Gott getreten. Ich habe nicht mit Ihm oder mit Jesus oder dem Heiligen Geist oder Maria oder den Engeln oder den Heiligen gesprochen, habe weder meinen Kummer noch meine Bitten, noch meinen Dank, noch mein Unvermögen, noch meine Schuld zu Ihm getragen. Es schien ein so ungeheures Wagnis. Was, wenn da doch nichts wäre? Vom Zehnmeterturm springen, ohne zu wissen, ob unten Wasser ist?

Als die Nachbarin kam und sagte: »Bete!«, hatte ich keine Alternative. Ich ging das Wagnis ein, und mein erstes Gebet um das Existenznotwendige, nämlich Arbeit, wurde erhört. Das war das Nadelöhr, durch das ich schlüpfen konnte.

Ich stand mit leeren Händen da, aber etwas Wichtiges hatte ich gelernt: Ich kannte meine Wunden, und ich konnte Schmerz zulassen.

Im Raum der Religion befand ich mich nun in der Polarität der Gotteskindschaft und der Sünde. Als Gottes Kind bin ich bedingungslos angenommen und geliebt, als Sünderin entferne ich mich immer wieder aus der Liebe Gottes.

Ich bin nun aufgefordert, zwischen Gut und Böse zu unterscheiden, das Gute zu tun und das Böse zu lassen.

Ich bin aufgefordert, Leiden anzunehmen, um so die Sündenkette zu durchbrechen.

Ich bin aufgefordert, auf den Willen Gottes zu hören.

Das ist der Weg, den mir die Religion zur Heilung weist. Begehbar wird er nur durch Gnade.

Immer ist Irrtum möglich, Verwirrung, Mißbrauch. Die Unterscheidung zwischen Gut und Böse kann mißbraucht werden, um menschliche Machtverhältnisse religiös zu verbrämen und durchzusetzen. Neurotisches Leiden kann als objektives Leiden erscheinen, das man ertragen muß. Der Wille Gottes ist nur allzuleicht mit Eigenwillen zu verwechseln.

Es gibt nur einen Schutz vor Irrtum, Mißbrauch und Verführung, das ist die fortlaufende und sich immer mehr verfeinernde Selbsterkenntnis. Dazu gehört:

- die Wunden der Kindheit aufzudecken und uns bewußt zu werden, wie wir die uns zugefügten Verletzungen anderen weiter zufügen.
- die Position, die wir in unserem Familiensystem haben, und die unbewußten Aufträge zu erkennen, denn sie werden sich im Leben fortsetzen.
- zu fühlen, was man fühlt, und sei es noch so negativ. Es kann ja alles in der Beichte zu Jesus getragen werden.
- Schmerz zuzulassen, denn er macht uns weich.

Dafür können psychologische Methoden hilfreich sein. Vergibt einer, bevor er seine Verletzungen und seine Wut kennt, so wird er scheinheilig. Sucht jemand Halt in der Disziplin, bevor er seine Bedürftigkeit kennt, dann wird er hart und unnachgiebig. Betet einer, ohne daß er gelernt hat zu fühlen, was er fühlt, dann wird er ein bigotter Frömmler. Hält sich jemand an den Regeln und Dogmen seiner Religion fest, ohne in einem auf Selbsterkenntnis gründenden Wandlungsprozeß zu stehen, dann wird er zum Fundamentalisten und Fanatiker. Das unerkannte Böse in sich selbst sieht er außen und versucht es mit dem Zwang, den er sich selbst antut, in Schach zu halten.

Wir sind in unserer Zeit Zeuge, wie starre religiöse Regelsysteme notfalls mit barbarischer Gewalt durchgesetzt werden nach dem Prinzip: Der Zweck heiligt die Mittel. Jedes menschenverachtende Herrschaftssystem, ob es einen faschistischen oder kommunistischen oder religiösen Überbau hat, operiert auf dieser Grundlage.

Ohne Selbsterkenntnis und die Bereitschaft, Zweifel und Schmerz auszuhalten, sind wir verführbar. Wir staunen über die rapide Zunahme von Sekten in unseren Tagen und die diktatorische Macht ihrer Führer, die ihre Anhänger zu so gut wie allem bestimmen können bis hin zu Selbstausbeutung, Mord und Selbstmord. Immer noch reden Zeitungskommentatoren über »Religionsfreiheit«, die man nicht einschränken dürfe. Sie wissen nichts von den systematischen, betrügerischen Manipulationsmethoden, mit denen Menschen abhängig gemacht werden. Die Verführung gelingt, weil wir Ideale haben, die als Köder benutzt werden, weil wir Schwächen haben, von denen wir nichts wissen, und weil wir keine Bereitschaft haben, den Schmerz einer Lebenskrise auszuhalten.

Wenn wir beginnen, uns dem wahren Vater und der wahren Mutter zuzuwenden, geschieht das zunächst unter dem Blickwinkel der Erfahrungen, die wir mit unserem irdischen Vater und unserer irdischen Mutter gemacht haben. Das Leiden an den Beziehungen zu den Eltern kann der Anstoß sein für die Suche nach dem himmlischen Vater und der himmlischen Mutter. Wenn diese Beziehungen aber unerkannt und unerlöst sind, so können sie die Hinwendung verhindern, verzerren, sehr erschweren. Es ist schwer, sich einem liebenden Vatergott anzuvertrauen, wenn das Kind die Geste des starken, schützenden, liebenden, anerkennenden, fördernden Vaters nicht kennt. Es ist schwer, sich unter den Schutzmantel der kosmischen Mutter zu flüchten, wenn das Kind die Geborgenheit in den Armen der Mutter nicht kennt. Und dennoch – wie immer die Beziehung gewesen sein mag, die Seele weiß, was Vaterliebe und Mutterliebe ist. Die Psychologie kann helfen, den Schutt beiseite zu räumen, der die Seele daran hindert, resonanzfähig zu sein, aber sie führt uns nicht an die unerschöpfliche Quelle der Liebe. Die Psychologie kann lösen, aber nicht erlösen.

Ein Psychologe nimmt den Klienten an. Er tritt mit dem Klienten in dessen Rechtfertigungsraum ein, der durch das Gefühl und das Bewußtsein definiert ist: Ich bin so, weil mir dies oder jenes geschehen ist. Das entlastet von Schuldgefühlen. Der Therapeut kann böses Handeln nicht böse nennen, weil er keine Vollmacht hat, Sünden zu vergeben. Innerhalb dieses Rechtfertigungshorizonts versucht der Therapeut dem Klienten Handlungsalternativen zu eröffnen.

Der Priester hingegen hat Vollmacht, Sünden zu vergeben. Er ist Instrument, um den Menschen mit der bedingungslosen Liebe Gottes in Kontakt zu bringen. Alle religiöse Praxis hat dies zum Ziel. In der Erfahrung barmherziger Liebe, in der wir uns angenommen fühlen, so wie wir sind, können wir es wagen, uns dem objektiven Bösen in uns selbst zu stellen, ganz unabhängig von der subjektiven Rechtfertigungskausalität. Erst dann werden wir fähig, zunehmend feiner wahrzunehmen, wie wir den lichten Raum der Liebe durch unsere Entscheidung für die Sünde verdunkeln. Um »Erleuchtung« brauchen wir uns nicht zu kümmern, nur um die Beseitigung des Dunkels. Auch wenn wir aus Schwäche reagierend sündigen, müssen wir unsere Wahlmöglichkeit zwischen dem Guten und dem Bösen als unser heiliges Recht in Anspruch nehmen – wie sonst sollen wir je unsere Freiheit in Besitz nehmen?

Deswegen geschieht an Gnadenstätten wie Medjugorje Umkehr: Es sind Orte gesteigerter, verdichteter Präsenz der göttlichen Liebe. Im Gefühl, als Gottes Kind angenommen und geliebt zu sein, kommt es zur Herzensreue, die alle Rechtfertigung hinwegschwemmt. Medjugorje gilt deswegen als der größte Beichtstuhl der Welt. Erst die Reue ermöglicht die Umkehr, die dann in der erahnten Erkenntnis der Erlösungstat Jesu Christi zur Bekehrung wird.

Wenn Sünde darin besteht, andere Menschen für die Befriedigung unserer eigenen Bedürfnisse leiden zu lassen, dann ist freiwilliges Leiden das Gegengewicht zur Sünde. Also hat Jesus Christus, der eingeborene Sohn Gottes, durch sein freiwilliges Leiden das göttliche Gegengewicht für die Sünde der Welt erwirkt.

Ja, es schimmert eine Ahnung auf, was Erlösung heißt. Sie kam in einer Anbetungsstunde wie ein Schmerz im Herzen, ohne Worte. Wenn ich Worte dafür finden soll, dann sind es diese zwei: *Es genügt.* Es ist, als würde Jesus sagen: *Es genügt, daß du mich liebst. Ich liebe dich, so wie du bist.* Es ist wie eine Erlaubnis, Mensch zu sein.

Wie wäre eine Psychologie beschaffen, die Jesus Christus als den wahren Heiler anerkennt? Wenn all das Heilwissen, das die Psychologie hervorgebracht hat, in Seinen Dienst gestellt würde und durch Ihn in den Dienst der Menschen? Wie würde sich die Beziehung zwischen Therapeut und Patient verändern, wenn sich beide vor Gott hinknien könnten? Wie würde das Elternthema aufgearbeitet unter der Maßgabe des vierten Gebotes: »Ehre deinen Vater und deine Mutter, damit es dir gutgeht und du lange lebst auf Erden?«

Manche Wunden sind so tief, haben das Leben eines Menschen so sehr verzerrt, daß es nicht möglich erscheint, durch Vergebung frei zu werden und die Eltern trotz allem zu ehren – als die, die uns das Wichtigste geschenkt haben, nämlich das Leben.

Die Seele heilt, wenn sie sich geliebt weiß. Erst dann wird es möglich zu lieben, zu vergeben und zu geben. Vorher ist alles von der eigenen Bedürftigkeit durch-setzt, die begierig nach jedem sich bietenden Ersatz für Liebe greift, als da sind: Macht, Ruhm, Erfolg, Konsum, Sex, Sucht und die tausend versteckten Strategien, um der Liebe auszuweichen.

Jesus Christus sagt: »Ich bin das Brot des Lebens! Wer zu mir kommt, der wird nicht mehr hungern. Wer an mich glaubt, der wird nicht mehr dürsten.« (Joh 6, 35) Tagtäglich ist es ein Wagnis, dieser Verheißung zu vertrauen. Wir können nicht fassen, daß die Liebe die unzerstörbare Wirklichkeit unseres Universums ist. Wir können nur einen kleinen Schritt vor den nächsten setzen und der Freude folgen, die sich nach und nach im Herzen ausbreitet.

Verletzung
Das Herz verschließen
und hoffen, dem Schmerz zu entrinnen.
Trug, Fatamorgana, unstillbarer Durst im schalen Ersatz.
Im größeren Schmerz rufen nach Gott.
Und siehe, Er nährt mich mit Brot und Wein.
Nun wird es möglich, den Schmerz nicht zu fliehen,
und mich nicht, und Gott nicht und auch nicht dich.
In der Liebe bleiben, bringt Heilung.
Nur das.

Sie stürzt die Mächtigen vom Thron

Die Welt ist in Not. Wir Menschen haben auf dieser Erde Probleme erzeugt, für die wir keine Lösungen mehr wissen. Alle Hochrechnungen führen in Ausweglosigkeit. Ein Wirtschaftssystem, das die Lebensgrundlagen zerstört, um die *Bequemlichkeit* von uns Menschen zu erhöhen, muß die Erde zerstören, denn unsere Erde ist endlich, ihre Ressourcen sind begrenzt.

Die Erde ist uns anvertraut, nicht um sie auszuplündern und zu vergewaltigen, nicht um atomare Kräfte zu entfesseln, die wir nicht mehr bändigen können, nicht um Boden, Luft und Wasser zu vergiften, nicht um Urwälder in Preßspan zu verwandeln, nicht um Pflanzen und Tiere auszurotten, nicht um das Wunderwerk des Klimas aus dem Gleichgewicht zu bringen, nicht um die schützende Ozonschicht zu zerreißen, sondern um uns im Bewußtsein unserer vollständigen Abhängigkeit dankbar einzufügen in ihre lebensspendende Fülle, sie zu hüten und das Leben zu hegen und zu pflegen.

Hegen und Pflegen, Hüten und Wachsenlassen sind weibliche Eigenschaften, die wir brauchen, um Frieden zu machen mit unserer Mutter, der Erde. Das Weibliche ist das Begrenzte und Begrenzende, denn die Mutter steckt in der *Mater*ie. Sie weiß, was genug ist, und kann sich einfügen ins Genug – mit überschwenglicher Großzügigkeit. Wir werden ein Wirtschaftssystem des Genug entwickeln müssen, oder wir werden nicht mehr sein. Zu dem Genug gehört als Zwillingsschwester die Gerechtigkeit. Das Lebensnotwendige ist begrenzt und muß deswegen gerecht verteilt werden.

Daß die Revolution vom Mehr zum Genug notwendig ist, sagt uns der Verstand. Aber nichts deutet darauf hin, daß aus der unabweisbaren Logik unserer irdischen Existenz die Kraft erwüchse, *rechtzeitig* zu handeln. Wir können nur hoffen, daß himmlische Kräfte am Werk sind, den Umschwung zu bewirken, und können uns entschließen, mit ihnen zu kooperieren.

Wir brauchen Hilfe.

Maria bietet uns diese Hilfe an.

Ihr immer häufigeres Erscheinen in unserer Zeit deutet darauf hin, daß Maria im Begriff ist, den Todeskurs von uns Menschen auf dieser wunderbaren, verwundbaren Erde zu korrigieren.

In der Offenbarung des Johannes erscheint die apokalyptische Frau, »mit der Sonne bekleidet, den Mond unter ihren Füßen und einen Kranz von zwölf Sternen auf ihrem Haupt« (Offb 12,1), und in der Genesis ist von der Frau die Rede, die der Schlange den Kopf zertreten wird. (Gen 3,15) Wie kann das geschehen?

Wir Menschen spielen in diesem Drama eine wesentliche Rolle. In uns und mit uns besiegt Maria das Böse.

Maria ist Vorbild.

Als Frau ist sie die Empfangende, die Magd des Herrn. Sie riskiert alles, nimmt jedes Leiden auf sich, um Gottes Willen geschehen zu lassen. Ihr Glaube ist stärker als der Tod. Sie ist ohne Sünde.

Maria ist Lehrerin.

Wenn wir uns entscheiden, ihren Sehern zu glauben, so sagt sie uns ganz konkret, was wir tun sollen. Immer und immer wieder ruft sie uns zum Gebet. Wir müssen mit Gott in Beziehung treten, um ein Einfallstor für die Gnade zu schaffen. In Medjugorje sagt sie: »Ihr könnt durch Gebet und Fasten Kriege verhindern und beenden, ihr könnt Naturkatastrophen und sogar Naturgesetze aufheben.«

Maria ist Mutter.

Sie gibt uns das, was wir brauchen: Liebe, Nahrung, Schutz. Wenn wir uns in der Mutter geborgen wissen, können wir uns in die Begrenztheit der Erde fügen.

Maria ist Königin.

Als Königin hat sie das Ganze im Auge. Sie macht Politik – auf ihre Weise. Das Programm formuliert ihr Magnifikat:

> Er vollbringt mit seinem Arm mächtige Taten:
> Er zerstreut, die im Herzen voll Hochmut sind;
> er stürzt die Mächtigen vom Thron
> und erhöht die Niedrigen.
> Die Hungernden beschenkt er mit seinen Gaben
> und läßt die Reichen leer ausgehen.

Und sie setzt es vor unseren Augen in die Tat um.

Im Jahre 1917 erscheint Maria in Fatima und gibt durch die drei Seherkinder am 13. Juli kund, man solle die Welt und besonders Rußland ihrem Unbefleckten Herzen weihen: Wenn man tut, was ich euch sage, werden viele gerettet werden, und es wird Friede sein. Der Krieg geht seinem Ende entgegen; wenn man aber nicht aufhört, Gott zu beleidigen, wird unter dem Pontifikat von Pius XI. ein anderer, schlimmerer Krieg beginnen …

> Um das zu verhindern, werde ich kommen, um die Weihe Rußlands an mein Unbeflecktes Herz zu verlangen … Wenn man auf meine Wünsche hört, wird Rußland sich bekehren, und es wird Frieden sein; wenn nicht, dann wird es seine Irrlehren über die Welt verbreiten, wird Kriege und Verfolgungen der Kirche heraufbeschwören …

Niemand konnte diese Botschaft damals verstehen. Die Seherkinder wußten nicht einmal, was Rußland ist. Erst danach im Oktober, dem Monat der letzten Erscheinung von Fatima, begann die Revolution in Rußland.

Es scheint, daß die Weihe die Willenserklärung ist, die Maria braucht, um in die irdische Welt eingreifen zu dürfen. Es war ihr Hauptanliegen bei ihrer Erscheinung in der Rue de Bac in Paris im Jahre 1830. Sie hat damals Katharina Labouré aufgefordert, die »Wundertätige Medaille« prägen zu lassen, die seitdem rund um die Welt verbreitet ist, zusammen mit dem Gebet:

> O Maria, ohne Makel der Erbsünde empfangen, bitte für uns, die wir zu dir unsere Zuflucht nehmen.

Die Menschen haben nicht getan, was Maria gefordert hat, und es ist wahrhaftig ein schlimmerer Krieg über die Welt hereingebrochen. Nicht jedoch über Portugal. Am 13. Oktober 1930 wurden die Botschaften von Fatima von den Bischöfen Portugals als echt anerkannt, und sie vollzogen die von Maria geforderte Weihe ihres Landes an ihr Unbeflecktes Herz. Portugal blieb vom 2. Weltkrieg verschont und auch vom Bürgerkrieg, der im Nachbarstaat Spanien tobte.

70 Jahre lang verbreitete Rußland seine Irrlehren um die Welt. Wo die Menschen sich ihre Freiheit im Namen dieser Ideologie nicht rauben lassen wollten, wurden sie getötet.

1978 wird der Pole Karol Wojtyla zum Papst gewählt – nach mehr als 400 Jahren wird ein Nicht-Italiener und zum ersten Mal ein Pole Oberhaupt der Kirche. Ein halbes Jahr später besucht er an Pfingsten seine Heimat und fordert die Wahrung der Menschenrechte.

Die Danziger Arbeiterbewegung *Solidarnosc* bekommt mächtigen Auftrieb. Die streikenden Werftarbeiter stellen sich unter den Schutz der Muttergottes von Tschenstochau, die als »Königin vom Sieg« verehrt wird. Innerhalb von einem Jahr spitzt sich die Lage so zu, daß der Einmarsch der russischen Truppen unmittelbar bevorsteht.

Am 13. Mai 1981, dem Fatima-Tag, wird Johannes Paul II. auf dem Petersplatz niedergeschossen. Heute weiß man, daß das Attentat vom russischen Geheimdienst organisiert war. Der polnische Präsident ruft das Kriegsrecht über Polen aus, die *Solidarnosc*-Bewegung wird verboten, der Einmarsch der russischen Truppen abgewendet – eine Niederlage, die den Sieg ermöglicht.

Der Papst kommt mit dem Leben davon. Am 13. Mai 1982, genau ein Jahr später, macht er eine Dankwallfahrt nach Fatima. Dort weiht er die »östlichen Länder« an das Unbefleckte Herz Mariens.

Im Jahre 1983 besucht der Papst zum zweiten Mal Polen. Er stützt die *Solidarnosc*-Bewegung auch in den Jahren, in denen sie durch das Kriegsrecht verboten war.

Am 25. März 1984 vollzieht der Papst mit allen Bischöfen der Welt, soweit sie sich dem Anliegen der Muttergottes zur Verfügung stellten, die Weihe Rußlands an ihr Unbeflecktes Herz.

Am 11. März 1985 wird Michail Gorbatschow Generalsekretär der KPdSU und leitet die Glasnost- und Perestroika-Bewegung ein.

1988 ruft der Papst ein marianisches Jahr aus.

1989 fällt die Mauer in Berlin ohne Blutvergießen und damit der Eiserne Vorhang zwischen Ost und West.

1991 mißlingt der Putschversuch orthodoxer Kommunisten in der Sowjetunion, ebenfalls ohne Blutvergießen. Die Kommunistische Partei wird in ihrem Ursprungsland verboten.

Gorbatschow sagt später: »Was in Osteuropa in den letzten Jahren geschehen ist, wäre nicht möglich gewesen ohne diesen Papst, ohne die große, auch politische Rolle, die Johannes Paul II. im Weltgeschehen gespielt hat.«*

Johannes Paul II. trägt in seinem Wappen die Widmung *totus tuus* – ganz der deine. Er ist ein Werkzeug Marias.

Mein Gebet zu Maria

Maria, meine liebe Mutter Maria!
Lehre uns, auf den Willen Gottes zu hören und ihm zu gehorchen.
Öffne unser Herz für die heilende Gegenwart deines Sohnes Jesus Christus in den Sakramenten.
Schenke uns Geborgenheit in deiner mütterlichen Liebe, damit wir fähig werden, auf Macht und Gewalt zu verzichten und uns allem Leben mit liebevoller Fürsorge zuzuwenden.
Schenke uns die Weisheit, uns in die Begrenztheit unserer Erde zu fügen und ihre Gaben gerecht zu verteilen.
Wecke in uns die Bereitschaft zum Verzicht, damit nicht andere für die Erfüllung unserer Bedürfnisse leiden müssen.
Lehre uns, als Mann und Frau, als Vater und Mutter einander zu dienen, damit unsere Familien zu einem Ort der Liebe und Geborgenheit für unsere Kinder werden.
Öffne den Weg dort, wo er ausweglos scheint.
Öffne unser Herz für deine Gnade.
Möge dein Unbeflecktes Herz triumphieren!

---

* Zitiert nach der Frankfurter Allgemeinen Zeitung vom 4. 3. 1992.

Anhang

Sind Märtyrer intolerant?

Ungelehrte Gedanken einer Konvertitin zum Vatikandokument »Dominus Jesus« [*]

Im Gnadenjahr 2000, kurz nachdem zwei Millionen Jugendliche dem Papst in Rom zugejubelt haben, hielt es das Lehramt der katholischen Kirche für notwendig, wesentliche Glaubensaussagen zu bekräftigen. In der Erklärung *Dominus Jesus – Über die Einzigkeit und Heilsuniversalität Jesu Christi und der Kirche* wird nichts gesagt, was durch den Katechismus und das zweite Vatikanische Konzil nicht verbindlich festgelegt wäre, und doch ist die Empörung groß.

Mit ihrer ganzen Autorität stellt sich die Kirche hinter den Anspruch Jesu Christi, den vor ihm und nach ihm kein Mensch jemals erhoben hat, nämlich:

»Ich bin Gottes Sohn. Ich bin der Weg die Wahrheit und das Leben. Keiner kommt zum Vater außer durch mich.« Wegen dieses Anspruchs wurde Jesus Christus gekreuzigt. Für diesen Anspruch hat sich Jesus Christus freiwillig dem Leiden unterworfen.

Damit widerspricht die Kirche dem Credo des Zeitgeistes, das heißen könnte: »Ich glaube, daß alle Religionen gleich gültige Wege zu ein und demselben Gott sind. Wer behauptet, daß sein Weg der einzig wahre ist, bedroht den Frieden.«

Nicht genug damit: Die römisch-katholische Kirche erhebt auch noch den Anspruch, die einzig wahre Kirche unter den christlichen Kirchen zu sein. Nicht Schwester sei sie den anderen Kirchen, sondern deren Mutter.

Glaubend, daß Jesus Christus ganz Gott und ganz Mensch ist und damit der Erlöser der ganzen Menschheit, ist die Kirche verpflichtet, die frohe Botschaft bis an die Enden der Welt zu verkünden.

---

[*] Aus : Gabriele Kuby, Kein Friede ohne Umkehr, Eggstätt 2002.

Für mich, die ich erst Anfang 1997 nach 25 Jahren Suche in die katholische Kirche eingetreten bin, war dieser Absolutheitsanspruch der katholischen Kirche das größte weltanschauliche Hindernis meiner Konversion. Als ich 1977 Gelegenheit hatte, eine große Reise durch die USA zu machen, um über spirituelle Kommunen zu schreiben, wurde ich angesteckt von der Begeisterung für das »New Age«, einer spirituellen Bewegung, in der alle Religionen und religiösen Gruppen mit ihren Gurus und Methoden ihren Platz haben – außer die Kirche. Hier schien meine Friedenshoffnung eine Antwort zu finden: Wenn alle Propheten auf dieser Erde gleichermaßen verehrt würden, dann müsste doch Frieden werden unter uns Menschen. Jesus Christus galt als einer unter anderen.

Was ist aus dieser Bewegung geworden? Die Glaubenssätze des »New Age« haben sich in den Köpfen und Herzen der Menschen festgesetzt, sie bestimmen den Geist unserer Zeit. Neben dem oben genannten: Alle Religionen sind gleich gültige Wege zu dem einen Gott, glaubt der moderne Mensch, wenn er überhaupt noch die Augen fragend zum Himmel erhebt, daran, daß Gott eine kosmische Energie und unser Wesenskern ist, mit dem wir durch eigenes Tun verschmelzen können, daß uns nicht das ewige Leben und schon gar nicht die Hölle erwartet, sondern die Wiedergeburt, und daß die Religion dazu da ist, unser irdisches Glück zu mehren. Jeder soll auf seine Facon selig werden. Hauptsache, wir sind tolerant, dann wird Frieden.

Aber stimmt das? Was ist die *Wirkung* dieser geistigen Strömung, die zum *mainstream* geworden ist? Gibt es Anzeichen dafür, daß diese Bewegung den zerstörerischen Kräften etwas entgegenzusetzen hat, etwa dem Zerfall der Familie oder der Anmaßung der Wissenschaft, zu sein wie Gott und den Menschen zu schaffen? Ist mehr Frieden geworden auf dieser Erde? Die Antwort ist nein, und ich denke, es ist an der Zeit, daß wir uns fragen, wie das, was eine Gesellschaft denkt und glaubt, mit dem zusammenhängt, was sie tut.

Mich selbst haben die breiten Pfade der modernen Spiritualität in eine so gründliche Krise geführt, daß ich mich nicht mehr darüber täuschen konnte, auf Sand und nicht auf Fels gebaut zu haben. Ich erinnere mich, wie ich an meinem Meditationsplatz saß, vor mir eine Buddha-Statue, ein Christusbild, ein Foto von Mutter Meera – einer indischen Heilsbringerin –, Steine von schamanistischen Ausflügen, und wie ich vollkommen ratlos war, wohin ich mich wenden sollte. Es war klar, daß eine Wahl für den einen oder anderen Weg außerhalb meiner willkürlichen Entscheidungsmacht lag. Als dann die Krise mein Leben aus den Angeln hob, kam ich schließlich an den Punkt, mir meine Ohnmacht einzugestehen, die Unfähigkeit, mein Glück selbst zu verwirklichen. 25 Jahre Suche auf den Wegen der Psychologie und Esoterik und rundum Finsternis. Ich wurde bereit, meine Sicht von der Welt und von mir selbst gründlich in Frage zu stellen.

Peter Wust beschreibt in seinem lichtvollen Werk »Ungewissheit und Wagnis« die magnetische Wirkung der Ohnmacht: »So bedarf es denn oft sehr vieler Umwege, bis der Mensch einsehen lernt, daß das Misslingen aller Pläne seines Eigenwillens einen ganz tiefen Erziehungssinn hat und daß widrige Lebensschicksale nur Gnaden der Vorsehung sind. Die Vorsehung muß zunächst durch immer neue Rückschläge seinen Eigenwillen solange zermürben, bis gleichsam ein leerer Raum im Innern der Seele entstanden ist, in den die übernatürliche Kraft der Gnade einströmen kann.« (S. 304)

Ich machte mich auf die Suche nach Fels, ohne zu ahnen, daß ich ihn dort finden würde, wo ich nur Unlebendigkeit und erstarrte Autorität vermutete: in der katholischen Kirche.

Die Empörer gegen *Dominus Jesus* befinden sich in unterschiedlicher Ferne zur katholischen Kirche. Von außen nach innen lassen sich vier Gruppen ausmachen, die sich mit ganz unterschiedlichen Motiven und Interessen dagegen wehren, daß das Lehramt der katholischen Kirche tut, wozu es da ist, nämlich den Glauben vor der natürlichen Erosion durch die jeweilige Zeit zu bewahren.

1. Die große Masse der ungläubigen toleranten Humanisten
2. Nichtchristliche Religionsgemeinschaften
3. Protestanten und andere Christen
4. Katholiken

Warum und wofür kämpft der äußere Ring, die große Mehrheit der Menschen in unserem Land, die von katholischen Glaubenswahrheiten nichts wissen und nichts wissen wollen, deren Überzeugungen aber tief in die Kirche eingedrungen sind? Über ihren Köpfen flattert die Fahne der Toleranz, die für eine Grundbedingung des Friedens gehalten wird. Toleranz heißt im Wortsinn tragen, ertragen. Sie klagen die Kirche an, daß sie mit ihrem Anspruch, im Besitz der absoluten Wahrheit zu sein, intolerant und somit ein Friedensstörer sei. Angegriffen wird allein der Anspruch, ohne die Frage zu stellen, was denn der Inhalt dieses Anspruchs ist.

Berechtigt und nachvollziehbar wäre die Empörung dieser Gruppe, die Konvertiten sehr persönlich zu fühlen bekommen, wenn die katholische Kirche ihren Anspruch mit Mitteln der Macht und Gewalt geltend machte, wenn also die katholische Kirche ihren Glauben an die Einzigkeit und Heilsuniversalität Jesu Christi den Ungläubigen in irgendeiner Weise aufzwingen würde. Das wird für die gegenwärtige Zeit niemand behaupten wollen: Die Kirche ist in der Defensive und der Glaube »im freien Fall«, wie Erzbischof Dyba es formuliert hat. Mögen die toleranten Humanisten zeigen, wo ihr Territorium von Katholiken heutzutage aggressiv verletzt wird.

Hätte die katholische Lehre eine inhärente Neigung zu Macht und Gewalt, die nur gerade keine Chance hat, sich in der Gesellschaft auszubreiten, dann müsste diese Lehre demaskiert werden, dem Wolf müsste der Schafspelz heruntergerissen werden. Aber über den Inhalt der katholischen Glaubenslehre wird nicht gesprochen.

Der Mensch hat eine inhärente Neigung zu Macht und Gewalt, und von dieser Neigung sind auch katholische Menschen nicht dadurch frei, daß sie getauft sind. Es gab Kreuzzüge, es gab Hexenverbrennungen, es gibt abstoßende Machtstrukturen in der Kirche, es gibt religiösen Zwang in rechtgläubigen Familien, der die Liebe der Kinder zu den Eltern und zu Gott erstickt – vor dem letzten Konzil mehr als danach. Aber wenn es eine Lehre gibt, die die Kraft hat, diese Urneigung des Menschen zu bändigen, ja in Liebe zu transformieren, dann ist es das Evangelium Jesu Christi. Es ist mehr als eine Lehre, denn Jesus Christus hat ihr sein eigenes Blut eingegossen. Sein freiwilliger Tod am Kreuz ist das Gnadenkapital, das Er in die Sakramente seiner Kirche investiert hat. Gibt es eine radikalere Aufforderung zum Frieden als das Gebot: »Liebet eure Feinde!«? Gibt es jemanden, der dieses Gebot radikaler gelebt hätte als Jesus Christus? Noch am Kreuz hat er den Vater um Vergebung für die gebeten, die nicht wussten, was sie taten. Von Anfang an und zu allen Zeiten wurden Christen nicht deswegen hingerichtet, weil sie andere erniedrigt, unterdrückt und ausgebeutet hatten, sondern weil sie von weltlichen Machthabern, die die Schwächeren erniedrigt, unterdrückt und ausgebeutet haben, als Bedrohung empfunden wurden.

So sei an die Toleranten die Bitte gerichtet, Menschen gegenüber tolerant zu bleiben, die ihnen nichts tun, selbst wenn das, woran diese Menschen glauben, ein Stachel in ihrem Fleisch ist. Jesus Christus ist für alle Zeiten ein Stachel im Fleisch der Welt, denn er fordert zur Entscheidung zwischen Gut und Böse heraus.

Er, »durch den die Gedanken vieler Menschen offenbar werden«, stört den Schlaf in der Illusion eines grauen Niemands-landes zwischen Gut und Böse.

Die zweite Gruppe, die nichtchristlichen Religionsgemeinschaften, glauben ebenso wie die katholische Kirche, an die absolute Wahrheit ihrer Lehre. Das gehört zum Wesen der Religion. Weil der Mensch aufgefordert wird, umzukehren und sein letztes Ziel nicht in dieser Welt, sondern in der jenseitigen zu erkennen, ist Religion ein Ärgernis für alle, die ihr Glück nur in dieser Welt suchen. Menschen, die den schmalen Pfad ihrer Religion wirklich gehen, werden sich immer in denen wiedererkennen können, die das auch tun, selbst wenn es Menschen sind mit anderer Hautfarbe, anderer Sprache und anderer Religion. Jedem *homo religiosus* ist es darum zu tun, aus dem Gefängnis des Egos auszubrechen, um in die Freiheit des göttlichen Willens zu gelangen.

Die Bereitschaft zum Dialog mit den anderen Religionen dieser Erde hat Papst Johannes Paul II. bewiesen, als er deren Führer 1986 zum Friedensgebet nach Assisi einlud – ein Ereignis, dessen wir am 27. Oktober gedenken. Er wurde dafür kritisiert, als hätte er Glaubensterritorium freiwillig aufgegeben. In *Dominus Jesus* heißt es: »Die Parität, die Voraussetzung für den Dialog ist, bezieht sich auf die gleiche personale Würde der Partner, nicht auf die Lehrinhalte und noch weniger auf Jesus Christus, den menschgewordenen Sohn Gottes ...«

Unter der dritten Gruppe der nicht katholischen Christen fühlen sich viele gekränkt.: Wir haben doch so gut geschwisterlich miteinander geredet, von gleich zu gleich, und jetzt erhebt ihr euch wieder über uns, sagt, ihr seid etwas Besseres, nicht Schwester, sondern Mutter. Hier ist die Front nicht der Glaube an die Heilsuniversalität Jesu Christi, sondern der Anspruch der katholischen Kirche, die einzig wahre Kirche zu sein.

In *Dominus Jesus* heißt es: »Der Herr Jesus, der einzige Erlöser, hat nicht eine bloße Gemeinschaft von Gläubigen gestiftet. Er hat die Kirche als *Heilsmysterium* gegründet: Er selbst ist in der Kirche, und die Kirche ist in ihm.« Und weiter unten: »Die Gläubigen sind *angehalten zu bekennen*, daß es eine geschichtliche, in der apostolischen Sukzession verwurzelte Kontinuität zwischen der von Christus gestifteten und der katholischen Kirche gibt. Sie ist die einzige Kirche Christi ... Sie zu weiden, hat unser Erlöser nach seiner Auferstehung dem Petrus übertragen, ihm und den übrigen Aposteln hat er ihre Ausbreitung und Leitung anvertraut, für immer hat er sie als ‚die Säule und das Fundament der Wahrheit' errichtet. Diese Kirche ... ist verwirklicht in der katholischen Kirche, die vom Nachfolger Petri und von den Bischöfen in Gemeinschaft mit ihm geleitet wird.«

Als ungelehrte Konvertitin kann ich mich nicht auf die theologische Diskussion einlassen. Aber ich kann sagen, warum es unter den christlichen Kirchen die katholische ist, in der ich eine Antwort auf meine tiefe Sehnsucht nach einem offenen Weg zu Gott gefunden habe.

Seit mir Gott 1973 zwei Gnadenerlebnisse schenkte und ich – damals noch mit politischer Weltverbesserung beschäftigt – an diesem Köder angebissen habe, bin ich eine Gottsucherin. Das Heilige habe ich immer geliebt. Diese Liebe hat mich schließlich zum Allerheiligsten in der katholischen Kirche geführt: dem Sakrament der Eucharistie. Die *Erfahrung* der tiefen Entspannung in der allerzartesten Liebe Jesu Christi in der Kommunion, die *Erfahrung* durch die Kommunion mit Jesus immer wieder neu ins Lot zu kommen, die *Erfahrung* der machtlosen Macht Jesu bei der Anbetung seiner verborgenen Gottheit in der Gestalt des Brotes wird mir in dieser katholischen Kirche geschenkt. Durch die Gegenwart Jesu im Tabernakel und die Gegenwart Marias überall dort, wo Jesus ist, sind katholische Kirchen warm und ein Ort der Zuflucht.

Hingeführt wurde ich durch Maria, die Mutter Jesu, die in einer unnachahmlichen Einfühlsamkeit meine Suche, mein Scheitern und meine Fähigkeiten benutzt hat, um mir die Tür zu dem unerschöpflichen Schatzhaus ihrer Kirche zu öffnen: Als ich den undurchsichtigen Vorhang aus Vorurteilen und Ignoranz beiseite geschoben hatte, rieb ich mir staunend die Augen über den geistlichen Reichtum, der in zweitausend Jahren in der Kirche aufgehäuft worden ist: die Sakramente, die Heiligen, die Kirchenlehrer, Kirchen, Klöster, Kunst, Musik, lebendige spirituelle Bewegungen, Wallfahrtsorte, dienende Priester, leuchtende Vorbilder, glaubensfrohe Christen.

Maria ist die Mutter dieser Kirche, sie ist die schönste, die reinste, die einzig sündenlose, die gütigste Frau, die auf dieser Erde je geboren wurde. Wahrheit und Liebe sind in ihr untrennbar eins. Sie – eine von uns – wurde in den Himmel erhoben und gekrönt; sie bittet für uns, sie hilft uns, ja, sie erscheint sogar einzelnen Menschen in Raum und Zeit, um uns zurückzurufen zu Gott. Jesus hat sich ihr ausgeliefert. So folge ich ihm nach, wenn ich mich ihr anvertraue. Es bewährt sich. Ich will ihren Platz nicht schmälern.

Daß die katholische Kirche über 2000 Jahre an dem Felsen Petri festgehalten hat und festhält, weil sie daran glaubt, daß Jesus Christus selbst sie darauf gegründet hat, ist Stein des Anstoßes für alle anderen christlichen Kirchen, die den Papst nicht anerkennen. Auch für mich, deren Geist durch die antiautoritären Parolen der autoritär strukturierten Studentenrebellion eine Zeit lang geblendet war, war der Papst ein Stein des Anstoßes. Meine Haltung begann sich zu wandeln, als ich dem Menschen Johannes Paul auf dem Fernsehschirm ins Gesicht schaute und merkte, daß er warmherzig ist, daß er glaubt, was er sagt, daß er echt ist, daß es ihm um die Wahrheit und nicht um Macht geht. Ich begann meine peinlich ignorante Ablehnung in Frage zu stellen und zu lesen, was der Papst sagt, etwa das apostolische Schreiben *Über die Würde und Berufung der Frau* von 1988 oder die Enzyklika *Fides et Ratio* von 1998. Welch leuchtende Geisteshöhe! Wie wunderbar, daß es eine Stimme auf der Welt gibt, die heraustritt aus der Welt der Lüge, die wir gar nicht mehr bemerken, weil sie allgegenwärtig ist in Politik, Medien und Werbung. Wir mögen mit dem, was der Papst lehrt, nicht einverstanden sein, aber er redet den Mächtigen nicht nach dem Mund, er redet dem Volk nicht nach dem Mund, er belügt uns nicht. Er sagt die Wahrheit.

Das ist sein offenes Geheimnis. Deswegen kommen über zwei Millionen Jugendliche nach Rom zu einem alten gebrechlichen Papst, der ihnen zuruft, was sonst der Jugend keiner zutraut: »Habt keine Angst, die Heiligen des dritten Jahrtausends zu werden!«

Zwar gab es Päpste, die in ihrer Lebensführung die christlichen Prinzipien verraten haben. Aber die Kirche hat nie ein Dogma zurücknehmen müssen, nie mußte sie ihr Lehrgebäude wieder einreißen. Das ist ein Wunder des Heiligen Geistes. Der menschliche Geist geht in die Irre, wird mitgerissen von den Verblendungen der jeweiligen Zeit. Daß sich dieses Wunder der Bewahrung der Wahrheit immer weiter ereignen kann, dazu muß es im Kirchenvolk die Bereitschaft geben, die eigene abweichende Meinung mit einem Fragezeichen zu versehen, in der Schwebe zu halten, aufrichtig den Heiligen Geist um sein Licht zu bitten und dem Lehramt zu vertrauen. Warum rechnen wir nicht eher mit der eigenen Verblendung als mit der des Heiligen Vaters, für den die gesamte Kirche täglich betet? Das erfordert unzeitgemäße Tugenden wie Demut und vielleicht sogar Gehorsam, Tugenden, die in Maria vollendet sind und zu denen sie uns aufruft. Gibt es gerade deswegen eine so starke Strömung innerhalb der Kirche, Maria klein zu machen, sie zu einer »normalen Frau« zu erklären?

Der Prozess der Bekehrung ist immer auch ein Prozess der Entblendung. Von Guardini stammt ein Satz, der unsere menschliche Tragik klar beschreibt: »Nach der Logik des Bösen setzt sich die Sünde in Verblendung um, diese wird wieder zur Sünde und die neue Sünde verblendet noch mehr.« Man kann diesen Satz auch positiv formulieren, dann heißt er: »Nach der Logik des Guten setzt sich Tugend in Erkenntnis um, diese wird wieder zur Tugend und die neue Tugend erweitert die Erkenntnis noch mehr.« Daß uns die Begriffe »Sünde« und »Tugend« überholt vorkommen, ist ein Werk des großen Verwirrers.

Ein Beispiel: Als die *Enzyklika Humanae Vitae* 1968 erschien, war der Papst ein einsamer Rufer in der Wüste. Selbst innerhalb des Klerus gab es nur wenige, die ihm in der Verurteilung der Pille folgten. Niemand konnte damals ahnen, welche verheerenden Folgen es hat, wenn die Sexualität durch einen medizinischen Kunstgriff aus dem Schöpfungszusammenhang gelöst wird. Scheinbar befreit für die Liebe, wird sie verfügbar für die Lust, für die schrankenlose Begierde, die umschlägt in Pornographie und Kriminalität. 300 000 Kinder werden jährlich in Deutschland abgetrieben, 300 000 Kinder werden jährlich in Deutschland sexuell missbraucht, und auf die Seiten im Internet, auf denen das öffentlich geschieht, wurde in diesem Jahr 500 000mal geklickt.

An diesen drei Steinen, an der Eucharistie, an Maria und dem Papst als Spitze der apostolischen Sukzession und des geweihten Priestertums stoßen sich die nicht katholischen christlichen Kirchen auf der Suche nach Einheit. Diese Steine können und dürfen aber von der katholischen Kirche nicht aus dem Weg geräumt werden. Groß ist das Bedauern über die Zerstörung der Atmosphäre bei den Bemühungen um Ökumene. Aber kann eine gute Atmosphäre Einheit schaffen, wenn die wesentlichen Unterschiede ausgeklammert werden? Ökumene kann nicht heißen, daß man den kleinsten gemeinsamen Nenner sucht, sondern daß der Heilige Geist die Wahrheit in den Herzen und Köpfen neu aufleuchten lässt und zum Opfer der begrenzten eigenen Sicht befähigt.

Kommen wir zur vierten Gruppe, den Katholiken. Alle Haltungen, die bisher beschrieben wurden, finden sich auch innerhalb der katholischen Kirche, bei Theologen, Priestern und gewöhnlichem Kirchenvolk. Für sie vor allem ist *Dominus Jesus* geschrieben. Die obersten Hüter unseres Glaubens hielten es für nötig, Priester und Laien daran zu erinnern, was zur unum-stößlichen Essenz des katholischen Glaubens gehört. Und *ist* es nicht nötig, wenn Katholiken nicht mehr wissen, ob Jesus Christus wirklich der Herr ist, der allen Menschen das Heil bringt? Wenn sie sich ins Boxhorn jagen lassen von dem Vorwurf, sie seien intolerante Feinde des Friedens, weil sie glauben, was Jesus Christus selbst von sich sagt?

Liest man die Evangelien, so sieht man, daß Jesus, der mit seiner Menschwerdung auf die flehentliche Sehnsucht der Menschen nach dem Messias antwortet, ein ganz großes Problem mit den Menschen hatte und hat. Wie kann er uns zu der Erkenntnis, zu dem Glauben bringen, daß er wirklich der ersehnte Messias, der Menschensohn, der Gottessohn, das fleischgewordene Wort ist, der sich freiwillig den Begrenzungen von Zeit und Raum unterwirft, der also nur zu einem Zeitpunkt und an einem Ort und durch eine Mutter Mensch werden konnte? Der sanfte, demütige, werbende Kampf Jesu um unseren Glauben und sein Schmerz über unseren Unglauben ist der rote Faden durch das Johannes-Evangelium. Jesus weiß ja, daß es eine unerhörte Zumutung ist, daß die Menschen in Ihm Gott erkennen sollen, für seine Zeitgenossen noch mehr als für uns Heutige.

Diese Erkenntnis zuzulassen, zwingt uns auf die Knie. Sie ist eine Kriegserklärung an das Ego. Statt das Ego zu kreuzigen, wird Jesus gekreuzigt. Es ist ein Kampf auf Leben und Tod. Niemals hat Jesus in diesem Kampf seine göttliche Macht für sich selbst eingesetzt, um uns die Erkenntnis seiner Gottheit aufzuzwingen. Er hat der Versuchung des Satans widerstanden, vom Turm herabzuspringen, er hat den Engeln nicht befohlen, ihn zu retten, er hat sich freiwillig dem Leiden unterworfen. Er hat am Kreuz den innersten Kern der Liebe offenbart: die absolute Ohnmacht.

Jesus mußte sterben, weil er seinen Anspruch, Gottes Sohn zu sein, selbst im Angesicht des Todes nicht hat fallenlassen. Wie haben sich die Menschen verhalten, die mit diesem nie zuvor und nie danach erhobenen Anspruch konfrontiert waren? Wie hätten wir uns verhalten?

»Da wandte sich der Hohepriester nochmals an ihn und fragte: Bist du der Messias, der Sohn des Hochgelobten? Jesus sagte: **Ich bin es.** Und ihr werdet den Menschensohn zur Rechten der Macht sitzen und mit den Wolken des Himmels kommen sehen. Da zerriss der Hohepriester sein Gewand und rief: Wozu brauchen wir noch Zeugen? Ihr habt die Gotteslästerung gehört. Was ist eure Meinung? Und sie fällten einstimmig das Urteil: Er ist schuldig und muß sterben.« (Mk 14,61–64)

Sie selbst, die jüdischen Hohenpriester, dürfen das Todesurteil nicht ausführen. Sie müssen zum Statthalter gehen, dem obersten Richter Pontius Pilatus, und bringen ihn in eine schlimme Zwangslage. An ihn erinnern wir uns bei jedem Glaubensbekenntnis:

»gelitten unter Pontius Pilatus«, obwohl Jesus zu ihm sagt: »Du hättest keine Macht über mich, wenn es dir nicht von oben gegeben wäre, darum liegt größere Schuld bei dem, der mich dir ausgeliefert hat«, nämlich beim Hohen Rat. (Joh 19,11)

Pilatus ist tolerant. Sollen die Juden doch glauben, was sie wollen. Da ihm Fragen der absoluten Wahrheit gleichgültig sind und er deswegen durch den Anspruch Jesu nicht persönlich provoziert wird, erkennt er die Unschuld Jesu. Auf seine Frage: »Also bist du doch ein König?« (Joh 18,37) antwortet Jesus: »Du sagst es, ich bin ein König. Ich bin dazu geboren und dazu in die Welt gekommen, daß ich für die Wahrheit Zeugnis ablege. Jeder, der aus der Wahrheit ist, hört auf meine Stimme.« »Was ist Wahrheit?« fragt Pilatus, aber er will keine Antwort. Er geht wieder hinaus zu den Juden, möchte einen Deal mit ihnen machen, den Verbrecher Barabbas werden sie doch nicht wollen. Aber mit einer – von den Hohen Priestern und den Ältesten (Mt 27,20) – aufgehetzten Masse, kann man keinen Deal machen. Sie weiß, wessen Blut sie will. Pilatus laviert weiter, ein wenig Blut reicht ihnen vielleicht. Zwar findet er keine Schuld an Jesus, aber er kann ihn ja mal geißeln lassen. Die johlende Masse lässt sich nicht abspeisen. »Ans Kreuz mit ihm! Ans Kreuz mit ihm!« Pilatus wagt es nicht, sich der Masse zu widersetzen. Er will sich nur noch der Zwangslage entwinden, offensichtliche eigene Schuld vermeiden. Er glaubt, er könne es, wenn er nicht selbst das Todesurteil spricht, sondern sagt: »Nehmt *ihr* ihn und kreuzigt ihn! Denn ich finde keinen Grund, ihn zu verurteilen. Die Juden entgegneten ihm: Wir haben ein Gesetz, und nach diesem Gesetz muß er sterben, weil er sich als Sohn Gottes ausgegeben hat. Als Pilatus das hörte, wurde er noch ängstlicher.« (Joh 19,6–8)

Wahrhaftig eine schwere Situation für einen, der sich nicht an der Wahrheit festgemacht hat. Hier die drohende, pressende Masse, dort jemand, der vielleicht doch eine undefinierbare höhere Macht besitzt. Dann sagt ihm noch die eigene Frau: »Laß die Hände von diesem Mann, er ist unschuldig. Ich hatte seinetwegen heute nacht einen schrecklichen Traum.« (Mt 27,19) Noch ein letztes Mal versucht Pilatus seinen Kopf aus der Schlinge zu ziehen, erhofft sich von den Juden die Erlaubnis, Jesus frei zu lassen, denn er hat zwar die äußere Macht dazu, aber nicht die innere Stärke. Im Innern ist er haltlos, ohne Bindung. Er handelt gegen die Stimme des Gewissens. Aber die Juden kennen die Psychologie eines Machtmenschen, der seine Macht einem Mächtigeren verdankt, lange genug haben sie unter den Besatzern gelitten. Raffiniert spielen sie ihren letzten Trumph aus. Und der sticht: »Wenn du ihn freilässt, bist du kein Freund des Kaisers. Jeder, der sich als König ausgibt, lehnt sich gegen den Kaiser auf.« Nicht, daß Pilatus und Herodes Freunde gewesen wären. »Aber an diesem Tag wurden Herodes und Pilatus Freunde; vorher waren sie Feinde gewesen.« (Lu 23,12) Sie werden Freunde, weil es um den Erhalt der Macht ging. Pilatus sieht sich von drei Seiten bedroht, von unten, von der johlenden Masse, von oben, denn der Kaiser könnte ihn fallen lassen, und aus dem Unsichtbaren. Er spürt ja, daß Jesus anders ist als alle, die er sonst je zu richten hatte. Dieses Gespür schlägt sich bei ihm nur als noch größere Angst nieder. Mitleid mit einem Unschuldigen kennt er nicht, schon gar nicht mit einem, der nicht dem eigenen Bezugssystem der Macht angehört. Dreifach bedrängt setzt sich Pilatus schließlich auf den Richterstuhl, wäscht seine Hände im unschuldigen Blut und liefert Jesus den Seinen aus, »damit er gekreuzigt würde«.

Gelitten unter Pilatus...

Das war damals. Wir, was hätten wir getan? Wenn wir zu den vielen gehört hätten, die Heil schreien, wenn die anderen Heil schreien, dann hätten wir am Donnerstag Hosianna und am Freitag »Kreuziget ihn!« geschrieen. Nein, nein, Sie und ich, wir gehören nicht zu denen.

Wenn wir zu den Hohenpriestern und Ältesten gehört hätten, denen es um die Wahrheit zu tun ist, dann hätten wir zwei Gründe gehabt, zu sagen: »Er ist schuldig und muß sterben«, einen guten und einen schlechten. Der schlechte wäre gewesen, durch den Tod Jesu die eigene Macht zu erhalten, der gute, daß wir es als unsere heiligste Aufgabe betrachtet hätten, die Wahrheit der Väter zu verteidigen und das Volk vor einem Wahnsinnigen zu bewahren, der behauptet, er sei Gottes Sohn – wie der eifrige Jude Saulus, bevor ihn Gott vom Pferd warf. Derzeit, unter den Bedingungen des noch bestehenden Wohlstands und Friedens, ist dieser Typus in den Machtpositionen unserer säkularisierten Gesellschaft nicht zu finden. Mit Schrecken sehen wir ihn in islamischen Gottesstaaten an der Macht. Ihn zur Toleranz aufzurufen, ist, als wollte man mit der Gießkanne ein Feuer löschen: Er brennt für die Wahrheit, aber er hat noch nicht erkannt, daß die Wahrheit Liebe ist und die Liebe sich im Verzicht auf Macht, in der Ohnmacht, verwirklicht.

Und wenn wir zu denen gehören, die Toleranz zu einer Weltanschauung erhoben haben, zum Typ des Pilatus? Pilatus war ein toleranter, gebildeter Mann, der an Recht und Ordnung glaubte. Auf die Frage nach der Wahrheit wollte er keine Antwort. Dieser Typ ist vorherrschend in unserer Gesellschaft. Allein die Frage nach der Wahrheit ist für ihn schon Zumutung und Ärgernis, sie dem Intimbereich des Menschen zuzuweisen, erscheint als eine Tat im Dienste des Friedens und der Freiheit.

Wissen wir von uns, wie viel Pilatus in uns steckt? Was hätten wir getan, angesichts eines Menschen, der sagt: »Ich bin Gottes Sohn. Ich bin der Weg, die Wahrheit und das Leben«? Den ärgerlichen Anspruch hätten wir nur so lange tolerieren können, als er ohne Auswirkungen auf unser persönliches Leben bleibt. Wenn uns aber die Geschichte in Entscheidungssituationen nötigt, so wie Pilatus, dann wird uns Toleranz vor dem Schuldigwerden nicht bewahren. Wir haben keinen Grund, uns für den einzusetzen, der diesen Anspruch erhebt, denn wir wollen nicht, daß es eine absolute Wahrheit gibt. Wir wollen nicht, daß es Gott gibt. Gäbe es Gott, müssten wir auf die Knie. Also fort mit ihm, ans Kreuz, wenn es sein muß.

Ist Toleranz wirklich das Fundament des Friedens? Oder ist sie nicht vielmehr eine zeitgemäße Tarnung der Gleichgültigkeit gegenüber Gott?

Selbst wenn eine humane Regung des Mitleids mit dem Unschuldigen in uns aufkäme, würde diese unser Handeln in einer bedrohten Situation kaum bestimmen. Unverbunden mit der Kraft der Wahrheit können Toleranz und Humanität dem Bösen nicht standhalten. Unter der Maske von Heilslehren, die unter kommunistischen oder faschistischen Vorzeichen die Menschen glauben machten, irdisches Heil könne ohne Gott, ja im offenen Kampf gegen Gott verwirklicht werden, hat das Böse im zwanzigsten Jahrhundert unter den Völkern gewütet. Durch tausend kleine alltägliche Entscheidungen, mit dem Bösen zu koexistieren, haben die Menschen dem Bösen den Weg bereitet und es erst dann in seinem ganzen Umfang erkannt, weil die Menschen es erst dann in seinem ganzen Umfang erkannten, als der Mut von Märtyrern erforderlich war, sich ihm zu verweigern. Millionen von Christen sind lieber grausam gestorben, als ihren Glauben zu verraten. Sie wussten, daß kein noch so heiliger Zweck böse Mittel heiligen kann. Woher hatten sie die Kraft, etwas zu tun, das uns schaudern macht?

Wir wissen nicht, ob sich im Ernstfall der Pilatus oder der Märtyrer in uns durchsetzen würde. Seien wir dankbar, daß wir in Frieden und Freiheit leben dürfen, also unter Verhältnissen, unter denen wir nicht zur Entscheidung gezwungen werden. Aber können wir sicher sein, daß es so bleibt?

Zur Ehre der Katholiken sei gesagt, daß die Wählerstimmen für Hitler bei der Reichstagswahl um so geringer waren, je höher der Anteil der Katholiken im Wahlbezirk war.

Noch eine Gruppe gab es, das waren die weinenden Frauen, mit ihnen Johannes. Sie glaubten, daß der Mensch, der an den Pfahl geschlagen wurde, Gottes Sohn war. Sie klagten niemanden an, sie warfen sich Jesus nicht in den Kreuzweg. Sie ertrugen glaubend und liebend und mitleidend den unsagbaren Schmerz der Ohmacht. Das Wort Toleranz ist ein viel zu dürftiges Gefäß, um die Größe ihres Mitleidens zu fassen. Angesichts ihrer Haltung zerfällt das Wort Toleranz zu Staub. »Dir selber aber wird ein Schwert durch die Seele dringen« hatte Simeon Maria vorausgesagt. Wie Jesus selbst nahmen sie das Leiden an. Sie folgten ihm nach. Daß es zur Auferstehung führen würde, hatte er ihnen angekündigt, aber sie hatten es noch nicht erfahren. Es blieb ihnen nur zu glauben, zu hoffen und zu lieben.

Über der Nachfolge Christi steht das Kreuz, und gegen das Kreuz richtet sich in Wahrheit die Empörung. Wir leben in einer Zeit, in der das Fliehen vor dem Kreuz als Lebenssinn verkauft wird. Genuss, Bequemlichkeit, Vermeiden von Leid bis hin zum Ausmerzen der Leidenden ist die Triebkraft unserer Gesellschaft. Aber je mehr wir vor dem Kreuz fliehen, um so mehr holt es uns ein.

Ein Christ kann die Frage nicht offenlassen, ob der Anspruch Jesu, Gottes eingeborener Sohn zu sein, wahr ist oder nicht; noch weniger kann er sie verneinen und glauben, Jesus sei einer unter anderen. Tut er das, so stellt er sich – ohne es subjektiv zu wollen – objektiv auf die Seite derer, die Jesus Christus gekreuzigt haben. Alle Religionen sind Wege des Menschen zu Gott, aber nur Jesus Christus ist der Weg Gottes zu den Menschen. »Ich *bin* der Weg, die Wahrheit und das Leben.«

Wenn wir die Gottheit Jesu nicht anerkennen, uns nicht zu IHM bekennen als »Gottes Sohn, sitzend zur Rechten der Macht, den wir auf den Wolken des Himmels werden kommen sehen«, wie kann uns dann seine erlösende Gnade zuteil werden? Und wenn wir die Gnade nicht erfahren, wie sollen wir uns dann bekennen? – ein circulus vitiosus von Christen, die mit der Zeit gehen.

Wird uns Christen entgegengehalten: »Ihr lebt nicht, was ihr glaubt«, so ist das berechtigt, notwendig und heilsam. Wird uns aber vorgeworfen, daß wir mit unserem Glauben an die Einzigkeit Jesu Christi und seine eine Kirche intolerant sind und den Frieden stören, daß unser Glaube also böse ist, dann gilt es, den Wolf im Schafspelz zu demaskieren: Der Schafspelz sind »Toleranz« und »Frieden«, und der Wolf sind die Kräfte unserer Zeit, die das Christentum zerstören wollen.

Zweitausend Jahre sind seit der Geburt Jesu vergangen. Die frohe Botschaft wurde hinausgetragen bis an die Enden der Welt. Immer wieder werden Menschen von Jesus Christus so tief ergriffen, daß sie zu einem Leuchtfeuer der Liebe werden und bereit sind, für die Liebe, die Jesus Christus ist und die er verkündet, zu sterben. Sie willigen ein in die menschliche Ohnmacht der Liebe, denn sie wird zum Einfallstor der Liebesmacht Gottes.

Möge uns Kleingläubigen das Licht und die Kraft geschenkt werden, um der Liebe willen unsere alltägliche Ohnmacht in Gebet zu verwandeln und tausend kleine Entscheidungen für die Wahrheit zu treffen, damit wir keine Märtyrer werden müssen, um uns selbst und Jesus Christus treu zu bleiben.

Mein Gott, du wurdest meine Hilfe,
meine Seele hängt an dir.

Psalm 63